Die Aufteilung der Verantwortlichkeiten in dem Gemeinsamen Europäischen Asylsystem (GEAS)

Europäische Hochschulschriften

European University Studies

Publications Universitaires Européennes

Reihe II **Rechtswissenschaft**

Series II Law

Série II Droit

Band/Volume **5890**

Stela Rrjolli

Die Aufteilung der Verantwortlichkeiten in dem Gemeinsamen Europäischen Asylsystem (GEAS)

Menschenrechtliche Vorgaben und Solidaritätsmechanismen

PL ACADEMIC RESEARCH

Bibliografische Information der Deutschen Nationalbibliothek
Die Deutsche Nationalbibliothek verzeichnet diese Publikation in der Deutschen Nationalbibliografie; detaillierte bibliografische Daten sind im Internet über http://dnb.d-nb.de abrufbar.

Zugl.:Konstanz, Univ., Diss., 2016

D352
ISSN 0531-7312
ISBN 978-3-631-67732-2 (Print)
E-ISBN 978-3-653-07248-8 (E-PDF)
E-ISBN 978-3-631-69780-1 (EPUB)
E-ISBN 978-3-631-69781-8 (MOBI)
DOI 10.3726/978-3-653-07248-8

PL Academic Research ist ein Imprint der Peter Lang GmbH.
Peter Lang – Frankfurt am Main · Bern · Bruxelles · New York · Oxford · Warszawa · Wien

Diese Publikation wurde begutachtet.

www.peterlang.com

Vorwort

Die vorliegende Arbeit wurde von der Sektion Politik-Recht-Wirtschaft/Fachbereich Rechtswissenschaft der Universität Konstanz im Wintersemester 2015/2016 als Dissertation angenommen.

Über die fünf Jahre der Entstehung dieser Untersuchung haben mich viele Menschen unterstützt, denen ich an dieser Stelle ganz herzlich danken möchte:

Mein Doktorvater Prof. Dr. Daniel Thym hat mein Promotionsvorhaben fortlaufend mit großem Engagement betreut. Auch nach meiner Zeit als wissenschaftliche Mitarbeiterin an seinem Lehrstuhl hat Prof. Dr. Daniel Thym reges Interesse an meiner Forschung gezeigt und große Motivationsarbeit geleistet.

Ebenfalls bedanken möchte ich mich bei Herrn Prof. Dr. Dr. h.c. Kay Hailbronner für die freundliche Übernahme des Zweitgutachtens sowie bei Herrn Prof. Dr. Hans Christian Röhl für sein Mitwirken in der Prüfungskommission.

Danken möchte ich außerdem meinen ehemaligen Kolleginnen an der Universität Konstanz, die zum Gelingen dieser Arbeit erheblich beigetragen haben. Allen voran standen mir Dr. Julia Schieber und Agne Vaicekauskaite, LL.M. mit stets klugem Rat zur Seite. Sabine Gerber, Heike Stuber und mein Bruder Olsi Rrjolli haben die ersten Fassungen dieser Arbeit Korrektur gelesen und viele wertvolle Hinweise gegeben.

Ato Abaka-Quansah danke ich für seine liebevolle Unterstützung während der gesamten Promotionszeit. Er hat durch seine Geduld, seinem kritischen Blick und motivierenden Ratschläge die Fertigstellung dieser Arbeit vorangetrieben.

Der größte Dank gebührt meinen Eltern, Merita und Hylli Rrjolli, die mich von Beginn meines Studiums an mit unglaublicher Hingabe und Großzügigkeit gefördert haben. Ich danke meine Eltern dafür, dass sie den Mut hatten ihr Zuhause, ihre Familien und ihre Freunde zu verlassen, um meinem Bruder und mir eine sichere Zukunft in Deutschland zu ermöglichen. Sie haben meinen Blick für die humanitäre Verantwortung gegenüber Schutzsuchenden immer wieder geschärft. Diese Arbeit ist Ihnen gewidmet.

Inhaltsübersicht

Inhaltsverzeichnis

Literaturverzeichnis

Achermann, Alberto: Die völkerrechtliche Verantwortlichkeit fluchtverursachender Staaten. Ein Beitrag zum Zusammenwirken von Flüchtlingsrecht, Menschenrechten, kollektiver Friedenssicherung und Staatenverantwortlichkeit (Nomos, 1997).

Alleweldt, Ralf: Schutz vor Folter, Terrorismusverdacht, Zusicherung menschenwürdiger Behandlung: das Chahal-Urteil des EGMR, Neue Zeitschrift für Verwaltungsrecht (NVwZ) 1997, 1078–1080.

Alleweldt, Ralf: Schutz vor Abschiebung bei drohender Folter oder unmenschlicher oder erniedrigender Behandlung oder Strafe (Springer, 1996).

Amann, Christine: Die Rechte des Flüchtlings (Nomos, 1994).

Arenas, Nuria: The concept of „mass influx of displaced persons", European Journal of Migration and Law (EJML) 2005, 435–450.

Aust, Anthony: Modern Treaty Law and Practice, 2. Auflage (Cambridge University Press, 2007).

Bank, Roland/Hruschka, Constantin: Die EuGH-Entscheidung zu Überstellungen nach Griechenland und ihre Folgen für Dublin-Verfahren (nicht nur) in Deutschland, Zeitschrift für Ausländerrecht und Ausländerpolitik (ZAR) 2012, 182–188.

Barbou des Places, Ségolène: Burden in the Field of Asylum. Legal Motivations and Implications of a Regional Approach, EUI Working Papers, RSC No. 2002/66.

Bast, Jürgen, in: Eberhard Grabitz/Meinhard Hilf/Martin Nettesheim (Hrsg.): Das Recht der Europäischen Union, 51. Ergänzungslieferung (C.H. Beck, 2013).

Bast, Jürgen: Solidarität im europäischen Einwanderungs- und Asylrecht, in: Stefan Kadelbach (Hrsg.): Solidarität als Rechtsprinzip? (Nomos, 2014), S. 19–32.

Battjes, Hemme: European Asylum Law and International Law (Nijhoff, 2006).

Bendel, Petra: Nach Lampedusa: das neue Gemeinsame Europäische Asylsystem auf dem Prüfstand. Studie im Auftrag der Abteilung Wirtschafts- und Sozialpolitik der Friedrich-Ebert-Stiftung (Dezember 2013), online verfügbar unter <http://library.fes.de/pdf-files/wiso/10415.pdf> Zugriff am 10.11.2014.

Bender, Dominik/Bethke, Maria: »Dublin III«, Eilrechtsschutz und das Comeback der Drittstaatenregelung, Asylmagazin 11/2013, 358–367.

Benediek, Annegret: Der Konflikt im ehemaligen Jugoslawien und die Europäische Integration (VS Verlag für Sozialwissenschaften/GWV Fachverlage GmbH, 2004).

Bergmann, Jan: Handlexikon der Europäischen Union, 5. Auflage (Nomos, 2015).

Bergmann, Jan: Das Dublin-Asylsystem, ZAR 2015, 81–90.

Bernsdorff, Norbert, in: Jürgen Meyer, Charta der Grundrechte der Europäischen Union, 4. Auflage (Nomos, 2014), S. 220–365.

Betts, Alexander/Durieux, Jean-Francois: Convention Plus as a Norm-Setting Exercise, Journal of Refugee Studies (JRS) 2007, 509–535.

Bieber, Roland/Maiani, Francesco: Ohne Solidarität keine Europäische Union. Über Krisenerscheinungen in der Wirtschafts- und Währungsunion und im Europäischen Asylsystem, in: Astrid Epiney/Tobias Fastnacht (Hrsg.): Schweizerisches Jahrbuch für Europarecht 2011/2012 (Schulthess, 2012), S. 297–327.

Bitterlich, Joachim, in: Carl Otto Lenz/Klaus-Dieter Borchardt (Hrsg.): EU-Verträge Kommentar, 6. Auflage (Bundesanzeiger, 2012).

Blanke, Hermann-Josef, in: Christian Calliess/Matthias Ruffert (Hrsg.): Das Verfassungsrecht der Europäischen Union mit Europäischer Grundrechtecharta, Gebundene Ausgabe (C.H. Beck, 2011).

Boisson de Chazournes, Laurence: Responsibility to Protect: Reflecting Solidarity?, in: Rüdiger Wolfrum/Chie Kojima (Hrsg.): Solidarity – A Structural Principle of International Law (Springer, 2010).

Borowski, Martin, in: Jürgen Meyer (Hrsg.): Charta der Grundrechte der Europäischen Union, 4. Auflage (Nomos, 2014).

Byrne, Rosemary/Vedsted-Hansen, Jens/Noll, Gregor: New Asylum Countries? (Kluwer, 2002).

Calliess, Christian: Europa als Wertegemeinschaft – Integration und Identität durch europäisches Verfassungsrecht, Juristenzeitung (JZ) 2004, 1033–1045.

Calliess, Christian: Grundlagen, Grenzen und Perspektiven des europäischen Richterrechts, 58 Neue Juristische Wochenschrift (NJW) 2005, 929–933.

Calliess, Christian: Subsidiaritäts- und Solidaritätsprinzip in der Europäischen Union, 2. Auflage (Universität des Saarlandes, 1999).

Canor, Iris: Solange horizontal - Der Schutz der EU-Grundrechte zwischen den Mitgliedstaaten, Zeitschrift für ausländisches öffentliches Recht und Völkerrecht (ZaöRV) 2013, 249–294.

Carrera, Sergio/Den Hertog, Leonhard: Whose Mare? Rule of Law Challenges in the Field of European Border Surveillance in the Mediterranean, CEPS Paper No. 79, January 2015, online verfügbar unter <http://www.ceps.eu/system/files/LSE_79.pdf> Zugriff am 30.04.2015.

Chibanguza, Kuuya: Die Kompetenzen nach dem Vertrag von Lissabon unter besonderer Berücksichtigung der Zuständigkeiten im Bereich der Politiken Grenzkontrollen, Asyl und Einwanderung des Raums der Freiheit, der Sicherheit und des Rechts (Cuvillier Verlag, 2011).

Classen, Claus-Dieter/Nettesheim, Martin: § 17 Europäische Grundrechte, in: Thomas Oppermann/Claus-Dieter Classen/Martin Nettesheim, Europarecht, 6. Auflage (C.H. Beck, 2014).

Comte, Francoise: A New Agency is Born in the European Union: The European Asylum Support Office, 12 EJML 2010, 373–406.

Cutitta, Paolo u.a.: Die Grenze demokratisieren, Kritische Justiz (KJ) 2011, 244–252.

Dörig, Harald: Auf dem Weg zu einem gemeinsamen Asylsystem, NVwZ 2014, 106–110.

Dörr, Oliver, in: Rainer Grote/Thilo Marauhn (Hrsg.): EMRK/GG. Konkordanzkommentar (Mohr Siebeck, 2006).

Dreyer, Domenica: Europäische Gerichte als Akteure einer individualrechtlich orientierten Asylpolitik, ZAR 2014, 358–365.

Durieux, Jean-Francois/Hurwitz, Agnes: African and European Responses to Mass Influxes of Refugees, 47 German Yearbook of International Law (GYIL) 2004, 105–159.

Durkheim, Émile: Über soziale Arbeitsteilung (Suhrkamp, 1992).

Düvell, Franck: The Pathways in and out of Irregular Migration in the EU: A Comparative Analysis, EJML 2011, 245–246.

Eggli, Ann Vibeke: Mass Refugee Influx and the Limits of Public International Law (Nijhoff, 2002).

Ehlers, Dirk, in: ders. (Hrsg.): Europäische Grundrechte und Grundfreiheiten, 3. Auflage (De Gruyter, 2009).

Elberling, Björn, in: Ulrich Karpenstein/Franz Mayer (Hrsg.): EMRK Kommentar, (Schulthess, 2012).

Epiney, Astrid: Zur Einführung - Umweltvölkerrecht, Juristische Schulung (JuS) 2003, 1066–1072.

Epping, Volker: Grundrechte, 6. Auflage (Springer, 2015).

Eser, Albin, in: Jürgen Meyer/Norbert Bernsdorff (Hrsg.): Charta der Grundrechte der Europäischen Union, 4. Auflage (Nomos, 2014).

Fischer-Lescano, Andreas/Horst, Johan: Das Pönalisierungsverbot aus Art. 31 I GFK, ZAR 2011, 81–90.

Fischer-Lescano, Andreas/Tohidipur, Timo: Europäisches Grenzkontrollregime. Rechtsrahmen der europäischen Grenzschutzagentur FRONTEX, ZaöRV 2007, 1219–1276.

Folz, Hans-Peter, in: Christoph Vedder/Wolff Heintschel von Heinegg (Hrsg.): Europäisches Unionsrecht, Handkommentar (Dike, 2012).

Frenz, Walter: EU-Recht gegen das Flüchtlingselend – Einordnung und Folgerungen aus Lampedusa, ZAR 2014, 1–5.

Frenz, Walter: Handbuch Europarecht, Band 4 – Europäische Grundrechte (Springer, 2009).

Friedmann, Wolfgang: The Changing Structure of International Law (Columbia University Press, 1964).

Fröhlich, Daniel: Das Asylrecht im Rahmen des Unionsrechts (Mohr Siebeck, 2011).

Gachowetz, Iris: EASO -The European Asylum Support Office - A New Facilitator for the Establishment of a Common European Asylum System?, AWR-Bulletin 2012, 80–99.

Geiger, Rudolf: in: ders./Daniel-Erasmus Khan/Markus Kotzur (Hrsg.): EUV/AEUV Kommentar, 5. Auflage (C.H. Beck, 2010).

Gerard, Alison: The Securitization of Migration and Refugee Women (Taylor & Francis, 2014).

Goodwin-Gill, Guy S.: Art. 31 of the 1951 Convention Relating to the Status of Refugees: Non-Penalization, Detention, and Protection, in: Erika Feller/Volker Türk u. a. (Hrsg.): Refugee Protection in International Law (Global Consultations, 2003).

Goodwin-Gill, Guy S.: The Right to Seek Asylum: Interception at Sea and the Principle of Non-Refoulement. An Inaugural Lecture given at the Palais des Académies, Bruxelles, 16.02.2011, online verfügbar unter <https://denning.law.ox.ac.uk/published/news/GSGG-Interception16022011Rev2.pdf> Zugriff am 20.05.2015.

Goodwin-Gill, Guy S./McAdam, Jane: The Refugee in International Law (Oxford University Press, 2007).

Goodwin-Gill, Guy S.: The Right to Seek Asylum: Interception at Sea and the Principle of Non-Refoulement, International Journal of Refugee Law 2011, 443–457.

Gottwald, Martin: Burden Sharing and Refugee Protection, in: Elena Fiddian-Qasmiyeh/Gil Loescher/Katy Slong/Nando Sigona (Hrsg.): The Oxford Handbook of Refugee and Forced Migration Studies (Oxford University Press, 2014).

Grabenwarter, Christoph: Europäische Menschenrechtskonvention, 4. Auflage (C. H. Beck, 2009).

Grabenwarter, Christoph/Pabel, Katharina: Europäische Menschenrechtskonvention, 5. Auflage (C.H. Beck, 2012).

Grahl-Madsen, Atle: Further Development of International Refugee Law, AWR-Bulletin 1964, 21–24.

Grahl-Madsen, Atle: International Solidarity and the Protection of Refugees, AWR-Bulletin 1981, 4–7.

Grahl-Madsen, Atle: The Status of Refugees in International Law (A. W. Sijthoff, 1966).

Grahl-Madsen, Atle: The Status of Refugees in International Law, Volume II. Asylum, Entry and Sojourn (A.W. Sijthoff, 1972).

Graßhof, Malte, in: Jürgen Schwarze (Hrsg.): EU-Kommentar, 3. Auflage (Nomos, 2012).

Groß, Thomas: Europäische Grundrechte als Vorgaben für das Einwanderungs- und Asylrecht, KJ 2001, 100–111.

Groß, Thomas: Migrationsrelevante Freiheitsrechte der EU-Grundrechtecharta, ZAR 2013, 106–110.

Gussone, Peter: Das Solidaritätsprinzip in der Europäischen Union und seine Grenzen (Duncker & Humblot, 2006).

Haarhuis, Daniela: Menschenrechtliche Herausforderungen an Frontex, Asylmagazin 2013, 10–16.

Hailbronner, Kay: Asyl- und Ausländerrecht (Kohlhammer, 2008).

Hailbronner, Kay: Immigration and Asylum Law and Policy of the European Union (Kluwer, 2000).

Hailbronner, Kay: Non-Refoulement and „Humanitarian Refugees“: Customary International Law or Wishful Legal Thinking?, in: David A. Martin (Hrsg.): The New Asylum Seekers: Refugee Law in the 1980s (Springer, 1988).

Hailbronner, Kay: Refoulement-Verbote und Drittstaatenregelung (Art. 33 GK und Art. 3 EMRK), in: Ulrich Beyerlin/Michael Bothe/Rainer Hofmann/Petersmann (Hrsg.): E.U., Recht zwischen Umbruch und Bewahrung. Festschrift für Rudolf Bernhardt (Springer, 1995).

Hailbronner, Kay/Thiery, Claus: Amsterdam – Vergemeinschaftung der Sachbereiche Freier Personenverkehr, Asylrecht, Einwanderung sowie Überführung des Schengen-Besitzstands auf EU-Ebene, Zeitschrift Europarecht (EUR) 1998, 583–615.

Härtel, Ines: Kohäsion durch föderale Selbstbindung – Gemeinwohl und die Rechtsprinzipien Loyalität, Solidarität und Subsidiarität in der Europäischen Union, in: dies. (Hrsg.): Handbuch des Föderalismus, Band IV: Föderalismus in Europa und der Welt (Springer, 2012).

Hathaway, James: Refugees and Asylum, in: Brian Opeskin/Richard Perruchoud/Jillyanne Redpath-Cross (Hrsg.): Foundations of International Migration Law (Cambridge University Press, 2012).

Hattenauer, Hans: Europäische Rechtsgeschichte, 3. Auflage (C. F. Müller, 1999).

Haun, Elisabeth: The Externalisation of Asylum Procedures (Peter Lang, 2007).

Hayes, Ben/Vermeulen, Mathias: Borderline. The EU's New Border Surveillance Initiatives. Accessing the Costs and the Fundamental Rights Implications of EUROSUR and the 'Smart Border' Proposals, Juni 2012, online verfügbar unter <http://www.boell.de/sites/default/files/DRV_120523_BORDERLINE_-_Border_Surveillance.pdf> Zugriff am 28.04.2015.

Hengsbach, Friedhelm: ‚Solidarität‘ im Labyrinth christlicher Gesellschaftsethik, in: Gerd Iben/Peter Kemper/Michael Maschke (Hrsg.): Ende der Solidarität? Gemeinsinn und Zivilgesellschaft (LIT, 1999).

Herdegen, Matthias: Völkerrecht, 14. Auflage (C.H. Beck, 2015).

Hermann, Mathias, in: Kay Hailbronner (Hrsg.): EU Immigration and Asylum Law. Commentary on EU Regulations and Directives (C.H. Beck, 2010).

Herrnfeld, Hans-Holger, in: Jürgen Schwarze (Hrsg.): EU Kommentar, 3. Auflage (Nomos, 2012).

Hieronymi, Tonia: Solidarität als Rechtsprinzip in der Europäischen Union (Peter Lang, 2003).

Hilpold, Peter: Solidarität als Rechtsprinzip – völkerrechtliche, europarechtliche und staatsrechtliche Betrachtungen, in: Peter Häberle (Hrsg.): 55. Jahrbuch des öffentlichen Rechts (Mohr Siebeck, 2007).

Hong, Mathias: Asylgrundrecht und Refoulementverbot (Nomos, 2008).

Hoppe, Michael, in: Carl Otto Lenz/Klaus-Dieter Borchardt (Hrsg.): EU-Verträge Kommentar, 6. Auflage (Bundesanzeiger, 2012).

Huber, Derthold: Umsetzung ausländer- und flüchtlingsrechtlicher Richtlinien der EU und die neue Dublin-III-VO, NVwZ 2014, 548–554.

Hurwitz, Agnes: The Collective Responsibility of States to Protect Refugees (Oxford University Press, 2009).

Ipsen, Jörn: Staatsrecht I: Staatsorganisationsrecht (Hermann Luchterhand, 1999).

Isensee, Josef: Solidarität - sozialethische Substanz eines Blankettbegriffs, in: ders. (Hrsg.): Solidarität in Knappheit: zum Problem der Priorität (Duncker und Humblot, 1998).

Jarass, Hans: Charta der Grundrechte der Europäischen Union (C.H. Beck, 2013).

Jochum, Georg, in: Peter Tettinger/Klaus Stern (Hrsg.): Kölner Gemeinschaftskommentar zur Europäischen Grundrechte-Charta (C.H. Beck, 2006).

Jubilut, Liliana Lura/Wellington, Pereira Caneiro: Resettlement in Solidarity: A New Regional Approach Towards a More Humane Durable Solution, Refugee Survey Quarterly (RSQ) 2011, 63–86.

Kälin, Walter: Das Prinzip des Non-Refoulement (Lang, 1982).

Kälin, Walter/Caroni, Martina/Heim, Lukas, in: Andreas Zimmermann (Hrsg.): The 1951 Convention Relating to the Status of Refugees and its 1967 Protocol (Oxford University Press, 2011).

Kaltenborn, Markus: Entwicklungsvölkerrecht und Neugestaltung der internationalen Ordnung. Rechtstheoretische und rechtspolitische Aspekte des Nord-Süd-Konflikts (Duncker & Humblot, 1998).

Kaser, Max/Knütel, Rolf: Römisches Privatrecht, 19. Auflage (C.H. Beck, 2008).

Kau, Marcel: Der Staat und der Einzelne als Vökerrechtssubjekte, in: Wolfgang Graf Vitzthum/Alexander Prölß (Hrsg.): Völkerrecht, 6. Auflage (de Gruyter, 2013).

Kersting, Wolfgang: Internationale Solidarität, in: Kurt Bayertz (Hrsg.): Solidarität. Begriff und Problem (Suhrkamp, 1998).

Kimminich, Otto: Die Genfer Flüchtlingskonvention als Ausdruck globaler Solidarität, Archiv des Völkerrechts (AVR) 1991, 261–269.

Kimminich, Otto: Entwicklung des Flüchtlingsrechts, AVR 2010, 369–410.

Kimminich, Otto: Der internationale Rechtsstatus des Flüchtlings (Carl Heymanns, 1962).

Kingreen, Thorsten, in: Christian Calliess/Matthias Ruffert (Hrsg.): EUV/AEUV Kommentar, 4. Auflage (C.H. Beck, 2012).

Klein, Pascal/Frei, Nula: Migration und Menschenrechte: Menschenrechte als Grenze und die Grenzen der Menschenrechte im Migrationsrecht, NVwZ 2015, 565–567.

Kluth, Winfried: Migrationsgerechtigkeit, ZAR 2011, 329–335.

Kondziela, Joachim: Solidaritätsprinzip, in: Alfred Klose u.a. (Hrsg.): Katholisches Soziallexikon, 2. Auflage (Tyrolia, 1980).

Kotzur, Markus, in: Rudolf Geiger/Daniel-Erasmus Khan/ders. (Hrsg.): EUV/AEUV, 5. Auflage (C.H. Beck, 2010).

Kramer, Ernst. A.: Juristische Methodenlehre (Stämpfli, 2005).

Kriebaum, Ursula: Freiheitsbeschränkungen im Transitbereich, in: Christoph Grabenwarter/Rudolf Thienel (Hrsg.): Kontinuität und Wandel der EMRK (N. P. Engel, 1998), S. 71–95.

Kritzman-Amir, Tally/Spijkerboer, Thomas: On the Morality and Legality of Borders: Border Policies and Asylum Seekers, Harvard Human Rights Journal (HHRJ) 2013, 1–38.

Kugelmann, Dieter: Einwanderungs- und Asylrecht (§ 41), in: Reiner Schulze/Manfred Zuleeg/Stefan Kadelbach (Hrsg.): Europarecht. Handbuch für die deutsche Rechtspraxis, 2. Auflage (Nomos, 2010).

Kugelmann, Dieter: Asylagenda 2010 – Dimensionen des Gemeinsamen Europäischen Asylsystems, ZAR 2007, 81–87.

Langford, Liliane: The other Euro Crisis: Rights violations under CEAS and the Unraveling of EU Solidarity, HHRJ 2013, 217–264.

Larenz, Karl: Methodenlehre der Rechtswissenschaft, Studienausgabe, 5. Auflage (Springer, 1983).

Lauterpacht, Elihu/Bethlehem, Daniel: The Scope and Content of the Principle of Non-Refoulement: Opinion, in: Edith Feller/Volker Türk/Francis Nicholson (Hrsg.): Refugee Protection in International Law, online verfügbar unter <http://www.unhcr.org/419c75ce4.pdf> Zugriff am 27.07.2015.

Moreno-Lax, Violeta: Hirsi Jamaa and Others v. Italy or the Strasbourg Court versus Extraterritorial Migration Control?, 12 (3) Human Rights Law Review 2012, 574–598.

Moreno-Lax, Violeta: Must EU Borders have Doors for Refugees? On the Compatibility of Schengen Visas and Carriers' Sanctions with EU Member States' Obligations to Provide International Protection to Refugees, EJML 2008, 315–364.

Lenz, Carl Otto: in: ders./Borchardt Lenz (Hrsg.): EU-Verträge. Kommentar, 6. Auflage (Bundesanzeiger, 2012).

Lehnert, Matthias: Frontex und operative Maßnahmen an den Europäischen Außengrenzen (Nomos, 2014).

Lieber, Viktor: Die neuere Entwicklung des Asylrechts im Völkerrecht und Staatsrecht unter besonderer Berücksichtigung der schweizerischen Asylpraxis (Schulthess, 1973).

Lienbacher, Georg, in: Jürgen Schwarze (Hrsg.): EU-Kommentar, 3. Auflage (Nomos, 2012).

Lübbe, Anna: ‚Systemische Mängel' in Dublin-Verfahren, ZAR 2014, 105–111.

Lübbe, Anna: Prinzipien der Zuordnung von Flüchtlingsverantwortung und Individualrechtsschutz im Dublin-System, ZAR 2015, 125–131.

Maaßen, Hans-Georg: Die Rechtsstellung des Asylbewerbers im Völkerrecht (Peter Lang, 1997).

Maiani, Francesco/Hruschka, Constantin: Der Schutz der Familieneinheit in Dublin-Verfahren, ZAR 2014, 69–73.

Mallia, Patricia: The Re-thinking of the Dublin II Regulation, RSQ 2011, 107–128.

Mananashvili, Sergo: Möglichkeiten und Grenzen zur völker- und europarechtlichen Durchsetzung der Genfer Flüchtlingskonvention (Nomos, 2009).

Marx, Karl/Engels, Friedrich: Manifest der kommunistischen Partei (Reclam, 2014).

Marx, Reinhard: Änderungen im Dublin-Verfahren nach der Dublin-III-VO, ZAR 2014, 5–12.

Marx, Reinhard: Solidarität im grundrechtskonformen europäischen Asylsystem, NVwZ 2012, 409–413.

Marx, Reinhard: Adjusting the Dublin Convention: New Approaches to Member State Responsibility for Asylum Applications, EJML 2001, 7–22.

McDonough, Paul/Tsourdi, Evangelia: UNHCR Research Paper No. 231, Putting Solidarity to the Test: Assessing Europe's response to the asylum crisis in Greece (Geneva, 2012).

Meyer-Ladewig, Jens: EMRK Handkommentar, 3. Auflage (Nomos, 2011).

Monar, Jörg: Auf dem Weg zu einem Verfassungsvertrag: Der Reformbedarf der Innen- und Justizpolitik der Union, Integration 2003, 31–47.

Monar, Jörg: Der Raum der Freiheit, der Sicherheit und des Rechts, in: Armin von Bogdany/Jürgen Bast (Hrsg.): Europäisches Verfassungsrecht, 2. Auflage (Springer, 2009).

Mrozek, Anna: Zwischen ‚Raum der Freiheit', ‚Raum der Sicherheit' und ‚Raum des Rechts' – der Mechanismus des supranationalen Grenzschutzes an den europäischen Außengrenzen, ZAR 2014, 393–400.

Mrozek, Anna: Grenzschutz als supranationale Aufgabe (Nomos, 2013).

Nascimbene, Bruno/di Pascale, Alessia: The Arab Spring and the Extraordinary Influx of People who Arrived in Italy from North Africa, EJML 2011, 341–360.

Neumann, Simon: Ein neues Mindset der Europäischen Grenzschutzagentur? Zur Internalisierung menschenrechtlicher Vorgaben durch Frontex, MenschenRechtsMagazin 2013, 19–32.

Noll, Gregor, in: Andreas Zimmermann (Hrsg.): The 1951 Convention relating to the status of refugees and its 1967 Protocol (Oxford University Press, 2011).

Noll, Gregor: Negotiating Asylum – The EU Acquis, Extraterritorial Protection and the Common Market of Deflection (Kluwer, 2000).

Noll, Gregor: Prisoners' Dilemma in Fortress Europe: On the Prospects for Equitable Burden-Sharing in the European Union, GYIL 1997, 405–437.

Noll, Gregor: Protection in a Spirit of Solidarity?, in: Rosemary Byrne/Jens Vedsted-Hansen/ders. (Hrsg.): New Asylum Countries? Migration Control and Refugee Protection in an enlarged European Union (The Hague, 2002).

Noll, Gregor: Risky Games? A Theoretical Approach to Burden-Sharing in the Asylum Field, JRS 2003, 236–252.

Opitz, Peter Joachim: Menschenrechte und internationaler Menschenrechtsschutz im 20. Jahrhundert (UTB, 2002).

Pache, Eckhard: § 10 Die Union als Raum der Freiheit, der Sicherheit und des Rechts, in: Matthias Niedobitek (Hrsg.): Europarecht – Politiken der Europäischen Union (de Gruyter, 2014).

Parusel, Bernd: Solidarity and Fairness in the Common European Asylum System – Failure or Progress?, Migration Letters 2015, 124–136.

Parusel, Bernd: Abschottungs- und Anwerbungsstrategien (Verlag für Sozialwissenschaften, 2010).

Peers, Steve: Immigration, Asylum and the European Union Charter of Fundamental Rights, EJML 2001, 141–169.

Peers, Steve/Rogers, Nicola: EU Immigration and Asylum Law: Text and Commentary, in: Jan Niessen/Elspeth Guild (Hrsg.): Immigration and Asylum Law and Policy in Europe, 3. Auflage (Brill Academic Pub, 2015).

Pelzer, Marei: Unsolidarisches Europa. Das Asylzuständigkeitssystem „Dublin II" untergräbt den europäischen Flüchtlingsschutz, KJ 2011, 262–271.

Pelzer, Marei: Das EuGH-Urteil vom 21.12.2011 zur Dublin-II-Verordnung, Asylmagazin 2012, 102–108.

Perrine, Delphine/McNamara, Frank: Refugee Resettlement in the EU: Between Shared Standards and Diversity in Legal and Policy Frames, in: European University Institute Robert Schuman Centre for Advanced Studies (Hrsg.): KNOW RESET Research Report 2012/03 (2013).

Peukert, Wolfgang, in: Jochen Frowein/ders.: Europäische Menschenrechtskonvention, 3. Auflage (N. P. Engel, 2009).

Progin-Theuerkauf, Sarah, in: Hans von der Groeben/Jürgen Schwarze/Armin Hatje: Europäisches Unionsrecht, 7. Auflage (Nomos, 2015).

Rah, Sicco: Asylsuchende und Migranten auf See (Springer, 2009).

Rapopport, Hillel/Moraga, Jesús Fernández-Huertas: Tradable Refugee-Admission Quotas: A Policy Proposal to Reform the EU Asylum Policy, Robert Schuman Centre for Advanced Studies Migration Policy Centre, RSCAS 2014/101 2014.

Read, James: Magna Charta for Refugees (United Nations, 1951).

Reermann, Olaf: Lastenteilung und zeitweilige Aufnahme, in: Kay Hailbronner/Patrick Weil (Hrsg.): Von Schengen nach Amsterdam (Bundesanzeiger, 1999), S. 111–120.

Reinhardt, Darius: Menschenrechte Pushed Back – Wie die neue Seeaußengrenzenverordnung das Hirsi-Urteil zurückweist, KJ 2014, 341–349.

Ress, Georg: Supranationaler Menschenrechtsschutz und Wandel der Staatlichkeit, ZaöRV 2004, 621–639.

Riedel, Eibe: Die Universalität der Menschenrechte: Philosophische Grundlagen, nationale Gewährleistungen, internationale Garantien (Duncker & Humblot, 2003).

Riemer, Carsten Ludwig: Staatengemeinschaftliche Solidarität in der Völkerrechtsordnung (Books on Demand, 2003).

Röben, Volker, in: Eberhard Grabitz/Meinhard Hilf/Martin Nettesheim (Hrsg.): Das Recht der Europäischen Union, 53. Ergänzungslieferung (C.H. Beck, 2014).

Rossi, Mathias, in: Christian Calliess/Matthias Ruffert (Hrsg.): EUV/AEUV Kommentar, 4. Auflage (C.H. Beck, 2012).

Roßkopf, Ralf: Dublin III beyond M.S.S. and N.S., AWR-Bulletin 2012, 60–79.

Schattenberg, Bernd: Deutsche Erfahrungen mit Schengen, in: Kay Hailbronner/Patrick Weil (Hrsg.): Von Schengen nach Amsterdam (Bundesanzeiger, 1999).

Schäuble, Wolfgang: Europäische Migrationspolitik – Versuch einer Standortbestimmung, ZAR 2006, 221–225.

Scheuner, Ulrich: Solidarität unter den Nationen als Grundsatz in der gegenwärtigen internationalen Gemeinschaft, in: Recht im Dienst des Friedens, Festschrift für Eberhard Menzel zum 65. Geburtstag am 21. Januar 1976 (Duncker & Humblot, 1976).

Schieber, Julia: Komplementärer Schutz. Die aufenthaltsrechtliche Stellung nicht rückführbarer Personen in der EU (Nomos, 2013).

Schieffer, Martin: Die Zusammenarbeit der EU-Mitgliedstaaten in den Bereichen Asyl und Einwanderung (Nomos, 1998).

Schmahl, Stefanie, in: Wolfgang von der Groeben/Jürgen Schwarze (Hrsg.): Kommentar zum EU-/EG-Vertrag, 6. Auflage, 2003.

Schmelter, Jürgen: Solidarität: Die Entwicklungsgeschichte eines sozialethischen Schlüsselbegriffs (Diss. München, 1991).

Schmidt, Evelyn: Unbegründete Aufregung über das EGMR-Urteil zum Dublin-Abkommen, Jusletter 15. Dezember 2014, online verfügbar unter <https://ius.unibas.ch/uploads/publics/42018/20141221142729_5496cac16089b.pdf> Zugriff am 04.03.2015.

Scholz, Antonia: Warum Deutschland?, BAMF 2013, online verfügbar unter <http://www.bamf.de/SharedDocs/Anlagen/DE/Publikationen/Forschungsberichte/fb19-warum-deutschland.pdf?__blob=publicationFile> Zugriff am 29.07.2015.

Schorkopf, Frank, in: Dirk Ehlers (Hrsg.): Europäische Grundrechte und Grundfreiheiten, 3. Auflage (de Gruyter, 2009).

Spieß, Katharina: Einige Anmerkungen zur europäischen Harmonisierung des Migrationsrechts aus menschenrechtlicher Sicht, in: Rainer Hofmann/Tillmann Löhr (Hrsg.): Europäisches Flüchtlings- und Einwanderungsrecht (Nomos, 2008).

Stein, Torsten/Buttlar, Christian: Völkerrecht, 13. Auflage (Vahlen, 2012).

Suhrke, Astri: Burden-sharing during Refugee Emergencies: The Logic of Collective versus National Action, JRS 1998, 396–415.

Takkenberg, Alex/Tahbaz, Christopher C.: The Collected Travaux Préparatoires of the 1951 Geneva Convention Relating to the Status of Refugees, Vol. I–II (Dutch Refugee Council, 1990).

Teitgen-Colly, Catherine: The European Union and Asylum: An Illusion of Protection, CMLR 2006, 1503–1566.

ter Steeg, Marcus: Das Einwanderungskonzept der EU – Zwischen politischem Anspruch, faktischen Regelungsbedürfnissen und den primärrechtlichen Grenzen in Titel IV des EG-Vertrages (Nomos, 2006).

Tiedemann, Paul: Rückführung von Asylbewerbern nach Italien, NVwZ 2015, 121–124.

Thielemann, Eiko: Between Interests and Norms: Burden Sharing in the European Union, JRS 2003, 253–273.

Thielemann, Eiko: Towards A Common EU Asylum Policy: The Political Economy of Refugee Burden-Sharing, Paper prepared for the conference "Immigration Policy after 9/11: US and European Perspectives", University of Texas, Austin, 2–3 March 2006.

Thielemann, Eiko/Dewan, Torun: The Myth of Free-riding: Refugee Protection and Implicit Burden Sharing, West European Politics 2006, 351–369.

Thurin, Oliver: Der Schutz des Fremden vor rechtswidriger Abschiebung (Österreich, 2009).

Thym, Daniel, in: Winfried Kluth/Andreas Heusch (Hrsg.): Beck'scher Online-Kommentar Ausländerrecht, 6. Edition (C.H. Beck, 2013).

Thym, Daniel: Europäische Einwanderungspolitik: Grundlagen, Gegenstand und Grenzen, in: Rainer Hofmann/Tillmann Löhr (Hrsg.): Europäisches Flüchtlings- und Einwanderungsrecht (Nomos, 2008).

Thym, Daniel, in: Eberhard Grabitz/Meinhard Hilf/Martin Nettesheim (Hrsg.): Das Recht der Europäischen Union, Kommentar, 46. Ergänzungslieferung (C.H. Beck, 2011).

Thym, Daniel: Migrationsverwaltungsrecht (Mohr Siebeck, 2010).

Thym, Daniel: Zulässigkeit von Überstellungen nach Italien, ZAR 2013, 331–335.

Thym, Daniel/Hailbronner, Kay: Vertrauen im europäischen Asylsystem, NVwZ 2012, 406–409.

Tomei, Verónica: Europäisierung nationaler Migrationspolitik. Eine Studie zur Veränderung von Regieren in Europa (Lucius & Lucius, 2001).

Toner, Helen, The Lisbon Treaty and the Future of European Immigration and Asylum law, in: Loïc Azoulai/Karin De Vries (Hrsg.): EU Migration Law (Oxford University Press, 2014).

Villiger, Mark: Handbuch der Europäischen Menschenrechtskonvention (EMRK), 2. Auflage (Schulthess, 1999).

Vitzthum, Wolfgang Graf: Begriff, Geschichte und Rechtsquellen des Völkerrechts, in: ders. (Hrsg.): Völkerrecht, 4. Auflage (de Gruyter, 2007).

Volkmann, Uwe: Solidarität – Programm und Prinzip der Verfassung (Mohr Siebeck, 1998).

von Bogdandy, Armin/Schill, Stephan, in: Eberhard Grabitz/Meinhard Hilf/Martin Nettesheim (Hrsg.): Das Recht der Europäischen Union, 51. Ergänzungslieferung (C.H. Beck, 2013).

von Bogdandy, Armin: Grundprinzipien, in: Jürgen Bast (Hrsg.): Europäisches Verfassungsrecht, 2. Auflage (Springer, 2009).

von Nell-Breuning, Oswald: Baugesetze der Gesellschaft (Herder Verlag, 1990).

von Osten, Marion: Eine Bewegung der Zukunft. Die Bedeutung des Blickregimes der Migration für die Produktion der Ausstellung Projekt Migration, in: TRANSIT MIGRATION Forschungsgruppe (Hrsg.): Turbulente Ränder: neue Perspektiven auf Migration an den Grenzen Europas (Transcript, 2007).

von der Burchard, Franz/Barigazzi, Jacopo: Germany and France demand changes to migration plan, Politico.eu, 02.06.2015, online verfügbar unter <http://www.politico.eu/article/germany-and-france-demand-revision-of-migration-agenda/> Zugriff am 04.06.2015.

Warner, Frendehl: Dublin Regulation and Boat Arrivals: What Burden – Sharing Model for the EU?, in: Daniel Thym/Francis Snyder (Hrsg.): Europe – A Continent of Immigration? Legal Challenges in the Construction of European Migration Policy (Groupe De Boeck s.a., 2011), 165–195.

Weber, Albrecht: Menschrechtlicher Schutz von Bootsflüchtlingen, ZAR 2012, 265–270.

Weinzierl, Ruth/Lisson, Urszula: Grenzschutz und Menschenrechte – Eine europarechtliche und seerechtliche Studie (Deutsches Institut für Menschenrechte, 2007).

Weinzierl, Ruth: Flüchtlinge: Schutz und Abwehr in der erweiterten EU (Nomos, 2005).

Weis, Paul: The Refugee Convention 1951, online verfügbar unter <http://www.unhcr.org/4ca34be29.html > Zugriff am 30.07.2015.

Weiß, Wolfgang/Satzger, Helmut, in: Rudolf Streinz (Hrsg.): Beck'sche Kurzkommentare, Band 57, EUV/AEUV, 2. Auflage (C.H. Beck, 2012).

Wellens, Karel: Revisiting Solidarity as a (Re-)Emerging Constitutional Principle, in: Rüdiger Wolfrum/Chie Kojima (Hrsg.): Solidarity – A Structural Principle of International Law (Springer, 2010).

Wendel, Mattias: Der EMRK-Beitritt als Unionsrechtsverstoß. Zur völkerrechtlichen Öffnung der EU und ihren Grenzen, NJW 2015, 921–926.

Wolffgang, Hans-Michael, in: Carl-Otto Lenz/Klaus Dieter Borchardt (Hrsg.): EU-Verträge Kommentar, 6. Auflage (Bundesanzeiger, 2012).

Wolfrum, Rüdiger: International Law of Cooperation, in: Rudolf Bernhard (Hrsg.): Encyclopedia of Public International Law, Band 9, 193–198.

Wolfrum, Rüdiger: Solidarity Amongst States: An Emerging Structural Principle of International Law, in: Pierre-Marie Dupuy (Hrsg.): Völkerrecht als Weltordnung, Festschrift für Christian Tomuschat (N. P. Engel, 2006).

Wolter, Miriam: Auf dem Weg zu einem gemeinschaftlichem Asylrecht in der Europäischen Union (Nomos, 1999).

Wouters, Kees: Internal Refugee Protection, in: Pieter Boels/Maarten den Heijer/Gerrie Lodder/ders. (Hrsg.): European Migration Law, 2. Auflage (Intersentia, 2014).

Zaiotti, Ruben: The Beginning of the End? The Italo-French Row over Schengen and the Lessons of Past 'Crisis' for the Future of Border Free Europe, European Union Centre of Excellence (EUCE), Occasional Paper No. 12, June 2011, online verfügbar unter <http://www.academia.edu/1591178/_The_Beginning_of_the_End_The_Italo-French_Row_over_Schengen_and_the_Lessons_of_Past_Crises_for_the_Future_of_Border_Free_Europe_>Zugriff am 30.07.2015.

Zieck, Marjoleine: Doomed to fail from the Outset? UNHCR's Convention Plus Initiative Revisited, International Journal of Refugee Law (IJRL) 2009, 387–420.

Zimmermann, Andreas/Elberling, Björn: Ausweisungsschutz aufgrund von im Zielstaat drohender Verletzungen, in: Oliver Dörr/Rainer Grote/Thilo Marauhn (Hrsg.): EMRK/GG Konkordanzkommentar, Band II, 2. Auflage (Mohr Siebeck, 2013).

Zumach, Andreas: Über die Festung Europa und die Menschenrechte, in: Elias Bierdel/Maximilian Lakitsch (Hrsg.): Flucht und Migration: Von Grenzen, Ängsten und Zukunftschancen (LIT, 2014), S. 55–66.

1. Kapitel: Das Solidaritätsprinzip im GEAS

A. Einleitung

Wir erleben zurzeit die weltweit größte Fluchtbewegung seit dem Ende des Zweiten Weltkrieges. Nach Angaben des Hohen Flüchtlingskommissars der Vereinten Nationen (United Nations High Commissioner of Refugees – UNHCR) waren Ende 2014 weltweit etwa 60 Millionen Menschen auf der Flucht. Diese Zahl setzt sich aus 20 Millionen vom UNHCR anerkannten Flüchtlingen, 38 Millionen sogenannten „Binnenvertriebenen" (Menschen, die innerhalb ihres eigenen Herkunftslandes Zuflucht gesucht und die Staatsgrenzen nicht verlassen haben) und 1,8 Millionen Asylsuchenden zusammen.[1] Noch nie zuvor hat der UNHCR eine so hohe Anzahl an Menschen auf der Flucht verzeichnet. Im Vergleich zum Jahr 2013 stieg die Anzahl der Flüchtlinge um acht Millionen Menschen.[2]

Auch die Anzahl der Menschen, die in Europa Schutz vor Verfolgung und Krieg suchen, nimmt stetig zu. Der Konflikt in der Ostukraine sowie die große Zahl der syrischen Flüchtlinge machten Europa 2014 zu einer der wichtigsten Schutzzonen vor Verfolgung und Krieg. Laut UNHCR hat 2014 die Türkei alleine etwa 1,6 Millionen syrischen Flüchtlingen Zuflucht gewährt. Die Türkei löste damit Pakistan als größtes Flüchtlingsaufnahmeland weltweit ab.[3]

Wegen der vorherrschenden Konflikte und Bürgerkriege und den daraus resultierenden Fluchtbewegungen nahm die politische und mediale Aufmerksamkeit für Flüchtlingsfragen in den letzten Jahren verstärkt zu. Das Augenmerk der Medien und Menschenrechtsorganisationen richtet sich auch auf die Europäischen Union (EU), die im Jahr 2012 den Friedensnobelpreis für ihren „erfolgreichen Kampf für Frieden, Versöhnung, Demokratie und Menschenrechte" gewann und gleichzeitig wegen ihres Umgangs mit Flüchtlingen aus den Konfliktherden im Osten von Europa und im Globalen Süden in die Kritik geraten ist.[4]

---

1 UNHCR, Jahresbericht des UNHCR Global Trends 2014, 18. Juni 2015, online verfügbar unter <http://www.unhcr.de/home/artikel/f31dce23af754ad07737a7806dfac4fc/weltweit-fast-60-millionen-menschen-auf-der-flucht.html> Stand 25.07.2015 (*Global Trends*).

2 *Global Trends*, S. 2.

3 Ebenda.

4 Statt vieler: *Marczynski for Amnesty International*, No time for EU to rest on laurels after Nobel Prize win, 15.10.2012, online verfügbar unter <https://www.amnesty.org/en/latest/news/2012/10/no-time-eu-rest-laurels-after-nobel-prize-win/> Stand 26.07.2015; *Appenzeller*, Europa und der Friedensnobelpreis. Erbärmlich und selbstgefällig, in: Der Tagesspiegel, 09.10.2013, online verfügbar unter <http://www.tagesspiegel.de/meinung/europa-und-der-friedensnobelpreis-erbaermlich-und-selbstgefaellig/8910424.html> Stand 26.07.2015.

Die Statistiken des UNHCR belegen, dass 86% der weltweiten Flüchtlingspopulationen von sogenannten Entwicklungsländern[5] beherbergt werden.[6] Neben der Türkei gehören Pakistan, Libanon, Iran, Äthiopien und Jordanien zu den Aufnahmeländern mit den meisten Flüchtlingspopulationen.[7]

In den 28 Mitgliedstaaten der EU haben dagegen 626.000 Menschen im Jahr 2014 Asyl gesucht (laut Angaben des Statistischen Amtes der Europäischen Union (Eurostat) die höchste Anzahl an Asylgesuchen in der EU seit 1992).[8] Damit ist der Anteil der EU an der globalen Aufnahme von Flüchtlingspopulationen nur von geringer Bedeutung. Allein die Türkei hat mehr syrische Flüchtlinge aufgenommen, als die 28 Mitgliedstaaten der EU zusammen.

Innerhalb der EU hat Deutschland die meisten Asylsuchenden (203.000) aufgenommen. Schweden kommt in der Eurostat-Statistik für 2014 auf den zweiten Platz mit nur 81.000 registrierten Asylsuchenden.[9] Insgesamt haben nur neun Mitgliedstaaten 90% der Gesamtzahl der Flüchtlinge aufgenommen.[10] Gleichzeitig stieg die Anzahl an Schutzgesuchen in vielen Außengrenzstaaten der EU, wie Italien (+146%) und Ungarn (+126%), überproportional im Vergleich zum Vorjahreszeitraum an.[11]

Die Betrachtung der Verteilung der Asylgesuchzahlen innerhalb der EU wirft viele Fragen auf: Wie wird die Verantwortung für Flüchtlinge innerhalb der EU verteilt? Führen die vorherrschenden gemeinsamen Regelungen zu einem Ungleichgewicht bei der Verteilung von Flüchtlingspopulationen? Haben die Mitgliedstaaten an den Außengrenzen der EU eine größere Verantwortung für die gemeinsame EU-Asylpolitik zu tragen als andere Mitgliedstaaten, wie Deutschland oder Frankreich? Wenn ja, warum? Ist dieses Ergebnis solidarisch und gerecht? Nach welchen Faktoren bemisst sich Solidarität und Gerechtigkeit grundsätzlich in Flüchtlingsfragen?

---

5 Im Völkerrecht ist der Begriff „Entwicklungsländer" nicht abschließend geklärt. Das GATT legt zwei Abgrenzungskriterien in Art. XVIII GATT fest, wonach Mitgliedstaaten, in denen niedrige Lebensstandards vorherrschen und sich in einem niedrigen Entwicklungsstadium befinden, sich selbst als Entwicklungsland einstufen können. Des Weiteren kategorisiert die Weltbank Staaten als Entwicklungsländer gemessen am Anteil des durchschnittlichen Pro-Kopf-Einkommens am jährlichen Bruttoinlandsprodukt der jeweiligen Länder; für nähere Ausführungen vgl. *Jessen*, WTO Recht und „Entwicklungsländer" - „Special and Differential Treatment for Developing Countries" im multidimensionalen Wandel des Wirtschaftsvölkerrechts, Schriften zum transnationalen Wirtschaftsrecht, Band 5, 2006.

6 *Global Trends*, S. 2.

7 Ebenda.

8 Eurostat, Asylum statiscs, Data extracted on 21 May 2015, online verfügbar unter <http://ec.europa.eu/eurostat/statistics-explained/index.php/Asylum_statistics> Stand 26.07.2015.

9 Eurostat, Asylum statiscs, Data extracted on 21 May 2015.

10 Ebenda.

11 Eurostat, Asylum statiscs, Data extracted on 21 May 2015.

Die vorliegende Arbeit untersucht diese Fragen anhand der vorhandenen Rechtsinstrumente im Gemeinsamen Europäischen Asylsystem (GEAS) und den geltenden völkerrechtlichen Vorgaben zum Schutz von Flüchtlingen.

Bereits im Stockholmer Programm von 2009 wurde das Ziel der Verwirklichung eines Gemeinsamen Europäischen Asylsystems (GEAS) im Geiste der gegenseitigen Verantwortung und Solidarität proklamiert.[12] Als Grundprinzipien der gemeinsamen Asylpolitik sind die Solidarität und die gerechte Aufteilung von Verantwortlichkeiten nunmehr in Art. 80 des Vertrags über die Arbeitsweise der Europäischen Union (AEUV) niedergelegt.

Das Thema Flüchtlinge und deren Verteilung in Europa bestimmt die gemeinsame Asylpolitik der Mitgliedstaaten seit Anfang der Neunzigerjahre.[13] Infolge des Zerfalls der ehemaligen sozialistischen Republik Jugoslawien stiegen die Asylgesuchzahlen innerhalb der Europäischen Gemeinschaft rapide an. Deutschland, das besonders viele Kriegsvertriebene aufnahm, forderte die Einführung eines Systems europäischer Verantwortungsteilung.[14]

Aktuell bestimmt die Debatte um die Vorgehensweise und den Umgang mit den Menschen[15], die Europa über das Mittelmeer mit kaum seetauglichen Schiffen und Booten aus Nordafrika erreichen, die gemeinsame EU-Asylpolitik. Diese Thematik war auch Gegenstand der letzten Tagungen des Europäischen Rates der EU (Europäischer Rat) Ende Juni und Juli 2015.[16]

Nach Angaben des UNHCR sind in den ersten Monaten diesen Jahres etwa 137.000 Menschen über das Mittelmeer nach Europa geflohen. Im Vergleich zum

---

12 Vgl. Europäischer Pakt zu Einwanderung und Asyl vom 24.8.2008, 13440/08, S. 4 und Stockholmer Programm – Ein offenes und sicheres Europa im Dienste und zum Schutz der Bürger vom 2.12.2009, 17024/09, S. 5.

13 *Barbou des Places*, Burden in the Field of Asylum. Legal Motivations and Implications of a Regional Approach, in: EUI Working Papers, RSC No. 2002/66, S. 1.

14 *Tomei*, Europäisierung nationaler Migrationspolitik. Eine Studie zur Veränderung von Regieren in Europa (2001), S. 40; *Chibanguza*, Die Kompetenzen nach dem Vertrag von Lissabon unter besonderer Berücksichtigung der Zuständigkeiten im Bereich der Politiken Grenzkontrollen, Asyl und Einwanderung des Raums der Freiheit, der Sicherheit und des Rechts (2011), S. 284.

15 Ich ziehe es vor, den Begriff „Menschen“ zu verwenden, um auf ihr elementares Dasein als Grundrechtssubjekte hinzuweisen und um von vornherein Diskussionen darüber zu vermeiden, ob es sich bei ihnen um so genannte Wirtschaftsmigranten oder Flüchtlinge handelt. Wenn in der Arbeit dagegen die Rede von Flüchtlingen ist, dann sind damit Flüchtlinge im Sinne des Art. 1 A-F GFK gemeint, also auch Asylsuchende, deren Flüchtlingseigenschaft von einem Vertragsstaat oder dem UNHCR noch nicht festgestellt worden ist.

16 Vgl. Europäischer Rat, Schlussfolgerungen zur Tagung des Europäischen Rates vom 25. und 26. Juni 2015 und European Commission, Remarks of Commissioner Avramopoulos after the Justice and Home Affairs Council on 20 July 2015, online verfügbar unter <http://europa.eu/rapid/press-release_SPEECH-15-5421_en.htm> Stand 25.07.2015.

Vorjahreszeitraum ist die Zahl der Flüchtlinge, die über das Mittelmeer einreisen, um 83% gestiegen.[17] Bei der gefährlichen Überfahrt über das Mittelmeer starben allein in den ersten Monaten von 2015 etwa 1867 Menschen, davon sind allein 1308 im April vor der Küste von Lampedusa ertrunken.[18]

Für Mittelmeeranrainerstaaten wie Italien oder Griechenland stellt sich die Frage nach dem Umgang mit diesen Menschen jeden Tag. Italien drängte deshalb beim Treffen des Europäischen Rates am 25.-26. Juni 2015 auf die Unterstützung der übrigen Länder bei der Erfüllung ihrer Verpflichtungen im Rahmen des GEAS.[19] Nur wenige Mitgliedstaaten zeigten den Willen, den aktuellen Vorschlag der EU-Kommission für ein einheitliches und verbindliches Verteilungsverfahren für 40.000 Schutzsuchende in Italien und Griechenland zu unterstützen.[20] Der Zustrom von neuen Flüchtlingen in Italien führte sogar dazu, dass Österreich und Frankreich die Einreise bzw. die Weiterreise der Flüchtlinge an ihren Grenzen de facto gestoppt haben. Frankreich lässt niemanden mehr ins Land und Österreich schickt alle Schutzsuchenden, die auf dem Landweg kommen, mit dem Zug zurück nach Italien.[21]

Der Europäische Rat (Rat) betonte zugleich bei seiner Tagung Ende Juni 2015, dass die EU „ein ausgewogenes und geografisch umfassendes Konzept für Migration“ benötige, das „auf Solidarität und Verantwortung beruht“.[22] Auch die Europäische Kommission (Kommission) hat die wichtige Rolle der internen Solidarität für das GEAS immer wieder hervorgehoben.[23]

---

17 UNHCR, Mittelmeer: Rekordzahl an Flüchtlingen und MigrantInnen, 01.07.2015, online verfügbar unter <http://www.unhcr.de/print/home/artikel/435da63ac57f3eaee63d95d2e4f7eb9b/mittelmeer-rekordzahl-von-fluechtlingen-und-migranten.html> Stand 26.07.2015.

18 Ebenda.

19 EU strengthens cooperation on asylum matters and moves to secure EU’s external borders, online verfügbar unter <http://eu2012.dk/en/NewsList/Marts/Uge-10/Home-affairs?>, Stand 9.3.2012.

20 Tagesschau, Widerstand gegen EU-Flüchtlingsquote. Wer war dafür und wer dagegen?, 26.06.2015, online verfügbar unter <http://www.tagesschau.de/ausland/fluechtlinge-eu-quoten-103.html> Stand 25.07.2015; *Sander/Kim*: EU misses migration target. Ministers had hoped to agree on how to relocate 40,000 migrants, in: Politico.eu, 20.07.2015, online verfügbar unter <http://www.politico.eu/article/eu-misses-migration-target-quota/> Stand 25.07.2015.

21 *Schlamp,* Verteilung der Flüchtlinge. Italien will Europa der zwei Barmherzigkeiten, Spiegel Online, 15.06.2015, online verfügbar unter <http://www.spiegel.de/politik/ausland/fluechtlinge-in-italien-renzi-will-europa-der-zwei-barmherzigkeiten-a-1038877.html> Stand 26.07.2015.

22 Europäischer Rat, Schlussfolgerungen zur Tagung des Europäischen Rates vom 25. und 26. Juni 2015, online verfügbar unter <http://data.consilium.europa.eu/doc/document/ST-22–2015-INIT/de/pdf> Stand 25.07.2015.

23 Ausführlich in ihrer Mitteilung vom 2.12.2011. Eine EU-Agenda für weitergehende Teilung der Verantwortung und mehr gegenseitiges Vertrauen, KOM(2011) 835 endgültig.

Die Kommission ist der Ansicht, dass eine interne Solidarität nur durch gegenseitiges Vertrauen der Mitgliedstaaten bei der Umsetzung der Vorgaben des Abkommens über die Rechtsstellung der Flüchtlinge von 1951 (Genfer Flüchtlingskonvention, GFK)[24], der Europäischen Menschenrechtskonvention[25] (EMRK), der EU-Grundrechtecharta[26] (GrCh) und der Einhaltung der damit einhergehenden Verpflichtungen gelingen kann.[27]

Im Einzelnen führt sie aus: „Die Mitgliedstaaten müssen gewährleisten, dass ihre (Asyl-)Systeme imstande sind, die im Völkerrecht und im europäischen Recht (...) verankerten Normen einzuhalten. Die Notwendigkeit, auf die Erfüllung dieser Normen im eigenen Land zu achten, um Auswirkungen auf andere Mitgliedstaaten zu vermeiden, ist ein Schlüsselaspekt von Solidarität."[28]

Das GEAS basiert auf der Grundidee, dass EU-weit unter gleichen Bedingungen Schutz zu gewähren ist.[29] Dies setzt jedoch voraus, dass die Mitgliedstaaten ihre Verpflichtungen gegenüber Schutzsuchenden im Einklang mit dem geltenden Recht erfüllen. Im Gegenzug obliegt es der EU, die aus der Umsetzung des EU-Rechts für die Mitgliedstaaten resultierenden finanziellen und operativen Lasten abzumildern.[30] Es ist die Aufgabe der EU sicherzustellen, dass Asylsuchende und Flüchtlinge angemessen aufgenommen und geschützt werden.[31] Sie muss die Mitgliedstaaten daher bei der Bewältigung von Kapazitätsproblemen unterstützen.[32]

Basierend auf diesen Vorgaben konzentriert sich diese Arbeit auf die Untersuchung der Aufteilung der Verantwortlichkeiten im GEAS, der menschenrechtlichen Vorgaben zum Schutze von Flüchtlingen und möglicher Mechanismen zur Umsetzung dieser Vorgaben im Interesse der Flüchtlinge und im Interesse der Mitgliedstaaten an einer solidarischen und gerechteren Asylpolitik.

B. Zielsetzung und Eingrenzung der Untersuchung

Die Mitgliedstaaten der EU haben ihre Absicht manifestiert, ein Gemeinsames Europäisches Asylsystem (GEAS) im Geiste der gegenseitigen Verantwortung und

24 Abkommen über die Rechtsstellung der Flüchtlinge vom 28.7.1951, für Deutschland in Kraft getreten am 22.4.1954 (BGB1. II, S. 559).
25 Konvention zum Schutze der Menschenrechte und Grundfreiheiten vom 4.11.1950, für Deutschland in Kraft getreten am 3.9.1953 (BGBl. 1954 II, S. 14).
26 Charta der Grundrechte der Europäischen Union vom 12. Dezember 2007, EU-Dok.-Nr. 3 2007 X 1214 (01).
27 KOM(2011) 835 endgültig, S. 11f.
28 KOM(2011) 835 endgültig, S. 12.
29 Ebenda, S. 4.
30 *Fröhlich*, Das Asylrecht im Rahmen des Unionsrechts (2011), S. 317.
31 KOM(2011) 835 endgültig, S. 2.
32 Ebenda.

Solidarität zu etablieren.[33] Als Grundprinzipien der gemeinsamen Asylpolitik sind die Solidarität und die gerechte Aufteilung von Verantwortlichkeiten in Art. 80 des Vertrags über die Arbeitsweise der Europäischen Union (AEUV) niedergelegt.

Untersuchungsgegenstand der vorliegenden Arbeit ist die Verwirklichung einer solidarischen Aufteilung von Verantwortlichkeiten im GEAS, unter der Prämisse der Gewährleistung und Durchsetzung unionsweit vergleichbarer Mindeststandards für Flüchtlinge, die in der EU Schutz suchen.

Zunächst gilt zu klären, welche Bedeutung die ausdrückliche Normierung des Grundsatzes der Solidarität und Aufteilung der Verantwortlichkeiten in Art. 80 AEUV für die gemeinschaftliche und einzelstaatliche Praxis hat. Es wird geprüft, ob sich aus Art. 80 AEUV spezifische Verpflichtungen für die Mitgliedstaaten oder die EU-Organe ergeben.

Kern der Arbeit ist die Ermittlung des Schutzumfangs der flüchtlings- und menschenrechtlichen Abkommen. Die Reichweite dieses Schutzes soll bei den Maßnahmen zur Förderung der gegenseitigen Solidarität und insbesondere bei der Sicherung der Grenzen und Bekämpfung der unrechtmäßigen Einwanderung überprüft werden. Die Analyse fokussiert sich auf die Frage, ob die Zusammenarbeit der Mitgliedstaaten im Bereich des Asylrechts und der Sicherung der gemeinsamen Grenzen losgelöst von der gemeinsamen Verpflichtung zum Flüchtlingsschutz und Achtung der Grund- und Menschenrechte ausgestaltet werden kann oder ob sie aufgrund dieser Verpflichtungen besonderen Einschränkungen unterliegt.

Nach *Kimminich* ist der internationale Flüchtling „ein Prüfstein für die Stärke der Menschenrechtsidee."[34]

Die normativen Vorgaben des Völkerrechts und des Unionsrechts bilden den Maßstab für die EU-interne Solidarität. Durch die Bindung an das internationale Flüchtlingsrecht werden die nationalen und gemeinschaftsrechtlichen Asylpolitiken verzahnt. Hierbei kommt den Menschenrechten sowohl für das einzelstaatliche als auch für das gemeinschaftsrechtliche Handeln eine zentrale Maßstabsfunktion zu.[35]

Die Erfüllung der Vorgaben der im Rahmen der Gemeinsamen Europäischen Asylpolitik erlassenen Richtlinien und Verordnungen stellt für manche Mitgliedstaaten weiterhin eine hohe Hürde dar. Im GEAS sollen hohe Schutzstandards gelten.[36] Die Außengrenzstaaten, die traditionell keine Aufnahme- sondern Transitländer für Asylsuchende sind, haben immer noch große Schwierigkeiten, vergleichbare Kapazitäten für die Aufnahme und Versorgung von Schutzsuchenden aufzubauen.[37]

---

33 Vgl. Europäischer Pakt zu Einwanderung und Asyl vom 24.8.2008, 13440/08, S. 4 und Stockholmer Programm – Ein offenes und sicheres Europa im Dienste und zum Schutz der Bürger vom 2.12.2009, 17024/09, S. 5.

34 *Kimminich*, Entwicklung des Flüchtlingsrechts, Archiv des Völkerrechts 20/4, 405.

35 *Fröhlich* (Fn. 30), S. 304f.

36 Stockholmer Programm (Fn. 33), S. 69.

37 Vgl. EASO, Description of the Hungarian asylum system, 04.06.2015; *Pelzer*, Unsolidarisches Europa. Das Asylzuständigkeitssystem „Dublin II" untergräbt den europäischen Flüchtlingsschutz, KJ 2011, 263.

Ungarn ist ein solches Transitland. Für die meisten Flüchtlinge ist Ungarn lediglich eine Transitstation auf dem Weg nach Österreich oder Deutschland. Etwa 80 % der Flüchtlinge reisen weiter Richtung Westen.[38] Die Anzahl der unrechtmäßig einreisenden Schutzsuchenden steigt täglich. In diesem Jahr wurden bereits 50.000 Menschen registriert, während es im Jahr 2012 nur 2.000 waren. Die Flüchtlinge kommen vor allem aus Syrien, Irak und Afghanistan.[39] Die ungarische Regierung möchte nunmehr zur Abwehr der Flüchtlinge eine Mauer oder einen Zaun, der etwa 175 Kilometer lang und vier Meter hoch werden und entlang der serbischen Grenze führen soll.[40]

Neben der Verstärkung der Solidarität zwischen den Mitgliedstaaten gehört die Zusammenarbeit mit Drittstaaten in Migrationsfragen zu den Kernanliegen der Europäischen Asylpolitik. Der Gesamtansatz für Migration und Mobilität (GAMM) bildet dabei den Rahmen der auswärtigen Migrationspolitik der EU.[41] Danach soll sich die so genannte externe Dimension der gemeinsamen Asylpolitik in der aktiven Förderung des internationalen Schutzes durch die Zusammenarbeit mit Drittstaaten im Rahmen des GEAS widerspiegeln.[42] Es geht um die Solidarität nach außen, d.h. um die Solidarität mit Herkunfts- oder Transitstaaten, die eine unverhältnismäßig hohe Anzahl an Schutzsuchenden beherbergen. Die Kompetenz zur Zusammenarbeit mit Drittstaaten ergibt sich aus Art. 78 Abs. 2 lit. g) AEUV.

Die Untersuchung wird auf die innere Solidarität, d.h. die Solidarität zwischen den Mitgliedstaaten, beschränkt. Der Aspekt der äußeren Solidarität, der sich insbesondere im Zusammenhang mit Rückübernahmeabkommen, *Regional Protection Programmes, Mobility Partnerships,* Neuansiedlungsprogrammen oder so genannten *Carriers' Sanctions* stellt, wird demgegenüber außer Acht gelassen.[43] In dieser Arbeit gilt es, primär die Vereinbarkeit der vorhandenen internen Maßnahmen zur

---

38 Spiegel Online: Migration aus Serbien: Ungarn plant Grenzzaun gegen Flüchtlinge <http://www.spiegel.de/politik/ausland/ungarn-will-fluechtlinge-aus-serbien-mit-zaun-aufhalten-a-1039289.html> Stand 04.07.2015.

39 Spiegel Online: Migration aus Serbien: Ungarn plant Grenzzaun gegen Flüchtlinge <http://www.spiegel.de/politik/ausland/ungarn-will-fluechtlinge-aus-serbien-mit-zaun-aufhalten-a-1039289.html> Stand 04.07.2015.

40 *Muzur,* Der ungarische Napoleon, in: FAZ vom 29. Juni 2015, online verfügbar unter <http://blogs.faz.net/10vor8/2015/06/29/der-ungarische-napoleon-4924/> Stand 04.07.2015.

41 Europäische Kommission: Mitteilung der Kommission: Gesamtansatz für Migration und Mobilität, KOM(2011) 743 endgültig, S. 5.

42 KOM(2011) 743 endgültig, S. 6.

43 Zu der Vereinbarkeit dieser Instrumente mit dem Völkerrecht siehe: *Bröcker,* Die externen Dimensionen des EU-Asyl- und Flüchtlingsrechts im Lichte der Menschenrechte und des Völkerrechts (2010) und *Moreno Lax,* Must EU Borders have Doors for Refugees? On the Compatibility of Schengen Visas and Carriers' Sanctions with EU Member States' Obligations to Provide International Protection to Refugees, EJML (2008), 315–364.

Umsetzung des Grundsatzes der Solidarität und Aufteilung der Verantwortlichkeiten mit den völkerrechtlichen Vorgaben zum Schutze der Flüchtlinge zu prüfen.

C. Gang der Untersuchung

Die Untersuchung erfolgt in mehreren Schritten.

Im ersten Kapitel soll das Solidaritätsprinzip im europäischen Asylrecht im Hinblick auf seinen Inhalt und seine Grenzen untersucht werden. Dabei wird die Entwicklung dieses Prinzips im Rahmen des GEAS nachgezeichnet. Es werden zunächst die Grundlagen der Zusammenarbeit der Mitgliedstaaten im Bereich der Asylpolitik, die im Rahmen der intergouvernementalen Zusammenarbeit entstanden sind, dargestellt. Im Anschluss gilt es den in Art. 80 AEUV normierten Grundsatz der Solidarität und Aufteilung der Verantwortung im Raum der Freiheit, der Sicherheit und des Rechts inhaltlich zu bestimmen.

Gegenstand der Untersuchung im zweiten Kapitel sind die normativen völkerrechtlichen Vorgaben und Grenzen für mögliche unionsweite Solidaritätsmaßnahmen. Die Mitgliedstaaten müssen bei der Umsetzung der Solidarität in konkrete Maßnahmen gewährleisten, dass ihre Systeme im Stande sind, den im Völkerrecht und im EU Recht getroffenen Vorgaben gerecht zu werden und die dort garantierten Rechte zu sichern.[44] Zu den wichtigsten Normen gehören hierbei Art. 33 GFK, Art. 3 EMRK und Art. 4, 18 und 19 der GrCh. Sie dienen als Rechtmäßigkeitsmaßstab für das Handeln der EU.[45] Die Beachtung der in diesen Normen garantierten Rechte und Grundsätze muss als Grundvoraussetzung für einen solidarischen Umgang mit Mitgliedstaaten in Krisensituationen gelten.

Im dritten Kapitel werden die maßgeblichen primär- und sekundärrechtlichen Grundlagen aufgezeigt, nach denen sich die Zuständigkeit für Asylfragen in der EU bemisst. Anschließend wird auf die einzelnen Solidaritätsmaßnahmen im Bereich Asyl, wie z.B. auf den finanziellen Ausgleich im Rahmen des AMIF oder die Neuansiedlung von Flüchtlingen im Rahmen des EUREMA-Programmes eingegangen.

Die Solidaritätsmaßnahmen im Bereich der Grenzkontrollen sind ebenfalls Gegenstand der Untersuchung. Als Beispiel kann hierbei die Zusammenarbeit der Mitgliedstaaten im Rahmen von operativen Einsätzen unter der Führung der Europäischen Agentur für die operative Zusammenarbeit an den Außengrenzen[46] (Frontex - abgeleitet von *frontières extérieures*) dienen.

Die bisherigen gemeinsamen Aktionen und Maßnahmen werden auf ihre Vereinbarkeit mit völkerrechtlichen Vorgaben überprüft. Ausgehend von den vorhandenen

---

44 Europäische Kommission: Mitteilung der Kommission vom 2.12.2011. Eine EU-Agenda für weitergehende Teilung der Verantwortung und mehr gegenseitiges Vertrauen, KOM(2011) 835, S. 2.

45 *Thym*, in: Grabitz/Hilf/Nettesheim (Hrsg.): Das Recht der Europäischen Union, 46. EL 2011, Art. 78 AEUV Rdnr. 16.

46 VO (EG) 2007/2004 des Europäischen Rates vom 26.10.2004, Abl. EU Nr. L 349.

Instrumenten und Mechanismen soll weiterhin analysiert werden, ob diese geeignet sind, die in Art. 80 AEUV geforderte interne Solidarität umzusetzen oder ob weitere oder andere Maßnahmen zur Verwirklichung dieser Zielvorgabe geboten sind.

Im fünften Kapitel wird die neue Migrationsagenda der EU samt der bisherigen Umsetzungsvorschläge, wie zum Beispiel ein künftiges Aufnahmesystem für Asylsuchende in Europa, vorgestellt und diskutiert. Im Anschluss wird ausgehend von den festgestellten Ergebnissen die Umsetzung einer solidarischen Verteilung der Verantwortlichkeiten für Flüchtlinge im GEAS bewertet.

D. Terminologische Hinweise

Zentraler Begriff der vorliegenden Arbeit ist der Begriff der Solidarität. Für die Untersuchung, ob und in welcher Weise der Grundsatz der Solidarität im GEAS eine Rolle spielt, ist es notwendig, zunächst den Begriffsinhalt von Solidarität zu klären.

Die folgenden terminologischen Hinweise sollen die Herkunft und die Bedeutung des Begriffes anhand der unterschiedlichen soziologischen, politischen und philosophischen Interpretationen in Kürze nachzeichnen. Das Ziel ist, den Begriff mit Inhalt zu füllen und für die weitere Bearbeitung des Themas einen gemeinsamen Begriffskern festzulegen.

I. Der Begriff der Solidarität - Herkunft und Bedeutung

Der Begriff „Solidarität" hat seinen Ursprung im römischen Recht und lässt sich auf das privatrechtliche Institut des *„in solidum obligari"* zurückführen.[47] Dieses Institut beschreibt eine gesamtschuldnerische Haftung, nach der jedes Mitglied einer Gemeinschaft für deren gesamte Schulden einsteht, sowie umgekehrt die Gemeinschaft für die Schulden jedes Mitglieds.[48]

Obwohl der Begriff der Solidarität juristische Wurzeln aufweist, hat er seine eigentliche Bedeutung in der Politik- und Sozialwissenschaft gewonnen. Im 18. Jahrhundert wird die Solidarität gemeinsam mit der Brüderlichkeit und der Gleichheit zum Trias der französischen Revolution erhoben.[49] Der Begriff der Solidarität entwickelt sich damit von einem Rechtsbegriff des römischen Privatrechts zu einem moralisch-ethischen und politischen Prinzip.[50]

Die Arbeiterbewegung des 19. Jahrhunderts erhob die Solidarität zu ihrem zentralen Anspruch und setzte sie der Forderung nach sozialer Gerechtigkeit gleich.[51] Die Solidarität als politischer Kampfbegriff sollte die Antwort auf die inhumane

47 *Kaser/Knütel*, Römisches Privatrecht, 19. Auflage 2008, § 56, Rdnr. 4.

48 Ebenda.

49 *Schmelter*, Solidarität: Die Entwicklungsgeschichte eines sozialethischen Schlüsselbegriffs, 1991, S. 9.

50 Zur Begriffsgeschichte: vgl. *Gussone*, Das Solidaritätsprinzip in der Europäischen Union und seine Grenzen, 2006, S. 21–29.

51 *Volkmann*, Solidarität – Programm und Prinzip der Verfassung, 1998, S. 153.

Ausbeutung der Arbeiterklasse in der aufkommenden Industrialisierung in Westeuropa darstellen.[52] Solidarität definierte sich zum einen in der Abgrenzung und Emanzipation der Arbeiter vom Bürgertum und zum anderen durch die soziale Zugehörigkeit zur Arbeiterschaft (Umwandlung in Klassensolidarität).[53]

Die Philosophen *Karl Marx* und *Friedrich Engels* internationalisierten diese Zugehörigkeit, indem sie die Vereinigung der Arbeiterschaft länderübergreifend forderten (internationale Solidarität). Bezeichnenderweise endet das Manifest der Kommunistischen Partei mit dem Aufruf „*Proletarier aller Länder, vereinigt euch*!“[54].

Der Soziologe *Émile Durkheim* ging der Frage der Bedeutung der Solidarität in der vormodernen Gesellschaft aus der Perspektive des Individuums nach, welches in Abhängigkeit von Gesellschaft lebt.[55] Eine solidarische Gesellschaft sei nur durch Arbeitsteilung verwirklichbar. Die Arbeitsteilung bilde die Hauptquelle des Zusammenhalts einer Gesellschaft.[56]

Durkheim unterscheidet zwischen der mechanischen Solidarität in einer archaischen Gesellschaft, die sich auf die Zugehörigkeit zu einer bestimmten Gruppe stützt, und der organischen Solidarität in der arbeitsteiligen Gesellschaft („höheren Gesellschaft“), die die „Angewiesenheit aufeinander“ zum Mittelpunkt ihrer Legitimation erhebt.[57] Solidarität habe einerseits einen moralischen Gehalt und stelle gleichzeitig eine Tatsache dar.[58] Die Arbeitsteilung sei die Quelle des Zusammenhalts in einer Gesellschaft.[59]

Die katholische Soziallehre widmete sich auch der sozialen Frage unter Bezugnahme auf den Grundsatz der Solidarität. Ihr liegt ein klassenneutrales Solidaritätsverständnis zu Grunde, das an dem Menschsein anknüpft.[60] Das Solidaritätsprinzip gehe unmittelbar aus der sozialen Wesenslage des Menschen hervor und stelle ein Seinsprinzip dar.[61] Es begründe die soziale Verbundenheit aller Menschen, aus der sich für jeden Menschen die ethische Pflicht ergäbe, seine eigenen Wünsche und Interessen dem Gemeinwohl unterzuordnen, welches sich auf das Wohl aller Mitglieder einer Gemeinschaft richtet. Das menschliche Handeln solle sich somit am Wohl der

---

52 Zur geschichtlichen Entwicklung des politischen Begriffes der Solidarität in der Arbeiterbewegung: *Grimm*, Solidarität als Rechtsprinzip, S. 12ff.

53 *Riemer*, Staatengemeinschaftliche Solidarität in der Völkerrechtsordnung, 2003, S. 8.

54 *Marx/Engels*, Manifest der kommunistischen Partei, deutsche Ausgabe 1872, Rdnr. 492.

55 *Durkheim*, Über soziale Arbeitsteilung, 1992 [1883], S. 82.

56 *Durkheim* (Fn. 55), S. 82.

57 Ebenda.

58 Ebenda.

59 Ebenda, S. 101.

60 *Volkmann* (Fn. 51), S. 142.

61 *Kondziela*, Solidaritätsprinzip, in: Klose u.a. (Hrsg.): Katholisches Soziallexikon, 2. Auflage, 1980, Rdnr. 2577ff.

Gemeinschaft orientieren.[62] Die solidarische Gesellschaft beruhe auf gemeinsamen Werten und „in der wechselseitigen Verpflichtung des Füreinander-Einstehens".[63]

II. Bedeutungskern des Begriffs

Die vorausgegangenen Ausführungen zeigen, dass der Begriffsinhalt von Solidarität abhängig von dem jeweiligen Kontext ist, in welchem der Begriff verwendet wird. Je nach Perspektive kann Solidarität einen unterschiedlichen Inhalt aufweisen. Dennoch lässt sich ein Bedeutungskern des Begriffs unabhängig von der Vielfalt der Verwendungsweisen bestimmen.

Die Zugehörigkeit zu einer Gemeinschaft stellt zunächst einen Grundbaustein für einen gemeinsamen Bedeutungskern von Solidarität dar.[64] Aus der Zugehörigkeit zu der Arbeiterklasse erwuchs die gemeinsame Forderung nach sozialer Gerechtigkeit und damit auch die Frage nach Pflichten der Gesellschaftsmitglieder untereinander und/oder gegenüber der Gemeinschaft.

Isensee beschreibt den Bedeutungskern des Grundsatzes der Solidarität als „die Pflicht einer Personengesamtheit, für jeden ihrer Angehörigen, und die Pflicht eines jeden Angehörigen, für die Gesamtheit einzustehen".[65] Sinnbildlich verkörpere die Parole „Einer für alle - alle für einen" den Bedeutungskern der Solidarität, basierend auf der Grundannahme, dass „alle in einem Boot sitzen" und somit eine Interessen- und Gefahrengemeinschaft bilden.[66] Eine Einstandspflicht des Einzelnen als auch der Gemeinschaft bedürfe allerdings immer der Konkretisierung und Wertausfüllung. Solidarität stelle nur den Grund menschlichen Handelns dar und nicht deren Inhalt.[67]

Es bedarf daher zusätzlich gemeinsamer Ziele und Werte, aus denen sich Pflichten für den Einzelnen und/oder für die Gemeinschaft ableiten lassen können.[68]

Nach *Kersting* gründet Solidarität „auf gemeinsame Überzeugungen und geteilten Wertperspektiven hinsichtlich der politisch-ethischen Verfassung gesellschaftlichen Zusammenlebens"[69]. Solidarität setze somit „Nähe" voraus und richte sich an eine Gemeinschaft mit gemeinsamen Interessen.[70] Auf internationaler Ebene ziele der

---

62 *Von Nell-Breuning,* Baugesetze der Gesellschaft, 1990, S. 47f.

63 *Hengsbach,* „Solidarität" im Labyrinth christlicher Gesellschaftsethik, in: Iben/Kemper/Maschke (Hrsg.): Ende der Solidarität? Gemeinsinn und Zivilgesellschaft, 1999, S. 15.

64 *Riemer* (Fn. 53), S. 25.

65 *Isensee,* Solidarität - sozialethische Substanz eines Blankettbegriffs, in: ders. (Hrsg.): Solidarität in Knappheit: zum Problem der Priorität, 1998, S. 98.

66 *Isensee* (Fn. 65), S. 99f.

67 Ebenda, S. 105.

68 *Boisson de Chazournes,* Responsibility to Protect: Reflecting Solidarity?, in: Wolfrum/Kojima (Hrsg.): Solidarity – A Structural Principle of International Law, 2010, S. 95.

69 *Kersting,* Internationale Solidarität, in: Bayertz (Hrsg.): Solidarität. Begriff und Problem, 1998, S. 411 (428).

70 *Hilpold,* Solidarität als Rechtsprinzip – völkerrechtliche, europarechtliche und staatsrechtliche Betrachtungen, in: 55. Jahrbuch des öffentlichen Rechts, 2007, S. 213.

Grundsatz der Solidarität auf die gemeinsame Bewältigung individueller Risiken ab und diene gleichzeitig als Legitimationsquelle für das gemeinsame Handeln.[71]

Der Grundsatz der Solidarität erschöpft sich jedoch nicht nur in gemeinsamen Überzeugungen und Werten, er ist vielmehr auf Konsequenzen und praktische Umsetzung ausgerichtet, wie z.B. das Erbringen von Dienst- und Geldleistungen.[72] Solidarität kann sich damit als eine Art Hilfestellung von Akteuren zu anderen Akteuren darstellen, um ein Ziel zu erreichen oder einer kritischen Situation zu entkommen.[73]

Es lässt sich mithin von institutionalisierter Solidarität unter verschiedenen Akteuren einer Gemeinschaft sprechen, wenn diese verpflichtet sind, eine kollektive Entscheidungsfindung vorzunehmen, oder das Wohl der anderen Mitglieder der Gemeinschaft zu fördern.

Wechselseitige Einstandspflichten zur Erfüllung einer Aufgabe können auf verschiedenen Ebenen und Beziehungen Bedeutung erlangen. Sie können in einer Verbundenheit zwischen Individuen und der Gemeinschaft entstehen und umgekehrt, sowie in der Verbundenheit zwischen Gemeinschaften.[74] Auf internationaler Ebene kann eine Unterstützung nicht nur zwischenstaatlich erfolgen, sondern auch von einem Staat zu der Bevölkerung eines anderen Staates.[75]

III. Solidarität als Rechtsprinzip

In den vorausgegangenen Ausführungen wurde die Solidarität überwiegend als ein moralisch-ethisches und politisches Prinzip untersucht. In diesem Abschnitt der Arbeit soll die rechtliche Dimension der Solidarität näher beleuchtet werden.

Grundsätzlich versteht man in der juristischen Methodenlehre unter Rechtsprinzipien die Prinzipien, die das innere System des Rechts oder eines Teilbereichs des Rechts beschreiben, ohne unmittelbar subsumptionsfähig zu sein.[76] Rechtsprinzipien sind im Gegensatz zu Normen im rechtstechnischen Sinne unbestimmt und abstrakt und bedürfen der Interpretation und Konkretisierung. Sie sind damit zur Entscheidung einer konkreten Rechtsfrage ungeeignet.[77]

Rechtsprinzipien können als Strukturprinzipien das gesamte Rechtssystem oder wesentliche Teile der Rechtsordnung bestimmen. Das im Grundgesetz (GG) verankerte Rechtsstaatsprinzip ist beispielsweise kein abstrakter und konkretisierungsbedürftiger Grundsatz, sondern eine zusammenfassende strukturelle Festlegung.[78] Das Sozialstaatsprinzip (Art. 20 Abs. 1 und Art. 28 Abs. 1 GG) gehört neben dem

71 *Isensee* (Fn. 65), S. 107.
72 *Isensee* (Fn. 65), S. 101.
73 *Boisson de Chazournes* (Fn. 68), S. 95.
74 Ebenda.
75 Ebenda, S. 94.
76 *Kramer*, Juristische Methodenlehre, 2005, S. 188.
77 *Kramer* (Fn. 76); *Larenz*, Methodenlehre der Rechtswissenschaft, 5. Auflage, 1983, S. 457ff.
78 *Ipsen*, Staatsrecht I: Staatsorganisationsrecht, 1999, S. 189.

Grundsatz der Demokratie, des Föderalismus und der Rechtsstaatlichkeit zu den Strukturprinzipien des Grundgesetzes.[79] Es garantiert einen Mindestbestand an sozialer Sicherheit und dient der Verwirklichung der sozialen Gerechtigkeit.[80] Das Sozialstaatsprinzip stellt eine dauerhafte Garantie für Solidarität dar und reflektiert seine rechtliche Dimension in der deutschen Rechtsordnung.[81]

Die Verfassungen einiger Mitgliedstaaten der EU nehmen ausdrücklich Bezug auf den Grundsatz der Solidarität.[82] Hierbei konkretisiert sich die Solidarität durch die Sozialrechte, die den Staatsbürgern in den jeweiligen Nationalordnungen zugestanden werden.[83]

Sozialrechte begründen für den Staat Einstandspflichten, die aus der Verbundenheit zwischen Individuen und der Gemeinschaft entstehen und umgekehrt (Staatsbürger und Nationalstaat).[84]

Für die Bestimmung des Grundsatzes der Solidarität im GEAS ist zunächst die zwischenstaatliche Solidarität von entscheidender Bedeutung.

Im Folgenden gilt es zunächst, den Charakter der wechselseitigen Bindungen von Staaten zu ermitteln. Dazu soll zunächst das Solidaritätsprinzip im allgemeinen Völkerrecht näher betrachtet werden, welches primär das Recht der zwischenstaatlichen Beziehungen ist.[85]

1. Solidarität im Völkerrecht

Das ursprüngliche Völkerrecht der Koexistenz wandelte sich nach dem Zweiten Weltkrieg zunehmend zu einem Völkerrecht der Kooperation und der internationalen Zusammenarbeit.[86]

Unter internationaler Zusammenarbeit versteht man im allgemeinen Völkerrecht nicht nur die Zusammenarbeit mit anderen Staaten, sondern auch mit verschiedenen internationalen Regierungs- und Nichtregierungsorganisationen und anderen

---

79 *Ipsen* (Fn. 78), S. 253.

80 Ebenda, S. 254.

81 *Hilpold* (Fn. 70), S. 19.

82 Vgl. Art. 1 und Art. 227 der Verfassung Portugals, Art. 156 und Art. 158 der Verfassung Spaniens, Art. 2 der Verfassung Italiens, abgebildet in Beck-Texte im dtv, Die Verfassungen der EG-Mitgliedstaaten, 6. Auflage 2005.

83 *Gussone* (Fn. 50), S. 32.

84 *Isensee* (Fn. 65), S. 101f.

85 *Vitzthum,* Begriff, Geschichte und Rechtsquellen des Völkerrechts, in ders. (Hrsg.): Völkerrecht, 4. Auflage, 2007, Rdnr. 5.

86 *Friedmann,* The Changing Structure of International Law, 1964, S. 55; vgl. auch *Scheuner,* Solidarität unter den Nationen als Grundsatz in der gegenwärtigen internationalen Gemeinschaft, in: Recht im Dienst des Friedens, Festschrift für Eberhard Menzel zum 65. Geburtstag am 21. Januar 1976, S. 251f.

Akteuren zur Erreichung eines gemeinschaftlichen Zieles, den ein einzelner Staat so nicht zu verwirklichen vermag.[87]

Das Ziel der internationalen Zusammenarbeit soll nach Art. 1 Abs. 3 der Charta der Vereinten Nationen (VN-Charta) die Lösung internationaler Probleme wirtschaftlicher, sozialer, kultureller und humanitärer Art und die Förderung und Festigung der Achtung vor den Menschenrechten und Grundfreiheiten sein.

Der Grundsatz der internationalen Zusammenarbeit ist zudem in der Erklärung über Grundsätze des Völkerrechts betreffend freundschaftliche Beziehungen und Zusammenarbeit zwischen den Staaten im Einklang mit der VN-Charta[88] manifestiert.

Im Unterschied zum Prinzip der zwischenstaatlichen Zusammenarbeit fordert das Prinzip der Solidarität von den Staaten ein „aktives Handeln", z.B. durch das Leisten finanzieller Entwicklungshilfe.[89] Die internationale Solidarität ist somit von den Nationalstaaten zu erbringen und zu vermitteln.[90] Eine Verpflichtung zur Solidarität lässt sich daher als eine stärkere und konkretere Pflicht zur Zusammenarbeit definieren, die ein aktives Handeln der einzelnen Staaten zu Gunsten von Allgemeinwohlbelangen einfordert.[91]

Eine Definition des Begriffes der Solidarität findet sich auch in der Resolution der Generalversammlung der Vereinten Nationen 57/213 vom 18. Dezember 2002 mit dem Titel „*Promotion of a democratic and equitable international order*" wieder:

> *„Solidarity, as a fundamental value, by virtue of which global challenges must be managed in a way that distributes costs and burdens fairly, in accordance with basic principles of equity and social justice, and ensures that those who suffer or benefit the least receive help from those who benefit the most."*[92]

Solidarität wird somit als ein Grundwert beschrieben, kraft dessen die globalen Herausforderungen durch eine faire Aufteilung der damit verbundenen Kosten und Belastungen, im Einklang mit den Grundprinzipien der Gleichheit und sozialen Gerechtigkeit, bewältigt werden können.

Der Grundsatz der Solidarität hat seinen Ausdruck in vielen Bereichen des Völkerrechts gefunden. Im Folgenden sollen einige wichtige Rechtsbereiche auf der

---

87 *Wolfrum*, International law of Cooperation, in: Bernhard (Hrsg.): Encyclopedia of public international law, Band 9, S. 193.

88 Generalversammlung der Vereinten Nationen, Erklärung über Grundsätze des Völkerrechts betreffend freundschaftliche Beziehungen und Zusammenarbeit zwischen den Staaten im Einklang mit der Charta der Vereinten Nationen vom 24.10.1970, A/RES/2625 (XXV).

89 *Gussone* (Fn. 50), S. 45.

90 *Isensee* (Fn. 65), S. 45.

91 *Gussone* (Fn. 50), S. 45.

92 Generalversammlung der Vereinten Nationen, Promotion of a democratic and equitable international Order, A/RES/57/213 vom 18. Dezember 2002, S. 3; vgl. auch A/RES/56/151 vom 19. Dezember 2001.

Suche nach dem gemeinsamen Nenner des völkerrechtlichen Verständnisses von Solidarität beleuchtet werden.

a) Solidarität im Entwicklungsvölkerrecht

Solidarität als Rechtsprinzip hat insbesondere das so genannte Entwicklungsvölkerrecht geprägt. Mit dem Beginn der Entkolonialisierung und Unabhängigkeit der so genannten Entwicklungsländer[93] gewann die Idee der internationalen Solidarität neue Bedeutung.[94] Sie verkörperte die Forderung nach internationaler sozialer Gerechtigkeit, internationaler Wohlfahrt und die gleichberechtigte Entwicklung aller Staaten.[95]

Die neuen unabhängigen Staaten strebten eine neue, auf Solidarität gegründete Weltwirtschaftsordnung an.[96] Sie bemühten sich, eine neue Konzeption der Staatengemeinschaft durchzusetzen, in der den Industrienationen Pflichten zur Unterstützung und Begünstigung der wirtschaftlich schwächeren Länder auferlegt wurden. Die Vorstellung der sozialen Gerechtigkeit und des Gemeinwohls fand damit Einzug in die internationale Politik.[97]

Dieses neue Konzept von internationaler Solidarität basiert auf der Erkenntnis der zunehmenden Wechselabhängigkeit der Staaten in ihrer wirtschaftlichen Existenz, der Beschaffung und Nutzung der Rohstoffe, der Verwendung technischer Kenntnisse und Fähigkeiten und der wirtschaftlichen Arbeitsteilung.[98] Zudem stellt das Bemühen um Solidarität mit den wirtschaftlich schwächeren Staaten, welche weiterhin die Mehrheit der Staatengemeinschaft repräsentieren, einen wichtigen Bestandteil der Friedenssicherung dar.[99]

---

93 Im Völkerrecht ist der Begriff „Entwicklungsländer" nicht abschließend geklärt. Das GATT legt zwei Abgrenzungskriterien in Art. XVIII GATT fest, wonach Mitgliedstaaten, in denen niedrige Lebensstandards vorherrschen und sich in einem niedrigen Entwicklungsstadium befinden, sich selbst als Entwicklungsland einstufen können. Des Weiteren kategorisiert die Weltbank Staaten als Entwicklungsländer gemessen am Anteil des durchschnittlichen Pro-Kopf-Einkommens am jährlichen Bruttoinlandsprodukt der jeweiligen Länder; für nähere Ausführungen vgl. *Jessen, Henning,* WTO Recht und „Entwicklungsländer" - „Special and Differential Treatment for Developing Countries" im multidimensionalen Wandel des Wirtschaftsvölkerrechts, Schriften zum transnationalen Wirtschaftsrecht, Band 5, 2006.

94 *Hurwitz,* The Collective Responsibility of States to Protect Refugees, 2009, S. 139.

95 *Kaltenborn,* Entwicklungsvölkerrecht und Neugestaltung der internationalen Ordnung. Rechtstheoretische und rechtspolitische Aspekte des Nord-Süd-Konflikts, 1998, S. 108f.

96 *Scheuner,* (Fn. 86), S. 252; *Riedel,* Die Universalität der Menschenrechte: philosophische Grundlagen, nationale Gewährleistungen, internationale Garantien, 2003, S. 343.

97 *Scheuner* (Fn. 86), S. 254, 270.

98 Ebenda, S. 272.

99 *Scheuner* (Fn. 86); *Riemer* (Fn. 53), S. 85.

Im Entwicklungsvölkerrecht sind keine bindenden völkerrechtlichen Abkommen beschlossen worden, die eine Verpflichtung zur wirtschaftlichen und sozialen Unterstützung von wirtschaftlich schwächeren Staaten vorsehen.[100] Der Wille der Industrienationen zur Unterstützung der nachhaltigen Entwicklung und Armutsbekämpfung erschöpft sich in Erklärungen und Aktionsplänen, die keine rechtlich bindenden Verpflichtungen enthalten.[101]

b) Solidarität und Menschenrechtsschutz

Im Bereich des internationalen Menschenrechtsschutzes ist es gelungen, von der zwischenstaatlichen Kooperation in eine institutionalisierte Solidarität überzugehen. Den wichtigsten Abkommen zum Schutze der Menschenrechte liegt das gemeinsame Ziel, den Menschenrechten universell Geltung zur verschaffen, zu Grunde.[102] Die internationale Solidarität bringt in diesem Bereich das Anliegen der Staaten für den Schutz der fundamentalen Rechte aller Menschen, unabhängig von ihrer Staatsangehörigkeit, einzutreten, zum Ausdruck.[103] Menschenrechte zielen auf gesellschaftlichen und staatlichen Konsens, ungeachtet unterschiedlicher religiöser oder sittlicher Grundwertordnung.[104]

Die so genannten Menschenrechte der dritten Dimension werden auch Solidaritätsrechte genannt.[105] Zu den Menschenrechten der dritten Dimension gehören insbesondere das Recht auf Entwicklung, Frieden und Schutz der Umwelt.[106] Die Besonderheit dieser Rechte ist, dass sie sich nicht mehr nur an den Staat richten, sondern nur in Zusammenarbeit und solidarischer Verantwortung aller wichtigen Akteure verwirklicht werden können.[107] Es handelt sich somit nicht mehr um klassische liberale Abwehrrechte, wie z.B. die sich aus dem Internationalen Pakt über bürgerliche und politische Rechte (IPBPR)[108] ergebenden Rechte und Pflichten, sondern vielmehr um

---

100 *Hilpold* (Fn. 70), S. 201f.

101 Zuletzt in der Abschlusserklärung „Busan Partnership for Effective Development", welche im Rahmen des Forums zur Wirksamkeit der Entwicklungszusammenarbeit im südkoreanischen Busan am 1. Dezember 2011, verabschiedet wurde: http://www.aideffectiveness.org/busanhlf4/images/stories/hlf4/OUTCOME_DOCUMENT_-_FINAL_EN.pdf, Zugriff am 26.03.2013.

102 *Hilpold* (Fn. 70), S. 198.

103 *Wellens*, Revisiting Solidarity as a (Re-)Emerging Constitutional Principle, in: Wolfrum/Kojima (Hrsg.): Solidarity – A Structural Principle of International Law, 2010, S. 30.

104 *Riedel* (Fn. 96), S. 333.

105 *Opitz*, Menschenrechte und internationaler Menschenrechtsschutz im 20. Jahrhundert, 2002, S. 146.

106 Vgl. dazu die UN GA Deklaration 41/128 vom 4.12.1986 sowie die Zusatzresolution 41/133 vom 4.12.1986, deutsche Übersetzung, Vereinte Nationen 1987, 213ff.

107 *Opitz* (Fn. 105), S. 146.

108 Internationaler Pakt über bürgerliche und politische Rechte vom 19. Dezember 1966, BGBl. 1973 II 1553.

kollektive Rechte, die den Solidaritätsaspekt der Forderung der Entwicklungsländer nach Unterstützung bei der Bewältigung ihrer wirtschaftlichen und gesellschaftlichen Probleme unterstreichen.[109]

c) Solidarität im Umweltvölkerrecht

Das Umweltvölkerrecht dient dem Schutz der natürlichen Lebensgrundlagen aller Menschen.[110] Das Umweltvölkerrecht ist ausgerichtet auf die Kooperation der Staaten im Hinblick auf einen effektiven Umweltschutz und einen wirksamen Lastenausgleich (*Burden Sharing*) bei der Bewältigung der globalen Umweltbeeinträchtigungen.[111]

Der Begriff *Burden Sharing* bezieht sich im Allgemeinen auf Lasten, die nicht nur einen bestimmten Nationalstaat, sondern eine Vielzahl von Staaten betreffen.[112] Umweltemissionen stellen zum Beispiel eine Last dar, die über die Staatsgrenzen hinweg wirkt. Eine erfolgreiche Reduktion von Emissionen setzt die Zusammenarbeit der betroffenen Staaten voraus. In diesem Kontext bedeutet *Burden Sharing*, dass jeder betroffene Staat zur Verringerung der Emissionen beiträgt. Dieser Grundsatz wurde im Protokoll von Kyoto[113] besonders sichtbar umgesetzt. In diesem Vertragswerk wird jeder Staat verpflichtet, präzise Reduktionen oder Begrenzungen des Ausstoßes von Treibhausgasen vorzunehmen (vgl. Art. 3 und Anlage 1 des Protokolls).

d) Solidarität im internationalen Flüchtlingsrecht

Im internationalen Flüchtlingsrecht finden sich der Grundsatz internationaler Zusammenarbeit und der Grundsatz der Solidarität bereits in der Präambel der GFK wieder. Erwägungsgrund Nr. 4 der GFK weist darauf hin, dass „sich aus der Gewährung des Asylrechts nicht zumutbare schwere Belastungen für einzelne Länder ergeben können und dass eine befriedigende Lösung des Problems (...) ohne eine internationale Zusammenarbeit (...) nicht erreicht werden kann."

Nach *Kimminich* verleiht die GFK, indem sie die Zusammenarbeit der Vertragsstaaten zur Lösung weltweiter Flüchtlingsprobleme erhebt, dem Prinzip der internationalen Solidarität Ausdruck.[114] Solidarität bedeute im Flüchtlingsrecht das tatkräftige Zusammenarbeiten der Staaten, um große Flüchtlingsströme aufzunehmen und zu versorgen.[115]

---

109 *Riedel* (Fn. 96), S. 342.

110 *Epiney*, Zur Einführung – Umweltvölkerrecht, JuS 2003, 1066.

111 Ebenda.

112 *Haun*, The Externalisation of Asylum Procedures, 2007, S. 19.

113 Das Protokoll von Kyoto zum Rahmenabkommen der Vereinten Nationen über Klimaänderungen, unterzeichnet am 29. April 1998 in New York und in Kraft getreten am 16. Februar 2005 (BGBl. 2002, S. 967).

114 *Kimminich*, Die Genfer Flüchtlingskonvention als Ausdruck globaler Solidarität, AVR 29, 1991, 263.

115 *Kimminich* (Fn. 114), 263.

Die GFK stellt in Verbindung mit dem New Yorker Protokoll von 1967[116] das wichtigste internationale Schutzinstrument für Flüchtlinge dar. Mit dem New Yorker Protokoll von 1967 haben die Vertragsstaaten den globalen Charakter der Flüchtlingsproblematik anerkannt und sich ohne jede geographische Begrenzung zum Schutz von Flüchtlingen verpflichtet.[117]

Als diese Abkommen entstanden, einigten sich die Vertragsstaaten, dass die einzelnen Staaten für den Schutz und die Unterstützung von Flüchtlingen auf ihrem jeweiligen Hoheitsgebiet verantwortlich sein sollten.[118]

Die Vertragsstaaten waren sich dennoch bereits bei den Vorbereitungsarbeiten *(travaux préparatoires)*[119] zur GFK bewusst, dass die mit den globalen Fluchtbewegungen einhergehenden Probleme nach kollektiven Lösungen verlangen.[120] Insbesondere Frankreich betonte mehrfach während den Vorbereitungsarbeiten, dass es sich für Staaten, die mit einer sehr hohen Anzahl von Flüchtlingen konfrontiert werden, besonders schwierig gestalten könnte, die Vorgaben der GFK umzusetzen und einen umfassenden Schutz für die Flüchtlinge zu gewährleisten.[121]

Die Frage nach globalen Lösungen für die weltweiten Migrationsbewegungen gehört vornehmlich zu den aktuellsten Herausforderungen der VN. Nach dem aktuellen Jahresbericht des UNHCR waren Ende 2014 weltweit etwa 60 Millionen Menschen auf der Flucht.[122]

Aus der Perspektive des schutzgewährenden Staates kann die Aufnahme, Unterbringung und Versorgung eines Flüchtlings eine finanzielle Last darstellen.[123] Für Staaten wie Pakistan oder Kenia, die die größten Flüchtlingspopulationen der Welt beherbergen, birgt die Durchführung eines Asylverfahrens enorme administrative und finanzielle Lasten, die in einem solidarischen System nicht nur einzelnen

---

116 Protokoll über die Rechtsstellung der Flüchtlinge vom 31.1.1967, für Deutschland in Kraft getreten am 5.11.1969 (BGBl. II 1970, S. 195).

117 Vgl. Präambel und Art. 1 des Protokolls.

118 *Zieck,* Doomed to fail from the Outset? UNHCR's Convention Plus Initiative Revisited, IJRL, 411.

119 Vgl. *Takkenberg/Tahbaz,* The Collected Travaux Préparatoires of the 1951 Geneva Convention Relating to the Status of Refugees, Vol. I–II, Dutch Refugee Council 1990.

120 Vgl. ECOSOC Social Committee, UN DOC. E/L.81 (1950).

121 *Alleweldt,* in: Zimmermann (Hrsg.): The 1951 Convention Relating to the Status of Refugees and its 1967 Protocol – A Commentary, Preamble 1951 Convention, Rdnr. 55.

122 *Global Trends,* S. 2.

123 *Eggli,* Mass Refugee Influx and the Limits of Public International Law, S. 36; *Tohidipur,* Solidarität in der Europäischen Asyl- und Flüchtlingspolitik, MOKSLO ZURNALAS TEISE 2010 74 tomas, online verfügbar unter <http://www.vu.lt/leidyba/lt/mokslo-zurnalai/teise/archyvas/teise-2010-74-tomas/item/261-solidarumas-%E2%80%93-europos-prieglobs%C4%8Dio-pra%C5%A1an%C4%8Di%C5%B3-asmen%C5%B3-ir-pab%C4%97g%C4%97li%C5%B3-politikos-principas> Zugriff am 06.10.2014, S. 24.

Mitgliedern aufgebürdet werden können. Sie fordern daher auch *burden sharing.*[124] Geteilt werden sollen die „Fürsorgelasten“ im Zusammenhang mit der Schutzgewährung, die eine Vielzahl von Staaten betreffen.[125] Um dem Prinzip der Solidarität Ausdruck zu verleihen, bedürfe es demnach eines wirksamen Verantwortungs- und Lastenausgleichs zwischen den schutzgewährenden Staaten.[126]

Das Verständnis von Lastenteilung, auf dem das Umweltvölkerrecht basiert, lässt sich nicht ohne weiteres auf das Flüchtlingsrecht übertragen. Die Verwendung des Begriffs „Last“ wird im Zusammenhang mit Schutzsuchenden der Tatsache, dass Asylsuchende Rechtsträger sind, nicht gerecht.[127]

Flüchtlingsschutz ist als eine Verantwortung gegenüber den Opfern von Menschenrechtsverletzungen anzusehen.[128] In diesem Kontext kann Lastenteilung eine angemessene Aufteilung von Verantwortlichkeiten zur Optimierung von Schutzstandards für Flüchtlinge bedeuten.[129]

Die Vertragsstaaten der GFK und anderer menschenrechtlicher Abkommen sind verpflichtet, die Rechte von Flüchtlingen oder anderer schutzbedürftiger Ausländer zu achten. Insbesondere die Mitgliedstaaten der EU sind an den Vorgaben der GFK, der EMRK, der GrCh und der Einhaltung der damit einhergehenden Verpflichtungen gebunden. Als wichtigste Beispiele seien hier nur das in Art. 33 GFK manifestierte Gebot der Nichtzurückweisung und das in Art. 3 der EMRK verankerte Verbot der Folter oder unmenschlicher oder erniedrigender Strafe oder Behandlung erwähnt.

Die Problematik, dass einige Staaten wegen ihrer geographischen Lage besonders vielen Flüchtlingen Schutz gewähren müssen, ist wie bereits erwähnt während den *travaux préparatoires*[130] zur GFK intensiv diskutiert worden.[131] Dennoch gibt weder die GFK noch das New Yorker Protokoll eine Antwort auf die Frage, wie die aus dem Territorialprinzip resultierende ungleiche Aufteilung von Verantwortlichkeiten behandelt werden sollte. Des Weiteren enthält die GFK keine ausdrückliche und verbindliche Norm, die die Staaten zur Kooperation verpflichtet.[132]

Der vom UNHCR im Jahre 2002 lancierte Konvention Plus Initiative[133] gelang es ebenfalls nicht, einen normativen Rahmen für globale Lastenverteilungsmechanismen zu schaffen, obwohl die Problematik, wie die Verantwortlichkeit der Staaten für

---

124 *Gottwald,* Burden Sharing and Refugee Protection, in: Fiddian-Qasmiyeh/Loescher/Slong (Hrsg.): The Oxford Handbook of Refugee and Forced Migration Studies, 2014, S. 525.

125 *Bast,* Solidarität im europäischen Einwanderungs- und Asylrecht, in: Kadelbach (Hrsg.): Solidarität als europäisches Rechtsprinzip?, 2014, S. 27.

126 *Wellens* (Fn. 103), S. 33.

127 *Gottwald* (Fn. 124), S. 531f.

128 *Jubilut/Wellington,* Resettlement in Solidarity, RSQ 2011, 70.

129 *Gottwald* (Fn. 124), S. 532.

130 Vgl. *Takkenberg/Tahbaz* (Fn. 119).

131 *Alleweldt* (Fn. 121), Rdnr. 55.

132 *Eggli* (Fn. 128), S. 38.

133 UNHCR Jahrbuch 2005 (Genf 2005), UNHCR – „Konvention Plus“, S. 195–196.

die Aufnahme und den Schutz von Flüchtlingen am besten geteilt werden kann, im Mittelpunkt der Debatte stand.[134] Das bestehende Schutzregime der GFK sollte mit einem normativen Rechtsrahmen für globale Aufteilungsmechanismen vervollständigt werden. Das Ziel, ein multilaterales Abkommen zur Unterstützung der südlichen Länder, welche die Hauptlast bei der Aufnahme von Schutzsuchenden tragen, zu schließen, wurde nicht erreicht.[135]

Insgesamt lässt sich feststellen, dass ein verbindliches Bekenntnis zur internationalen Solidarität zugunsten von Flüchtlingen bisher nicht gelungen ist.[136] Das in der Präambel der GFK vorgegebene Ziel, eine kollektive Lösung bzw. ein Verfahren zur gerechteren Aufteilung der Verantwortlichkeit im Bereich des Flüchtlingsschutzes zu finden, ist bis jetzt nicht erreicht worden.

e) Rechtsqualität und Ergebnis

Das Prinzip der Solidarität spiegelt die Wandlung des Völkerrechts in eine wertorientierte internationale Rechtsordnung wieder.[137] Es verkörpert einen Grundwert der Staatengemeinschaft bei der Bewältigung der globalen Herausforderungen im Einklang mit den Grundprinzipien der Gleichheit und sozialer Gerechtigkeit.

Als Rechtsprinzip hat es im Völkerrecht noch keine selbständige Rechtsverbindlichkeit erfahren.[138] Als politisches Prinzip hat es nur deklaratorischen Charakter. Dem Grundsatz der Solidarität wohnt eine moralische Verpflichtung inne, die Interessen anderer Akteure zu berücksichtigen und ihnen Hilfe anzubieten. Als so genanntes „*Soft law*" kann es als politisches und moralisches Druckmittel dienen, der Forderung nach sozialer Gerechtigkeit innerhalb der Staatengemeinschaft Geltung zu verleihen.[139]

2. Solidarität im europäischen Recht

Die EU erwuchs aus der Idee der Errichtung einer Institution zur Wahrnehmung von gemeinsamen europäischen Interessen unabhängig von den Mitgliedstaaten.[140] Mit der Einrichtung der vier Organe der Montanunion (Rat, Kommission, Versammlung und Gerichtshof) bezweckten die Gründerstaaten eine strikte Trennung von Einfluss, Willensbildung und Kontrolle durch die Mitgliedstaaten.[141]

---

134 *Betts/Durieux,* Convention Plus as a Norm-Setting Exercise, JRS 2007, 510.
135 Ebenda, 512; *Zieck* (Fn. 118), S. 387.
136 *Tohidipur* (Fn. 123), S. 24.
137 *Wolfrum,* Solidarity amongst States: An Emerging Structural Principle of International Law, in: Dupuy (Hrsg): Völkerrecht als Weltordnung, Festschrift für Christian Tomuschat, 2006, S. 1087.
138 *Gussone* (Fn. 50), S. 45; *Boisson de Chazournes* (Fn. 68), S. 97.
139 *Gussone* (Fn. 50), S. 45.
140 *Hattenhauer,* Europäische Rechtsgeschichte, 1999, Rdnr. 2228.
141 *Hattenhauer* (Fn. 140), Rdnr. 2228.

Diese gemeinsamen Interessen ermöglichen gleichzeitig den Zusammenhalt der Mitgliedstaaten. Der Zusammenhalt und das Zusammenleben der Menschen in der EU, die verschiedenen Kulturen und Religionen angehören, sind auf eine gemeinsame Grundüberzeugung angewiesen.[142] Die EU ist nicht nur eine Wirtschaftsunion, sondern eine politische Union, die sich auf gemeinsame Werte wie Demokratie, Gewaltenteilung, Rechtsstaat, Menschenrechte und Solidarität stützt.[143] Die Verpflichtung auf gemeinsame Werte ermöglicht und legitimiert den Zusammenhalt der Mitgliedstaaten der EU und das friedliche und gleichberechtigte Zusammenleben ihrer Bürger auch für die Zukunft.

a) EUV

In der Präambel des EUV bekräftigen die Mitgliedstaaten bereits ihren Wunsch zur Stärkung der Solidarität zwischen ihren Völkern unter Achtung ihrer Geschichte, ihrer Kultur und ihrer Traditionen.

aa) Art. 3 III EUV

Art. 3 EUV enthält die grundlegenden Ziele der EU. Eines dieser Ziele ist die Schaffung eines Raumes der Freiheit, der Sicherheit und des Rechts (RFSR).

Der Grundsatz der Solidarität zwischen den Mitgliedstaaten ist in Art. 3 III 2. UAbs. EUV statuiert. Die Norm ernennt die Förderung des wirtschaftlichen, sozialen und territorialen Zusammenhalts und der Solidarität zwischen den Mitgliedstaaten zum Ziel der EU.

Die in Art. 3 EUV formulierten gemeinsamen Ziele sind für die EU wie für ihre Mitgliedstaaten insoweit rechtlich verbindlich, als sie bei der Auslegung des EU-Rechts heranzuziehen sind.[144]

bb) Art. 4 III EUV

Gemäß Art. 4 III EUV achten und unterstützen sich die Union und die Mitgliedstaaten gegenseitig nach dem Grundsatz der loyalen Zusammenarbeit bei der Erfüllung der Aufgaben, die sich aus den Verträgen ergeben. Der hier erwähnte Grundsatz der loyalen Zusammenarbeit (auch „Grundsatz der Unionstreue" genannt) ist als allgemeiner Rechtsgrundsatz im EU-Recht anerkannt.[145] Der Europäische Gerichtshof (EuGH) hat diesen Grundsatz ebenfalls in seiner Rechtsprechung bestätigt und entschieden, dass den Mitgliedstaaten und den Gemeinschaftsorganen gegenseitige

---

142 Ebenda, Rdnr. 2273.

143 *Oppermann,* in: ders./Classen/Nettesheim, Europarecht, 2014, S. 26.

144 *Bitterlich,* in: Lenz/Borchardt (Hrsg.): EU-Verträge Kommentar, 6. Auflage 2012, Art. 3 EUV, Rdnr. 2.

145 *Geiger,* in: ders./Khan/Kotzur (Hrsg.): EUV/AEUV Kommentar, 5. Auflage 2010, Art. 4 EUV, Rdnr. 5; *Lenz,* in: ders./Borchardt (Hrsg.): EU-Verträge Kommentar, 6. Auflage 2012, Art. 4 EUV, Rdnr. 11.

Pflichten zur loyalen Zusammenarbeit und Unterstützung obliegen.[146] Die Unionsorgane sind verpflichtet, die Interessen der Mitgliedstaaten zu wahren und sie bei der Umsetzung und Durchführung des Unionsrechts zu unterstützen.[147] Die Mitgliedstaaten sind dagegen verpflichtet, alle geeigneten Maßnahmen zur Erfüllung ihrer Vertragspflichten zu ergreifen und gleichzeitig Maßnahmen zu unterlassen, die die Verwirklichung der Unionsziele gefährden können (Art. 4 III EUV). Der Grundsatz der loyalen Zusammenarbeit bildet das Fundament für die wirksame Funktionsweise der föderalen EU, da die Union auf freiwilliger Selbstbindung und gegenseitigem Vertrauen aller beteiligten Akteure beruht.[148] Dieser Grundsatz findet Anwendung in allen Politikbereichen der EU.[149]

Der Grundsatz der loyalen Zusammenarbeit umfasst, auch wenn in Art. 4 III EUV nicht ausdrücklich erwähnt, die Zusammenarbeit zwischen den Mitgliedstaaten und verpflichtet sie zur Kooperation und Rücksichtnahme untereinander.[150] In diesem Verhältnis zielt der Grundsatz der loyalen Zusammenarbeit auf die Verwirklichung des europäischen Binnenmarktes.[151]

Im Verhältnis zum Solidaritätsgrundsatz gilt es zu beachten, dass es sich beim Grundsatz der loyalen Zusammenarbeit um ein eigenständiges europäisches Rechtsprinzip handelt.[152] Nach *Härtel* bedeutet Loyalität im zwischenstaatlichen Verhältnis „das grundsätzliche „Stehen“ zu den Werten, Zielen und Rechtsgrundsätzen der Europäischen Union und damit zu den in Freiheit eingegangenen bindenden Verpflichtungen mitsamt den ständigen Bemühungen um Einhaltung.“[153] Es wird daher auch „Grundsatz der Unionstreue“ genannt. Loyalität bestünde zum einen aus dem gegenseitigen Vertrauen der Mitgliedstaaten an der Einhaltung der gemeinsamen Verpflichtungen und zum anderen aus dem anerkennenden und achtenden Respekt gegenüber dem jeweiligen anderen Mitgliedstaat.[154]

146 Urteil Kommission/Italien, 39/72, EU:C:1973:13; 101, 115; Urteil Luxemburg/Parlament, C-230/81, EU:C:1983:32, 255, 287; Urteil Kommission/Belgien, C-52/84, EU:C:1986:3, 89, 105 sowie Urteil Hurd/Jones, C-44/84, EU:C:1986:2, 29, 81.

147 *Geiger* (Fn. 145), Rdnr. 7.

148 *Härtel*, Kohäsion durch föderale Selbstbindung – Gemeinwohl und die Rechtsprinzipien Loyalität, Solidarität und Subsidiarität in der Europäischen Union, in: diess. (Hrsg.): Handbuch des Föderalismus, Band IV: Föderalismus in Europa und der Welt, 2012, S. 182, 184.

149 *Härtel* (Fn. 148), S. 182.

150 *Tohidipur* (Fn. 123), S. 22; *Lenz* (Fn. 145), Art. 4 EUV, Rdnr. 21; *von Bogdandy/Schill*, in: Grabitz/Hilf/Nettesheim (Hrsg.): Das Recht der Europäischen Union, 51. EL 2013, Art. 4, Rdnr. 52; *Härtel* (Fn. 115), S. 182; Urteil Athanasopoulos u.a./Bundesanstalt für Arbeit, C-251/89, EU:C:1991:242, Rdnr. 57; Urteil Kommission/Belgien, C-186/91, EU:C:1993:93, Rdnr. 3.

151 *Härtel* (Fn. 148), S. 186.

152 *Härtel* (Fn. 148), S. 188.

153 Ebenda, S. 188f.

154 Ebenda, S. 189.

Die Solidarität zwischen den Mitgliedstaaten ist demgegenüber von gegenseitigen Beistandspflichten in einer Notsituation geprägt. Die gegenseitigen Unterstützungsleistungen basieren hierbei auf dem Vertrauen, dass auch im umgekehrten Fall Beistand geleistet wird.[155]

b) AEUV

Das Solidaritätsprinzip hat viele Ausprägungen im AEUV erfahren. Zu nennen sind beispielsweise die Verpflichtungen der Mitgliedstaaten zur wechselseitigen Solidarität in den Politiken „Raum der Freiheit, der Sicherheit und des Rechts", im Bereich der Wirtschaftspolitik (Art. 122 I AEUV), der Energiepolitik (Art. 194 I AEUV) und bei Terroranschlägen und Naturkatastrophen (Art. 222 AEUV). Es handelt sich hierbei um konkretisierende Verpflichtungen zum solidarischen Handeln für das Gelingen der gemeinsamen Politiken der EU.[156]

In der Migrationspolitik konkretisiert sich der Grundsatz der Solidarität in Art. 67 II und 80 AEUV, auf die im Folgenden unter Gliederungspunkt III. 2. ausführlich eingegangen wird.

c) Charta der Grundrechte der Europäischen Union

Die GrCh enthält ein eigenes Kapitel „Solidarität" (Kapitel IV, Art. 27 bis Art. 38 GrCh). Die GrCh unterstreicht damit die zentrale Rolle des Solidaritätsgrundsatzes im EU-Recht.[157]

Im Vordergrund dieses Kapitels stehen der Arbeitnehmerschutz, der Schutz der Familie und die soziale Sicherheit.[158] Des Weiteren finden sich Regelungen zum Umwelt- und Verbraucherschutz und zur Gesundheitsvorsorge. Die in der GrCh verbürgten Rechte sind gerichtet auf Leistung und Schutz der jeweiligen Rechtsgüter.[159] Kapitel IV erfordert die Verwirklichung bestimmter Zielzustände.[160] In Teilbereichen werden auch subjektive Grundrechte und Leistungsansprüche manifestiert (vgl. Art. 29, 31, 35 GrCh).

---

155 Ebenda.

156 *Calliess,* Europa als Wertegemeinschaft – Integration und Identität durch europäisches Verfassungsrecht, JZ 2004, 1038; *Härtel* (Fn. 148), S. 195.

157 *Von Bogdandy,* Grundprinzipien, in: ders./Bast (Hrsg.): Europäisches Verfassungsrecht, 2. Auflage 2009, S. 69.

158 *Classen/Nettesheim,* § 17 Europäische Grundrechte, in: Oppermann/Classen/Nettesheim (Hrsg.): Europarecht, 6. Auflage 2014, S. 267f. Rdnr. 9.

159 *Härtel* (Fn. 148), S. 195 Rdnr. 240.

160 *Classen/Nettesheim* (Fn. 158), S. 291 Rdnr. 80.

d) EuGH

Nach dem EuGH ist die Pflicht zur Erfüllung der gemeinschaftlichen Pflichten ein Ausfluss „gegenseitiger Solidarität" der Mitgliedstaaten.[161] Zur Solidaritätsverpflichtung führte der EuGH aus:

> *„Ein (...) Verstoß gegen die Pflicht zur Solidarität, welche die Mitgliedstaaten durch ihren Beitritt zur Gemeinschaft übernommen haben, beeinträchtigt die Rechtsordnung der Gemeinschaft bis in ihre Grundfesten."*[162]

Das mit der Zugehörigkeit zur Gemeinschaft verbundene Gleichgewicht zwischen Vorteilen und Lasten darf nach dem EuGH nicht wegen Partikularinteressen eines Mitgliedstaates beeinträchtigt werden. Die Mitgliedstaaten seien daher verpflichtet, sich an die Rechtsvorschriften der EU-Verträge zu halten.[163]

Die Pflicht der Mitgliedstaaten zur Solidarität entstand demnach mit ihrem Beitritt zur EU bzw. zu ihrer Vorgängerin, der Europäischen Wirtschaftsgemeinschaft.[164] Ein Verstoß gegen das Unionsrecht ist gleichermaßen auch ein Verstoß gegen die Pflicht zur gegenseitigen Solidarität.[165]

3. Rechtsqualität und Ergebnis

Nach Härtel ist die Europäische Union auch eine Solidargemeinschaft, die auf Rechten und Pflichten beruht.[166] Die Solidarität bezieht sich vornehmlich auf die zwischenstaatlichen Beziehungen.[167] Es geht in erster Linie um die Solidarität zwischen den Mitgliedstaaten untereinander. Solidarität soll als Verhaltensmaxime zwischen den Staaten dienen.[168] Es gilt dabei, die Interessen der anderen Mitgliedstaaten in gleicher Weise zu berücksichtigen wie die Eigenen.[169] Da aber die Mitgliedstaaten die Interessen ihrer Staatsbürger vertreten, geht es gleichzeitig auch um die Solidarität in Beziehung zu den Unionsbürgern.[170]

---

161 Urteil Kommission/Frankreich, Verb. Rs. 6/69 und 11/69, EU:C:1969:68, Rdnr. 14 und 17.

162 EuGH, Rs. 39/72, *Kommission/Italien*, Slg. 1973, 101 Rdnr. 25.

163 EuGH, Rs. 39/72, *Kommission/Italien*, Slg. 1973, 101 Rdnr. 24; EuGH, Rs. 128/78, *Kommission/Großbritannien*, Slg. 1979, 419 Rdnr. 12.

164 EuGH, Rs. 39/72, *Kommission/Italien*, Slg. 1973, 101 Rdnr. 24f.

165 *Calliess*, in: ders./Ruffert: Verfassung der Europäischen Union – Kommentar der Grundlagenbestimmungen, 2006, Art. I-43 Rdnr. 7.

166 *Härtel* (Fn. 148), S. 192 Rdnr. 234 und S. 193 Rdnr. 235.

167 *Bast* (Fn. 125), S. 19; *Härtel* (Fn. 148), S. 197 Rdnr. 246.

168 *Tohidipur* (Fn. 123), S. 22.

169 *Calliess*, Subsidiaritäts- und Solidaritätsprinzip in der Europäischen Union, 2. Auflage 1999, S. 193.

170 *Calliess*, Grundlagen, Grenzen und Perspektiven des europäischen Richterrechts, 58 NJW 2005, 931.

Solidarität bedeutet aber auch Schutz des gemeinsamen Interesses des EU-Rechts, auch wenn dies mit einzelnen nationalen Interessen gegenläufig ist.[171] Die Mitgliedstaaten sind verpflichtet, die gemeinsamen Werte und Gemeinwohlbelange zu achten.[172]

Die Solidarität hat sich in den verschiedenen Ausprägungen, die sie im EU-Recht erfahren hat, zu einem Leitwert der EU entwickelt.[173] Als Leitwert formt sie die Grundlage der Europäischen Integration mit und ist für ihr Bestehen existenziell.[174] Die Solidarität ist eng verbunden mit den anderen Leitwerten der EU: Frieden, Integration, Marktfreiheit und Subsidiarität.[175] Solidarität steht hierbei im engen Zusammenhang mit „Vorstellungen gegenseitiger Hilfe, des sozialen Schutzes und des sozialen Ausgleichs durch Verteilungsgerechtigkeit".[176] Sie begründet gegenseitige Beistandspflichten in Notlagen.

Der Grundsatz der loyalen Zusammenarbeit und das Solidaritätsprinzip sind zwei eigenständige Rechtsprinzipien des EU-Rechts, die sich gegenseitig bedingen und ergänzen.[177] Beide Rechtsprinzipien haben gemeinsam, dass sie auf das reziproke Vertrauen der Mitgliedstaaten beruhen. Der EuGH hat in seiner Rechtsprechung betont, dass der Solidaritätsgrundsatz die Mitgliedstaaten verpflichte, ihre nationalen Interessen hinter das Gesamtinteresse zu stellen. Die Mitgliedstaaten seien bei der Durchsetzung der gemeinsamen Politiken verpflichtet, die Gemeinschaftsinteressen solidarisch wahrzunehmen.[178]

Das Solidaritätsprinzip hat sich in vielen Politikbereichen der EU zu einer Rechtspflicht verdichtet.[179] Dabei handelt es sich vor allem um Beistands- und Hilfspflichten der Mitgliedstaaten und ihrer Bürger untereinander.

E. Das Solidaritätsprinzip in der Entstehung des GEAS

In der relativ kurzen Entstehungsgeschichte des GEAS hat das Solidaritätsprinzip von Anfang an eine wichtige Funktion eingenommen. Sie soll im Folgenden für die einzelnen Entwicklungsstufen nachgezeichnet werden.

---

171 *Calliess* (Fn. 165), Art. I-43 Rdnr. 9.
172 Ebenda.
173 *Calliess* (Fn. 156), 1038.
174 *Calliess* (Fn. 165), Art. I-43 Rdnr.6.
175 *Calliess* (Fn. 156), 1038.
176 *Härtel* (Fn. 148), S. 198 Rdnr. 247.
177 Ebenda, S. 189 Rdnr. 226.
178 Urteil Kommission/Rat, 22/70, EU:C:1971:32, Rdnr. 77, 78.
179 *Calliess* (Fn. 156), 1038; *Fröhlich* (Fn. 35), S. 124.

I. Die intergouvernementale Zusammenarbeit im Rahmen der „dritten Säule“

Der Maastrichter Vertrag über die Europäische Union vom 7. Februar 1992[180] (Maastrichter Vertrag) bezog die Polizeiliche und Justizielle Zusammenarbeit in Strafsachen (PJZS) als sog. „dritte Säule“ in die Europäische Union ein.[181] Art. K1 Nr. 1 EUV bestimmte in diesem Zusammenhang, dass die Asylpolitik von gemeinsamem Interesse der Mitgliedstaaten sei.

Die Mitgliedstaaten arbeiteten im Rahmen der dritten Säule vor allem intergouvernemental, d.h. auf zwischenstaatlicher Basis zusammen. Der Schwerpunkt der Zusammenarbeit lag auf Koordination und gegenseitiger Konsultation.[182] Inhaltlich bestimmte Art. K 2 EUV, das eine künftige gemeinsame Asylpolitik die EMRK und die GFK zu achten hat, sowie den Schutz, „den die Mitgliedstaaten politisch Verfolgten gewähren“, berücksichtigen soll.[183]

Im Maastricht Vertrag wird die Solidarität zum ersten Mal ausdrücklich erwähnt.[184] In der Präambel wird der Wunsch der Mitgliedstaaten bekräftigt, „die Solidarität zwischen ihren Völkern unter Achtung ihrer Geschichte, ihrer Kultur und ihrer Tradition zu stärken“. Des Weiteren bestimmte Art. A III 2 EUV-Maastricht, das die Union die Beziehungen zwischen den Mitgliedstaaten solidarisch zu gestalten hat. Eine Konkretisierung des Solidaritätsgrundsatzes für die Politikbereiche der dritten Säule existiert allerdings nicht.

Die Diskussion um eine einheitliche Aufteilung der Verantwortlichkeit für Asylsuchende und anerkannte Flüchtlinge begann ebenfalls am Anfang der Neunzigerjahre.[185] Infolge des Zerfalls der ehemaligen sozialistischen Republik Jugoslawien stiegen die Asylgesuchzahlen innerhalb der Europäischen Gemeinschaft rapide an. Deutschland, das besonders viele Kriegsvertriebene aufnahm, forderte die Einführung eines Systems europäischer Verantwortungsteilung.[186]

---

180 Abl. C 191 (1992), S. 1ff., in Kraft getreten am 1.1.1993.

181 *Geiger* (Fn. 145), Art. 67 AEUV Rdnr. 5; *Röben,* in: Grabitz/Hilf/Nettesheim (Hrsg.): Das Recht der Europäischen Union, 53. EL 2014, Art. 67 AEUV Rdnr. 2.

182 *Wolter,* Auf dem Weg zu einem gemeinschaftlichen Asylrecht in der Europäischen Union, 1999, S. 36; *Hoppe,* in: Lenz/Borchardt (Hrsg.): EU-Verträge. Kommentar, 6. Auflage 2012, Vorb. Art. 67 AEUV Rdnr. 3.

183 *Wolter* (Fn. 182), S. 36.

184 *Schieffer,* Die Zusammenarbeit der EU-Mitgliedstaaten in den Bereichen Asyl und Einwanderung, 1998, S. 212; *Hieronymi,* Solidarität als Rechtsprinzip in der Europäischen Union, 2003, S. 2.

185 *Barbou des Places,* Burden in the Field of Asylum. Legal Motivations and Implications of a Regional Approach, in: EUI Working Papers, RSC No 2002/66, 1.

186 *Tomei,* Europäisierung nationaler Migrationspolitik. Eine Studie zur Veränderung von Regieren in Europa (2001), S. 40; *Chibanguza,* Die Kompetenzen nach dem Vertrag von Lissabon unter besonderer Berücksichtigung der Zuständigkeiten im Bereich der Politiken Grenzkontrollen, Asyl und Einwanderung des Raums der Freiheit, der Sicherheit und des Rechts, 2011, S. 284.

Die damalige Bundesregierung, welche zu diesem Zeitpunkt auch die Ratspräsidentschaft innehatte, befürwortete insbesondere ein einheitliches Verteilungsverfahren in Anlehnung an die innerstaatlichen Aufnahmequoten für Schutzsuchende nach §§ 44, 45 AsylVfG.[187] Das Thema Lastenteilung (*Burden Sharing*) stand schon damals im Mittelpunkt der Debatte um ein Gemeinsames Europäisches Asylsystem.[188] Die Initiative Deutschlands scheiterte letztendlich am Widerstand einiger Mitgliedstaaten, die die Idee der Einführung eines verbindlichen Verteilungsschlüssels missbilligten.[189]

Stattdessen verabschiedete der Rat am 25. September 1995 eine Entschließung über die Lastenverteilung hinsichtlich der Aufnahme und des vorübergehenden Aufenthalts von Vertriebenen[190] und am 4. März 1996 einen Beschluss über ein Warn- und ein Dringlichkeitsverfahren zur Lastenverteilung hinsichtlich der Aufnahme und des vorübergehenden Aufenthalts von Vertriebenen.[191] Es handelt sich hierbei um Instrumente der Lastenverteilung in Ausnahmesituationen, im Falle eines verstärkten Zustroms von Flüchtlingen (siehe Ausführungen im 3. Kapitel, Gliederungspunkt C. Lastenteilung in Ausnahmesituationen).

Bereits vor der Festschreibung der Asylpolitik als Gegenstand der dritten Säule entwickelte sich eine engere Zusammenarbeit einiger Mitgliedstaaten in dem Bereich Visa, Asyl und Grenzen mit dem Ziel der Abschaffung der Grenzkontrollen.[192] Sie führte zum Abschluss des Schengener Übereinkommens vom 14.06.1985[193] (SÜ) und des Schengener Durchführungsübereinkommens von 1990[194] (SDÜ), welches den Absichtserklärungen des SÜ Wirkung verlieh und sie umsetzte. Beide Abkommen wurden zunächst nur zwischen Deutschland, Frankreich und den Beneluxstaaten abgeschlossen. Im Jahre 1995 waren dem Abkommen fünf weitere Staaten beigetreten.[195]

Das Ziel war es, die Kontrollen an den Außengrenzen der Vertragsparteien für die eigenen Staatsangehörigen schrittweise abzubauen. Beide Abkommen bezwecken die Freizügigkeit nach innen und Grenzsicherheit nach außen.[196] Damit einhergehen

---

187 Vgl. German Presidency Draft Council Resolution on Burden-sharing with Regard to the Admission and Residence of Refugees 1994, Council Doc. 7773/94 ASIM 124.

188 *Suhrke*, Burden-sharing during Refugee Emergencies: The Logic of Collective versus National Action, JRS 1998, 397.

189 *Schmahl*, in: von der Groeben/Schwarze (Hrsg): Kommentar zum EU-/EG-Vertrag, 2003, Art. 63 Rdnr. 12.

190 Abl. 1996 Nr. 262 S. 1ff.

191 Abl. 1996 Nr. L 063 S. 10.

192 *Röben* (Fn. 181), Art. 67 Rdnr. 2.

193 BT-Drucksache 11/3594.

194 BGBl. 1993 II, S. 1010, in Kraft getreten am 1.9.1993 mit Wirkung vom 26.3.1995 (BGBl.1996 II, S. 242).

195 *Schieffer* (Fn. 184), S. 92; *Wolter* (Fn. 182), S. 36.

196 *Schattenberg*, Deutsche Erfahrungen mit Schengen, in: Hailbronner/Weil (Hrsg.): Von Schengen nach Amsterdam, 1999, S. 24.

sollte auch eine künftige Rechtsangleichung in der Asyl- und Einwanderungspolitik, da man Drittstaatsangehörige von der Personenfreiheit nicht ausschließen konnte und Migrationsbewegungen zu steuern wünschte.[197] Die Personenkontrollen zur Verhinderung von unrechtmässiger Einreise wurden an die Außengrenzen der Vertragsparteien verlagert.

Die Kernregelungen des SDÜ betreffen die Bestimmung der Zuständigkeit einer Vertragspartei zur Behandlung eines Asylbegehrens.[198] Es soll nur eine Vertragspartei dem Asylantrag nachgehen, damit nicht mehrere Anträge in verschiedenen Staaten gestellt werden können. Das so genannte „*asylum shopping*" sollte verhindert werden.[199] Dies gelang auch, wenn ein zuständiger Staat ermittelt werden konnte, denn dann konnte die betroffene Person in einem anderen Staat keinen weiteren Asylantrag stellen.

Zum Schutze der Asylsuchenden bestimmt Art. 28 SDÜ die Bindung an die GFK im Anwendungsbereich des SDÜ. Zusätzlich wird in Art. 29 I SDÜ erstmals eine grenzüberschreitende Verpflichtung zur Behandlung eines Asylgesuchs begründet.[200] Damit galt es zu verhindern, dass sich ein Staat nach dem anderen gegenüber dem Schutzbedürftigen für unzuständig erklärt und diesen an andere Staaten verweist (so genannte „*refugees in orbit*").[201]

Die Prüfung des Asylantrages erfolgte nach innerstaatlichem Recht (Art. 32 SDÜ). Eine Vereinheitlichung der Schutzstandards für alle Vertragsparteien sah das SDÜ nicht vor.[202]

Die Bestimmung des für die Behandlung des Asylbegehrens zuständigen Staates bezweckte nicht, eine gleichmäßige Verteilung von Flüchtlingen zu erreichen.[203] Es galt vielmehr anhand von objektiven Kriterien, die aus der Sicht der Flüchtlinge oftmals vom Zufall abhingen, die Zuständigkeit eines Staates zu ermitteln und damit gleichzeitig die Verantwortlichkeit der anderen auszuschließen. Im Ergebnis bezweckte das SDÜ weder eine Harmonisierung des Asylrechts noch eine gleichmäßige Verteilung der Asylsuchenden auf die Vertragsstaaten.[204] Dennoch findet sich der Gedanke der gegenseitigen Solidarität im SDÜ wieder. An den gemeinsamen Außengrenzen soll die Bekämpfung der unrechtmässigen Einreise von Ausländern in Zusammenarbeit und Kooperation erfolgen, wobei jede Vertragspartei verantwortlich für die innere Sicherheit des gesamten Schengen-Raums ist.[205] Die Außengrenzen der Nationalstaaten wurden somit zur gemeinsamen Außengrenze, deren Sicherung im gemeinsamen Interesse lag.

---

197 *Fröhlich* (Fn. 35), S. 124.
198 *Wolter* (Fn. 182), S. 38; *Schieffer* (Fn. 184), S. 93.
199 *Wolter* (Fn. 182), S. 38; *Fröhlich* (Fn. 35), S. 139.
200 *Wolter* (Fn. 182), S. 38.
201 Ebenda.
202 *Schieffer* (Fn. 184), S. 94.
203 *Schieffer* (Fn. 184), S. 94.
204 Ebenda.
205 *Schattenberg* (Fn. 196), S. 24; *Fröhlich* (Fn. 35), S. 136.

Fast zeitgleich mit dem SDÜ unterzeichneten elf Mitgliedstaaten das Übereinkommen über die Bestimmung des zuständigen Staates für die Prüfung eines in einem Mitgliedstaat der Europäischen Gemeinschaften gestellten Asylantrages vom 15.6.1990[206] („Dubliner Übereinkommen"). In dem Dubliner Übereinkommen finden sich die asylrechtlichen Bestimmungen des SDÜ inhaltsgleich wieder.[207]

Die Vertragsparteien beider Abkommen beschlossen daher die asylrechtlichen Zuständigkeitsregelungen des SDÜ von den Bestimmungen des Dubliner Übereinkommens abzulösen. Dies geschah zum 1. September 1997 auf der Grundlage von Art. 142 SDÜ in Verbindung mit dem Bonner Protokoll vom 26.4.1994[208].

Das Dubliner Übereinkommen legte nunmehr die objektiven Kriterien (nach einer festen Reihenfolge) und das Verfahren zur Bestimmung des für die Durchführung eines Asylverfahrens zuständigen Mitgliedstaates fest. Ein Staat konnte sich aber auch selbst für die Behandlung eines Asylbegehrens zuständig erklären. Das Recht zum Selbsteintritt war in Art. 3 IV des Dubliner Übereinkommens und zuvor im Art. 29 IV SDÜ verankert.

Die Folge war, dass auf dem gemeinsamen Hoheitsgebiet die Verpflichtung für die Prüfung eines Asylantrages grundsätzlich nur einmal begründet werden konnte.[209] Mit der Ermittlung des zuständigen Staates nach den Kriterien des Dubliner Übereinkommens wurde gleichzeitig die Verantwortlichkeit aller anderen Mitgliedstaaten ausgeschlossen.

Für die Asylsuchenden bedeutete dies, dass ihnen (wie zuvor im Rahmen des SDÜ) kein Wahlrecht des Staates zur Durchführung ihres Asylverfahrens zustand.

Dem SDÜ und dem Dubliner Übereinkommen liegt der Gedanke der zwischenstaatlichen Verantwortungsteilung zugrunde.[210] Die Staaten einigten sich auf ein gemeinsames Verfahren zur Bestimmung der Zuständigkeit für Asylgesuche, dessen Erfolg abhängig von Zusammenarbeit und gegenseitigem Vertrauen war.[211] Alle Staaten mussten bereit sein, an dem System mitzuwirken. Der zuständige Staat war verpflichtet zu prüfen, ob die Voraussetzungen für eine Schutzgewährung in seinem Hoheitsgebiet nach Maßgabe seines nationalen Rechts vorliegen und die daraus entstehenden Folgen zu tragen. Dies beinhaltete auch die Pflicht im Zweifel dafür zu sorgen, dass ein Ausländer das gemeinsame Hoheitsgebiet wieder verließ.[212]

---

206 BGBl. 1994 II, S. 792; Abl. EG 1997 Nr. C 254/1.

207 *Schattenberg* (Fn. 196), S. 24.

208 Protokoll zu den Konsequenzen des Inkrafttretens des Dubliner Übereinkommens für einige Bestimmungen des Durchführungsübereinkommens zum Schengener Übereinkommen, BGBl. 1995 II S. 739.

209 *Fröhlich* (Fn. 35), S. 138.

210 *Fröhlich* (Fn. 35), S. 140f.; *Marx*, Adjusting the Dublin Convention: New Approaches to Member State Responsibility for Asylum Applications, EJML 3 (2001), 9, 13 u. 19; *Noll*, Prisoners' Dilemma in Fortress Europe: On the Prospects for Equitable Burden-sharing in the European Union, GYIL 40 (1997), 431.

211 *Marx* (Fn. 210), 9.

212 *Fröhlich* (Fn. 35), S. 142.

Zusammenfassend lässt sich feststellen, dass weder das SDÜ noch das Dubliner Übereinkommen eine Harmonisierung der Prüfungsmaßstäbe und der Asylverfahren herbeiführten. Die Rückkoppelung an die GFK in Art. 2 DÜ war dafür nicht ausreichend, da die GFK keine Vorgaben zur Durchführung eines Asylverfahren vornimmt.[213]

Die außerhalb der dritten Säule vereinbarten SDÜ und Dubliner Übereinkommen wurden vom Maastricht-Vertrag explizit gestattet. Art. K. 7 EUV-Maastricht bestimmte, dass außerinstitutionelle, engere Kooperationen zwischen den Mitgliedstaaten möglich waren, soweit diese das mitgliedstaatliche Zusammenwirken innerhalb der dritten Säule nicht behinderten.

Die asylpolitischen Maßnahmen unter Titel IV EUV-Maastricht waren ohne rechtliche Bindungswirkung und bezweckten einen Ausgleich für die mit dem Wegfall der Binnengrenzkontrollen einhergehenden Verantwortlichkeiten.[214] Soweit die Asylpolitik als Gegenstand von gemeinsamem Interesse verstanden wurde, handelte es sich nicht um ein gemeinsames Interesse an der Vereinheitlichung und Verbesserung der Schutzstandards für Asylsuchende, sondern vielmehr um ein Interesse an der gemeinsamen Sicherung der Außengrenzen und der Kontrolle der Migrationsbewegungen an diesen.[215]

II. Die gemeinsame Asylpolitik nach dem Amsterdamer Vertrag

Mit dem Inkrafttreten des Amsterdamer Vertrages am 1. Mai 1999[216] wurde die Asyl- und Einwanderungspolitik von der dritten in die erste Säule überführt und unterlag somit der supranationalen Zuständigkeit der Europäischen Gemeinschaft. Das Ziel war es, sowohl einheitliche Asylpolitik zu gestalten als auch die unrechtmässige Einwanderung an den gemeinsamen Grenzen zu bekämpfen.[217] Die Vermeidung von sekundären Migrationsbewegungen spielte ebenfalls eine wichtige Rolle.[218]

1. Die Errichtung des Raumes der Freiheit, der Sicherheit und des Rechts

Art. 61 lit. b) EGV gab vor, einen Raum der Freiheit, der Sicherheit und des Rechts (RFSR) zu errichten. Der Begriff des Raumes soll zunächst den territorialen Geltungsbereich

---

213 Ebenda, S. 143.

214 *Fröhlich* (Fn. 35), S. 149f.

215 *Thym*, Europäische Einwanderungspolitik: Grundlagen, Gegenstand und Grenzen, in: Hofmann/Löhr (Hrsg.): Europäisches Flüchtlings- und Einwanderungsrecht, 2008, S. 190; *Tomei* (Fn. 186), S. 45.

216 ABl. EG C 340, 10.11.1997, S. 1–144.

217 *Hailbronner*, Asyl- und Ausländerrecht, 2008, S. 23.

218 *Schäuble*: Europäische Migrationspolitik – Versuch einer Standortbestimmung, ZAR 2006, 222; *Tomei* (Fn. 186), S. 45.

der Regelungen der Politikbereiche verdeutlichen.[219] Die territoriale Hervorhebung steht auch im Einklang mit dem Ziel eines „Raum(s) ohne Binnengrenzen".[220] Dieser umfasst jedoch nicht das gesamte Gebiet der EU, da die Hoheitsgebiete des Vereinigten Königreichs Großbritannien, Irlands und Dänemarks nicht dazu gehören.[221] Zudem soll der Begriff des Raumes auch die Einheitlichkeit der Rechtsmaterie verdeutlichen, ungeachtet der Tatsache, dass sie sich im Amsterdamer Vertrag noch zwischen der ersten und dritten Säule aufteilt.[222] Es soll ein säulenübergreifender Raum der Freiheit, der Sicherheit und des Rechts geschaffen werden.[223]

Der Europäische Rat trat am 15. und 16. Oktober 1999 in Tampere zu einer Sondertagung über die Schaffung eines Raums der Freiheit, der Sicherheit und des Rechts in der Europäischen Union zusammen.[224] In den Schlussfolgerungen zu dieser Sondersitzung betonte der Europäische Rat den Wunsch, „daß die Union gemeinsame Asyl- und Einwanderungspolitiken" entwickelt. Diese gemeinsamen Politiken müssten auf Grundsätzen basieren, die „auch denjenigen, die Schutz in der Europäischen Union suchen oder in ihr Gebiet einreisen wollen, Garantien bieten". Das Ziel sei „eine offene und sichere Europäische Union, die uneingeschränkt zu ihren Verpflichtungen aus der Genfer Flüchtlingskonvention und aus anderen einschlägigen Menschenrechts-Übereinkünften steht und die in der Lage ist, auf der Grundlage der Solidarität auf humanitäre Anforderungen zu reagieren."[225]

Die zu schaffende gemeinsame Asylpolitik sollte somit auch dem Grundsatz der Solidarität gerecht werden. Die EU müsse offen für die vor Verfolgung fliehenden Menschen sein, damit die Mitgliedstaaten ihre Verpflichtungen zum Schutze dieser Menschen wahrnehmen können.[226]

Die gemeinsame Politik in Asylsachen sollte aus vier Elementen bestehen: Partnerschaft mit Herkunftsländern, Gemeinsames Europäisches Asylsystem, gerechte Behandlung von Drittstaatsangehörigen und die Steuerung der Migrationsströme.[227]

---

219 *Pache*, § 10 Die Union als Raum der Freiheit, der Sicherheit und des Rechts, in: Niedobitek, Matthias (Hrsg.): Europarecht – Politiken der Europäischen Union, 2014, S. 1086 Rdnr. 30; *Monar*, Der Raum der Freiheit, der Sicherheit und des Rechts, in: Bogdandy/Bast (Hrsg.): Europäisches Verfassungsrecht, 2. Auflage 2009, S. 757.

220 *Monar* (Fn. 219), S. 757.

221 Vgl. Protokolle 19–22, ABl EU C 326/295ff, 2012.

222 *Pache* (Fn. 219), S. 1086 Rdnr. 31.

223 *Fröhlich* (Fn. 35), S. 156; *Monar* (Fn. 219), S. 756.

224 Europäischer Rat, Tampere, Schlussfolgerungen des Vorsitzes vom 15. und 16. Oktober 1999.

225 Ebenda, Rdnr. 3f.

226 *Fröhlich* (Fn. 35), S. 161.

227 Europäischer Rat, Tampere, Schlussfolgerungen des Vorsitzes vom 15. und 16. Oktober 1999, Rdnr. 10–27.

2. *Bestimmungen zu der Visa-, Asyl-, Flüchtlings- und Einwanderungspolitik*

Im Titel IV EGV finden sich Regelungen zu der Visa-, Asyl-, Flüchtlings- und Einwanderungspolitik (Art. 61 ff. EGV). Mit der Harmonisierung dieser Politikbereiche sollten die negativen Folgen des europaweit unkontrollierten Personenverkehrs ausgeglichen werden.[228]

Art. 61 lit. b) EGV erforderte Maßnahmen in den Bereichen Asyl, Einwanderung und Schutz der Rechte Drittstaatsangehöriger. Dem legitimen Interesse der Mitgliedstaaten an der Steuerung der Migrationsbewegungen an den gemeinsamen Außengrenzen stand jetzt der Schutz der Flüchtlinge als gemeinsame Verpflichtung gegenüber.[229]

Art. 62 II EGV ermächtigte die Union, Maßnahmen bezüglich des Überschreitens der Außengrenzen festzulegen. Frontex wurde auf dieser Rechtsgrundlage am 26. Oktober 2004 errichtet.

Art. 63 EGV schuf die Grundlage für die Entwicklung einheitlicher Standards für das Asylverfahren. Die EG erhielt die Kompetenz zur Regelung der Rechtsstellung der Flüchtlinge und anderer vertriebener Personen sowie zum Erlass einwanderungspolitischer Maßnahmen. Seitdem wurden auf dieser Grundlage mehrere Richtlinien zu Mindestnormen erlassen. Zu den wichtigsten gehören die Richtlinie 2003/9/EG des Rates zur Festlegung von Mindestnormen für die Aufnahme von Asylbewerbern in den Mitgliedstaaten[230], die QRL von 2004[231] und die Richtlinie 2005/85/EG des Rates vom 1. Dezember 2005 über Mindestnormen für Verfahren in den Mitgliedstaaten zur Zuerkennung und Aberkennung der Flüchtlingseigenschaft.[232]

Art. 63 I Nr. 2 lit. a) EGV ermöglichte die Festlegung von Kriterien und Verfahren zur Bestimmung des für das Asylverfahren zuständigen Staates. Im Jahre 2003 wurde auf dieser Grundlage das Dubliner Übereinkommen in die so genannte Dublin-Verordnung vom 18. Februar 2003[233] (Dublin-II-VO) überführt. Zuvor wurde

---

228 *Thym* (Fn. 45), Art. 77 AEUV Rdnr. 4 und Art. 78 AEUV Rdnr. 1.

229 *Fröhlich* (Fn. 35), S. 162.

230 Abl. EU Nr. L 31/18, 6.2.2003.

231 RL 2004/83/EG vom 29.04.2004 aufgehoben durch die Richtlinie 2011/95/EU des Europäischen Parlaments und des Rates über Normen für die Anerkennung von Drittstaatsangehörigen oder Staatenlosen als Personen mit Anspruch auf internationalen Schutz, für einen einheitlichen Status für Flüchtlinge oder für Personen mit Anrecht auf subsidiären Schutz und für den Inhalt des zu gewährenden Schutzes vom 13. Dezember 2011 (Neufassung), Abl. EU Nr. L 337/9, 20.12.2011.

232 RL 2005/85/EG vom 01.12.2005, ABl. L 326 vom 13.12.2005, S. 13, siehe auch Neufassung der Richtlinie 2013/32/EU des Europäischen Parlaments und des Rates zu gemeinsamen Verfahren für die Zuerkennung und Aberkennung des internationalen Schutzes, ABl. L 180/60 vom 29.6.2013.

233 Verordnung (EG) Nr. 343/2003 des Rates vom 18. Februar 2003 zur Festlegung der Kriterien und Verfahren zur Bestimmung des Mitgliedstaates, der für die Prüfung eines von einem Drittstaatsangehörigen in einem Mitgliedstaat gestellten

ergänzend zum Dubliner Übereinkommen am 11. Dezember 2000 die sog. EURODAC-Verordnung[234] erlassen, die den Austausch von Daten über Fingerabdrücke zur Prüfung, ob Asylsuchende bereits in einem anderen Mitgliedstaat der EU einen Antrag auf Asyl gestellt haben, vorsieht.

In Art. 63 I Nr. 2 lit. b) EGV wird erstmals die Förderung einer ausgewogenen Verteilung der Belastungen, die mit der Aufnahme von Flüchtlingen und Vertriebenen und den Folgen dieser Aufnahme verbunden sind, als Ziel der gemeinsamen Asyl- und Einwanderungspolitik erwähnt. Die Norm beinhaltete eine eigenständige Kompetenzgrundlage für den Erlass von Sekundärrecht zur Förderung einer ausgewogenen Verteilung dieser Belastungen zwischen den Mitgliedstaaten. Ermöglicht wurde damit auch die Einführung rechtlich verbindlicher Vorgaben für Ausgleichsmechanismen.[235]

Die „Richtlinie 2001/55/EG des Rates vom 20. Juli 2001 über Mindestnormen für die Gewährung vorübergehenden Schutzes im Falle eines Massenzustroms von Vertriebenen und Maßnahmen zur Förderung einer ausgewogenen Verteilung von Belastungen, die mit der Aufnahme dieser Person und der Folgen dieser Aufnahme verbunden sind, auf die Mitgliedstaaten“[236] sieht als Ausgleichsmaßnahme die personelle Verteilung von Schutzbedürftigen in Ausnahmesituationen vor (siehe Ausführungen zu den inhaltlichen Vorgaben der Richtlinie im dritten Kapitel 3, Gliederungspunkt D).

Des Weiteren wurde auf Grundlage des Art. 63 I Nr. 2 lit. b) EGV die Errichtung des Europäischen Flüchtlingsfonds[237] am 28. September 2000 beschlossen (siehe Ausführungen zu den inhaltlichen Vorgaben im dritten Kapitel, Gliederungspunkt D).

Art. 63 I Nr. 2 lit a) und b) EGV sind beide Ausdruck des Solidaritätsgrundsatzes und dienen der Verantwortungsteilung zwischen den Mitgliedstaaten. Allerdings sollte die Lastenteilung nach Art. 63 I Nr. 2 lit b) EGV nur durch fördernde Maßnahmen erfolgen und erfuhr dadurch eher eine nachrangige Bedeutung.[238]

Gemäß Art. 66 EGV galt es Maßnahmen zu beschließen, um die Zusammenarbeit zwischen den nationalen Asylbehörden der Mitgliedstaaten sowie die Zusammenarbeit zwischen diesen Behörden und der Kommission zu gewährleisten. Die Norm

---

Asylantrages zuständig ist, ABl. L 50 vom 25.2.2003, S. 1 (aktuell „Dublin III“, VO 604/2013 vom 26. Juni 2013, Abl. L 180/31 vom 29.6.2013.

234 Verordnung (EG) Nr. 2725/2000 des Rates vom 11. Dezember 2000 über die Einrichtung von „Eurodac“ für den Vergleich von Fingerabdrücken zum Zwecke der effektiven Anwendung des Dubliner Übereinkommens, ABl. Nr. L 316 vom 15.12.2000, S. 1.

235 *Reermann,* Lastenteilung und zeitweilige Aufnahme, in: Hailbronner/Weil (Hrsg.): Von Schengen nach Amsterdam, 1999, S. 120.

236 Abl. 2001 Nr. L 212 S. 12.

237 Entscheidung des Rates vom 28. September 2000 über die Errichtung eines Europäischen Flüchtlingsfonds, Abl. 2000 Nr. L 252 S. 12.

238 *Hailbronner/Thiery,* Amsterdam – Vergemeinschaftung der Sachbereiche Freier Personenverkehr, Asylrecht, Einwanderung sowie Überführung des Schengen-Besitzstands auf EU-Ebene, EUR 1998, 588.

spiegelt den Gedanken der praktischen Zusammenarbeit zwischen den Mitgliedstaaten, der ebenfalls einen Bestandteil des GEAS verkörpern sollte.

Art. 68 III EGV beschränkte die Zuständigkeit des EuGH. Abweichend von Art. 177 EGV konnte der EuGH im Bereich des Titels „Visa, Asyl, Einwanderung und andere Politiken betreffend den freien Personenverkehr" nur von letztinstanzlichen Gerichten angerufen werden.

In der Zwischenzeit waren alle Mitgliedstaaten außer Irland und dem Vereinigten Königreich von Großbritannien dem SÜ beigetreten. Man einigte sich, das Dubliner Übereinkommen und das dazugehörige Schengen-Zuständigkeitssystem mit dem Amsterdamer Vertrag in das Gemeinschaftsrecht einzubeziehen und der dritten Säule zuzuordnen.[239]

3. *Ergebnis*

Die gemeinsame Asylpolitik erfuhr mit dem Amsterdamer Vertrag eine humanitäre Ausrichtung, deren Zweck nicht mehr ausschließlich die Kompensation der Personenfreizügigkeit innerhalb der Gemeinschaft darstellte. Durch gemeinsame Maßnahmen sollten einheitliche Schutzstandards innerhalb des RFSR verwirklicht werden mit dem Ziel, die Rechte von Asylsuchenden zu schützen. Der Solidaritätsgedanke wurde in Art. 63 I Nr. 2 lit a) und b) EGV verankert.

Die begonnene Kompetenzübertragung im Bereich Asylpolitik beschränkte sich im Wesentlichen auf die Festlegung gemeinsamer Grundlinien im Wege von Sekundärrechtsakten, die den Mitgliedstaaten eine Mindestharmonisierung vorgaben.[240]

Im Haager Programm von 2005[241] listete die Kommission zehn Prioritäten der EU auf, die der Stärkung des Raumes der Freiheit, der Sicherheit und des Rechts in einem Zeitraum von fünf Jahren dienen sollen. Zu diesen Prioritäten gehört die Einführung eines Gemeinsamen Europäischen Asylsystems bis zum Jahr 2010.[242]

Neben der Verwirklichung des GEAS durch Harmonisierung des Asylrechts hat die Kommission die besondere Notwendigkeit der praktischen Zusammenarbeit der Mitgliedstaaten, wie sie in Art. 66 EGV verankert worden war, hervorgehoben. Im Haager Programm taucht auch zum ersten Mal die Idee der Gründung einer

---

239 *Hoppe* (Fn. 182), Vorb. Art. 67 AEUV, Rdnr. 4; *Herrnfeld*, in: Schwarze (Hrsg.): EU Kommentar, 3. Auflage 2012, Art. 67 Rdnr. 11.

240 *Battjes*, European Asylum Law and International Law, 2006, S. 77.

241 Mitteilung der Kommission an den Rat und das Europäische Parlament vom 10.05.2005 - Das Haager Programm: Zehn Prioritäten für die nächsten fünf Jahre. Die Partnerschaft zur Erneuerung Europas im Bereich der Freiheit, der Sicherheit und des Rechts, KOM/2005/0184 endg., ABl. EU C 236 vom 24.9.2005 (*Haager Programm*).

242 Ebenda; vgl. auch das „Grünbuch über das künftige Gemeinsame Europäische Asylsystem", KOM(2007) 301 endgültig vom 06.06.2007.

Europäischen Unterstützungsagentur für alle Formen der Zusammenarbeit im Rahmen des GEAS auf.[243]

III. Solidarität im Raum der Freiheit, der Sicherheit und des Rechts (RFSR)

Im Amsterdamer Vertrag wurde der Grundstein für den RFSR gelegt. Der Vertrag von Lissabon vom 13.12.2007 trat am 1.12.2009 in Kraft[244] und führte die Weiterentwicklung des RFSR fort. Als Vorlage diente im Ergebnis der Vertrag über eine Verfassung für Europa (VVE) vom 29.10.2004[245].

Art. 67 I AEUV knüpft an Art. 3 II EUV an, wonach die Bildung eines RFSR eines der grundlegenden Ziele der EU darstellt. Gemäß Art. 67 I AEUV bildet die Union einen „Raum der Freiheit, der Sicherheit und des Rechts, in dem die Grundrechte und die verschiedenen Rechtsordnungen und -traditionen der Mitgliedstaaten geachtet werden." Die Bildung des RFSR ist demnach mit dem Grundrechtsschutz verknüpft.[246] Hierbei bezieht sich der Grundrechtsschutz nicht nur auf Unionsbürger, sondern auch auf Drittstaatsangehörige.[247]

Der RFSR umfasst die Bereiche "Grenzkontrolle, Asyl und Einwanderung" (Art. 77 bis 80 AEUV), die "justizielle Zusammenarbeit in Zivilsachen" (Art. 81 AEUV), die "justizielle Zusammenarbeit in Strafsachen" (Art. 82 bis 86 AEUV), sowie die "polizeiliche Zusammenarbeit" (Art. 87 bis 89 AEUV).

Die Idee des Raums der Freiheit entspricht vor allem der Idee des freien Personenverkehrs, die auch Drittstaatsangehörige, die in einem Mitgliedstaat einen Aufenthaltstitel besitzen, einschließt (Art. 67 Abs. 2 AEUV, Art. 77 Abs. 1 a AEUV).[248]

Dem Raum der Sicherheit liegt die Idee zugrunde, dass sicherheitsrechtliche Maßnahmen die Personenfreizügigkeit ergänzen müssen.[249]

Der Raum des Rechts umfasst die justizielle Zusammenarbeit in Zivil- und Strafsachen zwischen den Mitgliedstaaten und der EU (Art. 67 III und IV AEUV).[250]

Das Solidaritätsprinzip ist ein grundlegendes Element des RFSR.[251] Es hat innerhalb des RFSR in Art. 67 II AEUV und in Art. 80 AEUV Einzug gefunden. Der

---

243 *Comte*, A New Agency is Born in the European Union: The European Asylum Support Office, 12 EJML 2010, 377.

244 Abl. EU 2007 C 306/1 in der konsolidierten Fassung vom 30.03.2010, Abl. EU 2010 C 83/1.

245 ABl. EU 2004 C 310/1.

246 *Frenz*, Handbuch des Europarechts, Band 6: Institutionen und Politiken, S. 751 Rdnr. 2695.

247 *Weiß/Satzger*, in: Streinz (Hrsg.): Beck'sche Kurzkommentare, Band 57, EUV/AEUV, 2. Auflage 2012, Art. 67 Rdnr. 28.

248 *Geiger* (Fn. 145), Art. 3 EUV Rdnr. 6; *Weiß/Satzger* (Fn. 247), Art. 67 Rdnr. 7.

249 *Röben* (Fn. 181), Art. 67 AEUV Rdnr. 56.

250 Ebenda, Art. 67AEUV Rdnr. 57.

251 *Weiß* (Fn. 247), Art. 80 AEUV Rdnr. 1.

Wortlaut beider Normen lässt sich auf den VVE (Art. III-257 und Art. III-268 VVE) zurückführen. Wesentliche Ausprägungen des Solidaritätsgrundsatzes im RFSR sind das gegenseitige Vertrauen vor allem in die Justizsysteme der anderen Mitgliedstaaten und die Verantwortungsteilung in der Migrationspolitik.[252]

Im Stockholmer Programm[253] betonte der Rat, dass ausreichende Schutzkapazitäten in den nationalen Asylsystemen zentral für eine glaubwürdige und nachhaltige gemeinsame Asylpolitik sind. Daher müssten sich die Mitgliedstaaten gegenseitig beim Aufbau ausreichender Kapazitäten in ihren nationalen Asylsystemen unterstützen. Dies sei ein wichtiger Bestandteil einer wirksamen Solidarität.[254]

1. *Art. 67 II AEUV*

In Art. 67 II AEUV sind die Zielbestimmungen für die gemeinsame Migrationspolitik der EU vorgegeben. Gemäß Art. 67 II AEUV stellt die EU sicher, „dass Personen an den Binnengrenzen nicht kontrolliert werden, und entwickelt eine gemeinsame Politik in den Bereichen Asyl, Einwanderung und Kontrollen an den Außengrenzen, die sich auf die Solidarität der Mitgliedstaaten gründet und gegenüber Drittstaatsangehörigen angemessen ist."

Die Migrationspolitik setzt sich somit aus den Teilbereichen Asyl, Einwanderung und Grenzkontrollen zusammen. Sie soll der Gewährleistung der Personenfreizügigkeit dienen und auf der Solidarität der Mitgliedstaaten beruhen. Gleichzeitig soll die gemeinsame Migrationspolitik gegenüber Drittstaatsangehörigen angemessen sein.

In Art. 77–79 AEUV finden sich die Kompetenzgrundlagen für die konkrete Ausgestaltung der gemeinsamen Migrationspolitik.

Der Hinweis auf die Solidarität der Mitgliedstaaten bezieht sich auf die Verantwortlichkeiten, die insbesondere mit der Verwirklichung der gemeinsamen Asylpolitik und der Kontrollen an den Außengrenzen für die einzelnen Mitgliedstaaten einhergehen.[255] Die Solidarität i.S.d. Art. 67 II AEUV zielt auf eine gerechte Verteilung dieser Verantwortlichkeiten innerhalb der EU.[256] Die Zielbestimmung wird bereichsspezifisch in Art. 80 AEUV konkretisiert.[257]

Art. 67 II 2 AEUV bestimmt, dass die Migrationspolitik gegenüber Drittstaatsangehörigen angemessen sein soll. Fraglich ist, wie der Begriff „angemessen" zu verstehen ist. Die Zielbestimmung findet ihren Niederschlag in der entsprechenden Vorgabe des Art. 78 I AEUV.[258]

Gemäß Art. 78 I 1 AEUV entwickelt die EU „eine gemeinsame Politik im Bereich Asyl, subsidiärer Schutz und vorübergehender Schutz, mit der jedem

---

252 *Röben* (Fn. 181), Art. 105 AEUV Rdnr. 105; *Hoppe* (Fn. 182), Art. 67 AEUV Rdnr. 3.
253 Stockholmer Programm (Fn. 33).
254 Ebenda, S. 58.
255 *Röben* (Fn. 181), Art. 67 AEUV Rdnr. 105.
256 *Hoppe* (Fn. 182), Art. 67 AEUV Rdnr. 2.
257 *Herrnfeld* (Fn. 239), Art. 67 AEUV Rdnr. 14.
258 *Herrnfeld* (Fn. 239), Art. 67 AEUV Rdnr. 14; *Weiß* (Fn. 247), Art. 78 AEUV Rdnr. 8.

Drittstaatsangehörigen, der internationalen Schutz benötigt, ein angemessener Status angeboten und die Einhaltung des Grundsatzes der Nicht-Zurückweisung gewährleistet werden soll". Weiterhin bestimmt Art. 78 I 2 AEUV, dass diese Politik mit der GFK und dem dazugehörigen New Yorker Protokoll[259] „sowie den anderen einschlägigen Verträgen in Einklang stehen" soll.

Damit enthält die Norm mehrere Maßgaben für die materielle Ausgestaltung der gemeinsamen Asylpolitik, die es einheitlich zu beachten gilt.[260] Dazu gehören insbesondere die völkerrechtlichen Abkommen zum Schutze von Flüchtlingen, wie die GFK, EMRK und GrCh. Diese enthalten spezifische Verpflichtungen für die Vertragsstaaten und gewähren den Betroffenen Rechte. Zu den wichtigsten Normen gehören hierbei Art. 33 GFK, Art. 3 und Art. 8 EMRK sowie Art. 4, 18 und 19 der Grundrechtecharta.

Die Asylpolitik der EU wird somit unter einen Völkerrechtsvorbehalt gestellt.[261] Die EU geht damit eine Selbstverpflichtung ein, bei der Asylpolitik die Grundrechte der Drittstaatsangehörigen zu wahren.[262] Art. 78 I AEUV bekräftigt, dass das GEAS fest im Flüchtlingsvölkerrecht verankert ist.[263]

Art. 78 I 1 AEUV verlangt, dass dem Flüchtling ein angemessener Status angeboten wird. In welchen Fällen ein angemessener Status vorliegt, lässt sich ebenfalls nur unter Beachtung der völkerrechtlichen Vorgaben feststellen.[264]

Eine im Sinne des Art. 67 II 2 AEUV angemessene Behandlung von Drittstaatsangehörigen setzt somit die Wahrung der grundlegenden Rechte, die sich aus unterschiedlichen internationalen Abkommen ergeben können, voraus.[265]

Als angemessen gilt eine Behandlung demnach, wenn sie im Einklang mit den internationalen Abkommen zum Schutze der Drittstaatsangehörigen steht, die insoweit einen rechtlichen Mindeststandard bilden.[266]

Das Ziel einer angemessenen Behandlung von Drittstaatsangehörigen stellt auch einen Hinweis auf die Verpflichtung der EU zur Wahrung des Grundsatzes der Verhältnismäßigkeit bei der Ausgestaltung der gemeinsamen Asyl- und Einwanderungspolitik dar.[267] Das in Art. 5 III EUV verankerte Verhältnismäßigkeitsprinzip ist

---

259 BGBl 1969 II S. 1293ff.

260 *Graßhof*, in: Schwarze (Hrsg.): EU-Kommentar, 3. Auflage 2012, Art. 78 Rdnr. 12.

261 *Rossi*, in: Calliess/Ruffert (Hrsg.): EUV/AEUV Kommentar, 4. Auflage 2012, Art. 78 Rdnr. 8.

262 *Herrnfeld* (Fn. 239), Art. 67 Rdnr. 14; *Graßhof* (Fn. 260), Art. 78 Rdnr. 12; *Röben* (Fn. 181), Art. 67 Rdnr. 20.

263 *Thym* (Fn. 45), Art. 78 Rdnr. 18.

264 *Graßhof* (Fn. 260), Art. 78 Rdnr. 12.

265 *Fröhlich* (Fn. 35), S. 190; *ter Steeg*, Das Einwanderungskonzept der EU – Zwischen politischem Anspruch, faktischen Regelungsbedürfnissen und den primärrechtlichen Grenzen in Titel IV des EG-Vertrages, 2006, S. 453.

266 *Weiß* (Fn. 247), Art. 78 Rdnr. 8.

267 *Hoppe* (Fn. 182), Art. 67 AEUV Rdnr. 2.

im RFSR umfassend zu beachten und dient als Kontrollmaßstab für die Rechtsakte der EU.[268]

Zur Bestimmung, ob eine Maßnahme angemessen im Sinne des Art. 67 II 1 AEUV ist, bedarf es einer Abwägung der legitimen Interessen der Mitgliedstaaten mit den rechtserheblichen Interessen der Drittstaatsangehörigen.[269]

Bei der Prüfung der Angemessenheit einer konkreten Maßnahme gilt es zunächst festzustellen, ob ein Eingriff in ein Grundrecht vorliegt, um dann in einem weiteren Schritt gegebenenfalls zu prüfen, ob der Eingriff gerechtfertigt ist.[270] Es ist mithin eine subjektive Verhältnismäßigkeitskontrolle geboten.[271]

Personenfreizügigkeit, Solidarität und Angemessenheit dienen somit als Leitprinzipien der Migrationspolitik.[272] Als Leitprinzipien definieren sie den Handlungsrahmen dieses Politikbereiches auf Unionsebene und dienen als Orientierungsmaßstab für das Handeln der EU und der Mitgliedstaaten.[273]

Als Leitwert der EU dient das Solidaritätsprinzip als Legitimationsquelle für gemeinschaftliches Handeln.[274] Art. 67 II AEUV setzt die Wahrung der Grundrechte von Drittstaatsangehörigen in Beziehung zur gegenseitigen Solidarität bei der Bewältigung der Belastungen, die im Rahmen der Verwirklichung des Grundrechtsschutzes für den einzelnen Staat anfallen.[275] Die Solidarität bildet die verbindende Klammer für die gegebenenfalls gegenläufigen Interessen der Mitgliedstaaten an der Wahrung ihrer Handlungsautonomie und dem Interesse der EU an der Harmonisierung der verschiedenen Politikbereiche.[276]

Die gemeinsame Asylpolitik gründet somit auf die Solidarität der Mitgliedstaaten, um die notwendigen Maßnahmen zur Verwirklichung einer einheitlichen Asylpolitik abzusichern und zu legitimieren.[277]

Die Normierung einer Handlungspflicht zur Unterstützung der Mitgliedstaaten bei der Bewältigung der mit der Umsetzung der gemeinsamen Migrationspolitik verbundenen Belastungen erleichtert zugleich die Akzeptanz weitreichender unionaler Maßnahmen.[278]

---

268 *Röben* (Fn. 181), Art. 67 AEUV Rdnr. 126.
269 *Fröhlich* (Fn. 35), S. 190.
270 *Hoppe* (Fn. 182), Art. 67 AEUV Rdnr. 2.
271 *Röben* (Fn. 181), Art. 67 AEUV Rdnr. 125.
272 *Weiß/Satzger* (Fn. 247), Art. 67 AEUV Rdnr. 32.
273 *Bast* (Fn. 125), S. 23.
274 *Calliess* (Fn. 156), 1040; *Härtel* (Fn. 148), S. 200 Rdnr. 252.
275 *Fröhlich* (Fn. 35), S. 191.
276 *Calliesss* (Fn. 156), 1042.
277 *Fröhlich* (Fn. 35), S. 191; *Thym* (Fn. 45), Art. 80 AEUV Rdnr. 2; *Härtel* (Fn. 148), S. 200 Rdnr. 252.
278 *Thym* (Fn. 45), Art. 80 AEUV Rdnr. 2.

2. *Art. 78 III AEUV*

Gemäß Art. 78 III 1 AEUV kann der Rat auf Vorschlag der Kommission vorläufige Maßnahmen zugunsten von Mitgliedstaaten erlassen, wenn diese sich aufgrund eines plötzlichen Zustroms von Drittstaatsangehörigen in einer Notlage befinden.

Auf Grundlage von Art. 78 III AEUV sind somit spezifische Unterstützungsmaßnahmen möglich für in eine Notlage geratene Mitgliedstaaten. Die Norm, die sich auf Art. 64 II EGV zurückführen lässt, basiert ebenfalls auf dem Gedanken der gegenseitigen Solidarität und Verteilung von Verantwortlichkeiten, wie er auch in Art. 80 AEUV verankert ist.[279]

Eine Notlage im Sinne des Art. 78 III AEUV setzt eine gewisse Intensität voraus und liegt jedenfalls dann vor, wenn ein Versorgungsengpass oder Sicherheitsrisiken vorliegen oder wenn die konkrete Gefahr einer instabilen politischen Lage besteht.[280] Der plötzliche Zustrom von Flüchtlingen setzt ein unvorhergesehenes Ereignis voraus, welches zu der konkreten Notlage geführt hat.[281]

Maßnahmen nach Art. 78 III AEUV sollen in einer plötzlichen Notlage helfen und sind daher nicht auf Dauer angelegt. Der Rat kann sie in einem vereinfachten Verfahren (qualifizierte Mehrheit) nach Anhörung des Parlaments beschließen (vgl. Art. 78 III 2 AEUV).[282] Bei den Maßnahmen ist ein weiter Beurteilungsspielraum gegeben. So kommen sowohl finanzielle als auch administrative Unterstützungsleistungen in Betracht.[283] Denkbar ist auch eine Umverteilung von Schutzsuchenden auf andere Mitgliedstaaten oder die vorübergehende Aussetzung der Zuständigkeit der betroffenen Mitgliedstaaten für die Prüfung von weiteren Asylbegehren (vgl. Ausführungen zur neuen Migrationsagenda der EU im 5. Kapitel).[284]

3. *Das Solidaritätsprinzip in Art. 80 AEUV*

Der allgemeine Grundsatz der Solidarität und der Grundsatz der loyalen Zusammenarbeit werden in Art. 80 AEUV für die Teilbereiche Asyl, Einwanderung und Grenzkontrollen konkretisiert.[285]

---

279 *Weiß* (Fn. 247), Art. 78 AEUV Rdnr. 48.

280 *Rossi* (Fn. 261), Art. 78 AEUV Rdnr. 32; *Hoppe* (Fn. 182), Art. 78 Rdnr. 17.

281 *Weiß* (Fn. 247), Art. 78 AEUV Rdnr. 49; *Rossi* (Fn. 261), Art. 78 AEUV Rdnr. 32.

282 *Thym* (Fn. 45), Art. 78 Rdnr. 48; *Weiß* (Fn. 247), Art. 78 AEUV Rdnr. 49; *Rossi* (Fn. 261), Art. 78 AEUV Rdnr. 32.

283 *Thym* (Fn. 45) Art. 78 Rdnr. 48.

284 *Hoppe* (Fn. 182), Art. 78 Rdnr. 17; *Weiß* (Fn. 247), Art. 78 AEUV Rdnr. 49; *Rossi* (Fn. 261), Art. 78 AEUV Rdnr. 32.

285 *Rossi* (Fn. 261), Art. 80 AEUV Rdnr. 2.

a) Entstehung und Bedeutungskern

Die Norm bezweckt, die Kooperation zwischen den Mitgliedstaaten durch eine gerechte Verteilung der Verantwortlichkeiten zu verstärken.[286] Die Förderung des Zusammenhalts und der Solidarität zwischen den Mitgliedstaaten ist auch als ausdrückliches Ziel der EU in Art. 3 Abs. 3 UAbs. 3 EUV benannt. Die spezielle Verankerung des Solidaritätsgrundsatzes in Art. 80 AEUV soll seine Bedeutung für den Bereich der Art. 77–79 AEUV hervorheben.[287] Art. 80 AEUV lautet:

> *„Für die unter dieses Kapitel fallende Politik der Union und ihre Umsetzung gilt der Grundsatz der Solidarität und der gerechten Aufteilung der Verantwortlichkeiten unter den Mitgliedstaaten, einschließlich in finanzieller Hinsicht. Die aufgrund dieses Kapitels erlassenen Rechtsakte der Union enthalten, immer wenn dies erforderlich ist, entsprechende Maßnahmen für die Anwendung dieses Grundsatzes."*

Der Wortlaut dieser Norm lässt sich auf Art. III-268 des VVE[288] zurückführen. Es wurde bereits bei Artikel III-268 VVE entschieden, mit dem Ausdruck „Aufteilung der Verantwortlichkeiten" einen positiver besetzten Begriff zu wählen als zuvor in Art. 63 II lit. b) EGV mit „Lastenteilung" vorgenommen wurde. Mit der neutralen Formulierung sollte sichtbar gemacht werden, dass Flüchtlinge in der EU willkommen sind und nicht mehr nur eine Belastung für die Mitgliedstaaten darstellen.[289]

Aus den Vorbereitungsarbeiten zum VVE lässt sich keine Definition der Begriffe „Solidarität" und „Aufteilung der Verantwortlichkeiten" entnehmen.

Eine vom Europäischen Parlament in Auftrag gegebene Studie von 2011 beschäftigte sich mit dem Anwendungsbereich und den Auswirkungen von Art. 80 AEUV.[290] Es wurden die Standpunkte und Vorstellungen von neun Mitgliedstaaten, der Organe der EU und einiger internationaler Organisationen, wie UNHCR, IOM und ECRE zur Praxis der Solidarität und zu den Möglichkeiten der Umsetzung dieses Grundsatzes empirisch untersucht. Ein Ergebnis der Studie war, dass sich die Mitgliedstaaten über die Bedeutung des Begriffs Solidarität und der unmittelbaren Wirkung des Grundsatzes uneinig sind.[291]

Im Allgemeinen bezieht sich der Begriff der „Verantwortung" ebenso wie der Begriff der „Solidarität" auf die Einstandspflicht für die Erfüllung einer Aufgabe.[292]

---

286 *Kotzur*, in: Geiger/Khan/ders. (Hrsg): EUV/AEUV, 5. Auflage 2010, Art. 80 AEUV, Rdnr. 1.
287 *Rossi* (Fn. 261), Art. 80 AEUV Rdnr. 1.
288 Vertrag über eine Verfassung für Europa, Amtsblatt 2004/C 310/01, 16.12.2004.
289 Convention working group x, working document no. 15, Bemerkungen von Evelyn Lichtenberger zum Arbeitsdokument 05, S. 2.
290 Studie von Eurasylum Ltd. für das Europäische Parlament vom April 2011, Dok.-Nr. PE 453.167, Online unter: http://www.europarl.europa.eu/studies, Zugriff am 26.05.2015 (*Studie von Eurasylum*).
291 *Studie von Eurasylum* (Fn. 290), S. 113.
292 *Isensee* (Fn. 65), S. 101f.

Art. 80 AEUV hat die wechselseitigen Beistandspflichten im Bereich der Asyl- und Einwanderungspolitik und der Grenzkontrollen zum Gegenstand.[293]

Die Verteilung von Verantwortlichkeiten soll nach Art. 80 AEUV „gerecht" erfolgen. Fraglich ist, was unter „gerecht" im Zusammenhang mit der Asylpolitik der EU zu verstehen ist. Klar ist zunächst, dass Art. 80 AEUV damit eine grenzüberschreitende und internationale Gerechtigkeit fordert, die über nationalstaatliche Gewährleistungen hinausgeht. Denn Gerechtigkeit basiert grundsätzlich auf Verhaltenspflichten zwischen verschiedenen Akteuren, die es inhaltlich auszugestalten gilt.[294]

Im Falle des GEAS geht es um die Verhaltenspflichten der Mitgliedstaaten untereinander, gegenüber der EU und auch gegenüber Drittstaatsangehörigen. Die Beurteilung, ob eine Verteilung gerecht ist hängt damit von der Perspektive des Betrachters ab.[295] Betrachtet man das Kriterium „gerecht" aus mitgliedstaatlicher Perspektive, kann dies zu einem unterschiedlichen Ergebnis führen als wenn dies aus der Perspektive der EU oder der Flüchtlinge geschieht.

Aus der Perspektive der Mitgliedstaaten könnte eine „gerechte" Verteilung der Verantwortlichkeiten bedeuten, die aus der Entwicklung und Umsetzung der Asylpolitik resultierenden finanziellen und administrativen Lasten gleichmäßig zu verteilen. Eine Maßnahme zur gerechten Verteilung der Verantwortung müsse sich dann an den finanziellen und operativen Kapazitäten der Mitgliedstaaten orientieren.[296]

Denkbar wäre beispielsweise, dass Mitgliedstaaten, die wegen ihrer geographischen Lage besonders viele Schutzbedürftige aufnehmen, die Unterstützung bei der Verbesserung der Grenzkontrollen als Maßnahme zur gerechten Verteilung von Verantwortlichkeiten einfordern, ohne dabei gleichzeitig ihre Pflichten zum Schutz von Flüchtlingen zu erfüllen oder die angrenzenden Nachbarstaaten bei der Bewältigung ihrer Migrationsbewegungen zu unterstützen.[297]

Nimmt man die Perspektive der EU ein, so kann eine „gerechte" Verteilung der Verantwortlichkeiten bedeuten, das Ziel der EU-Politik umzusetzen und einen einheitlichen Schutz für Flüchtlinge zu gewährleisten. Das Interesse der EU an der Harmonisierung der Schutzstandards kann dann mit dem Interesse der Mitgliedstaaten an einer Begrenzung der Zahl der Asylbewerber kollidieren.[298]

Es wird deutlich, dass die Mitgliedstaaten und die EU durchaus unterschiedliche Kriterien heranziehen können, um zu bestimmen, in welchen Fällen eine Maßnahme „gerecht" ist.

Es kann somit ein Spannungsverhältnis zwischen den Interessen der EU an der Vereinheitlichung und Gewährleistung hoher Schutzstandards für Schutzbedürftige

---

293 *Kotzur* (Fn. 286), Art. 80 AEUV Rdnr. 1.
294 *Kluth,* Migrationsgerechtigkeit, ZAR 2011, 329.
295 *Studie von Eurasylum* (Fn. 290), S. 45.
296 *Studie von Eurasylum* (Fn. 290), S. 45.
297 Ebenda.
298 Ebenda.

und dem Interesse der einzelnen Mitgliedstaaten an der Verteilung der Verantwortlichkeiten entstehen.

Eine Auflösung dieses Spannungsverhältnisses kann zum einen durch unionsweite Solidaritätsmaßnahmen und zum anderen durch die Rückkoppelung der gemeinsamen Verpflichtungen an die Vorgaben der GFK und des internationalen Menschenrechtsschutzes gelingen.[299]

Aus dem Blickwinkel der Flüchtlinge betrachtet kommt es darauf an, dass die gemeinsame Asylpolitik samt umzusetzenden Solidaritätsmaßnahmen gegenüber Drittstaatsangehörigen angemessen ist. Artikel 67 II 2 AEUV darf daher bei der Beurteilung der Gerechtigkeitskriterien nicht außer Acht gelassen werden.

Ein Gerechtigkeitskriterium ist somit, ob eine Solidaritätsmaßnahme auch gegenüber Flüchtlingen angemessen ist. Bei der Bestimmung der Angemessenheit einer Maßnahme bedarf es wiederum einer Rückkopplung an die internationalen Menschenrechtsverbürgungen.

Wie bereits festgestellt, ist der Flüchtlingsschutz fest im internationalen Menschenrechtsschutz verankert. Die GFK ist ein menschenrechtlicher Vertrag, der subjektive Rechte im Asyl konkretisiert. Ein Staat, der Flüchtlinge aufnimmt, macht damit automatisch ein menschenrechtliches und humanitäres Zugeständnis, indem er bewusst die eigenen Interessen gegenüber der Schutzbedürftigkeit der Flüchtlinge zurückstellt.[300]

Eine solidarische und gerechte Verteilung der Verantwortlichkeiten darf daher den einzelnen Schutzsuchenden nicht aus dem Blick verlieren.[301] Gerechtigkeit im Asyl setzt daher die Achtung der Flüchtlingsrechte voraus. Sie begründet jedoch keine Leistungspflicht eines Staates, die über die Gewährung von Schutz in seinem Hoheitsgebiet hinausgeht.[302]

Zudem bezieht sich das Erfordernis einer gerechten Verteilung aus Art. 80 AEUV auf vergleichbare Schutzstandards in den Mitgliedstaaten und einheitliche Entscheidungen hinsichtlich der Schutzbedürftigkeit von Flüchtlingen. Sinn und Zweck ist es, dass Asylsuchende EU-weit die gleichen oder zumindest vergleichbare Chancen auf Anerkennung ihrer Flüchtlingseigenschaft oder auf sonstigen internationalen Schutz haben sollen, unabhängig davon, in welchem Land der EU sie zuerst ankommen.[303]

„Gerecht“ im Sinne des Art. 80 AEUV bedeutet daher, dass die Interessen aller Beteiligten in Einklang gebracht werden müssen. Insbesondere muss die Verteilung der Verantwortlichkeiten gegenüber Drittstaatsangehörigen angemessen sein, d.h. sie muss deren Grundrechte achten. Des Weiteren setzt eine gerechte Verteilung

---

299 *Fröhlich* (Fn. 35), S. 317f.

300 *Kluth* (Fn. 294), 331.

301 *Hoppe* (Fn. 182), Art. 80 AEUV, Rdnr. 3.

302 *Kluth* (Fn. 294), 332.

303 *Parusel,* Solidarity and fairness in the common European asylum system – failure or progress?, Migration Letters, Volume 12, 2015, 124.

auch vergleichbare Schutzstandards und einheitliche Entscheidungen über die Schutzbedürftigkeit von Flüchtlingen voraus.

b) Normativer Gehalt

Art. 80 Satz 1 AEUV konkretisiert den Solidaritätsgrundsatz für die Politikbereiche Grenzkontrollen, Asyl und Einwanderung. Insoweit geht Art. 80 AEUV in seinem sachlichen Anwendungsbereich über die Regelung des Art. 63 Nr. 2 lit. b) EGV, die auf die Asylpolitik beschränkt war, hinaus.[304]

Der Zusatz „einschließlich in finanzieller Hinsicht" verdeutlicht, dass es finanzieller Ausgleichsmechanismen bedarf. Materieller Ausgleich ist jedoch nur eine Möglichkeit zur Umsetzung des Art. 80 AEUV.[305]

Art. 80 Satz 1 AEUV dient primär als Orientierungs- und Kontrollmaßstab für die Organe der EU beim Erlass von Sekundärrecht und für die vollziehenden nationalen Behörden.[306]

Art. 80 Satz 2 AEUV befugt den europäischen Gesetzgeber, Instrumente zur Umsetzung des Solidaritätsgrundsatzes zu erlassen.[307] Es handelt sich hierbei aber nicht um eine eigenständige Kompetenzgrundlage.[308] Art. 80 Satz 2 AEUV stellt vielmehr klar, dass Solidaritätsmaßnahmen auch auf Grundlage der sich aus den Art. 77–79 AEUV ergebenden Kompetenzen getroffen werden können. Bei der Umsetzung der Vorgaben nach Art. 77–79 AEUV hat die EU mithin zugleich die Ermächtigung tätig zu werden, um eine gerechte Umverteilung der administrativen und finanziellen Belastungen zu erreichen.[309]

Es gilt, die aus der Umsetzung des EU-Rechts für die Nationalstaaten resultierenden Belastungen abzumildern.[310] Die Kommission hatte bereits in ihrer Mitteilung über verstärkte EU-interne Solidarität im Asylbereich vom 2.12.2011 betont, dass es die Aufgabe der EU sei sicherzustellen, dass Asylsuchende und Flüchtlinge angemessen aufgenommen und geschützt werden.[311] Daher müsse sie die Mitgliedstaaten bei der Bewältigung von Kapazitätsproblemen unterstützen.[312]

---

304 *Weiß* (Fn. 247), Art. 80 AEUV Rdnr. 2.
305 *Thym* (Fn. 45), Art. 80 AEUV Rdnr. 5.
306 *Bast* (Fn. 125), S. 20.
307 Ebenda.
308 *Thym*, in: Kluth/Heusch (Hrsg.): Beck'scher Online-Kommentar Ausländerrecht, 6. Edition, Zugriff am: 01.02.2013, Art. 80 AEUV Rdnr. 2; *Weiß* (Fn. 247), Art. 80 AEUV Rdnr. 3; *Progin-Theuerkauf*, in: von der Groeben/Schwarze/Hatje (Hrsg.): Europäisches Unionsrecht, 7. Auflage, 2015, Art. 80 AEUV Rdnr. 4.
309 *Bast* (Fn. 125), S. 21.
310 *Fröhlich* (Fn. 35), S. 317.
311 Europäische Kommission: Mitteilung der Kommission vom 2.12.2011. Eine EU-Agenda für weitergehende Teilung der Verantwortung und mehr gegenseitiges Vertrauen, KOM(2011) 835 endgültig, S. 2.
312 Ebenda.

Des Weiteren hat die Kommission in ihrem Grünbuch über das künftige GEAS erklärt, dass es zu den Hauptanliegen der gemeinsamen Asylpolitik gehöre, zu einem ausgewogeneren und wirkungsvolleren internationalen Schutzregime beizutragen. Sie ist der Ansicht, dass effektive EU-Mechanismen zur gleichmäßigen internen Aufteilung von Verantwortlichkeiten die südlichen Aufnahmestaaten entlasten.[313]

Der Unionsgesetzgeber erhält somit mit Art. 80 AEUV die „Annexbefugnis", Maßnahmen zu erlassen, die zur gerechteren Umverteilung der administrativen und finanziellen Belastungen führen sollen.[314] Ihm obliegt die Aufgabe, die Solidarität zu fördern.

Art. 80 AEUV manifestiert mithin die Befugnis der EU, Kompensationsmaßnahmen, soweit erforderlich, zu treffen, um die Belastungen, die mit der Schaffung einer gemeinsamen Migrationspolitik einhergehen, zu korrigieren.[315]

Die in Art. 63 Nr. 2 lit. b) EGV noch verankerte Beschränkung auf lediglich fördernde Maßnahmen findet sich in Art. 80 AEUV nicht wieder.

c) Grenzen

Der Zusatz in Art. 80 Satz 2 AEUV „wenn dies erforderlich ist" soll den Grundsätzen der Verhältnismäßigkeit und Subsidiarität Rechnung tragen.[316]

Der Grundsatz der Verhältnismäßigkeit ist in Art. 5 IV EUV verankert. Gemäß Art. 5 IV EUV dürfen Maßnahmen der Union „inhaltlich wie formal nicht über das zur Erreichung der Ziele der Verträge erforderliche Maß hinaus" gehen. Die Maßnahme muss geeignet und erforderlich sein, um ihre Ziele zu erreichen.[317] Die genutzten Mittel müssen der Bedeutung des Zieles entsprechen. Bei mehreren geeigneten Maßnahmen soll die am wenigsten belastende Maßnahme gewählt werden. Die Maßnahme muss weiterhin in einem angemessenen Verhältnis zu dem angestrebten Ziel stehen (sog. Verhältnismäßigkeit im engeren Sinne).[318] Gleichzeitig gilt es zu beachten, dass Maßnahmen, die einzelne Mitgliedstaaten unverhältnismäßig stark belasten, nicht ohne gleichzeitige Regeln über eine Umverteilung der Verantwortlichkeiten erlassen werden können.[319]

Im Rahmen von Art. 80 AEUV könnte es sich als schwierig erweisen, die Angemessenheit einer Maßnahme zu bestimmen.[320] Hierbei gilt es zu beachten, dass

---

313 Europäische Kommission, Grünbuch über das künftige Gemeinsame Europäische Asylsystem vom 6.6.2007, KOM(2007) 301 endgültig, S. 3.

314 *Bast* (Fn. 125), S. 21.

315 Ebenda, S. 23.

316 *Studie von Eurasylum* (Fn. 290), S. 41.

317 *Bast*, in: Grabitz/Hilf/Nettesheim (Hrsg.): Das Recht der Europäischen Union, 51. EL 2013, Art. 5 EUV Rdnr. 70.

318 *Lienbacher*, in: Schwarze (Hrsg.): EU-Kommentar, 3. Auflage 2012, Art. 5 EUV Rdnr. 38.

319 *Frenz* (Fn. 246) S. 811 Rdnr. 2916.

320 *Studie von Eurasylum* (Fn. 290), S. 41.

Art. 80 AEUV dem Unionsgesetzgeber und den Mitgliedstaaten einen Beurteilungsspielraum einräumt.[321]

Des Weiteren muss eine Maßnahme dem Grundsatz der Subsidiarität genügen. Das Subsidiaritätsprinzip ist in Art. 5 III EUV verankert und bestimmt, dass die Union nur tätig wird, „sofern und soweit die Ziele der in Betracht gezogenen Maßnahmen auf Ebene der Mitgliedstaaten nicht ausreichend erreicht und daher wegen ihres Umfangs oder ihrer Wirkungen besser auf Gemeinschaftsebene erreicht werden können".

Dieses Prinzip gilt auch für die unter Kapitel 2 AEUV fallenden Politikbereiche. Damit sind in erster Linie die Mitgliedstaaten für die Verwirklichung der Vorgaben der Art. 77–79 AEUV verantwortlich. Bei der Auswahl der Instrumente zur Umsetzung von Art. 80 AEUV steht ihnen ein politischer Gestaltungsspielraum zu.[322]

Falls flankierende Solidaritätsmaßnahmen erforderlich sollten, dann können sich die Mitgliedstaaten auf Art. 80 AEUV berufen und um Unterstützung bitten. Es wäre dann an dem Unionsgesetzgeber gelegen, ergänzend tätig zu werden.[323] Die Zulässigkeit eines Tätigwerdens des Unionsgesetzgebers hängt somit davon ab, ob die nationalen Kapazitäten erschöpft sind.[324]

Der Vorrang des mitgliedstaatlichen Handelns begrenzt mithin die Befugnis des Unionsgesetzgebers, die ihm Art. 80 AEUV gewährt.[325]

d) Justiziabilität

Art. 80 Satz 2 AEUV verdeutlicht, dass die Grundsätze der Solidarität und Aufteilung der Verantwortlichkeiten erst auf der Ebene der Umsetzung durch Sekundärrechtsakte an Bedeutung gewinnen. Fraglich ist, ob diese Grundsätze dennoch unmittelbare Wirkung entfalten und damit auch justiziabel sind.

Viele Autoren verneinen eine solche Wirkung und vertreten die Ansicht, die Norm begründe keine Rechte und Pflichten.[326] Es stehe vielmehr im Ermessensspielraum der EU und der Mitgliedstaaten, ob sie bestimmte Ausgleichsmaßnahmen ergreifen.[327]

Andere sind der Ansicht, die Norm begründe eine konkrete Handlungspflicht für den Unionsgesetzgeber, die notwendigen Maßnahmen in den jeweiligen Politikfeldern zu erlassen, um eine gerechtere Verantwortungsteilung zu verwirklichen.[328]

---

321 *Thym* (Fn. 45), Art. 80 AEUV Rdnr. 3 und 4.

322 Ebenda, Art. 80 AEUV Rdnr. 4.

323 *Studie von Eurasylum* (Fn. 290), S. 41.

324 Vgl. *Calliess* (Fn. 165), Art. 1–43 Rdnr. 38 für den Bereich der Terrorabwehr.

325 *Calliess* (Fn. 165), Art. 1–43 Rdnr. 39.

326 *Thym* (Fn. 308), Art. 80 AEUV Rdnr. 2; *Weiß* (Fn. 247), Art. 80 AEUV Rdnr. 3; *Progin-Theuerkauf* (Fn. 308), Art. 80 AEUV Rdnr. 4.

327 *Thym* (Fn. 308), Art. 80 AEUV Rdnr. 2; *Weiß* (Fn. 247), Art. 80 AEUV Rdnr. 3; *Progin-Theuerkauf* (Fn. 308), Art. 80 AEUV Rdnr. 4.

328 *Kotzur* (Fn. 286), Art. 80 AEUV Rdnr. 2; *Bast* (Fn. 125), S. 23.

Der EUGH hat im Falle des in Art. 4 EUV verankerten Grundsatzes der loyalen Zusammenarbeit ausgeführt, dass die allgemeine Verpflichtung zur Zusammenarbeit an sich keine unmittelbare Wirkung entfalte, sie könne jedoch als zusätzliches Argument verwendet werden, wenn einem Mitgliedstaat eine Verletzung einer unbedingten und hinreichend klaren Verpflichtung vorgeworfen wird.[329]

Übertragen auf Art. 80 AEUV bedeutet dies, dass wenn ein Mitgliedstaat beispielsweise seiner Pflicht aus der Dublin-III-VO, neu eingereiste Schutzsuchende zu registrieren, nicht nachkommt, ihm gleichzeitig auch ein Verstoß gegen Art. 80 AEUV vorgeworfen werden kann. Zurzeit wird den italienischen Behörden von Deutschland und der Schweiz vorgehalten, keine Asylsuchenden mehr zu registrieren und ihnen auch keine Fingerabdrücke abzunehmen.[330] Deutschland könnte somit einen Verstoß Italiens gegen die Verpflichtungen aus der Dublin-III-VO im Wege eines Vertragsverletzungsverfahrens nach Art. 259 AEUV vor dem EuGH geltend machen, auch mit der Begründung, Italien würde sich nicht solidarisch im Sinne von Art. 80 AEUV verhalten.[331]

Bejaht man eine unmittelbare Wirkung von Art. 80 AEUV, dann ist ein Verstoß des Unionsgesetzgebers gegen Art. 80 AEUV denkbar, wenn dieser es unterlässt, die erforderlichen Kompensationsmaßnahmen zu einem Rechtsakt zu erlassen.

Ungeachtet des weiten Beurteilungsspielraumes des EU-Gesetzgebers bei der Wahl der geeigneten Instrumente könne dann eine mögliche Vertragsverletzung begründet auf Art. 80 AEUV im Wege einer Untätigkeitsklage nach Art. 265 AEUV vor dem EuGH geltend gemacht werden.[332] Auf mitgliedstaatlicher Ebene könne ein Verstoß gegen Art. 80 AEUV an Bedeutung gewinnen, wenn zugleich ein Verstoß gegen Sekundärrecht vorliegt.[333]

Die Ansicht, die Art. 80 AEUV eine unmittelbare Wirkung zuspricht, überzeugt nicht, da sie nicht mit dem Rechtscharakter eines Grundsatzes oder Prinzips zu vereinbaren ist.

Die Grundsätze der Solidarität und Aufteilung der Verantwortlichkeiten sind aber justiziabel, wenn eine unbedingte und hinreichend klare Verpflichtung, die sich aus einem Umsetzungsakt im Sinne des Art. 80 Satz 2 AEUV ergeben kann, nicht

---

329 Vgl. Urteil *Geddo/Ente Nazionale Risi*, 2/73, EU:C:1973:89, Rdnr. 4; Urteil *Deutsche Grammophon/Metro-SB-Großmärkte*, 78/70, EU:C:1971:59, Rdnr. 5.

330 FOCUS Online: De Maizière erhöht wegen hoher Flüchtlingszahlen Druck auf Italien, 30.09.2014, online verfügbar unter <http://www.focus.de/regional/muenchen/fluechtlinge-de-maiziere-fluechtlingszahlen-werden-weiter-auf-rekordniveau-bleiben_id_4170553.html> Zugriff am 08.10.2014; NZZ am Sonntag: Umgang mit Asylsuchenden. Schweiz setzt Italien unter Druck, 27.09.2014 <http://www.nzz.ch/nzzas/nzz-am-sonntag/schweiz-setzt-italien-unter-druck-1.18392464> Zugriff am 08.10.2014.

331 *Bast* (Fn. 125), S. 27.

332 Ebenda.

333 *Studie von Eurasylum* (Fn. 290), S. 39.

beachtet worden ist. In diesen Fällen kann ein Verstoß gegen Art. 80 Satz 2 AEUV neben dem Verstoß gegen das Sekundärrecht geltend gemacht werden.

Auch bei fehlender Durchsetzbarkeit stellen die in Art. 80 AEUV normierten Grundsätze weiterhin Leitprinzipien für die Umsetzung der Vorgaben nach Art. 77–79 AEUV dar. Sie sind jedenfalls bei der Auslegung der Art. 77–79 AEUV heranzuziehen.[334]

e) *Ergebnis*

Art. 80 AEUV erlaubt es, auf Problemlagen zu reagieren, die im Rahmen der Verwirklichung des GEAS für die Mitgliedstaaten entstehen.[335] Primärer Zweck der Norm ist es, einen solidarischen Interessenausgleich zwischen den Akteuren herzustellen.[336] Art. 80 AEUV enthält einen Rechtssetzungsauftrag für den europäischen Gesetzgeber.

Die Verankerung des Solidaritätsprinzips in Art. 80 AEUV soll verdeutlichen, dass die gemeinsame Migrationspolitik vom Gedanken der wechselseitigen Verbundenheit beherrscht wird. Welche Pflichten aus dieser Solidarität im Einzelnen erwachsen, lässt sich nur anhand von Umsetzungsmaßnahmen bestimmen, die das Prinzip erfährt.[337]

Der Solidaritätsgrundsatz soll eine Auflösung des Spannungsverhältnisses zwischen den Interessen der EU an der Vereinheitlichung und Gewährleistung hoher Schutzstandards für Schutzbedürftige und dem Interesse der einzelnen Mitgliedstaaten an der gerechten Verteilung der Verantwortlichkeiten ermöglichen.

Das in Art. 80 AEUV konkretisierte Solidaritätsprinzip dient als Orientierungs- und Kontrollmaßstab für die EU-Organe und die Mitgliedstaaten und damit auch als Maßstab für das EU-Sekundärrecht.[338] Die Mitgliedstaaten müssen bei der Umsetzung der Solidarität in konkrete Maßnahmen gewährleisten, dass ihre Systeme im Stande sind, den im Völkerrecht und im europäischen Recht (GFK, EMRK, GrCh) getroffenen Vorgaben gerecht zu werden und die dort garantierten Rechte zu sichern.[339]

---

334 *Thym* (Fn. 308), Art. 80 AEUV Rdnr. 4; *Bast* (Fn. 125), S. 27.

335 *Bast* (Fn. 125), S. 27.

336 Ebenda.

337 *Hieronymi* (Fn. 184), S. 17–18.

338 *Bieber/Maiani*, Ohne Solidarität keine Europäische Union. Über Krisenerscheinungen in der Wirtschafts- und Währungsunion und im Europäischen Asylsystem, in: Epiney/Fastnacht (Hrsg.): Schweizerisches Jahrbuch für Europarecht 2011/2012, S. 324.

339 Europäische Kommission: Mitteilung der Kommission vom 2.12.2011. Eine EU-Agenda für weitergehende Teilung der Verantwortung und mehr gegenseitiges Vertrauen, KOM(2011) 835 endgültig, S. 2.

4. Ergebnis – Solidarität im RFSR

Die Verankerung des Solidaritätsgrundsatzes in Art. 80 AEUV soll einer einheitlicheren und zuverlässigeren Politikgestaltung dienen, die den Bedürfnissen der Mitgliedstaaten entspricht.

Der Grundsatz der Solidarität in seiner Ausprägung als zwischenstaatliche Solidarität stellt ein grundlegendes Prinzip der europäischen Migrationspolitik dar.[340] Er erschöpft sich jedoch nicht allein auf zwischenstaatlicher Ebene. In das gemeinsame Solidarsystem ist zwingend auch die Perspektive der betroffenen Einzelnen einzubeziehen.[341] Die Solidarität gegenüber Schutzsuchenden, die sich auf grund- und menschenrechtliche Rechtsverbürgungen stützen können, darf bei der Umsetzung von Art. 80 AEUV nicht unbeachtet bleiben.[342] Das Konzept des *burden sharing* wurde mit der Normierung des Solidaritätsgrundsatzes in Art. 80 AEUV zum Konzept des *responsibility sharing* weiterentwickelt.

Nach Ansicht der Kommission stellt die Solidarität zwischen den Mitgliedstaaten eine wichtige Voraussetzung für ein funktionierendes Gemeinsames Europäisches Asylsystem dar:

„Solidarity among Member States is needed as one of the components of the Common European Asylum System (CEAS).“[343] Die Kommission betont zugleich, dass eine interne Solidarität nur durch gegenseitiges Vertrauen der Mitgliedstaaten bei der Umsetzung der Vorgaben der GFK, der EMRK, der Grundrechtecharta und der Einhaltung der damit einhergehenden Verpflichtungen gelingen kann.[344]

Im Einzelnen führt sie aus: „Die Mitgliedstaaten müssen gewährleisten, dass ihre (Asyl-)Systeme imstande sind, die im Völkerrecht und im europäischen Recht (...) verankerten Normen einzuhalten. Die Notwendigkeit, auf die Erfüllung dieser Normen im eigenen Land zu achten, um Auswirkungen auf andere Mitgliedstaaten zu vermeiden, ist ein Schlüsselaspekt von Solidarität.“[345]

Der vorliegenden Arbeit wird ein inklusives und menschenrechtliches Verständnis von Solidarität *und* Aufteilung der Verantwortlichkeiten zu Grunde gelegt, um sämtliche Vor- und Nachteile von Mechanismen und Instrumentarien aus der Perspektive eines umfassenden europäischen Schutzsystems berücksichtigen zu können.

---

340 *Bast* (Fn. 125), S. 31.

341 *Tohidipur,* (Fn. 123), S. 21.

342 Ebenda.

343 Europäische Kommission: Mitteilung der Europäischen Kommission vom 24.5.2011. Jahresbericht über Einwanderung und Asyl 2010, KOM(2011) 291 endgültig, S. 6.

344 Europäische Kommission: Mitteilung der Kommission über verstärkte EU-interne Solidarität im Asylbereich vom 2.12.2011. Eine EU-Agenda für weitergehende Teilung der Verantwortung und mehr gegenseitiges Vertrauen, KOM(2011) 835 endgültig, S. 11f.

345 KOM(2011) 835, S. 12.

Inhaltlich erschöpfen sich die in Art. 80 AEUV verankerten Grundsätze nicht in der Verteilung der finanziellen Belastungen, die sich aus dem mitgliedstaatlichen Engagement im Bereich Grenzverwaltung und Asyl ergeben.[346] Die Bedeutung von gemeinsamen Mechanismen zur Umsetzung der in Art. 80 AEUV verankerten Grundsätze wird in der Gewährleistung der Gleichstellung, in der Verteilung der Verantwortung und der finanziellen Lasten der Mitgliedstaaten sowie in der Verwirklichung einheitlicher Schutzstandards für Flüchtlinge verstanden.[347]

---

346 *Calliess* (Fn. 165), Art. I-43 Rdnr. 2; anders in der *Studie von Eurasylum* (Fn. 290), S. 39.

347 Vgl. auch *Barbou des Places* (Fn. 185), S. 418.

2. Kapitel: Menschen- und flüchtlingsrechtliche Vorgaben

Gegenstand der Untersuchung im zweiten Kapitel sind die normativen völkerrechtlichen Vorgaben und Grenzen für mögliche unionsweite Solidaritätsmaßnahmen. Das GEAS beruht gemäß Art. 78 I AEUV auf der umfassenden Anwendung der GFK und sowie den anderen einschlägigen Verträgen. Daran ist auch das Sekundärrecht zu messen.[348]

Grundsätzlich steht es Staaten frei zu entscheiden, wie der Aufenthalt eines Drittstaatsangehörigen in seinem Hoheitsgebiet geregelt wird und unter welchen Voraussetzungen er auch beendet werden kann. Diese Freiheit erfährt eine Einschränkung durch die menschenrechtlichen Verpflichtungen zum Schutze von Drittstaatsangehörigen. Die Vorgaben der EMRK spielen vor allem eine besondere Rolle bei Aufenthaltsbeendigungsmaßnahmen.[349]

Bei einer Aufforderung eines Ausländers zum Verlassen des Staatsgebietes (Ausweisung), bei der Durchsetzung der Ausreiseentscheidung (Abschiebung) und auch bei der zwangsweisen Überstellung einer Person an einen anderen Staat (Auslieferung) müssen die Vorgaben der Abkommen zum Schutze von Menschenrechten Beachtung finden.[350]

Im Folgenden werden nur einige spezielle Rechte der Flüchtlinge aus der GFK, EMRK, GrCh und dem AEUV aus dem Blickwinkel ihrer Relevanz für mögliche unionsweite Solidaritätsmaßnahmen analysiert.

A. GFK

Mit 149 Vertragsstaaten[351] handelt es sich bei der GFK und dem dazugehörigen New Yorker Protokoll um eines der wichtigsten Abkommen zum Schutze der Menschenrechte. Ihr Ziel ist der Schutz der Menschenrechte aller Flüchtlinge, die von ihren

---

348 *Kugelmann*, Einwanderungs- und Asylrecht (§ 41), in: Schulze/Zuleeg/Kadelbach (Hrsg.): Europarecht. Handbuch für die deutsche Rechtspraxis, 2. Aufl., 2010, Rn. 149.

349 *Kugelmann*, Asylagenda 2010 – Dimensionen des Gemeinsamen Europäischen Asylsystems, ZAR 2007, 84.

350 *Schorkopf*, in: Ehlers (Hrsg.): Europäische Grundrechte und Grundfreiheiten, 2009, 3. Auflage, § 15 IV 1 Rdnr. 48.

351 Vgl. UNHCR Liste der Vertragsstaaten (Stand 23. Oktober 2014), online verfügbar unter <http://www.unhcr.de/fileadmin/rechtsinfos/fluechtlingsrecht/1_international/1_1_voelkerrecht/1_1_1/FR_int_vr_GFK-Liste_Vertragsstaaten.pdf> Zugriff am 04.11.2014.

Herkunftsstaaten verfolgt werden und deswegen in einem anderen Staat Schutz suchen. Daher wird sie auch als die *„Magna Charta der Flüchtlinge“* bezeichnet.[352]

Die GFK wurde am 28. Juli 1951 auf einer Sonderkonferenz der Vereinten Nationen (VN) in Genf verabschiedet und trat am 22. April 1954 in Kraft. Die Generalversammlung der Vereinten Nationen (Generalversammlung) beschloss mit der Resolution 319 (IV) vom 3. Dezember 1949 zu *„Refugees and displaced persons“*[353], das Amt eines Hohen Kommissars für Flüchtlinge (UNHCR) mit Wirkung vom 1. Januar 1951 zu errichten. Der UNHCR wird von der Generalversammlung und dem Wirtschafts- und Sozialrat der VN (ECOSOC) geleitet. Die Führung des UNHCR übernimmt der Hohe Kommissar, der von der Generalversammlung gewählt wird.[354] Er informiert die Generalversammlung und ECOSOC jährlich über seine Tätigkeiten in einem schriftlichen Bericht.[355]

Die Arbeit des Hohen Kommissars wird durch das Exekutivkomitee des UNHCR (*Executive Committee of the High Commissioner's Programme* – ExCom) geprüft und genehmigt. Das Exekutivkomitee wurde vom ECOSOC eingerichtet[356] und besteht aus derzeit 98 Regierungsvertretern der Länder der VN.[357] Neben seiner Kontrollfunktion berät ExCom den UNHCR in Fragen des internationalen Schutzes und erlässt Beschlüsse zum Flüchtlingsschutz (*ExCom Conclusions*).[358] Die ExCom Conclusions sind rechtlich nicht bindend, entfalten aber ihre Wirkung bei der Auslegung der GFK.[359]

Das Mandat des UNHCR ist in seiner Satzung näher definiert. Art. 8 lit. a) der Satzung des UNHCR bestimmt, dass der UNHCR für den Schutz der Flüchtlinge, die unter die Zuständigkeit seines Amtes fallen sorgt, indem er „den Abschluss und die

---

352 Dieser Begriff wurde von James Read eingeführt in: *Read*, Magna Charta for Refugees, 1951; *Kimminich* (Fn. 114), 411.

353 UN/I/D/OR-A(II)IIIa vom 03.12.1949.

354 UNHCR, Satzung des Amtes des Hohen Kommissars der Vereinten Nationen für Flüchtlinge, von der Generalversammlung am 14. Dezember 1950 als Anhang zur Resolution 428 (V) angenommen (UNHCR Satzung), Textziffer 13, online verfügbar unter <http://www.unhcr.de/fileadmin/user_upload/dokumente/02_unhcr/01_UNHCR-Satzung.pdf> Zugriff am 04.11.2014.

355 UNHCR Satzung, Textziffer 11.

356 ECOSOC Resolution E/RES/672 (XXV), Establishment of the Executive Committee of the Programme of the United Nations High Commissioner for Refugees, 30 April 1958, online verfügbar unter <http://www.unhcr.org/3ae69eecc.html> Zugriff am 07.05.2015.

357 UNHCR, About us, Governance and Organization, Executive Committee, ExCom Members and How to Apply, online verfügbar unter <http://www.unhcr.org/pages/49c3646c89.html> Stand 07.05.2015.

358 UNHCR, About us, Governance and Organization, Executive Committee, ExCom Conclusions on International Protection, online verfügbar unter <http://www.unhcr.org/pages/49e6e6dd6.html> Zugriff am 07.05.2015.

359 *Rah*, Asylsuchende und Migranten auf See, 2009, S. 149.

Ratifizierung von internationalen Abkommen zum Schutz der Flüchtlinge fördert, ihre Ausführung überwacht und Verbesserungsvorschläge vorbringt".

Gemäß Art. 35 GFK verpflichten sich die Staaten „zur Zusammenarbeit mit dem Amt des Hohen Kommissars der Vereinten Nationen für Flüchtlinge oder jeder ihm etwa nachfolgenden anderen Stelle der Vereinten Nationen bei der Ausübung seiner Befugnisse, insbesondere zur Erleichterung seiner Aufgabe, die Durchführung der Bestimmungen dieses Abkommens zu überwachen."

Der UNHCR veröffentlicht regelmäßig Leitlinien zur Auslegung der GFK und Stellungnahmen zu Einzelfragen des Flüchtlingsschutzes, um eine einheitliche Auslegung der GFK zu fördern. Diese Leitlinien und Stellungnahmen sind von den Vertragsparteien im Rahmen ihrer in Art. 35 GFK manifestierten Kooperationspflicht bei der Auslegung der Normen der GFK zu berücksichtigen.[360] Sie stellen jedoch keine rechtsverbindlichen Auslegungsinstrumente dar.[361]

Eine verbindliche Auslegungsinstanz, wie z.B der Europäische Gerichtshof für Menschenrechte (EGMR), der diese Rolle für die EMRK erfüllt, existiert für die GFK nicht.[362] Die Auslegung der Bestimmungen der GFK muss daher nach völkerrechtlichen Grundsätzen erfolgen und die Staatenpraxis berücksichtigen.[363] Hierbei sind die Bestimmungen der Wiener Vertragsrechtskonvention von 1969 (WVK)[364] heranzuziehen, die das Recht der völkerrechtlichen Verträge im Wesentlichen kodifiziert und spezielle Auslegungsregeln für sie vorsieht.[365]

I. Der Flüchtlingsbegriff nach Art. 1 GFK

Art. 1 GFK bestimmt die Definition des Begriffs „Flüchtling" in sechs Unterartikeln A bis F. Die allgemeine Definition des Flüchtlings in Art. 1 A 2 GFK enthält die sog. Stichtagsklausel[366], die den Flüchtlingsbegriff der vor dem 1.1.1951 eingetretenen Ereignisse begrenzt. Art. 1 B 1 lit. a) enthält eine geographische Einschränkung auf „Ereignisse, die vor dem 1. Januar 1951 in Europa eingetreten sind". In Art. 1 B 1 lit. b) GFK heißt es dagegen "Ereignisse, die vor dem 1. Januar 1951 in Europa oder anderswo eingetreten sind". Die Vertragsstaaten mussten mit Unterzeichnung der GFK entscheiden, ob sie eine geographische Einschränkung auf die Ereignisse in Europa wünschten oder nicht.

360 *Fischer-Lescano/Horst*, Das Pönalisierungsverbot aus Art. 31 I GFK, ZAR 2011, 85.
361 *Hathaway*, The Rights of Refugees under International Law, 2005, S. 54.
362 *Thym* (Fn. 308), Art. 78 AEUV Rdnr. 5.
363 Ebenda.
364 Wiener Konvention über das Recht der Verträge vom 23. Mai 1969, BGBl. 1985 II S. 927.
365 *Stein/von Buttlar*, Völkerrecht, 13. Auflage 2012, Rn. 33.
366 *Mananashvili*, Möglichkeiten und Grenzen zur völker- und europarechtlichen Durchsetzung der Genfer Flüchtlingskonvention, 2009, S. 40.

Im New Yorker Protokoll wurde dann die Stichtagsklausel gestrichen und die geographische Einschränkung aufgehoben. Das Protokoll eröffnete damit den persönlichen Schutzbereich der GFK gegenüber allen künftigen Flüchtlingen.[367]

Art. 1 C GFK bestimmt die Voraussetzungen der Beendigung der Flüchtlingseigenschaft. Art. 1 D bis F GFK regelt die Ausschlussgründe.

Art. 1 A-F GFK bildet damit das Fundament der Konvention, weil sie mit der Definition gleichzeitig auch den gesamten persönlichen Geltungsbereich der Konvention festlegt.[368]

Nach Art. 1 A 2 GFK in Verbindung mit dem New Yorker Protokoll ist ein Flüchtling

> *„(J)jede Person, die (...) aus der begründeten Furcht vor Verfolgungen wegen ihrer Rasse, Religion, Nationalität, Zugehörigkeit zu einer bestimmten sozialen Gruppe oder politischen Überzeugung sich außerhalb des Landes ihrer Staatsangehörigkeit befindet und nicht in der Lage ist, oder wegen solcher Furcht nicht willens ist, den diplomatischen Schutz jenes Landes in Anspruch zu nehmen; ferner jede Person, die ohne eine Staatsangehörigkeit zu besitzen, sich infolge solcher Ereignisse außerhalb des Landes ihres früheren gewöhnlichen Aufenthalts befindet und nicht in der Lage oder wegen solcher Furcht nicht willens ist, in dieses Land zurückzukehren."*

Die Flüchtlingseigenschaft einer Person ist unabhängig von ihrer formellen Feststellung durch einen Staat. Die GFK legt einen materiellen Flüchtlingsbegriff fest, da die in Art. 1 A-F verankerten Kriterien zwangsläufig bereits vor der formellen Anerkennung der Flüchtlingseigenschaft vorliegen.[369] Die Anerkennung der Flüchtlingseigenschaft ist nur deklaratorischer Natur.[370]

Gleichzeitig folgt aus dem materiellen Flüchtlingsbegriff, dass Asylsuchenden, die beanspruchen Flüchtlinge im Sinne der GFK zu sein, der gleiche Schutz unter den Vorgaben der GFK zukommen muss wie anerkannten Flüchtlingen, bis zu dem Zeitpunkt in dem das Nichtvorliegen der Flüchtlingseigenschaft festgestellt worden ist.[371] Die Grenze dieses materiellen Flüchtlingsbegriffs ist erreicht, wenn ein offensichtlich missbräuchlicher Asylantrag gestellt wird.[372]

---

367 *Mananashvili* (Fn. 366), S. 40.

368 *Kimminich*, Der internationale Rechtsstatus des Flüchtlings, 1962, S. 286.

369 *Amann*, Die Rechte des Flüchtlings, 1994, S. 81.

370 *Grahl-Madsen*, The Status of Refugees in International Law, 1966, S. 340; *Kälin*, Das Prinzip des Non-Refoulement, 1982, S. 89; *Hathaway*, Refugees and asylum, in: Opeskin/Perruchoud/Redpath-Cross, (Hrsg.): Foundations of International Migration Law, 2012, S. 191; Amt des Hohen Flüchtlingskommissars der Vereinten Nationen (UNHCR), Handbuch über Verfahren und Kriterien zur Feststellung der Flüchtlingseigenschaft vom Dezember 2003 (Neuauflage für Österreich und Deutschland; nicht-amtliche Übersetzung), Rdnr. 28, online verfügbar unter: http://www.unhcr.de/fileadmin/user_upload/dokumente/03_profil_begriffe/fluechtlinge/Handbuch.pdf, (Zugriff am 27.10.2014).

371 *Hathaway/Foster*, The Law of Refugee Status, 2014, S. 25.

372 *Fischer-Lescano/Horst* (Fn. 360), 85.

II. Rechte im Asyl

Die GFK gewährt dem Verfolgten keinen individuellen Anspruch auf Asyl. Als das Abkommen entstand, einigte man sich, dass die einzelnen Staaten für den Schutz und die Unterstützung von Flüchtlingen auf ihrem jeweiligen Hoheitsgebiet verantwortlich sein sollten.[373]

Die GFK enthält das Verbot der Aus- und Zurückweisung an einen Verfolgerstaat (Art. 33 GFK), regelt den Flüchtlingsstatus und beschreibt einige Standards für die Behandlung von Flüchtlingen, wie z.B. das Verbot der Bestrafung wegen unrechtmäßigen Grenzübertritts und Aufenthalts (Art. 31 GFK).

Das Vorliegen der Flüchtlingseigenschaft eröffnet nicht automatisch den Zugang zu allen Rechten nach der GFK. Die in der GFK normierten Rechte unterscheiden sich neben ihrem sachlichen Anwendungsbereich auch in der Frage, ab welchem Zeitpunkt sie in Anspruch genommen werden können.[374]

Die Rechte der GFK lassen sich wie folgt kategorisieren:

- *Rechte, die nur auf die Flüchtlingseigenschaft abstellen,* wie z.B. das Recht auf Nichtdiskriminierung (Art. 3), Recht auf Ausländergleichbehandlung (Art. 7), Recht auf Eigentum (Art. 13), Recht auf Nichtzurückschiebung in einen Verfolgerstaat (Art. 33)
- *Rechte, die einen Aufenthalt in einem Vertragsstaat der GFK voraussetzen,* wie z.B. das Recht auf Religion (Art. 4), Recht auf Ausstellung eines Personalausweises (Art. 27), Recht auf Straflosigkeit bei unrechtmässigem Grenzübertritt und Aufenthalt (Art. 31)
- *Rechte, die einen gewöhnlichen Aufenthalt in einem Vertragsstaat der GFK voraussetzen,* wie z.B. das Urheberrecht und gewerbliche Schutzrechte (Art. 14)
- *Rechte, die einen rechtmäßigen Aufenthalt in einem Vertragsstaat der GFK voraussetzen,* wie z.B. das Recht auf selbständige und unselbständige Arbeit (Art. 17 I, 18, 19), Recht auf Wohnung (Art. 21), Recht auf öffentliche Fürsorge (Art. 23), Recht auf arbeitsrechtliche und soziale Sicherheit (Art. 24 I), Recht auf Freizügigkeit (Art. 26), Recht auf Ausstellung eines Reiseausweises (Art. 28), Recht auf Nichtausweisung (Art. 32)[375]

Hathaway bestimmt den Anwendungsbereich eines Rechts nach der GFK nach der Stärke der Bindung des Flüchtlings an den Aufnahmestaat (*level of attachment*). Je stärker sich die Bindung des Flüchtlings verfestigt, desto mehr Rechte kann er beanspruchen.[376]

Art. 33 GFK setze die wenigste Bindung zum Aufnahmestaat voraus. Auf das Recht der Nichtzurückschiebung in einen Verfolgerstaat können sich alle Flüchtlinge

---

373 *Zieck* (Fn. 118), 411.

374 *Amann* (Fn. 369), S. 86.

375 *Amann* (Fn. 369), S. 86; *Hathaway/Foster* (Fn. 378), S. 26.

376 *Hathaway* (Fn. 370), S. 191f.

berufen, die unter die Hoheitsgewalt eines Staates fallen.[377] Daneben gäbe es Rechte, die zur Anwendung kommen, wenn der Flüchtling physisch im Hoheitsgebiet des Aufnahmestaates anwesend ist. Zu diesen Rechten gehört auch das in Art. 31 GFK verankerte Verbot der Bestrafung der unrechtmäßigen Einreise oder des Aufenthaltes in einem Vertragsstaat, um dort Schutz vor Verfolgung zu suchen.

Hathaway unterscheidet weiterhin zwischen „*lawfully present*“, „*lawfully staying*“ und „*durably resident*“. Flüchtlinge, die „*durably resident*“ sind, genießen die Gleichstellung mit anderen Ausländern im Aufnahmestaat.[378]

Im Folgenden werden Art. 31 GFK und Art. 33 GFK wegen ihrer besonderen Relevanz für Maßnahmen der Verantwortungsteilung der EU näher untersucht.

1. Art. 31 GFK

Art. 31 I GFK bestimmt, dass die Vertragsstaaten „wegen unrechtmäßiger Einreise oder Anwesenheit keine Strafen gegen Flüchtlinge“ verhängen werden, „die unmittelbar aus einem Gebiet kommen, in dem ihr Leben oder ihre Freiheit im Sinne von Art. 1 bedroht waren und die ohne die Erlaubnis in das Gebiet der vertragsschließenden Staaten einreisen oder sich dort aufhalten, vorausgesetzt, dass sie sich unverzüglich bei den Behörden melden und Gründe darlegen, die ihre unrechtmäßige Einreise oder ihren unrechtmäßigen Aufenthalt rechtfertigten.“

a) Persönlicher Anwendungsbereich

Von dem persönlichen Anwendungsbereich des Art. 31 I GFK werden Flüchtlinge umfasst, die sich im Hoheitsgebiet eines Vertragsstaates ohne Berechtigung aufhalten oder die Grenze unrechtmäßig überschritten haben.[379] Dabei kann es sich auch um Personen handeln, deren Flüchtlingseigenschaft noch nicht formell festgestellt wurde.[380] Die Norm setzt nur die physische Präsenz des Flüchtlings im Hoheitsgebiet des jeweiligen Vertragsstaates voraus.[381] Die Anerkennung der Flüchtlingseigenschaft ist, wie bereits festgestellt, nur von deklaratorischer Natur.[382]

---

377 *Hathaway* (Fn. 370), S. 191f.

378 *Hathaway/Foster* (Fn. 378), S. 26.

379 *Kimminich* (Fn. 368), S. 325.

380 *Goodwin-Gill/McAdam,* The Refugee in International Law, 2007, S. 265; *Noll,* in: Zimmermann (Hrsg.): The 1951 Convention relating to the status of refugees and its 1967 Protocol, 2011, Art. 31 GFK Rdnr. 36; *Goodwin-Gill,* Art. 31 of the 1951 Convention Relating to the Status of Refugees: Non-Penalization, Detention, and Protection, in: Feller/Türk u.a. (Hrsg.): Refugee Protection in International Law, 2003, S. 193.

381 *Noll* (Fn. 380), Art. 31 GFK Rdnr. 5; *Amann* (Fn. 369), S. 123; *Fischer-Lescano/Horst* (Fn. 360), 87.

382 *Kritzman-Amir/Spijkerboer,* On the Morality and Legality of Borders: Border Policies and Asylum Seekers, 26 Harvard Human Rights Journal 2013, 11.

Der UNHCR hat in seiner Stellungnahme vom Mai 2004[383] zur Entstehungsgeschichte der Norm folgendes ausgeführt:

> *„Angesichts der Erfahrungen des 2. Weltkrieges war den Verfassern der GFK bewusst, dass es Personen, die vor politischer Verfolgung fliehen, häufig unmöglich ist, die Voraussetzungen für eine legale Einreise in ein schutzbietendes Land zu erfüllen. Da sich der Flüchtling in einer zumindest notstandsähnlichen Situation befindet, sollte nach Auffassung der Verfasser der GFK die Beachtung von Rechtsvorschriften, die allein dem Schutz der territorialen Integrität des Aufenthaltsstaates dienen, unter bestimmten Voraussetzungen hinter den Schutz so wichtiger Rechtsgüter wie Leben, Leib und Freiheit des Flüchtlings zurücktreten.“*[384]

Art. 31 GFK trägt somit der Tatsache Rechnung, dass Flüchtlinge in der Regel vor ihrer Flucht aus dem Herkunftsstaat nicht in der Lage sind, sich um die Einreisemodalitäten ihres Ziellandes zu kümmern. In dieser Notlage fehlt es ihnen meistens an Papieren, die zur Einreise in einen bestimmten Staat berechtigen.[385] Häufig müssen sie bei der Flucht auch ihre wahre Identität verbergen.[386]

b) Sachlicher Anwendungsbereich

aa) Das Kriterium der Unmittelbarkeit

Vor Bestrafung geschützt sind gemäß Art. 31 GFK Flüchtlinge, die „unmittelbar aus einem Gebiet kommen, in dem ihr Leben oder ihre Freiheit im Sinne von Art. 1 bedroht waren“.

Das Erfordernis der Unmittelbarkeit der Einreise schränkt den Anwendungsbereich von Art. 31 I GFK ein. Fraglich ist, ob die Unmittelbarkeit gegeben ist, wenn Schutzsuchende nicht geradewegs von ihrem Herkunftsstaat in das Zielland fliehen, sondern über angrenzende Nachbarstaaten einreisen.

Nach überwiegender Meinung schließt die bloße Durchreise durch einen anderen Staat als das Zielland die Anwendbarkeit von Art. 31 I GFK nicht aus, sofern der andere Staat nur als Transitstaat betreten wurde.[387]

---

383 Überarbeitete UNHCR-Stellungnahme zur Auslegung und Reichweite des Art. 31 Abs. 1 des Abkommens über die Rechtsstellung der Flüchtlinge (UNHCR-Stellungnahme), Mai 2014, online verfügbar unter: <http://www.unhcr.de/fileadmin/rechtsinfos/fluechtlingsrecht/3_deutschland/3_2_unhcr_stellungnahmen/FR_GFR-HCR_Art31_052004.pdf> Zugriff am 30.10.2014.

384 Überarbeitete UNHCR-Stellungnahme zur Auslegung und Reichweite des Art. 31 Abs. 1 des Abkommens über die Rechtsstellung der Flüchtlinge (UNHCR-Stellungnahme), Mai 2014, S. 1.

385 *Weinzierl/Lisson*, Grenzschutz und Menschenrechte – Eine europarechtliche und seerechtliche Studie, 2007, S. 45.

386 *Fischer-Lescano/Horst* (Fn. 360), 82.

387 *Noll* (Fn. 380), Art. 31 Rdnr. 4; *Goodwin-Gill/McAdam* (Fn. 380), S. 264; *Hathaway*, Rights of Refugees under International Law, 2005, S. 396.

Einigen Autoren zu Folge ist das Kriterium der Unmittelbarkeit nicht mehr gegeben, wenn ein Flüchtling in dem Drittstaat bereits eine hinreichend sichere Position vor den ihm drohenden Verfolgungen erlangt hat.[388] Hierbei würde es genügen, wenn der Flüchtling über einen so genannten „sicheren Drittstaat"[389] eingereist ist. Es dürfe bloß keine Abschiebung in einen Verfolgerstaat drohen, ohne Rücksicht darauf, ob ein Zugang zum Asylverfahren in dem Drittstaat eröffnet wird.[390]

Nach *Noll* kommt der Schutz von Art. 31 I allen Flüchtlingen zugute, mit Ausnahme derer, die in einem Drittstaat einen Flüchtlingsstatus und ein Aufenthaltsrecht bekommen haben.[391] Es reiche nicht aus, dass der Flüchtling im Drittstaat sicher vor Verfolgung ist. Notwendig sei vielmehr, dass der Drittstaat die Flüchtlingseigenschaft des Betroffenen anerkennt.[392] Diese Notwendigkeit folge aus dem Sinn und Zweck der Norm, welche ein Verbot für die Bestrafung der unrechtmässigen Einreise in das Zielland aufstellt mit dem Zweck, die Flucht vor einem Verfolgerstaat zu ermöglichen. Flüchtlinge, die bereits den Schutz eines anderen Staates genießen und sich dennoch unrechtmäßig in einem anderen Staat aufhalten oder in diesen einreisen, sollen nicht von der strafbefreienden Wirkung des Art. 31 GFK profitieren.[393]

Der UNHCR führt in seiner Stellungnahme vom Mai 2004[394] zur Auslegung und Reichweite des Art. 31 GFK aus, dass auch Asylsuchende, „die sich vorher kurzzeitig in einem anderen Staat aufgehalten haben", „unmittelbar" i.S.d Art. 31 I einreisen, „wenn sie in diesem Drittstaat keine tatsächliche Möglichkeit hatten, zu bleiben, dort vergeblich versucht haben, Schutz zu finden oder wenn sie dort Asyl weder beantragt noch erhalten haben."[395] Dies gelte auch „wenn die Einreise über den Drittstaat einen "fluchttypischen Umweg" darstellt."[396]

Die Ansicht wonach das Kriterium der Unmittelbarkeit nicht gegeben ist, wenn der Flüchtling über einen sicheren Drittstaat einreist, in welchem er die Möglichkeit des Schutzgesuchs gehabt hätte, überzeugt nicht. Art. 31 I GFK setzt nicht voraus,

---

388 *Goodwin-Gill/McAdam* (Fn. 380), S. 264; *Hathaway* (Fn. 380), S. 396; *Hailbronner*, Refoulement-Verbote und Drittstaatenregelung (Art. 33 GK und Art. 3 EMRK), in: Beyerlin/Bothe/Hofmann/Petersmann (Hrsg.): E.U., Recht zwischen Umbruch und Bewahrung. Festschrift für Rudolf Bernhardt, 1995, S. 373.

389 In Art. 16a II GG ist z.B. festgelegt, dass ein Flüchtling sich nicht auf das Asylgrundrecht aus Absatz 1 berufen kann, sofern er durch einen sicheren Drittstaat einreist.

390 *Hailbronner* (Fn. 388), S. 373.

391 *Noll* (Fn. 380), Art. 31 Rdnr. 49.

392 Ebenda, Art. 31 Rdnr. 46.

393 *Noll* (Fn. 380), Art. 31 Rdnr. 48.

394 Überarbeitete UNHCR-Stellungnahme zur Auslegung und Reichweite des Art. 31 Abs. 1 des Abkommens über die Rechtsstellung der Flüchtlinge (UNHCR-Stellungnahme), Mai 2014, online verfügbar unter: <http://www.unhcr.de/fileadmin/rechtsinfos/fluechtlingsrecht/3_deutschland/3_2_unhcr_stellungnahmen/FR_GFR-HCR_Art31_052004.pdf> Zugriff am 30.10.2014.

395 UNHCR-Stellungnahme, S. 3.

396 UNHCR-Stellungnahme, S. 3.

dass der Flüchtling die erste Möglichkeit der Asylsuche nutzen muss. Es kann im Einzelfall gute Gründe geben, die gegen ein Asylgesuch in einem bestimmten Land sprechen, wie z.B. eine Diskriminierung wegen der ethnischen Zugehörigkeit oder Religion. Daher ist es wichtig, dass effektiver Schutz in dem Zielland möglich ist. „Unmittelbar" bedeutet in Zusammenhang mit Art. 31 I GFK vielmehr, dass der Asylsuchende sich nach seiner Flucht aus dem Verfolgerstaat nicht dauerhaft in einem anderen Land niedergelassen hat. Die Flucht darf nicht für einen längeren Zeitraum unterbrochen worden sein.

In den Fällen *Adimi/Sorani/Kaziu* des *Divisional Court* des Vereinigten Königreichs vom 29. Juli 1999 ging es um drei Asylsuchende, die mit dem Flugzeug über Drittstaaten versucht hatten, in ihre Zielländer zu fliehen.[397] Sie wurden wegen versuchter unrechtmässiger Einreise in das Vereinigte Königreich strafrechtlich verfolgt und beanspruchten daher den Schutz von Art. 31 I GFK. Im Urteil stellte Richter *Simon Brown* (*Brown*) diesbezüglich fest, dass Art. 31 I nicht voraussetze, dass der Flüchtling in dem ersten Land die Möglichkeit, Asyl zu suchen, nutzen muss. Es ginge vielmehr darum festzustellen, ob dem Flüchtling in dem Drittstaat Schutz vor Verfolgung geboten werden kann.[398] Im Einzelnen führt *Brown* aus:

> „*I conclude that any merely short term stopover en route to such intended sanctuary cannot forfeit the protection of the Article, and that the main touchstones by which exclusion from protection should be judged are the length of stay in the intermediate country, the reasons for delaying there (even a substantial delay in an unsafe third country would be reasonable were the time spent trying to acquire the means of travelling on), and whether or not the refugee sought or found there protection de jure or de facto from the persecution they were fleeing.*"[399]

Weiterhin heißt es in dem Urteil, dem Flüchtling stünde eine gewisse Wahlfreiheit bezüglich des Ziellandes zu: „*...that some element of choice is open to refugees as to where they might properly claim asylum*".

Das Kriterium der Unmittelbarkeit schränkt zweifellos den Anwendungsbereich des Art. 31 I GFK ein, es bezweckt jedoch nicht, dem Flüchtling die Möglichkeit zu nehmen, als Zielland einen Staat zu erwählen, von dem er sich eine positive Bescheidung seines Antrags erhofft.[400] Art. 31 I begründet keine Pflicht für den Flüchtling in dem ersten Land, das ihm die Möglichkeit der Zuflucht bietet, einen Asylantrag zu stellen.

Für die Anwendbarkeit des Art. 31 I in Fällen der Einreise über Drittstaaten ist somit entscheidend, ob die Flucht in dem Drittstaat eine Beendigung erfahren hat.[401]

397 *R.v. Uxbridge Magistrates' Court and Another, ex parte Adimi* (1999), EWHC Admin 765, Rdnr. 4, online verfügbar unter <http://www.refworld.org/docid/3ae6b6b41c.html> Zugriff am 30.10.2014.

398 Ebenda, Rdnr. 18.

399 Ebenda.

400 *Fischer-Lescano/Horst* (Fn. 360), 89.

401 UNHCR-Stellungnahme, S. 3; vgl. auch *Fischer-Lescano/Horst* (Fn. 360), 89.

Die Unmittelbarkeit ist dann zu verneinen, wenn eine kontinuierliche Fluchtbewegung nicht mehr vorliegt.[402] Dies kann nur im Einzelfall und unter Berücksichtigung der jeweiligen Fluchtumstände geprüft werden.

bb) Unrechtmäßige Einreise in das oder Anwesenheit im Gebiet der vertrags schließenden Staaten

Ob die Einreise oder der Aufenthalt unrechtmäßig erfolgte, bestimmt sich nach dem nationalen Recht des Aufnahmelandes.[403] Es muss ein Verstoß gegen die Einreisemodalitäten oder das Aufenthaltsrecht einer Vertragspartei vorliegen.

Die Norm setzt die physische Präsenz des Flüchtlings im Hoheitsgebiet des jeweiligen Vertragsstaates voraus, inklusive seiner Grenzen bzw. Grenzübergänge.[404] Völkerrechtlich stellt das Hoheitsgebiet den räumlichen Bereich dar, über den der Staat die Gebiets- oder Territorialhoheit besitzt und allein rechtmäßig Staatsgewalt ausüben kann. Zu diesem Gebiet gehören zunächst die Landmasse und eventuelle Exklaven sowie die inneren Gewässer und das Küstenmeer. Das Staatsgebiet bezieht außerdem den Luftraum ein.[405]

Der Versuch des Grenzübertritts ohne die erforderlichen Einreisepapiere wird ebenso vom Anwendungsbereich des Art. 31 I GFK umfasst wie auch der unrechtmäßige Aufenthalt im Staatsgebiet einer Vertragspartei.[406]

Das Verbot der Bestrafung nach Art. 31 I GFK gilt auch für die Seegrenzen eines Staates. Gemäß Art. 2 I des Seerechtsübereinkommens der Vereinten Nationen vom 10. Dezember 1982[407] (SRÜ) erstreckt sich die Hoheitsgewalt eines Vertragsstaates jenseits seines Landgebiets und seiner inneren Gewässer auf einen angrenzenden Meeresstreifen, der nach Art. 3 SRÜ 12 Seemeilen betragen darf. Für die Vertragsparteien der GFK, die ebenfalls Vertragspartei des SRÜ sind, hat dies zur Folge, dass sie den unerlaubten Seegrenzübertritt von Flüchtlingen wegen Art. 31 I GFK nicht bestrafen dürfen.[408]

Der unberechtigte Aufenthalt und/oder das unrechtmässige Überschreiten der Landes- oder Seegrenze zum Hoheitsgebiet des Ziellandes darf wegen Art. 31 GFK nicht bestraft werden. Die Norm soll die Flucht und den Zugang zu Staaten mit effektiven Schutzsystemen ermöglichen.[409] Der unrechtmäßige Grenzübertritt soll nicht einem Aufenthalt zur Bestimmung des Schutzbedarfs entgegenstehen.[410]

---

402 *Fischer-Lescano/Horst* (Fn. 360), 89.
403 *Noll* (Fn. 380), Art. 31 Rdnr. 52.
404 *Noll* (Fn. 380), Art. 31 GFK Rdnr. 53; *Amann* (Fn. 369), S. 123; *Fischer-Lescano/Horst* (Fn. 360), 87.
405 *Herdegen*, Völkerrecht, 14. Auflage 2015, Rdnr. 1–3.
406 *Noll* (Fn. 380), Art. 31 GFK Rdnr. 53.
407 BGBl. 1994 II S. 1798.
408 *Noll* (Fn. 380), Art. 31 GFK Rdnr. 53.
409 *Fischer-Lescano/Horst* (Fn. 360), S. 82.
410 Ebenda, S. 81.

cc) Das Kriterium der Unverzüglichkeit

Art. 31 I GFK verlangt in zeitlicher Hinsicht, dass der Flüchtling sich „unverzüglich“ bei den Behörden meldet und Gründe darlegt, die seine unrechtmäßige Einreise oder seinen unrechtmäßigen Aufenthalt rechtfertigen. Dies bedeutet zunächst, dass der Flüchtling selbst aktiv werden und sich bei den Behörden des Ziellandes melden muss.[411]

Das Kriterium der „Unverzüglichkeit“ ist nach den Umständen des Einzelfalls zu bewerten.[412] Die Einholung von Rechtsrat vor der Meldung bei den Behörden steht der Unverzüglichkeit nicht entgegen.[413] Die Aufnahmestaaten können Meldefristen vereinbaren. Diese dürfen jedoch nicht unverhältnismäßig kurz sein und müssen Raum für die Berücksichtigung spezieller Fluchtumstände lassen.[414]

c) Rechtsfolge des Art. 31 I GFK

Art. 31 I GFK verbietet es, Flüchtlinge wegen einer unrechtmäßigen Einreise zu bestrafen. Fraglich ist, welche staatlichen Maßnahmen als eine Bestrafung i.S.d. Art. 31 I GFK qualifiziert werden können. Ist damit nur eine strafrechtliche Ahndung der unrechtmässigen Einreise oder des Aufenthaltes gemeint oder soll auch eine Inhaftierung von Asylsuchenden zum Zwecke der Untersuchung und/oder Sicherung des Asylverfahrens (sog. Untersuchungs- und Administrativhaft) davon umfasst sein?[415]

Von Bedeutung ist diese Frage angesichts der wachsenden Kritik an den so genannten Auffang- oder Abschiebelagern in den Außengrenzstaaten der EU.[416] Die Bilder von solchen Lagern prägen die heutige Berichterstattung und werden als Symbole der europäischen Asylpolitik verwendet.[417]

In Italien wurde beispielsweise im Zuge des als „Sicherheitspaket (*Pacchetto Sicurezza*)“ bekannten Gesetzes Nr. 125/2008 (erweitert durch das Gesetz 94/2009) die unrechtmässige Einwanderung im Jahre 2009 zu einer Straftat deklariert, die

---

411 *Noll* (Fn. 380), Art. 31 Rdnr. 58; *Goodwin-Gill* (Fn. 380), S. 217.

412 *Fischer-Lescano/Horst* (Fn. 360), 88; *Goodwin-Gill/McAdam* (Fn. 380), S. 265.

413 *Goodwin-Gill* (Fn. 380), S. 217.

414 *Fischer-Lescano/Horst* (Fn. 360), 88.

415 *Goodwin-Gill* (Fn. 380), S. 194.

416 *Ulrich,* Die Süddeutsche Zeitung, Flüchtlingsdrama am Mittelmeer. Das Ende aller Hoffnungen, 17.Mai 2010, online verfügbar unter <http://www.sueddeutsche.de/panorama/fluechtlingsdrama-im-mittelmeer-das-ende-aller-hoffnungen-1.402004> Zugriff am 02.11.2014; *Kahle,* ntv.de, Das Tor nach Europa. Lampedusa kämpft mit Migration, 26. Mai 2009, online verfügbar unter <http://www.n-tv.de/politik/dossier/Lampedusa-kaempft-mit-Migration-article306600.html> Zugriff am 02.11.2014.

417 *Von Osten,* Eine Bewegung der Zukunft. Die Bedeutung des Blickregimes der Migration für die Produktion der Ausstellung Projekt Migration, in: TRANSIT MIGRATION Forschungsgruppe (Hrsg.), Turbulente Ränder: neue Perspektiven auf Migration an den Grenzen Europas, 2007, S. 172.

mit einer Geldstrafe zwischen 5000 und 10000 Euro geahndet werden konnte.[418] Es wurden daraufhin so genannte Zentren für Identitätsermittlung und Ausweisung "*Centri di identificazione ed espulsione (CIE)*" eingerichtet. Die Dauer der Inhaftierung kann bis zu 180 Tage betragen.[419] Flüchtlinge werden davon nicht ausgenommen. Sie werden als „*clandestine*" Einwanderer eingestuft und bei Aufgreifen in die oben genannten Zentren verbracht und müssen teilweise bis zur Bearbeitung ihrer Asylanträge dort bleiben.[420] Wem es nicht gelingt die eigene Identität nachzuweisen, muss das Land innerhalb von drei Tagen verlassen.[421] Hierbei scheint es keine Rolle zu spielen, dass die Schutzsuchenden keine Straftäter sind. Oft werden die Flüchtlinge ohne Nachforschungen über Herkunft oder Intention des Aufenthalts in Gefängnissen festgehalten. Die neue Regierung möchte jetzt die Gesetze dahingehend ändern, dass die unrechtmässige Einreise nicht mehr strafbar sein soll.[422]

In Griechenland ist die systemische Inhaftierung von unrechtmässig eingereisten Menschen ohne Angabe von Gründen die gängige Praxis.[423] Art. 83 des Gesetzes 3386/2005 erklärt die unrechtmässige Einreise und den Aufenthalt zu einer Straftat, die mit einer Geldstrafe oder mit Haft bis zu drei Monaten belangt werden kann.[424] Hinsichtlich Asylsuchenden bestimmt das Präsidialdekret 114/2010, dass sie bis zu

---

418 *Di Muzio* für die Bundeszentrale für politische Bildung, focus Migration, Länderprofil Italien, Oktober 2012, S. 5, online verfügbar unter <https://www.bpb.de/system/files/dokument_pdf/L%C3%A4nderprofil_Italien_2012.pdf.>; vgl. auch Deutsche Welle, Italien verschärft Einwanderungsrecht, 14. 05. 2009, online verfügbar unter <http://www.dw.de/italien-versch%C3%A4rft-einwanderungsrecht/a-4253123> Zugriff am 31.10.2014.

419 *Di Muzio* für die Bundeszentrale für politische Bildung, focus Migration, Länderprofil Italien, Oktober 2012, S. 5.

420 Ebenda, S. 9 und S. 11.

421 DiePresse.com, Italien: Illegale Einwanderung keine Straftat mehr, 10.10.2013, online verfügbar unter <http://diepresse.com/home/politik/aussenpolitik/1463063/Italien_Illegale-Einwanderung-keine-Straftat-mehr> Zugriff am 03.11.2014.

422 Evangelisch.de, Illegale Einwanderung soll in Italien nicht mehr strafbar sein, 21.01.2014, online verfügbar unter <http://www.evangelisch.de/inhalte/91694/21-01-2014/illegale-einwanderung-soll-italien-nicht-mehr-strafbar-mehr-sein> Zugriff am 03.11.2014.

423 Amnesty International, Greece: Stop unlawful and shameful expulsion of refugees and migrants, 29. April 2014, online verfügbar unter <http://www.amnesty.org/en/news/greece-stop-unlawful-and-shameful-expulsion-refugees-and-migrants-2014-04-29> Zugriff am 31.10.2014; *Goodwin-Gill*, Art. 31 of the 1951 Convention Relating to the Status of Refugees: Non-Penalization, Detention, and Protection, in: Feller/Türk u.a. (Hrsg.): Refugee Protection in International Law, 2003, S. 211f.

424 European Committee for the Prevention of Torture and Inhuman or Degrading Treatment or Punishment, Report to the Greek Government, 16.10.2014, online verfügbar unter <http://www.cpt.coe.int/documents/grc/2014-26-inf-eng.pdf> Zugriff am 31.10.2014, S. 34.

drei Monaten inhaftiert werden können. Die Gründe für eine Inhaftierung können die Identitätsfeststellung, die Durchführung eines Asylverfahrens und/oder die Wahrung der Sicherheit und Ordnung (Art. 13) sein.[425] Darüber hinaus erweitert Art. 59 des Gesetzes 4075/2012 die Möglichkeit der Inhaftierung bei Vorliegen einer Gefahr für die öffentliche Gesundheit, basierend auf dem Verdacht ansteckender Erkrankungen.[426]

Mediale Aufmerksamkeit erfuhr auch der Aufstand von den Insassen eines solchen Lagers in Athen im August 2013. Die Insassen der überfüllten Einrichtung attackierten die Wärter und setzten ihre Betten und Wohncontainer in Brand. Der Anlass für den Aufstand war die Verlängerung der maximalen Dauer der Abschiebehaft von 12 auf 18 Monate.[427]

Nach einem Bericht des Europäischen Komitees zur Verhütung von Folter und unmenschlicher oder erniedrigender Behandlung oder Strafe an die griechische Regierung vom 16. Oktober 2014 herrschen in manchen Einrichtungen in Griechenland (seit des letzten Besuchs des Komitees im Januar 2011 unveränderlich) unakzeptable Lebensbedingungen. Vor allem minderjährige und kranke Flüchtlinge würden eine unangemessene Behandlung erfahren.[428]

Bei der Frage, ob die Einsperrung von Flüchtlingen in den oben beschriebenen „Auffang- und Abschiebelagern", sei es nur zur Feststellung ihrer Identität oder bis zur Durchführung eines Asylverfahrens, eine Bestrafung nach Art. 31 I darstellt, bedarf es auch einer näheren Betrachtung der Regelung des Art. 31 II.[429]

Gemäß Art. 31 II GFK werden die „vertragsschließenden Staaten (...) den Flüchtlingen beim Wechsel des Aufenthaltsortes keine Beschränkungen auferlegen, außer denen, die notwendig sind; diese Beschränkungen werden jedoch nur solange Anwendung finden, bis die Rechtsstellung dieser Flüchtlinge im Aufnahmeland geregelt oder es ihnen gelungen ist, in einem anderen Land Aufnahme zu erhalten. Die vertragsschließenden Staaten werden diesen Flüchtlingen eine angemessene Frist sowie alle notwendigen Erleichterungen zur Aufnahme in einem anderen Land gewähren."

---

425 European Committee for the Prevention of Torture and Inhuman or Degrading Treatment or Punishment, Report to the Greek Government, 16.10.2014, S. 35.

426 European Committee for the Prevention of Torture and Inhuman or Degrading Treatment or Punishment, Report to the Greek Government, 16.10.2014, S. 35.

427 Die Zeit, Gewaltsamer Aufstand in griechischem Flüchtlingslager, 11.08.2013, online abrufbar unter <http://www.zeit.de/politik/ausland/2013-08/aufstand-fluechtlingslager-griechenland> Zugriff am 31.10.2014; Neue Züricher Zeitung, Unruhen in Abschiebelager bei Athen, 11.08.2013, online abrufbar unter <http://www.nzz.ch/aktuell/startseite/unruhen-in-abschiebelager-bei-athen-1.18131118> Zugriff am 31.10.2014.

428 European Committee for the Prevention of Torture and Inhuman or Degrading Treatment or Punishment, Report to the Greek Government, 16.10.2014, S. 10f.

429 *Noll* (Fn. 380), Art. 31 Rdnr. 76.

Die Inhaftnahme bzw. das Festhalten von Flüchtlingen bis zur Verbringung in einen anderen Aufnahmestaat kann ausnahmsweise als Beschränkung nach Art. 31 II GFK erlaubt sein.[430]

Der Freiheitsentzug darf jedoch nicht als Strafe auferlegt werden, denn dies läuft dem Zweck von Abs. 1 und Abs. 2 des Art. 31 GFK zuwider.[431]

Auch bei einer Maßnahme nach Art. 31 II GFK dürfen die Schutzsuchenden nicht diskriminiert werden. Die Achtung ihrer Menschenrechte muss gewährleistet sein.[432]

In der GFK findet sich keine Definition von Strafe oder Bestrafung. In dem verbindlichen Vertragstext in französischer Sprache heißt es '*sanctions pénales*', welcher darauf schließen lässt, dass die Norm nur die strafrechtliche Verfolgung verbietet. In der ebenfalls verbindlichen Version in englischer Sprache heißt es dagegen nur „*penalties*"[433]. Hier wird eine weite Auslegung des Begriffes ermöglicht. Der Begriff der „Bestrafung" bedarf angesichts des mehrdeutigen Wortlautes der Norm einer völkerrechtskonformen Auslegung.

Das Recht der völkerrechtlichen Verträge ist im Wesentlichen in der Wiener Vertragsrechtskonvention von 1969 (WVK)[434] kodifiziert.[435] Die WVK enthält spezielle Auslegungsregeln für völkerrechtliche Verträge. Art. 33 IV WVK bestimmt, dass wenn ein Vergleich der authentischen Texte einen Bedeutungsunterschied aufdeckt, der durch die Anwendung der Artikel 31 und 32 nicht ausgeräumt werden kann, diejenige Bedeutung zugrunde gelegt werden soll, die unter Berücksichtigung von Ziel und Zweck des Vertrags die Wortlaute am besten miteinander in Einklang bringt."

Nach Art. 31 I WVK ist ein Vertrag nach Treu und Glauben in Übereinstimmung mit der gewöhnlichen, seinen Bestimmungen in ihrem Zusammenhang zukommenden Bedeutung und im Lichte seines Zieles und Zweckes auszulegen.

Bei der Auslegung gilt es auch, den *effet utile* Grundsatz beachten.[436] Entscheidend ist, dass der Vertrag verwirklicht und der Vertragszweck erreicht werden kann.[437]

Ziel und Zweck der Norm ist es, die Bestrafung der unrechtmässigen Einreise oder des Aufenthaltes zu verhindern mit dem Zweck, die Flucht vor einem Verfolgerstaat zu ermöglichen. Um diesem Ziel gerecht zu werden, darf die Auslegung von Bestrafung nicht auf eine formale strafrechtliche Verfolgung beschränkt werden.[438]

---

430 *Goodwin-Gill/Mc Adam* (Fn. 380), S. 267; *Noll* (Fn. 380), Art. 31 Rdnr. 76.
431 *Noll* (Fn. 380), Art. 31 Rdnr. 77f.; *Grahl-Madsen*, Status, Vol. II, S. 209.
432 *Goodwin-Gill/Mc Adam* (Fn. 380), S. 266.
433 Beide Versionen sind abgedruckt in: *Zimmermann* (Hrsg.): The 1951 Convention relating to the status of refugees and its 1967 Protocol, 2011, Art. 31.
434 Wiener Konvention über das Recht der Verträge vom 23. Mai 1969, BGBl. 1985 II S. 927.
435 *Stein/von Buttlar* (Fn. 365), Rn. 33.
436 *Scheidler*, Jura 2004, 11.
437 *Scheidler*, Jura 2004, 11.
438 *Goodwin-Gill/Mc Adam* (Fn. 380), S. 266; *Noll* (Fn. 380), Art. 31 Rdnr. 73.

Jegliche Form von Bestrafung, die dazu führt, dass Flüchtlingen der Schutz verwehrt wird, steht dem Ziel und Zweck der Norm entgegen. Dies kann nicht nur durch eine strafrechtliche Verfolgung der unrechtmässigen Einreise erfolgen. Eine Verbringung in eine geschlossene Einrichtung zum Zwecke der Rückführung in den Herkunftsstaat, in welchem eine Verfolgung droht, ist mit dem Sinn und Zweck des Art. 31 I GFK und Art. 33 I GFK nicht vereinbar. Sie steht somit dem ganzen Vertragszweck der GFK entgegen.

Interpretationserklärungen sind gem. Art. 31 II WVK ebenfalls bei der Auslegung des Vertrages zu berücksichtigen.[439] Als Interpretationshilfe im Sinne des Art. 31 II WVK können vorliegend die UNHCR *Guidelines on the Applicable Criteria and Standards relating to the Detention of Asylum-Seekers and Alternatives to Detention (Guidelines on Detention)*[440] dienen. Leitlinien und Stellungnahmen des UNHCR sind von den Vertragsparteien im Rahmen ihrer in Art. 35 GFK manifestierten Kooperationspflicht bei der Auslegung der Normen der GFK zu berücksichtigen.[441]

Die UNHCR *Guidelines on Detention* beschreiben Mindestkriterien und Standards für die Inhaftierung von Flüchtlingen, die als Orientierungshilfe für die Vertragsstaaten, NGOs und Rechtsberatern dienen sollen.[442] Demgemäß sollte die Inhaftierung von Flüchtlingen grundsätzlich vermieden und nur als letztes Mittel angewendet werden. Dem inhaftierten Flüchtling muss es immer möglich sein, ein Schutzgesuch zu stellen. Ein Asylgesuch darf kein Grund für eine Inhaftierung sein. Als letztes Mittel darf die Inhaftierung nur angewendet werden, wenn sie einen legitimen Zweck verfolgt und im Einzelfall erforderlich und angemessen ist.[443] Ein legitimer Zweck kann beispielsweise der Schutz der nationalen Sicherheit sein.[444] Die Bestrafung der unrechtmässigen Einreise oder des Aufenthaltes an sich ist kein legitimer Grund für Freiheitsentzug.[445]

Dazu gehört auch, dass die Lebensbedingungen in den Haftanstalten einem angemessenen Mindeststandard an einer menschenwürdigen Unterbringung entsprechen. Die Sicherheit der Betroffenen muss gewährleistet sein.[446] Die Menschen dürfen z.B. nicht in überbelegten Unterkünften untergebracht werden. In manchen

---

439 *Graf Vitzthum*, in: Graf Vitzthum, Völkerrecht, 1. Abschnitt III 1a, Rn. 121; *Aust*, Modern Treaty Law and Practice, S. 103.

440 UNHCR, Guidelines on the Applicable Criteria and Standards relating to the Detention of Asylum-Seekers and Alternatives to Detention, 2012 (*Guidelines on Detention*) <http://www.unhcr.org/505b10ee9.html> Zugriff am 04.11.2014.

441 *Fischer-Lescano/Horst* (Fn. 360), 85.

442 UNHCR, Guidelines on Detention (Fn. 440), Rdnr. 1.

443 Ebenda, Rdnr. 34.

444 Ebenda, Rdnr. 30.

445 Ebenda, Rdnr. 32.

446 Ebenda, Rdnr. 2.

Einrichtungen, die für 250 Menschen ausgelegt sind, mussten zeitweise mehr als 1000 Personen leben.[447]

An Bedeutung gewinnt das Verbot der Bestrafung aus Art. 31 GFK ebenfalls in Fällen, in denen eine strafrechtliche Verurteilung die Grundlage für ein Ausweisungsverfahren nach der Rechtsordnung des Aufnahmestaates bildet.[448] Der unberechtigte Aufenthalt und/oder das unrechtmässige Überschreiten der Grenze zum Hoheitsgebiet des Ziellandes darf wegen Art. 31 GFK nicht bestraft werden. Dies muss auch bei einem Ausweisungsverfahren im Aufnahmestaat berücksichtigt werden.

Der Anwendungsbereich von Art. 31 GFK erstreckt sich auch auf andere Delikte, die im Zusammenhang mit der unrechtmässigen Einreise begangen werden, wie z.B. auf die Verwendung falscher Ausweispapiere (typische Begleitdelikte der unrechtmässigen Einreise).[449] Die Flüchtlinge dürfen in diesen Fällen nicht wegen Urkundenfälschung oder ähnlichen Delikten strafrechtlich im Aufnahmeland belangt werden.[450]

Der Schutz von Art. 31 I GFK ist auch nicht ausgeschlossen, wenn sich Flüchtlinge bei der Einreise so genannter Schleuser bedienen.[451] Art. 31 I GFK verbietet die Bestrafung der unrechtmässigen Einreise oder des Aufenthaltes von Flüchtlingen unabhängig von der Rechtmäßigkeit des Verhaltens von Fluchthelfern, zumal sich eine Flucht ohne die Mithilfe von Schleusern schwer durchführen lässt.[452]

Angesichts wachsender Flüchtlingszahlen neigen viele Staaten dazu Flüchtlinge, die unrechtmäßig in ihr Staatsgebiet einreisen, als „Illegale“ zu stigmatisieren, obwohl die GFK genau dies verhindern möchte und das Gegenteil vorgibt.[453] Asylsuchende sollten daher, bis ihre Rechtsstellung im Aufnahmeland geregelt ist, nicht mit dem Makel der Illegalität von Einreise und Aufenthalt belegt werden.[454]

Insgesamt lässt sich feststellen, dass Art. 31 I GFK das strafrechtliche Belangen wegen unrechtmässiger Einreise und Aufenthalt verbietet. Des Weiteren dürfen Flüchtlinge wegen ihrer unrechtmässigen Einreise nicht inhaftiert und in den Verfolgerstaat zurückgebracht werden. Falls sie zu Zwecken der Identitätsermittlung oder Weitervermittlung an einen anderen Staat festgehalten werden, so muss dies unter Beachtung ihrer Menschenrechte erfolgen.

---

447 Zeit Online, Auffanglager - Flüchtlinge auf Lampedusa rebellieren gegen Unterbringung, 8.10.2013, online verfügbar unter <http://www.zeit.de/politik/ausland/2013-10/lampedusa-fluechtlingscamp-bedingungen> Zugriff am 04.11.2014.

448 *Kimminich* (Fn. 114), S. 326.

449 *Fischer-Lescano/Horst* (Fn. 360), 88; *Goodwin-Gill/McAdam* (Fn. 380), S. 265; *Grahl-Madsen*, The Status of Refugees in International Law, Volume II. Asylum, Entry and Sojourn 1972, S. 209ff.

450 Ebenda.

451 *Goodwin-Gill* (Fn. 380), S. 196.

452 *Fischer-Lescano/Horst* (Fn. 360), 86.

453 *Goodwin-Gill/McAdam* (Fn. 380), S. 264.

454 *Fischer-Lescano/Horst* (Fn. 360), 89.

Die Lebensumstände in diesen Auffanglagern müssen Mindeststandards an Hygiene und Sicherheit aufweisen. Art. 31 II verdeutlicht, dass eine solche Beschränkung nur solange andauern darf, bis die Rechtsstellung dieser Flüchtlinge im Aufnahmeland geregelt oder es ihnen gelungen ist, in einem anderen Land Aufnahme zu erhalten. Den Inhaftierten muss es immer ermöglicht werden, einen Antrag auf Asyl zu stellen. Die Inhaftierung darf nur ausnahmsweise erfolgen, wenn sie einen legitimen Grund verfolgt. Die unrechtmässige Einreise an sich darf nicht der einzige Grund für die Inhaftierung sein.[455]

2. *Art. 33 GFK*

In Art. 33 I ist das Verbot der Aus- und Zurückweisung an den Verfolgerstaat (sog. Refoulementverbot) enthalten.

Gemäß Art. 33 I GFK wird keiner der Vertragsstaaten einen Flüchtling „auf irgendeine Weise über die Grenzen von Gebieten ausweisen oder zurückweisen, in denen sein Leben oder seine Freiheit wegen seiner Rasse, Religion, Staatsangehörigkeit, seiner Zugehörigkeit zu einer bestimmten sozialen Gruppe oder wegen seiner politischen Überzeugung bedroht sein würde."

Das Refoulementverbot richtet sich an die Vertragsstaaten der GFK, d.h. an alle Staaten, die das Abkommen oder das New Yorker Protokoll ratifiziert haben oder beigetreten sind.[456]

a) Persönlicher Anwendungsbereich

Der persönliche Anwendungsbereich der Norm umfasst alle Flüchtlinge i.S.d. Art. 1 A-F, die sich rechtmäßig oder unrechtmäßig im Hoheitsgebiet eines Vertragsstaates der GFK aufhalten.[457] Es spielt keine Rolle, wie der Flüchtling in das Hoheitsgebiet des Aufnahmestaates gelangt ist.[458]

Der Schutz des Refoulementverbotes ist für Asylsuchende von besonderer Relevanz. Da es sich bei ihnen um Flüchtlinge nach Art. 1 A-F GFK handeln kann, bedürfen sie des Schutzes nach Art. 33 I GFK bis zur endgültigen Feststellung des Vorliegens oder Nichtvorliegens ihrer Schutzbedürftigkeit.[459]

Die einzige Voraussetzung für den persönlichen Anwendungsbereich des Art. 33 I GFK ist somit das Vorliegen der Flüchtlingseigenschaft i.S.d. Art. 1 A-F GFK.[460]

---

455 UNHCR, *Guidelines on Detention* (Fn. 440), Rdnr. 21.
456 *Kälin/Caroni/Heim,* in: Zimmermann (Hrsg.): The 1951 Convention relating to the status of refugees and its 1967 Protocol, 2011, Art. 33 Rdnr. 75.
457 *Goodwin-Gill/McAdam* (Fn. 380), S. 232.
458 Ebenda.
459 *Kälin/Caroni/Heim* (Fn. 456), Art. 33 Rdnr. 83; *Goodwin-Gill/McAdam* (Fn. 380), S. 232.
460 *Hathaway* (Fn. 370), S. 193; *Hurwitz* (Fn. 94), S. 174.

b) Sachlicher Anwendungsbereich

Der sachliche Anwendungsbereich erstreckt sich auf alle Flüchtlinge, die sich im Hoheitsgebiet eines Vertragsstaates aufhalten. Er schließt auch die Flüchtlinge mit ein, die an der Grenze um Einreise bitten.[461] Die Anwendung des Art. 33 I setzt nicht voraus, dass der Flüchtling erst die Erlaubnis zur Einreise vom Zielstaat bekommen muss, bevor er diesen um Schutz bitten darf.[462]

Eine Beschränkung auf im bereits im Land befindliche Personen hätte zur Folge, dass Flüchtlinge, die unrechtmässig in das Staatsgebiet einreisen, mehr Schutz genießen würden als jene, die sich vorschriftsgemäß bei der Grenze zu erkennen geben.[463] Eine solche Beschränkung widerspricht auch dem Ziel und Zweck der Norm, Flüchtlinge vor dem Zugriff des Verfolgerstaates zu bewahren.[464] Art. 33 GFK will verhindern, dass der Flüchtling, der dem Verfolgerstaat entkommen ist, wieder dorthin zurückgeschickt wird.

Der UNHCR stellte in einer Stellungnahme vom 26. Januar 2007[465] fest, dass das Refoulementverbot auch auf die Zurückweisung an der Grenze Anwendung findet.[466] Das Exekutivkomitee des UNHCR hat ebenfalls mehrfach bestätigt, dass die Reichweite des Schutzes von Art. 33 I auch die Grenzen eines Vertragsstaates umfasst.[467] Flüchtlinge dürften nicht an der Grenze zurückgewiesen werden ohne vorherige Überprüfung ihrer Schutzbedürftigkeit.[468]

Art. 33 GFK schützt vor der Abweisung an der Grenze, unabhängig davon, ob es sich um eine Land- oder eine Seegrenze handelt und ob die Schutzsuchenden

---

461 *Kälin/Caroni/Heim* (Fn. 456), Art. 33 Rdnr. 86; *Kau*, Der Staat und der Einzelne als Völkerrechtssubjekte, in: Graf Vitzthum/Proelß (Hrsg.): Völkerrecht, 6. Auflage, 2013, S. 223 Rdnr. 304; *Stein/von Buttlar* (Fn. 365), Rdnr. 594; UNHCR, Advisory Opinion on the Extraterritorial Application of non-refoulment Obligations under the 1951 Convention relating to the Status of Refugees and its 1967 Protocol, 2007, S. 3.

462 So ausdrücklich vom ersten *Ad-hoc-Komitee* zur GFK in UNDoc E/1618 festgehalten, in: *Takkenberg/Tahbaz* 1989, Vol. I, S. 421.

463 *Kälin* (Fn. 370), S. 107; *Kimminich* (Fn. 114), S. 327.

464 *Hong*, Asylgrundrecht und Refoulementverbot, 2008, S. 143.

465 UNHCR, Advisory Opinion on the Extraterritorial Application of Non-Refoulement Obligations under the 1951 Convention relating to the Status of Refugees and its 1967 Protocol, 26.01.2007 <http://www.refworld.org/docid/45f17a1a4.html> Zugriff am 08.11.2014.

466 UNHCR, Advisory Opinion on the Extraterritorial Application of Non-Refoulement Obligations under the 1951 Convention relating to the Status of Refugees and its 1967 Protocol, 26.01.2007, Rdnr. 7.

467 Statt vieler UNHCR *Executive Committee, Conclusion No. 6* (1977) lit. (c), *Conclusion No. 82* (1997) lit. h) und *Conclusion No. 108* (2008).

468 UNHCR Executive Committee, Conclusion No. 108 (2008).

über Einreisepapiere verfügen, wenn dies zur Folge hätte, dass sie aufgrund der Zurückweisung im Verfolgerstaat bleiben oder dorthin zurückkehren müssten.[469]

In den letzten Jahren haben NGOs wiederholt von einer Praxis der "Zurückweisungen", der sogenannten "*Push-Backs*" berichtet.[470] Es geht dabei um Fälle, in denen bei der unrechtmässigen Einreise aufgegriffene MigrantInnen direkt zurückgeschoben werden. Die Rückkehr zum Herkunftsstaat oder einem Mittelmeeranrainerstaat, wie z.B. der Türkei oder Libyen, wird forciert.[471]

Die spanische Regierung plant beispielsweise derzeit eine Änderung ihres Gesetzes über den Schutz und die Sicherheit der Staatsbürger („*ley de seguridad ciudadana*„), wonach die direkte Zurückweisung von Migranten an der Grenzen („*rechazo en frontera*") von Ceuta und Melilla ermöglicht werden soll.[472] Die Gesetzesänderung sieht vor, dass Migrant_innen, die beim Versuch, die Grenzen von Ceuta und Melilla unrechtmäßig zu überschreiten, aufgegriffen werden, nach Marokko zurückgeführt werden, um ihre unrechtmässige Einreise nach Spanien zu verhindern.[473] Die Grenze zu den spanischen Enklaven in Marokko wird von der *Guardia Civil*, einer paramilitärisch ausgerichteten Polizeieinheit, überwacht. Die Grenzanlage ist von einem zehn Kilometer langen und sechs Meter hohen Zaun umgeben, welcher mit Infrarotkameras, Bewegungsund Geräuschmeldern ausgestattet ist.[474] Anfang Oktober 2014 versuchten 200 Menschen den Grenzzaun zu Melilla zu überwinden. Die *Guardia Civil* ging nach Berichten von *Human Rights Watch* und ProAsyl sehr gewaltsam gegen die Einwanderer vor.[475] Die spanische NGO *Asociación Pro.De.In.*

---

469 *Hathaway* (Fn. 370), S. 193; *Hailbronner*, Non-Refoulement and „Humanitarian Refugees": Customary International Law or Wishful Legal Thinking?, in: Martin (Hrsg.): The New Asylum Seekers: Refugee Law in the 1980s, 1988, S. 128; *Weinzierl/Lisson* (Fn. 385), S. 45; *Hurwitz* (Fn. 94), S. 176.

470 Statt vieler: *ProAsyl*, Bericht „pushed back - systematic human rights violations against refugees in the aegean sea and at the greek-turkish land border", 7.11.2013, online verfügbar unter <http://www.proasyl.de/fileadmin/fmdam/l_EU_Fluechtlingspolitik/proasyl_pushed_back_24.01.14_a4.pdf> Zugriff am 20.10.2014.

471 *ProAsyl*, Bericht „pushed back - systematic human rights violations against refugees in the aegean sea and at the greek-turkish land border", 7.11.2013.

472 *Gareo u.a.*, El Pais, PP seeks to legalize on-the-spot deportations of illegal immigrants, 22. Oktober 2014, online verfügbar unter <http://elpais.com/elpais/2014/10/22/inenglish/1413983861_652200.html> Zugriff am 02.11.2014; vgl. auch UNHCR, Sorge über spanischen Vorstoß zu Ceuta und Melilla, 28.10.2014, online abrufbar unter <http://www.unhcr.de/home/artikel/10f0a59c432bfce563790 31a89c095e7/sorge-ueber-spanischen-vorstoss-zu-ceuta-und-melilla-1.html?L=0> Zugriff am 03.11.2014.

473 Ebenda.

474 *Wande u.a.*, FAZ.net, Mauern überall <http://www.faz.net/aktuell/politik/25-jahre-mauerfall/mauern-dieser-welt-13179669.html> Zugriff am 04.11.2014.

475 *Human Rights Watch*, Spain: Excessive Force in Melilla, 21. Oktober 2014 <http://www.hrw.org/news/2014/10/21/spain-excessive-force-melilla> Zugriff am 02.11.2014; ProAsyl, Was geschah mit Toumani Samake?, 16.10.2014 online verfügbar unter

Melilla veröffentlichte einen Videomitschnitt des Einsatzes der *Guardia Civil*, der die Misshandlung eines bewusstlosen Mannes durch Grenzbeamte belegen soll.[476]

"*Push-Backs*" sollen auch an den Seegrenzen oder auf Hoher See stattfinden.[477]

Eine solche Aktion ereignete sich nach der Menschenrechtsorganisation Pro-Asyl[478] auch am 20. Januar 2014 vor der griechischen Küste, bei der ein Boot mit 27 Menschen aus Afghanistan und Syrien von der griechischen Küstenwache in Schlepptau genommen wurde und nahe der griechischen Insel Farmakonisi kenterte.[479] Einige der Überlebenden behaupten, das Boot sei von den Grenzbeamten mit hoher Geschwindigkeit bei stürmischer See Richtung Türkei gezogen worden. Die griechische Küstenwache behauptet, es habe sich dabei um eine Seenotrettungsaktion gehandelt. Sowohl die Überlebenden als auch die Grenzbeamten geben an, dass die Menschen bei Auffindung des manövrierunfähigen Bootes nicht an Bord des Schiffs der Küstenwache geholt wurden.

Nichtregierungsorganisationen (NGOs) wie Pro Asyl und Amnesty International verurteilen diese Praxis mit Hinweis darauf, dass bei diesen Rückführungsaktionen nicht zwischen Asylsuchenden und anderen Migranten unterschieden wird.[480] Zu befürchten sei, dass Flüchtlinge pauschal in einen Drittstaat zurückgedrängt werden, ohne dass sie ihre Fluchtgründe äußern und ein Schutzgesuch stellen können.[481]

<http://www.proasyl.de/de/news/detail/news/was_geschah_mit_toumani_samake_toeten_verschwindenlassen_und_illegales_abschieben_in_melilla/> Zugriff am 02.11.2014.

476 Asociación Pro.De.In. Melilla <http://vimeo.com/109091397> Zugriff am 31.10.2014.

477 *Buchen/Obermeier*, Die Zeit, Grenzschützer sollen Flüchtlinge aufs Meer geschleppt haben, 13.02.2014, <http://www.sueddeutsche.de/politik/vorwuerfe-wegen-toten-vor-griechischer-insel-grenzschuetzer-sollen-fluechtlinge-aufs-meer-geschleppt-haben-1.1887459> Zugriff am 28.10.2014; *Buchen*, CICERO, Die zynische Flüchtlingspolitik der EU, 24.03.2014, <http://www.cicero.de/weltbuehne/festung-europa-drehbuch-fuer-eine-vergroesserung-des-massengrabs/57273> Zugriff am 28.10.2014.

478 ProAsyl, Famakonisi: Wie der Tod von elf Bootsflüchtlingen vertuscht wird, 06.08.2014 <http://www.proasyl.de/de/news/detail/news/famakonisi_wie_der_tod_von_elf_bootsfluechtlingen_vertuscht_wird/> Zugriff am 29.10.2014; siehe auch Panorama Nr. 777 vom 13.02.2014, Ertrunkene Flüchtlinge: Protokoll einer vermeidbaren Katastrophe <http://daserste.ndr.de/panorama/archiv/2014/panorama4871.pdf> Zugriff am 29.10.2014.

479 *Smith*, The Guardian, Migrants saved in Greek boat accident mourn relatives – and dispute claims <http://www.theguardian.com/world/2014/jan/27/greek-boat-tragedy-migrant-survivors-mourn-lost-relatives> Zugriff am 29.10.2014;

480 ProAsyl, Bericht „pushed back - systematic human rights violations against refugees in the aegean sea and at the greek-turkish land border", 7.11.2013, online verfügbar unter <http://www.proasyl.de/fileadmin/fmdam/l_EU_Fluechtlingspolitik/proasyl_pushed_back_24.01.14_a4.pdf> Zugriff am 20.10.2014.

481 Amnesty International, Lives Adrift – Refugees and Migrants in Peril in the Central Mediterranean, September 2014, S. 40, online verfügbar unter: <http://www.

In einem Beitrag des ARD-Magazins „Monitor", der am 17. Oktober ausgestrahlt wurde, gab der damalige Direktor der Grenzschutzagentur Frontex, Ilkka Laitinen, zu, dass Frontex sich an *Push-Back*-Operationen beteiligt hat.[482] Auf die Frage nach solchen Aktionen antwortete er gegenüber Monitor: „Unsere Statistiken weisen fünf bis zehn Fälle im Jahr auf, in denen wir einem solchen Verdacht nachgehen müssen." Auf die Dokumentation von Abschiebeaktionen unter Beteiligung von Frontex-Mitarbeitern aus dem Jahr 2012 angesprochen, sagte er: „Ich kann nicht bestreiten, dass es diese Fälle gegeben hat."[483]

Bekannt geworden sind auch Fälle von Zurückweisungen auf Hoher See. Der Begriff „Hohe See" ist in Art. 86 des Seerechtsübereinkommens der Vereinten Nationen vom 10. Dezember 1982[484] (SRÜ) definiert. Gemäß Art. 86 SRÜ bezeichnet der Begriff „Hohe See" „alle Teile des Meeres, die nicht zur ausschließlichen Wirtschaftszone, zum Küstenmeer oder zu den inneren Gewässern eines Staates oder zu den Archipelgewässern eines Archipelstaats gehören." Gemäß Art. 87 I a) SRÜ steht die Hohe See allen Staaten offen. Die Norm verankert das Prinzip der Freiheit der Schifffahrt.[485] Diese Freiheit genießen nur Schiffe, die unter der Flagge eines Vertragsstaates fahren. Sie unterliegen dann der Hoheitsgewalt des Flaggenstaates.[486]

Im Fall *Hirsi Jamaa u.a. gegen Italien*[487], der vor dem EGMR im Jahre 2009 verhandelt und 2012 entschieden wurde, ging es ebenfalls um die Rückführung von Personen auf Hoher See. Die italienische Küstenwache und die *Guardia di Financia* hatten die Flüchtlinge aus Eritrea und Somalia südlich von Lampedusa auf hoher See aufgegriffen und auf italienischen Militärschiffen nach Tripolis in Libyen gebracht. In Tripolis angekommen, wurden die Menschen gezwungen, die italienischen Schiffe zu verlassen und den libyschen Behörden übergeben. Auf einer Pressekonferenz am 7. Mai 2009 erklärte der italienische Innenminister, dass diese Operation auf bilaterale Vereinbarungen mit Libyen basierte, die zum Zwecke der Bekämpfung der unrechtmässigen Einwanderung abgeschlossen worden seien. In einer Rede vor dem italienischen Senat am 25. Mai 2009 erklärte der Minister, dass zwischen dem

---

amnesty.org/en/library/asset/EUR05/006/2014/en/c5180000-296c-4587-8308-56c7bfb83894/eur050062014en.pdf> Zugriff am 31.10.2014; siehe auch *Niels Frenzen*, "Italy Conducted De Facto Push-Back of Migrants By Ordering Cargo Ship to Rescue and Transport Migrants to Libya", online verfügbar unter <http://migrantsatsea.org/2013/08/13/italy-conducted-de-facto-push-back-of-migrants-by-ordering-cargo-ship-to-rescue-and-transport-migrants-to-libya/> Zugriff am 31.10.2014.

482 Monitor, Video und Manuskript des Beitrages: Festung Europa, Die Schuld der EU-Grenzwächter, <http://www.wdr.de/tv/monitor//sendungen/2013/1017/europa.php5> Zugriff am 29.10.2014.

483 Ebenda.

484 BGBl. 1994 II S. 1798.

485 *Weinzierl/Lisson* (Fn. 385), S. 35.

486 *Weinzierl/Lisson* (Fn. 385), S. 35.

487 EGMR, *Hirsi Jamaa u.a.gegen Italien* (*Hirsi*), Urteil vom 23.02.2011, Antrag Nr. 27765/09.

6. und 10. Mai 2009 über 471 illegale Migranten auf Hoher See abgefangen und nach Libyen überführt wurden. Der Minister bekräftigte hierbei, dass sich die *Push-Back-*Politik als sehr effektiv bei der Bekämpfung der illegalen Einwanderung erweise. Im Laufe des Jahres 2009 hatte Italien neun Operationen in Übereinstimmung mit den bilateralen Abkommen Libyens auf Hoher See vorgenommen, mit dem Ziel, unrechtmässig einreisende Migranten abzufangen.[488]

Ein solches Vorgehen wirft die Frage auf, ob hier nicht ein Verstoß gegen das in Art. 33 GFK verankerte Refoulementverbot vorliegt. Dazu müsste das Refoulementverbot extraterritoriale Wirkung entfalten.

Der Wortlaut der Norm spricht weder für noch gegen eine über die Staatsgrenzen hinweggehende Wirkung des Refoulementverbotes. Art. 33 enthält jedenfalls keine explizite territoriale Beschränkung.

Die meisten Autoren bejahen den Geltungsbereich des Refoulementverbotes auch jenseits der Staatsgrenzen.[489] Art. 33 I GFK verbiete alle Maßnahmen, die einem Staat zugerechnet werden können und die voraussichtlich dazu führen können, dass ein Flüchtling einer Verfolgung ausgesetzt wird.[490]

Die Norm verbiete die Zurückweisung „auf irgendeine Weise" *(„in any manner whatsoever")* an die Grenzen des Gebietes, in dem die Gefährdung droht *(„to the frontiers of the territories")* und beziehe sich nicht auf die Grenzen der Vertragsstaaten, hinter die zurückgewiesen wird.[491] Der Schutz von Art. 33 I greife immer dann, wenn eine Vertragspartei Hoheitsgewalt ausübt. Dieses Prinzip gelte auch auf Hoher See.[492]

Der *US Supreme Court* entschied dagegen im Jahre 1993 im Fall *Sale v. Haitian Centers Council*[493], dass das Refoulementverbot aus Art. 33 I nicht verbiete, Flüchtlinge auf Hoher See zurückzuweisen.[494] In dem zugrundeliegenden Fall ging es um Schutzsuchende aus Haiti, die auf Hoher See aufgegriffen und nach Haiti zurückgebracht wurden. Das Gericht stützte sich hierbei maßgeblich auf die Entstehungsgeschichte der GFK, wonach es klar sei, dass die GFK kein Recht auf Asyl

---

488 *Hirsi* (Fn. 487), Rdnr. 9–14 (nähere Ausführungen zu *Hirsi* erfolgen unter Gliederungspunkt Art. 3 EMRK).

489 *Goodwin-Gill/McAdam* (Fn. 380), S. 246; *Goodwin-Gill,* The Right to Seek Asylum: Interception at Sea and the Principle of *Non-Refoulement,* International Journal of Refugee Law Vol. 23, 2011, S. 444; *Lauterpacht/Bethlehem,* The Scope and content of the principle of non-refoulement: Opinion, in: Feller/Türk/Nicholson (Hrsg.): Refugee Protection in International Law, 2003, S. 113f.; *Hurwitz* (Fn. 59), S. 177; *Kälin/Caroni/Heim* (Fn. 427), Art. 33 Rdnr. 88.

490 *Goodwin-Gill* (Fn. 489), S. 444.

491 *Kälin/Caroni/Heim* (Fn. 456), Art. 33 Rdnr. 88.

492 *Hurwitz* (Fn. 94), S. 177; *Weinzierl/Lisson* (Fn. 385), S. 58.

493 U.S. Supreme Court, *SALE v. HAITIAN CTRS. COUNCIL, INC.*, 509 U.S. 155, June 21, 1993 online verfügbar unter <http://caselaw.lp.findlaw.com/scripts/getcase.pl?navby=case&court=us&vol=509+&page=155> Zugriff am 08.11.2014.

494 Ebenda, lit. c) und d).

und Aufnahme gewähren möchte. Die Anwendbarkeit des Art. 31 I jenseits der Staatsgrenzen komme einer Pflicht zur Aufnahme von Flüchtlingen gleich, die die Vertragsstaaten der GFK nicht vereinbaren wollten.[495]

Die Interamerikanische Menschenrechtskommission (*Inter-American Commission on Human Rights*) entschied dagegen 1997 im Fall *The Haitian Centre for Human Rights et al. v. United States*[496], dass Art. 33 I GFK (entgegen der Ansicht des *Supreme Court*) keinen territorialen Beschränkungen unterliege („*Article 33 had no geographical limitations*").[497]

Zur Streitentscheidung bedarf es auch hier einer völkerrechtskonformen Auslegung der Norm, die nach den Regeln der WVK vorzunehmen ist.

Nach Art. 31 I WVK ist ein Vertrag nach Treu und Glauben in Übereinstimmung mit der gewöhnlichen, seinen Bestimmungen in ihrem Zusammenhang zukommenden Bedeutung und im Lichte seines Zieles und Zweckes auszulegen. Die Präambel der GFK dient als primäre Ermittlungsquelle für die Ziele der GFK.[498]

Art. 33 I soll effektiven Schutz vor Verfolgung im Herkunftsstaat bieten, indem es staatliche Maßnahmen mit dem Ziel der Rückführung oder Zurückweisung eines Flüchtlings an einen Verfolgerstaat verbietet.

Zu beachten gilt es, dass Flüchtlinge auf Hoher See meist im Rahmen von Grenzpatrouillen, also während typischer staatlicher Maßnahmen, aufgegriffen werden. Staaten arbeiten erkennbar daraufhin, ihre Grenzkontrollen jenseits ihres Hoheitsgebietes zu verlagern.[499] Dies lässt sich vor allem bei der Überwachung der gemeinsamen Außengrenzen der EU beobachten. Das neue europäische Grenzüberwachungssystem Eurosur (*European Border Surveillance System, Eurosur*)[500] soll es beispielsweise den Mitgliedstaaten ermöglichen, den Luftraum über dem Mittelmeer mit Satelliten zu überwachen mit dem Ziel, unrechtmässige Einwanderung aufzuspüren und zu bekämpfen.

Nach der Mitteilung der Kommission vom 30.11.2006[501] besteht bei der Frage, in welchem Umfang die Mitgliedstaaten nach dem Grundsatz der Nichtzurückweisung

---

495 U.S. Supreme Court, *SALE v. HAITIAN CTRS. COUNCIL, INC.*, 509 U.S. 155, Rdnr. 41–44.

496 Inter-American Commission on Human Rights, *The Haitian Centre for Human Rights et al. v. United States*, Case 10.675, Report No. 51/96, OEA/Ser.L./V/II.95, Doc. 7 rev., 13 March 1997.

497 Ebenda, Rdnr. 157.

498 *Mananashvili* (Fn. 366), S. 112.

499 *Hathaway* (Fn. 387), S. 335.

500 Regulation (EU) No. 1052/2013 of the European Parliament and of the Council of 22 October 2013, Abl. EU, L 295/11, 6.11.2013 <http://frontex.europa.eu/assets/Legal_basis/Eurosur_Regulation_2013.pdf>.

501 Europäische Kommission, Mitteilung der Kommission an den Rat. Ausbau von Grenzschutz und -verwaltung an den südlichen Seegrenzen der Europäischen Union vom 30.11.2006, KOM(2006) 733 endgültig, ABl. EU C 126 vom 07. Juni 2007, KOM(2006) 733.

zur Schutzgewährung verpflichtet sind, wenn ihre Schiffe in den unterschiedlichsten Situationen Abfang-, Such- und Rettungsmaßnahmen durchführen, noch Unklarheit.[502] Daraus folgt, dass zumindest die Mehrheit der Mitgliedstaaten eine Anwendung des Refoulementverbotes jenseits der eigenen Grenzen nicht für zwingend geboten hält.[503]

Eine territoriale Beschränkung des Refoulementverbotes würde den Vertragsstaaten die Möglichkeit bieten, durch die Verlagerung von Grenzkontrollen vor die eigenen Seegrenzen sich ihren Verpflichtungen aus der GFK zu entziehen.[504] Dies ist mit dem Normzweck, Flüchtlinge vor dem Zugriff des Verfolgerstaates zu bewahren, nicht vereinbar.[505]

Als Interpretationshilfe im Sinne des Art. 31 II WVK könnte vorliegend die UNHCR *Advisory Opinion on the Extraterritorial Application of Non-Refoulement Obligations under the 1951 Convention relating to the Status of Refugees and its 1967 Protocol*[506] dienen.

Der UNHCR bekräftigt in dieser Stellungnahme, dass ein GFK-Vertragsstaat wegen Art. 33 I überall dort, wo dieser wirksam Hoheitsgewalt ausübt, verpflichtet ist, Flüchtlinge nicht zurückzuweisen, wenn die Gefahr einer Verfolgung wegen der in Art. 1 genannten Gründe gegeben ist. Weiterhin heißt es:

> „*As with non-refoulement obligations under international human rights law, the decisive criterion is not whether such persons are on the State's territory, but rather, whether they come within the effective control and authority of that State.*“[507]

Für die extraterritoriale Wirkung des Art. 33 I GFK ist es entscheidend, welche Folgen das staatliche Handeln mit sich bringt.[508] Damit der Schutz des Art. 33 I GFK nicht ins Leere läuft, ist eine Anwendbarkeit des Refoulementverbotes insbesondere dann geboten, wenn die klassische staatliche Aufgabe der Grenzkontrolle gezielt in Gebiete jenseits der Seegrenzen vorverlagert wird.[509] Die bewusste Verlagerung staatlichen Handelns über die Staatsgrenzen hinaus (z.B. durch Patrouillen, Grenzkontrollen,

502 KOM(2006) 733 Rdnr. 34.
503 *Weinzierl/Lisson* (Fn. 385), S. 56.
504 *Weinzierl/Lisson* (Fn. 385), S. 59; *Hathaway* (Fn. 387), S. 339.
505 *Hathaway* (Fn. 387), S. 342.
506 UNHCR, Advisory Opinion on the Extraterritorial Application of Non-Refoulement Obligations under the 1951 Convention relating to the Status of Refugees and its 1967 Protocol, 26.01.2007 <http://www.refworld.org/docid/45f17a1a4.html> Zugriff am 08.11.2014.
507 UNHCR, Advisory Opinion on the Extraterritorial Application of Non-Refoulement Obligations under the 1951 Convention relating to the Status of Refugees and its 1967 Protocol, 26.01.2007, Rdnr. 43.
508 *Rah* (Fn. 359), S. 177.
509 *Weinzierl/Lisson* (Fn. 385), S. 59.

Aktionen zur Rettung in Seenot geratener Personen) darf nicht zu einer Entbindung des Staates von seinen Vertragspflichten führen.[510]

Nach dem Ziel und Zweck der Norm erstreckt sich das Refoulementverbot auf alle staatlichen Maßnahmen innerhalb und außerhalb seiner Landes-, See- oder Luftgrenzen, sofern dieser Vertragsstaat dabei Hoheitsgewalt oder souveräne Rechte ausübt.[511] Art. 33 I GFK ist demnach immer dann zu beachten, wenn sich Flüchtlinge in der Hoheitsgewalt eines Vertragsstaates befinden oder von seinem Handeln betroffen sind.[512]

c) Ausschluss nach Art. 33 II GFK

Der Schutz des Art. 33 I GFK ist nicht absolut. Dieser kann nach Art. 33 II GFK ausgeschlossen sein. Dennoch dürfen die Vertragsstaaten gemäß Art. 5 GFK den Flüchtlingen weiterreichende Rechte und Vergünstigungen zukommen lassen. Daraus folgt, dass die Schranke des Art. 33 II wegen Art. 5 GFK nicht unabdingbar ist.[513]

Gemäß Art. 33 II GFK kann ein Flüchtling, „der aus schwerwiegenden Gründen als Gefahr für die Sicherheit des Aufenthaltsstaates anzusehen ist oder der wegen eines besonders schweren Deliktes rechtskräftig verurteilt worden ist und deshalb eine Bedrohung für dessen Gemeinschaft darstellt, sich nicht auf den Schutz des Abs. 1 berufen".

Von den asylsuchenden Personen darf mithin keine Gefahr für die öffentliche Sicherheit des Aufnahmelandes ausgehen. Es müssen schwerwiegende Gründe vorliegen, die eine solche Gefahr nahelegen. Dies zu beurteilen obliegt dem um Aufnahme ersuchten Staat.[514] Des Weiteren muss es sich um eine außerordentlich hohe Gefahr handeln.

Seit den Ereignissen vom 11. September 2001 hat der Ausschluss nach Art. 33 II an Bedeutung gewonnen.[515]

Art. 33 II stellt damit sehr hohe Anforderungen an den Ausschluss des Schutzes nach Abs. 1, dem dadurch auch ein hoher Stellenwert im internationalen Flüchtlingsrecht zukommt.[516]

---

510 *Lauterpacht/Bethlehem* (Fn. 489), S. 160; *Rah* (Fn. 359), S. 177.

511 *Rah* (Fn. 359), S. 178.

512 Forum Menschenrechte, Positionspapier Menschenrechte auf Hoher See (Juni 2008), S. 2 <http://www.proasyl.de/fileadmin/proasyl/fm_redakteure/Newsletter_Anhaenge/141/Positionspapier_MR_auf_Hoher_See_0608.pdf> Zugriff am 10.11.2014.

513 *Hong* (Fn. 464), S. 256.

514 *Goodwin-Gill/McAdam* (Fn. 380), S. 235.

515 *Hurwitz* (Fn. 94), S. 175.

516 *Amann* (Fn. 369), S. 105.

d) Rechtsfolge

Art. 33 GFK verbietet jede staatliche Maßnahme, die eine zwangsweise Ausweisung, Auslieferung und Zurückweisung in einen Verfolgerstaat zur Folge hätte.[517] Die Zurückweisung an der Grenze kann auch eine solche Maßnahme darstellen. Der Wortlaut der Norm wurde in der Absicht gewählt, auch Flüchtlinge an der Grenze zu schützen.[518] Alle staatlichen Maßnahmen, die dazu führen können, dass ein Flüchtling wieder Verfolgung erfährt, verstossen damit gegen Art. 33 GFK.

Gleichzeitig beinhaltet Art. 33 GFK keine ausdrückliche Verpflichtung, Flüchtlinge aufzunehmen.[519] Art. 33 GFK verlangt nicht, dass einem Flüchtling, der an der Grenze um Asyl bittet, dieser Rechtsstatus auch gewährt werden muss. Der Vertragsstaat ist nur verpflichtet, auf die Rückweisung in den Verfolgerstaat zu verzichten.[520]

Der Anwendungsbereich des Art. 33 GFK erstreckt sich auf das gesamte Hoheitsgebiet eines Staates, d.h. auch auf seine Grenzen, auf die Hohe See oder sogar auf das Staatsgebiet eines anderen Staates, wenn dieser dort souveräne Rechte ausübt.[521]

Art. 33 I GFK schützt vor Zurückführung nur in Fällen, in denen das reale Risiko besteht, dass der Flüchtling einer direkten oder indirekten Verfolgung wegen der in Art. 1 GFK genannten Gründen ausgesetzt wäre.[522] Bei Vorliegen eines solchen Risikos ergibt sich aus dem Recht des Flüchtlings aus Art. 33 GFK eine *de facto* Pflicht des Staates, diesen aufzunehmen.[523] Daraus folgt auch, dass der Staat, der in diesem Fall Schutz in seinem Hoheitsgebiet gewährt, seine Erlaubnis zum Aufenthalt wieder zurücknehmen kann, falls die Gefahr einer Verfolgung nicht mehr gegeben ist.[524] Art. 33 GFK will kein Recht auf dauerhaften Aufenthalt begründen.[525]

Es begründet auch kein Individualrecht auf Asyl in einem bestimmten Vertragsstaat.[526] Der Aufnahmestaat ist nur verpflichtet, auf die Rückweisung in den Verfolgerstaat zu verzichten.[527] Der Aufnahmestaat kann die Rückführung eines Flüchtlings in einen so genannten „sicheren Drittstaat“ vornehmen, solange der

517 *Amann* (Fn. 369), S. 105; UNHCR, Advisory Opinion on the Extraterritorial Application of non-refoulment Obligations under the 1951 Convention relating to the Status of Refugees and its 1967 Protocol, 2007, S. 3.

518 *Amann* (Fn. 369), S. 107.

519 *Hathaway* (Fn. 387), S. 192.

520 *Kälin* (Fn. 370), S. 107.

521 *Goodwin-Gill/McAdam* (Fn. 380), S. 246; *Hathaway* (Fn. 387), S. 335ff.; *Lauterpacht/Bethlehem* (Fn. 489), S. 110f; UNHCR, Advisory Opinion on the Extraterritorial Application of non-refoulment Obligations under the 1951 Convention relating to the Status of Refugees and its 1967 Protocol, 2007, S. 24.

522 *Goodwin-Gill/McAdam* (Fn. 380), S. 215f; *Hathaway* (Fn. 387), S. 279ff.

523 *Hathaway* (Fn. 387), S. 192.

524 Ebenda.

525 *Hong* (Fn. 464), S. 143.

526 *Weis*, The Refugee Convention 1951, 1995, S. 342.

527 *Kälin* (Fn. 370), S. 107.

Betroffene vor Verfolgung und Weiterschiebung in den Verfolgerstaat sicher ist.[528] Erforderlich ist jedoch, dass der Drittstaat den Flüchtling auch aufnimmt und diesem Schutz bietet. Falls dies nicht gewährleistet werden kann, ist der Aufnahmestaat verpflichtet, dem Flüchtling auch auf Dauer Aufenthalt zu gewähren.[529] Als sichere Drittstaaten kommen nur solche in Betracht, die Vertragsstaaten der GFK sind.[530]

Aus dem Refoulementverbot folgt die Pflicht des Vertragsstaates, Flüchtlingen zu seinem Hoheitsgebiet Zugang zu gewähren, wenn ihre Zurückweisung den Zugriff des Verfolgerstaates ermöglicht.[531] Art. 33 I gebietet die vorübergehende Aufnahme von Schutzsuchenden, sofern sie nicht von einem sicheren Drittstaat Schutz gewährt bekommen.[532] Im Ergebnis erfüllt ein Vertragsstaat seine Verpflichtungen nach Art. 33 I, wenn dieser Flüchtlingen ein vorläufiges Bleiberecht gewährt oder sie in einen anderen zur Aufnahme bereiten Vertragsstaat verbringt.[533]

Bei Aufnahme hat der Staat notwendigerweise ein Asylverfahren durchzuführen, damit die Schutzbedürftigkeit des Betroffenen geprüft werden kann.[534] Art. 33 GFK verpflichtet damit implizit zur Durchführung eines staatlichen Asylverfahrens zur Prüfung der Flüchtlingseigenschaft eines Asylbewerbers.[535]

Ein Vertragsstaat hat Schutzsuchenden demnach den Aufenthalt in seinem Hoheitsgebiet bis zu einer unanfechtbaren Entscheidung über ihre Flüchtlingseigenschaft zu gewähren, falls sich kein anderer GFK-Vertragsstaat bereit erklärt, den Betroffenen Schutz zu gewähren.[536]

Das Refoulementverbot erfasst neben der unmittelbaren Rückführung an den Verfolgerstaat auch die Zurückweisung in solche Staaten, in denen eine Weiterschiebung in den Verfolgerstaat droht (sog. Kettenrefoulement).[537] Dem Vertragsstaat ist dann im Falle einer Weiterschiebung der Verstoß gegen Art. 33 I zuzurechnen, da er mit seinem Handeln den Verstoß des Drittstaates gegen das Refoulementverbot erst ermöglicht hat.[538]

Art. 33 II schließt den Schutz von Art. 33 I aus, wenn ein Flüchtling aus schwerwiegenden Gründen als Gefahr für die Sicherheit des Aufnahmestaates anzusehen ist oder wegen eines besonders schweren Deliktes rechtskräftig verurteilt worden ist und deshalb eine Bedrohung für dessen Gemeinschaft darstellt.

---

528 *Stein/von Buttlar* (Fn. 365), Rdnr. 596.
529 *Stein/von Buttlar* (Fn. 365), Rdnr. 596.
530 *Fröhlich* (Fn. 35), S. 16.
531 *Fröhlich* (Fn. 35), S. 15.
532 *Von Gadow-Stephani*, Der Zugang zu Nothäfen und sonstigen Notliegeplätzen für Schiffe in Seenot, 2006, S. 368.
533 *Von Gadow-Stephani* (Fn. 532), S. 373.
534 *Stein/von Buttlar* (Fn. 365), Rdnr. 594; *Fröhlich* (Fn. 35), S. 17.
535 *Hathaway* (Fn. 387), S. 193.
536 *Hathaway* (Fn. 387), S. 193; *Stein/von Buttlar* (Fn. 365), Rdnr. 595.
537 *Kälin* (Fn. 370), S. 110; *Goodwin-Gill/McAdam* (Fn. 380), S. 204 und 400; *Weis* (Fn. 526), S. 341; *Hailbronner* (Fn. 217), S. 51; *Fröhlich* (Fn. 35), S. 16.
538 *Fröhlich* (Fn. 35), S. 16.

B. EMRK

Die EMRK enthält keine spezifischen Asylgrundrechte. Ihr Wirkungsbereich kann jedoch bei Fragen der Abschiebung und Auslieferung von Ausländern betroffen sein. Insbesondere darf eine Person dann nicht abgeschoben werden, wenn dies zu einer Verletzung von Art. 3 oder 8 EMRK führen würde. Der EGMR entscheidet rechtsverbindlich, ob ein Staat durch sein Handeln Rechte aus der EMRK verletzt hat (Art. 46 I EMRK). Art. 32 I EMRK bestimmt hierzu, dass der EGMR zur Auslegung und Anwendung der EMRK und der dazugehörigen Protokolle zuständig ist. Die Vertragsstaaten sind an die Rechtsprechung des EGMR und seiner Auslegung der EMRK gebunden.[539] Die Mitgliedstaaten der EU sind alle auch Vertragsstaaten der EMRK. Art. 6 II EUV sieht ebenfalls den Beitritt der EU zur EMRK vor. Die EU hat den Beitritt zur EMRK noch nicht vollzogen.

Der EGMR hat in einigen wichtigen Fällen der Ausweisung und Abschiebung die Bedeutung der EMRK und den aus ihr resultierenden staatlichen Verpflichtungen hervorgehoben. Die Urteile des EGMR haben die Rechtspositionen der Betroffenen erheblich gestärkt und sich auf die Gesetzgebung vieler Mitgliedstaaten niedergeschlagen.[540] Die EMRK verleiht subjektive Rechte, die nach Erschöpfung des innerstaatlichen Rechtswegs mit einer Individualbeschwerde nach Art. 34 EMRK vor dem EGMR einklagbar sind (Art. 35 I EMRK).

Nach Art. 1 EMRK sichern die Vertragsparteien „allen ihrer Hoheitsgewalt unterstehenden Personen die in Abschnitt I bestimmten Rechte und Freiheiten zu."

Im Folgenden wird der Schutzumfang einiger Menschenrechte aus der EMRK, die für Flüchtlinge von Bedeutung sind, anhand der Rechtsprechung des EGMR herausgearbeitet, denn die Rechte der EMRK sind grundsätzlich *„in der Gestalt, wie sie sich in der Rechtsprechung des EGMR entwickelt"* haben, zu lesen.[541]

I. Art. 5 – Recht auf Freiheit und Sicherheit

Art. 5 I EMRK bestimmt das Recht auf Freiheit und Sicherheit. Geschützt wird die Freiheit des Einzelnen. Der Begriff „Freiheit" bezieht sich auf die räumlich-körperliche Bewegungsfreiheit und gewährleistet die Freiheit von willkürlicher Festnahme und Haft.[542] In Art. 5 I a) bis f) EMRK werden abschließend die zulässigen Haftgründe

539 *Weinzierl/Lisson* (Fn. 385), S. 47; *Ress*, Supranationaler Menschenrechtsschutz und Wandel der Staatlichkeit. In: ZaöRV 64, 2004, 630.

540 *Bendel*, Nach Lampedusa: das neue Gemeinsame Europäische Asylsystem auf dem Prüfstand, 2013, S. 23 <http://library.fes.de/pdf-files/wiso/10415.pdf> Zugriff am 10.11.2014.

541 *Meyer-Ladewig*, EMRK Handkommentar, 3. Auflage, 2011, Art. 1 Rdnr. 17.

542 *Dörr*, in: Grote/Marauhn: EMRK/GG 2006, Kapitel 13 Rdnr. 1 und 10.

genannt.[543] Sinn und Zweck der Norm ist es, den Einzelnen bei Festnahme vor staatlicher Willkür zu schützen.[544] Die Haftgründe müssen daher eng ausgelegt werden.[545]

Art. 5 II–V EMRK umfasst die Garantie bestimmter Verfahrensrechte, wie das Recht auf Information, das Recht auf richterliche Vorführung, das Recht auf gerichtliche Haftprüfung und das Recht auf Schadensersatz.[546] Das in Art. 5 IV EMRK festgelegte Recht auf gerichtliche Überprüfung der Freiheitsentziehung ist gegenüber dem allgemeinen Rechtsanspruch auf wirksame Beschwerde aus Art. 13 EMRK *lex spezialis*.[547] Gemäß Art. 5 I f) EMRK darf die Freiheit entzogen werden zur Verhinderung der unerlaubten Einreise sowie bei Personen, gegen die ein Ausweisungs- oder Auslieferungsverfahren im Gange ist. Es handelt sich hierbei um formale Beschränkungsgründe, welche die Freiheitsentziehung zu bestimmten Zwecken rechtfertigen.[548]

1. Freiheitsentziehung zur Verhinderung der unerlaubten Einreise

Art. 5 I lit. f) EMRK ermöglicht die Freiheitsentziehung zur Verhinderung der unrechtmässigen Einreise. Besondere Bedeutung erlangt die Norm bei so genannten Transitfällen, in welchen Schutzsuchende bei der Einreise im Transitbereich eines Flughafens an Grenzübergängen festgehalten werden, um sie einerseits an der Einreise zu hindern und andererseits wieder in ihr Heimatland oder einen Drittstaat zurückzuschicken.[549] Das Festhalten und die Inhaftierung von Asylbewerbern in der Transitzone kann ebenfalls eine Freiheitsentziehung im Sinne des Art. 5 I EMRK darstellen, obwohl sie die Wahl haben, in ihre Herkunftsstaaten zurückzukehren.[550] Ausnahmsweise handelt es sich bei einer solchen Maßnahme nicht um eine Freiheitsentziehung, wenn die Inhaftierten die reelle Möglichkeit haben, sich in einen Drittstaat zu begeben, in welchem sie sicher vor der Rückführung in den Verfolgerstaat sind.[551] Nach dem EGMR ist es nicht erforderlich, dass der Ausländer heimlich einreist. Im Fall *Saadi gegen das Vereinigte Königreich Großbritanien*[552] hat es der EGMR für zulässig erachtet, den Beschwerdeführer für sieben Tage bis zur Entscheidung

543 *Peukert,* in: Frowein/ders.: Europäische Menschenrechtskonvention, 3. Auflage, 2009, Art. 5 Rdnr. 35.
544 *Dörr* (Fn. 542), Rdnr. 11; *Grabenwarter/Pabel,* Europäische Menschenrechtskonvention, 5. Auflage, 2012, S. 190 Rdnr. 2.
545 *Meyer-Ladewig* (Fn. 541), Art. 5 Rdnr. 1.
546 *Dörr* (Fn. 542), Kapitel 13 Rdnr. 10.
547 Ebenda, Kapitel 13 Rdnr. 72.
548 *Peukert* (Fn. 543), Art. 5 Rdnr. 85; *Dörr* (Fn. 542), Kapitel 13 Rdnr. 202.
549 *Meyer-Ladewig* (Fn. 541), Art. 5 Rdnr. 53.
550 EGMR, *Amuur u.a. gegen Frankreich (Amuur)*, Antragsnummer 19776/92, Urteil vom 25.06.1996, Rdnr. 49.
551 *Kriebaum,* Freiheitsbeschränkungen im Transitbereich, in: Grabenwarter/Thienel (Hrsg.): Kontinuität und Wandel der EMRK, 1998, S. 85f.
552 EGMR, *Saadi gegen das Vereinigte Königreich Großbritannien,* Antragsnummer 13229/03, Urteil vom 29. Januar 2008 (*Saadi*).

über sein Asylgesuch zu inhaftieren, obwohl ihm die Einreise durch die britischen Grenzbeamten ermöglicht wurde und er sich danach bei den zuständigen Behörden meldete, um seinen Schutzantrag zu stellen.[553] Die Festnahme sei rechtmäßig erfolgt, weil der Betroffene noch keine Aufenthaltsberechtigung des Aufnahmelandes gehabt habe.[554] Der EGMR überprüft grundsätzlich nicht, ob tatsächlich eine unrechtmässige Einreise beabsichtigt worden ist.[555] Dafür seien die Konventionsstaaten zuständig, denen hierbei auch ein Ermessensspielraum zustehe.[556] Die Konventionsstaaten haben das Recht, vorbehaltlich ihrer internationalen Verpflichtungen aus der EMRK, die Einreise und die Ausweisung und Abschiebung von Ausländern zu bestimmen.[557]

Diese Auslegung erscheint im Hinblick auf die Inhaftierung bereits im Inland befindlicher Asylbewerber problematisch, wenn es keine konkreten Hinweise gibt, dass die Inhaftierten sich dem weiteren Asylverfahren entziehen wollen.[558] Die Problematik verschärft sich vor dem Hintergrund, dass der EGMR in seinem Urteil zu dem Fall *Amuur u.a. gegen Frankreich*[559] hervorhob, dass in Abschiebungsfällen der Besonderheit Rechnung getragen werden muss, dass es sich bei den Inhaftierten nicht um Straftäter handelt, sondern um Schutzsuchende, die oftmals aus ihrer Heimat geflohen sind, weil sie dort um ihr Leben fürchten mussten.[560]

Die Festnahme darf in den Fällen des Art. 5 I f) EMRK zumindest nicht willkürlich geschehen.[561] Das Art. 5 EMRK insgesamt zugrundeliegende Willkürverbot gebietet es, dass die Entscheidung zur Festnahme von einer Behörde getroffen worden sein und auf einer Rechtsgrundlage basieren muss.[562] Der EGMR qualifiziert eine Freiheitsentziehung als willkürlich, wenn die Behörden trotz formell rechtmäßig ergangener Entscheidung im bösen Glauben und mit Täuschungsabsicht gehandelt haben.[563] In den Fällen des Art. 5 I f) EMRK gebietet es das Willkürverbot ebenfalls, dass die Freiheitsentziehung nicht von unangemessener Dauer sein darf.[564] Die Haft soll nur so lange andauern, wie sie zur Verhinderung der unrechtmässigen Einreise notwendig ist.[565]

---

553 *Saadi* (Fn. 552), Rdnr. 64f.

554 Ebenda, Rdnr. 65.

555 *Peukert* (Fn. 543), Art. 5 Rdnr. 87.

556 *Meyer-Ladewig* (Fn. 541), Art. 5 Rdnr. 52 und 54.

557 Ebenda, Art. 5 Rdnr. 52.

558 *Elberling*, in: Karpenstein/Mayer: EMRK Kommentar, 2012, Art. 5 Rdnr. 81; vgl. auch Sondervotum der EGMR Richter Rozakis, Tulkens, Kovler, Hajiyev, Spielmann und Hirvelä im Fall *Saadi*.

559 EGMR, *Amuur u.a. gegen Frankreich*, Antragsnummer 19776/92, Urteil vom 25.06.1996 = NVwZ 1997, 1102–1104 (*Amuur*).

560 *Amuur* (Fn. 550), Rdnr. 43 = NVwZ 1997, S. 1102.

561 *Dörr* (Fn. 542), Kapitel 13 Rdnr. 203.

562 *Peukert* (Fn. 543), Art. 5 Rdnr. 89.

563 *Saadi* (Fn. 552), Rdnr. 69.

564 Ebenda, Rdnr. 72.

565 *Saadi* (Fn. 552), Rdnr. 74 und *Amuur* (Fn. 550), Rdnr. 43.

2. *Freiheitsentziehung zum Zwecke der Auslieferung oder Abschiebung*

Dieser Haftgrund umfasst nicht nur die Haft während des laufenden Verfahrens, sondern auch die Freiheitsentziehung während der Vollstreckung der Rückführungsmaßnahme.[566] Voraussetzung ist, dass ein Verfahren im Gange ist, das den Zweck verfolgt, die inhaftierte Person auszuliefern oder abzuschieben.[567]

Auch in diesen Fällen ist die Rechtmäßigkeit der Ausweisungs- oder Abschiebungsentscheidung nicht Voraussetzung für die Rechtmäßigkeit der Freiheitsentziehung nach Art. 5 I f) EMRK. Der EGMR überprüft ausnahmsweise die materielle Rechtmäßigkeit der Freiheitsentziehung, wenn „prima facie", also auf den ersten Blick erkennbar ist, dass z.B. das laufende Ausweisungsverfahren keine Aussicht auf Erfolg hat.[568] Das Willkürverbot gebietet es auch hier, dass die Entscheidung zur Festnahme von einer Behörde getroffen worden ist und auf einer Rechtsgrundlage beruht.[569] Die Behörde darf auch hier nur im guten Glauben und ohne Täuschungsabsicht handeln.[570]

Grundsätzlich gilt, dass die Betroffenen während der Haft angemessen untergebracht werden.[571] Die Freiheitsentziehung muss auch von angemessener Dauer sein.[572] Die Haft ist nur solange gerechtfertigt, wie das zugrundeliegende nationalstaatliche Verfahren anhängig ist.[573] Die Angemessenheit der Dauer hängt auch von den Bedingungen, unter denen die Betroffenen festgehalten werden, ab.[574] Der Ort und die Bedingungen der Unterbringung müssen dem besonderen Festnahmegrund von Art. 5 I f) gerecht werden.[575] Des Weiteren muss gewährleistet sein, dass besonders schutzbedürftigen Personen, wie Kindern, eine angemessene Behandlung zukommt und sie ihren Bedürfnissen entsprechend gerecht untergebracht werden.[576]

Eine i.S.d. Art. 5 EMRK rechtmäßige Freiheitsentziehung bewirkt nicht, dass die Betroffenen ihren Schutz aus der EMRK verlieren.[577] In den Fällen des Art. 5 I f) EMRK können Art. 3 und 8 EMRK besondere Schranken darstellen. Eine Festnahme nach Art. 5 I f) darf vor allem nicht dem Recht, effektiven Schutz vor Verfolgung zu erlangen, entgegenstehen.[578]

---

566 *Eberling* (Fn. 558), Art. 5 Rdnr. 83.
567 Ebenda, Rdnr. 84.
568 *Meyer-Ladewig* (Fn. 541), Art. 5 Rdnr. 54; *Peukert* (Fn. 543), Art. 5 Rdnr. 87.
569 *Peukert* (Fn. 543), Art. 5 Rdnr. 89.
570 *Saadi* (Fn. 552), Rdnr. 69.
571 *Dörr* (Fn. 542), Kapitel 13 Rdnr. 204; *Meyer-Ladewig* (Fn. 541), Art. 5 EMRK Rdnr. 18.
572 *Saadi* (Fn. 552), Rdnr. 72.
573 *Dörr* (Fn. 542), Kapitel 13 Rdnr. 204.
574 *Grabenwarter*, Europäische Menschenrechtskonvention, 4. Auflage, 2009, Art. 5 Rdnr. 26.
575 Ebenda.
576 *Eberling* (Fn. 558), Art. 5 Rdnr. 87.
577 *Meyer-Ladewig* (Fn. 541), Art. 5 Rdnr. 11.
578 Ebenda.

Die Norm gewährt zwar kein Recht auf Einreise oder auf Nichtausweisung, aber wegen Art. 3 EMRK muss im Einzelfall ein solches Recht gewährleistet werden.[579] Die Schutzlücke von Art. 5 EMRK wird somit durch die Vorgaben von Art. 3 oder Art. 8 EMRK geschlossen, soweit deren Anwendungsbereich berührt ist.[580]

In dem Urteil zu dem Fall *Riad and Idiab vs. Belgium*[581] stellte der EGMR bei der Beurteilung, ob eine Maßnahme nach Art. 5 I lit. f) EMRK in den Anwendungsbereich des Art. 3 EMRK fällt, auf „die besonderen Bedingungen, die Stringenz der Maßnahme, ihre Laufzeit, das mit der Maßnahme zu verfolgende Ziel und dessen Auswirkungen auf die betroffene Person" ab.[582] Wegen Art. 3 EMRK sind die Staaten verpflichtet sicherzustellen, dass Inhaftierte unter menschenwürdigen Bedingungen untergebracht werden, dass sie durch die Art und Weise ihrer Inhaftierung nicht mehr als das unvermeidliche Maß an Leid erfahren, die solchen Maßnahmen ohnehin innewohnt, und dass ihre Gesundheit und ihr Wohlbefinden ausreichend gesichert sind.[583]

Das Recht der Staaten zur Festnahme von Personen aus den in Art. 5 I f) genannten Gründen darf somit nur in Übereinstimmung mit den Rechten aus der EMRK ausgeübt werden.[584]

Der EGMR urteilte im Fall *Riad*, dass das Festhalten der Beschwerdeführer in der Transitzone für einen längeren Aufenthalt (11–15 Tage) und unter extremen Bedingungen eine Verletzung von Art. 3 EMRK darstellt. Die Transitzone sei nicht der geeignete Aufenthaltsort für einen Aufenthalt in der Dauer von mehr als zehn Tagen.[585] Die Bedingungen, unter denen die Beschwerdeführer im Fall *Riad* für zehn Tage inhaftiert wurden, ließen sie erhebliche psychische Leiden erfahren, untergruben ihre Würde und gaben ihnen das Gefühl der Demütigung und Entwürdigung.[586] Eine solche Unterbringung stelle eine menschenunwürdige Behandlung i.S.d. Art. 3 EMRK dar.[587]

Der EGMR unterzieht somit die einzelstaatlichen Maßnahmen einer Missbrauchs- und Willkürkontrolle. Die Freiheitsentziehung muss den nationalen materiellen und verfahrensrechtlichen Vorgaben entsprechen. Nur wenn das Ausweisungsverfahren auch zügig durchgeführt wird, ist die Freiheitsentziehung aus den in Art. 5 I lit. f) EMRK genannten Gründen rechtmäßig.[588]

---

579 *Grabenwarter/Pabel* (Fn. 544), S. 190 Rdnr. 3.

580 *Grabenwarter/Pabel* (Fn. 544), S. 190 Rdnr. 2f.; *Villiger*, Handbuch der Europäischen Menschenrechtskonvention (EMRK), 2. Auflage, 1999, § 17 Rdnr. 341.

581 EGMR, *Riad and Idiab vs. Belgium*, Antragsnummer 29787/03 und 29810/03, Urteil vom 24.01.2008 *(Riad)*.

582 *Riad* (Fn. 581), Rdnr. 98 (eigene Übersetzung).

583 Ebenda, Rdnr. 99.

584 Ebenda, Rdnr. 100.

585 Ebenda, Rdnr. 104.

586 Ebenda, Rdnr. 100.

587 Ebenda.

588 *Meyer-Ladewig* (Fn. 541), Art. 5 Rdnr. 52.

Art. 5 EMRK ist nicht absolut, da die Notstandsklausel des Art. 15 EMRK Anwendung findet. Gemäß Art. 15 I EMRK können die Vertragsparteien beim Drohen eines Krieges oder öffentlichen Notstandes Maßnahmen treffen, die von ihren Verpflichtungen aus der EMRK abweichen können, jedoch nur, soweit es die Lage unbedingt erfordert und wenn die Maßnahmen nicht im Widerspruch zu den sonstigen völkerrechtlichen Verpflichtungen der Vertragspartei stehen.

Damit Art. 15 I EMRK eingreift, muss die Bedrohung durch Krieg oder Notstand unmittelbar bevorstehen, sich auf die gesamte Nation auswirken und die jeweilige Gesellschaft als Ganzes betreffen.[589] Die Anwendbarkeit der Notstandsklausel des Art. 15 I EMRK hängt demnach von sehr strengen Bedingungen ab.

II. Art. 3 – Verbot der Folter oder unmenschlicher oder erniedrigender Behandlung oder Strafe

Art. 3 EMRK ist die einzige Norm der EMRK, die keiner Einschränkung unterliegt (vgl. Art. 15 II EMRK) und damit einen absoluten Charakter aufweist.[590] Sie lautet:

> *„Niemand darf der Folter oder unmenschlicher oder erniedrigender Behandlung oder Strafe unterworfen werden."*

Der EGMR hat in dem Fall *Gäfgen gegen Deutschland*[591] bekräftigt, dass das absolute Verbot der Vornahme von Handlungen, die Art. 3 EMRK verletzen, selbst zur Rettung eines Menschenlebens nicht missachtet werden darf.[592]

1. *Sachlicher Anwendungsbereich*

Art. 3 EMRK schützt die physische und psychische Unversehrtheit einer Person.[593] Die Verletzung der physischen oder psychischen Unversehrtheit muss eine bestimmte Schwere erreichen, um als verbotene Maßnahme im Sinne des Art. 3 qualifiziert werden zu können.[594] Die Begriffe „Folter", „unmenschliche Behandlung" und „erniedrigende Behandlung und Strafe" stehen in einem Stufenverhältnis zueinander und unterscheiden sich im Grad der Schwere der Handlungen.[595]

Der Begriff „Folter" entspricht im Wesentlichen der in Art. 1 des Übereinkommens gegen Folter und andere grausame, unmenschliche oder erniedrigende Behandlung

---

589 Ebenda, Art. 15 Rn. 4.

590 *Frowein,* in: ders./Peukert (Fn. 543), Art. 3 Rdnr. 1.

591 EGMR, *Gäfgen gegen Deutschland,* Urteil vom 30.6.2008, Antrag Nr. 22978/05=EuGRZ 2008, 466ff (*Gäfgen*).

592 *Gäfgen,* Rdnr. 69.

593 EGMR, *Tyrer gegen das Vereinigte Königreich,* Urteil vom 25.4.1978, Antrag Nr. 5856/72, Rdnr. 33; EGMR, *Costello-Roberts gegen das Vereinigte Königreich,* Urteil vom 25.3.1993, Antrag Nr. 13134/87, Rdnr. 30.

594 *Grabenwarter* (Fn. 574), Art. 3 EMRK Rdnr. 21.

595 *Grabenwarter* (Fn. 574), Art. 3 EMRK Rdnr. 22; *Alleweldt* (Fn. 121), S. 19.

oder Strafe vom 10. Dezember 1984[596] enthaltenen Definition. Als Folter lässt sich demnach jede Handlung qualifizieren,

> *„durch die einer Person vorsätzlich große körperliche oder seelische Schmerzen oder Leiden zugefügt werden, zum Beispiel um von ihr oder einem Dritten eine Aussage oder ein Geständnis zu erlangen, um sie für eine tatsächlich oder mutmaßlich von ihr oder einem Dritten begangene Tat zu bestrafen oder um sie oder einen Dritten einzuschüchtern oder zu nötigen, oder aus einem anderen, auf irgendeiner Art von Diskriminierung beruhenden Grund, wenn diese Schmerzen oder Leiden von einem Angehörigen des öffentlichen Dienstes oder einer anderen in amtlicher Eigenschaft handelnden Person, auf deren Veranlassung oder mit deren ausdrücklichem oder stillschweigendem Einverständnis verursacht werden.“*

Eine Behandlung ohne direkten Eingriff in die körperliche Integrität kann ebenfalls Folter i.S.d. Art. 3 EMRK sein, wenn sie ein erhebliches psychisches Leiden verursacht.[597]

Unmenschlich ist eine Behandlung, wenn sie zielgerichtet schwere psychische oder physische Leiden bewirkt und der Betroffene dadurch verängstigt wird und sich erniedrigt fühlt.[598] Ob eine Maßnahme eine unmenschliche Behandlung darstellt, muss einzelfallbezogen beurteilt werden. Bei der Beurteilung können Umstände entscheidend sein wie die Dauer und die Folgen der Maßnahme sowie das Geschlecht, Alter und Gesundheitszustand der betroffenen Personen.[599]

Eine Maßnahme stellt dagegen eine erniedrigende Behandlung oder Strafe i.S.d. Art. 3 dar, wenn sie Betroffene demütigt und in der Würde verletzt.[600] Auch hier sind bei der Beurteilung der Maßnahme die Umstände des Einzelfalls entscheidend.

2. Refoulementverbot bei Rückführungsmaßnahmen

Insbesondere Maßnahmen zur Beendigung oder Verhinderung eines Aufenthaltes und damit auch der Rückführung einer Person können mit Art. 3 EMRK unvereinbar sein, wenn ihr Vollzug der Folter oder unmenschlicher oder erniedrigender Behandlung oder Strafe gleich kommt.[601] Den Anknüpfungspunkt für die Prüfung einer Verletzung von Art. 3 EMRK stellt die staatliche Rückführungsmaßnahme dar, durch die der Betroffene in die Gefahr gebracht wird, einer verbotenen Behandlung i.S.d. Art. 3 EMRK ausgesetzt zu sein.[602] Die Rückführungsmaßnahme selbst kann somit die Verantwortlichkeit eines Staates nach der EMRK begründen.[603]

---

596 BGBl. 1990 II S. 246.

597 *Grabenwarter* (Fn. 574), Art. 3 EMRK Rdnr. 22.

598 Ebenda, Art. 3 EMRK Rdnr. 23.

599 *Grabenwarter* (Fn. 574), Art. 3 EMRK Rdnr. 23 mit vielen EGMR-Rechtsprechungsnachweisen.

600 Ebenda, Rdnr. 25.

601 *Rah* (Fn. 359), S. 214; *Hong* (Fn. 464), S. 163.

602 *Hong* (Fn. 464), S. 164.

603 *Grabenwarter* (Fn. 574), Art. 3 EMRK Rdnr. 26.

Entscheidend ist, dass eine auf die Person des Beschwerdeführers bezogene Gefahr im Zielland gegeben ist. Die Staaten müssen bei der Beurteilung der Risiken in den Zielländern alle Umstände berücksichtigen, die für sie zum Zeitpunkt der Ausweisung erkennbar waren.[604] Der Vertragsstaat ist der Normadressat von Art. 3 EMRK und trägt eine Schutzpflicht gegenüber den Menschen, die seiner Hoheitsgewalt unterliegen.[605]

Art. 3 EMRK enthält mithin auch ein Refoulementverbot.[606]

Die Schutzfunktion von Art. 3 EMRK kann bei Rückführungsentscheidungen in drei Konstellationen eingreifen:

- es liegen stichhaltige Gründe für die Annahme vor, dass dem Betroffenen im Falle seiner Rückführung das reale Risiko der Folter, oder unmenschlicher oder erniedrigender Behandlung oder Strafe im Zielstaat droht, sofern dort kein ausreichender Schutz vor der drohenden Misshandlung erlangt werden kann;
- es liegen stichhaltige Gründe für die Annahme vor, dass dem Betroffenen im Falle seiner Rückführung eine unmenschliche oder erniedrigende Behandlung aufgrund objektiver Gefahrenursachen im Zielstaat droht (insbesondere bei schweren Krankheiten; schlechte humanitäre Bedingungen); oder
- bereits durch den Rückführungsvorgang selbst, z.B. wenn die Rückführung aufgrund der gesundheitlichen Situation des Betroffenen nicht ohne Beeinträchtigung seines Lebens oder seiner Unversehrtheit durchgeführt werden kann.[607]

Das Refoulementverbot aus Art. 3 EMRK gilt auch an den Grenzen des Hoheitsgebietes eines Vertragsstaates. Für die Anwendbarkeit des Art. 3 EMRK ist entscheidend, dass sich der Betroffene unter der Hoheitsgewalt der Vertragspartei i.S.d. Art. 1 EMRK befindet.[608] Es ist unerheblich, ob den Betroffenen aufgrund der Ausweisung oder bereits durch die verweigerte Einreise eine nach Art. 3 EMRK verbotene Behandlung droht.[609] Die Vertragsparteien sind verpflichtet, Betroffene vor einer drohenden Verletzung nach Art. 3 EMRK zu schützen, auch wenn diese um Einreise bitten oder bei dem unrechtmäßigen Grenzübertritt aufgegriffen wurden.[610]

---

604 EGMR, *Vilvarajah u.a. gegen Vereinigtes Königreich*, Urteil vom 30.10.1991, Antrag Nr. A215, Rdnr. 34.

605 *Weinzierl/Lisson* (Fn. 385), S. 47.

606 *Hong* (Fn. 464), S. 163; *Fröhlich* (Fn. 35), S. 18.

607 *Schieber*, Komplementärer Schutz, 2013, S. 62f.

608 *Zimmermann/Elberling*, Ausweisungsschutz aufgrund von im Zielstaat drohender Verletzungen, in: Dörr/Grote/Marauhn (Hrsg.): EMRK/GG Konkordanzkommentar, Band II, 2. Auflage 2013, Kapitel 27 Rdnr. 15.

609 *Grabenwarter* (Fn. 574), Art. 3 EMRK Rdnr. 26.

610 *Zimmermann/Elberling* (Fn. 608), Kapitel 27 Rdnr. 15.

Der Schutzbereich des Refoulemenverbotes i.S.d. Art. 3 EMRK umfasst alle Personen, die rechtmäßig oder unrechtmäßig der Hoheitsgewalt eines Vertragsstaates unterliegen.[611]

Der Ausweisungsschutz nach der EMRK entwickelte seine Konturen durch die Rechtsprechung des EGMR in so genannten Auslieferungsfällen.[612] Im Folgenden wird diese Rechtsprechung nachgezeichnet, wobei der wegweisende Fall des EGMR *M.S.S. gegen Belgien u. Griechenland* im Mittelpunkt der Herausarbeitung der Mindestvorgaben des Art. 3 EMRK im Hinblick auf die Inhaftierung und Unterbringung von Flüchtlingen in so genannte Abschiebelager stehen wird.

a) Soering gegen Vereinigtes Königreich[613]

In dem grundlegenden Urteil in der Rechtssache *Soering* stellte der EGMR erstmals fest, dass die zwangsweise Auslieferung einer Person gegen Art. 3 EMRK verstößt, „wenn begründete Tatsachen für die Annahme vorliegen, dass die betroffene Person nach ihrer Auslieferung einem realen Risiko von Folter oder unmenschlicher oder erniedrigender Strafe oder Behandlung unterworfen ist."[614]

Der Fall betraf einen deutschen Staatsangehörigen, der von dem Vereinigten Königreich Großbritannien in die USA ausgeliefert werden sollte, wo er sich im Bundesstaat Virginia wegen eines Kapitalverbrechens vor Gericht verantworten musste.[615] In Virginia drohten ihm die Todesstrafe und die Verwahrung in der Todeszelle über mehrere Jahre bis zur Vollstreckung der Todesstrafe.[616]

Der EGMR betonte, dass die im Ausland eintretenden Folgen einer Auslieferung ebenfalls in den Anwendungsbereich des Art. 3 EMRK fallen. Der ausweisende Staat ermögliche mit der Rückführungsmaßnahme die Art. 3 EMRK verletzende Handlung im Zielland. Die im Zielland begangene Verletzung sei daher auch dem ausweisenden Staat zuzurechnen.[617]

---

611 *Zimmermann/Elberling* (Fn. 608), Kapitel 27 Rdnr. 12 und 15; *Schieber* (Fn. 607), S. 80.

612 *Zimmermann/Elberling* (Fn. 608), Kapitel 27 Rdnr. 20.

613 EGMR, *Soering gegen Vereinigtes Königreich*, Antragsnummer 14038/88, Urteil vom 7.7.1989 = EuGRZ 1989, 376–406, online verfügbar unter <http://www.eugrz.info/PDF/EGMR4/EGMR04-27.pdf> Zugriff am 11.03.2015 *(Soering)*.

614 *Soering* (Fn. 613), Rdnr. 91.

615 Ebenda, Rdnr. 11.

616 Ebenda, Rdnr. 39–41.

617 Ebenda, Rdnr. 91.

b) *Chahal gegen Vereinigtes Königreich und Saadi gegen Italien*

aa) Chahal gegen Vereinigtes Königreich[618]

Bei dem Beschwerdeführer handelte es sich um einen indischen Staatsbürger, der der Religion der Sikh angehörte und in Großbritannien seit 1971 ansässig war. In Großbritannien war er in verschiedenen fundamentalistischen Sikh-Gruppierungen aktiv. Er war eine Zentralfigur der Sikh-Bewegung und unterstützte die Gründung eines unabhängigen Sikh-Staates in Indien. Großbritannien wollte ihn wegen des Verdachts der Beteiligung an terroristischen Aktivitäten nach Indien abschieben. Die britischen Behörden waren der Ansicht, der Beschwerdeführer stelle eine Gefahr für die nationale öffentliche Sicherheit dar.[619]

Der Beschwerdeführer behauptete, er sei bei seiner Rückkehr nach Indien von Verfolgung und Folter bedroht. Die britischen Behörden hatten sich jedoch von der indischen Regierung eine diplomatische Zusicherung eingeholt, die bestätigen sollte, dass dem Beschwerdeführer in Indien eine menschenwürdige Behandlung zukommen würde.[620]

Der EGMR bekräftigte, dass das Rückführungsverbot nach Art. 3 EMRK absolut ist. Es gelte auch in Fällen der Auslieferung oder Abschiebung eines Ausländers.[621] Auch in einem Notstandsfall dürfe nicht von Art. 3 EMRK abgewichen werden.[622] Ob das Verhalten des Ausländers eine Gefahr für die öffentliche Sicherheit und Ordnung darstelle, spiele in diesem Zusammenhang keine Rolle. Insoweit biete Art. 3 EMRK mehr Schutz als das Refoulementverbot aus Art. 33 GFK.[623]

Das reale Risiko einer Misshandlung sei nicht dadurch beseitigt, dass Indien zugesichert habe, den Betroffenen menschenwürdig zu behandeln.[624] Der EGMR beurteilt die Gefahrenlage im Zielstaat anhand umfassender Berichte, die zum Entscheidungszeitpunkt vorlagen und kommt zu dem Entschluss, dass für den Beschwerdeführer im Falle einer Rückkehr ein reales Risiko der unmenschlichen Behandlung tatsächlich gegeben ist.[625]

Insoweit stellte die diplomatische Zusicherung der indischen Regierung keine adäquate Sicherheitsgarantie für den Beschwerdeführer dar.[626]

618 EGMR, *Chahal gegen Vereinigtes Königreich* (*Chahal*), Urteil vom 15. November 1996, NVwZ 1997, 1094.
619 *Chahal* (Fn. 618), Rdnr. 19–24.
620 Ebenda, Rdnr. 37.
621 Ebenda, Rdnr. 80.
622 Ebenda, Rdnr. 79.
623 Ebenda, Rdnr. 80.
624 Ebenda, Rdnr. 107.
625 *Chahal* (Fn. 618), Rdnr. 107.
626 *Thurin*, Der Schutz des Fremden vor rechtswidriger Abschiebung, 2009, S. 34.

bb) Saadi gegen Italien[627]

In *Saadi gegen Italien* handelte es sich bei dem Beschwerdeführer um einen tunesischen Staatsangehörigen, der im Jahre 2002 in Mailand wegen Verdachts der Beteiligung an internationalen terroristischen Aktivitäten in Italien festgenommen und im Jahre 2005 zu vier Jahren und sechs Monaten Haft wegen Beteiligung an einer kriminellen Verschwörung, Urkundenfälschung und Hehlerei verurteilt wurde. Er sollte nach Verbüßung der Haftstrafe nach Tunesien abgeschoben werden.[628]

Zur gleichen Zeit wurde er in Tunesien in Abwesenheit zu einer Haftstrafe von 20 Jahren wegen Mitgliedschaft in einer terroristischen Organisation verurteilt. Des Weiteren wurden ihm in Tunesien die Bürgerrechte aberkannt.[629]

Nach seiner Haftstrafe in Italien wurde die Abschiebung des Beschwerdeführers nach Tunesien vorangetrieben. Der Beschwerdeführer hatte inzwischen ein Individualbeschwerdeverfahren vor dem EGMR eingeleitet und die vorläufige Aussetzung der Abschiebung erwirkt.[630] Das Außenministerium Tunesiens bestätigte auf Ersuchen der italienischen Behörden, dass die tunesischen Gesetze die Rechte von Gefangenen achten und ihnen ein faires Verfahren garantieren würden. Tunesien sei außerdem freiwillig Vertragspartei der einschlägigen internationalen Verträge und Konventionen.[631]

Der Beschwerdeführer machte geltend, dass seine Abschiebung nach Tunesien eine Verletzung von Art. 3 EMRK bedeuten würde. Es sei allgemein bekannt, dass Personen, die terroristischer Aktivitäten verdächtigt werden, insbesondere solche mit islamistischen Hintergrund, in Tunesien häufig Folter erfahren.[632]

Der EGMR wiederholte in diesem Fall seine Ausführungen im Fall *Chahal* zu dem absoluten Charakter von Art. 3 EMRK und bekräftigte, dass auch die Gefahr des Terrorismus und die Bedrohung, die er für die Gemeinschaft darstellt, nicht die absolute Geltung von Art. 3 EMRK in Frage stellen darf.[633] Die Tatsache, dass die abzuschiebende Person eine ernsthafte Bedrohung für die Allgemeinheit darzustellen vermag, mindere nicht die Gefahr von Misshandlungen, denen der Betroffene bei einer Rückkehr ausgesetzt wäre.[634]

Ausgehend von zahlreichen Länderberichten zu der Menschenrechtslage in Tunesien ging der EGMR davon aus, dass der Beschwerdeführer im Falle seiner Abschiebung eine reale Misshandlungsgefahr zu befürchten hätte.[635] Das Bestehen innerstaatlicher Bestimmungen und der Beitritt zu internationalen Konventionen,

627 *Saadi* (Fn. 552).
628 Ebenda, Rdnr. 11–15.
629 Ebenda, Rdnr. 29.
630 Ebenda, Rdnr. 39–41.
631 Ebenda, Rdnr. 51–55.
632 Ebenda, Rdnr. 98.
633 *Saadi* (Fn. 552), Rdnr. 137.
634 Ebenda, Rdnr. 139.
635 Ebenda, Rdnr. 144–146.

die grundsätzlich die Beachtung der Menschenrechte garantieren, seien nach dem EGMR nicht ausreichend, um einen angemessenen Schutz vor einer Gefahr der Misshandlung zu gewährleisten, wenn verlässliche Quellen über von den Behörden geübte oder tolerierte Praktiken berichten, die offenkundig den Grundsätzen der Konvention widersprechen.[636]

Die Konventionsstaaten seien in Abschiebefällen selbst beim Vorliegen einer diplomatischen Zusicherung verpflichtet zu prüfen, ob das tatsächliche Risiko einer Misshandlung im Zielstaat vorhanden ist.[637]

c) T.I. gegen Vereinigtes Königreich[638]

Der singhalesische Beschwerdeführer ist im Jahre 1996 in Deutschland eingereist und hat um Asyl gebeten. Er behauptete in Sri Lanka sowohl von der tamilischen Terrororganisation *Liberation Tiger of Tamil* (LTTE) als auch vom srilankesischen Militär gefoltert worden zu sein. Sein Asylantrag und seine Rechtsmittel erster Instanz blieben erfolglos. Es erging eine Abschiebungsandrohung. Der Beschwerdeführer verließ daraufhin Deutschland und begab sich in das Vereinigte Königreich, wo er 1998 ebenfalls einen Asylantrag stellte. Die britische Regierung beabsichtigte den Beschwerdeführer nach Deutschland zu überstellen, da Deutschland für die Behandlung des Asylbegehrens gemäß dem Dubliner Übereinkommen zuständig war.[639]

Der Beschwerdeführer behauptete, bei einer Rückkehr nach Deutschland drohe ihm die Abschiebung nach Sri Lanka, wo er befürchtete, erneut Folter und Misshandlung zu erfahren.[640]

Der EGMR stellte zunächst fest, dass das Risiko einer Misshandlung nicht zwangsläufig von staatlichen Stellen ausgehen muss, sondern auch von Personen oder Personengruppen, die kein öffentliches Amt innehaben (so genannte nichtstaatliche Akteure), verwirklicht werden kann.[641]

Auch eine indirekte Rückführung über einen Durchreisestaat (so genannte Kettenabschiebung) könne die Pflichten aus Art. 3 EMRK verletzen, wenn die Abschiebung in den Durchreisestaat ein „Glied in einer Kette von Ereignissen" darstellt, die letztlich mit der Rückkehr in den Staat endet, in dem eine unmittelbar Art. 3 EMRK verletzende Behandlung droht.[642] Die Rückführung über einen Durchreisestaat, der ebenfalls Vertragsstaat der EMRK ist, hebe die Verantwortung des Vereinigten Königreichs nicht auf „sicherzustellen", dass der Antragsteller „als Folge der

636 Ebenda, Rdnr. 147.
637 Ebenda, Rdnr. 148.
638 EGMR, *T.I. gegen Vereinigtes Königreich*, Antragsnummer 43844/98, Zulässigkeitsentscheidung vom 07.03.2000 = NVwZ 2001, 301–304 *(T.I.)*.
639 *T.I* (Fn. 638), NVwZ 2001, 301.
640 Ebenda, 302.
641 Ebenda.
642 Ebenda.

Abschiebungsentscheidung nicht einer Art. 3 EMRK zuwiderlaufenden Behandlung unterworfen" werde.[643]

Das Vereinigte Königreich könne sich auch nicht automatisch auf die Regelungen des Dubliner Übereinkommens berufen. Die Verpflichtungen aus internationalen Übereinkommen, die Staaten eingehen, um eine Kooperation in bestimmten Tätigkeitsbereichen zu erreichen, würden sie nicht von ihren Verpflichtungen aus der EMRK entbinden. Es wäre unvereinbar mit Ziel und Zweck der EMRK, wenn die Vertragsstaaten sich durch andere Verträge von den Verpflichtungen aus der EMRK befreien könnten.[644]

d) *M.S.S. gegen Belgien und Griechenland*[645]

Der Fall *M.S.S. gegen Belgien und Griechenland* erwies sich als richtungsweisend für das GEAS und brachte positive Veränderungen im Hinblick auf den Schutz von Flüchtlingen mit sich, welche zuvor undenkbar waren. Dem Fall lag folgender Sachverhalt zugrunde:

Der Beschwerdeführer floh 2008 aus Afghanistan und reiste über Griechenland in die EU ein. In Griechenland wurden seine Fingerabdrücke registriert. Einen Asylantrag stellte er jedoch nicht. Er wurde für eine Woche inhaftiert. Nach der Entlassung sollte er das Land sofort verlassen.

Im Februar 2009 beantragte er in Belgien Asyl. Die belgischen Behörden überstellten ihn daraufhin im Juni 2009 nach Griechenland, weil Griechenland zur Durchführung des Asylverfahrens nach Art. 10 § 1 der damals noch geltenden Dublin-II-VO[646] zuständig war.[647] Dort beantragte er dann Asyl.

aa) Verstoß gegen Art. 3 EMRK

Griechenland und Belgien wurden wegen der Verletzung der menschenrechtlichen Pflichten aus Art. 3 EMRK gegenüber Asylsuchenden verurteilt. Der EGMR argumentierte überwiegend mit der menschenrechtswidrigen Situation für Asylsuchende in Griechenland. Der Beschwerdeführer sei nach der Rücküberstellung von Belgien nach Athen am Flughafen von Athen inhaftiert worden, obwohl den Behörden seine Identität sowie die Tatsache, dass er ein potentieller Asylsuchender war, bekannt war. Er wurde mit zwanzig anderen Personen in einem kleinen Raum untergebracht. Der Zugang zu den Toiletten wurde ihm nur in Begleitung der Wärter zugestanden. Er

---

643 Ebenda.

644 Ebenda.

645 EGMR, *M.S.S. gegen Belgien und Griechenland*, Antragsnummer 30696/09, Urteil vom 21. Januar 2011 = ZAR 11/12/2011, 395 ff. (*M.S.S.*).

646 Verordnung (EG) Nr. 343/2003 des Rates vom 18. Februar 2003 zur Festlegung der Kriterien und Verfahren zur Bestimmung des Mitgliedstaats, der für die Prüfung eines von einem Drittstaatsangehörigen in einem Mitgliedstaat gestellten Asylantrags zuständig ist, ABl EG Nr. L 50 vom 25/02/2003, S. 1–10.

647 *M.S.S.* (Fn. 645), Rdnr. 9–33.

durfte nicht nach draußen und bekam wenig zu essen. Er musste auf einer schmutzigen Matratze auf dem Boden schlafen. Der Beschwerdeführer wurde mehrfach in Griechenland in Haft genommen. Bei seiner letzten Inhaftierung gab er an, von den Wärtern misshandelt worden zu sein.[648] Der EGMR führte zu den Haftbedingungen aus, dass die Gesundheit und das Wohlbefinden der Betroffenen immer bei den Haftumständen angemessen zu berücksichtigen seien. Die Haft dürfe nicht das damit unvermeidbare Maß an Leiden und Härte überschreiten.[649]

Die Unterbringung in einer überbesetzten Haftanstalt mit unangemessenen sanitären Einrichtungen sei inakzeptabel und stelle eine erniedrigende Behandlung im Sinne des Art. 3 EMRK dar. Derartige Haftbedingungen riefen ein Gefühl der Willkür und Unterlegenheit sowie Angst hervor und berührten die Menschenwürde der Betroffenen. Besondere Beachtung schenkt der EGMR der Tatsache, dass der Beschwerdeführer wegen seiner Flucht und der damit verbundenen Erlebnisse als besonders verletzlich („*vulnerable*") gelte.[650] Bereits eine kurze Freiheitsentziehung unter schlechten Bedingungen könne für eine traumatisierte Person eine erniedrigende Behandlung darstellen. Der Beschwerdeführer habe wegen seiner Flüchtlingseigenschaft und der damit verbundenen Verletzlichkeit besonders unter der erniedrigenden Behandlung gelitten.[651]

Eine Verletzung von Art. 3 sei ebenfalls wegen der mangelhaften Aufnahmebedingungen für Asylbewerber in Griechenland gegeben. Art. 3 EMRK gewähre kein Recht auf Obdach in einem Vertragsstaat oder auf finanzielle Unterstützung.[652] Der Beschwerdeführer sei als Asylsuchender jedoch besonders verletzlich und bedürfe eines besonderen Schutzes. Er habe nach seiner Freilassung monatelang auf den Straßen von Athen gelebt ohne Zugang zu sanitären Einrichtungen. Diese Umstände erfüllten ebenfalls den Tatbestand einer erniedrigenden Behandlung und seien von den griechischen Behörden zu verantworten.[653]

Belgien wurde ebenfalls wegen Verletzung von Art. 3 verurteilt, weil die belgischen Behörden in Kenntnis der unwürdigen Haft- und Lebensbedingungen in Griechenland für Asylbewerber gehandelt haben.[654]

Die belgische Regierung berief sich zu ihrer Verteidigung darauf, dass nach den Zuständigkeitskriterien der Dublin-II-VO Griechenland für die Überprüfung des Asylgesuchs des Beschwerdeführers verantwortlich gewesen sei. Belgien könne daher auch nicht die Gefahren abschätzen, die dem Asylsuchenden in Griechenland drohen. Die Dublin-II-VO basiere auf der Grundannahme, dass alle Mitgliedstaaten

648 *M.S.S.* (Fn. 645), Rdnr. 34 und 206.
649 Ebenda, Rdnr. 221.
650 Ebenda, Rdnr. 232.
651 Ebenda, Rdnr. 233.
652 Ebenda, Rdnr. 249.
653 Ebenda, Rdnr. 263.
654 Ebenda, Rdnr. 367–368.

der EU die Menschenrechte und damit auch die flüchtlingsrechtlichen Vorgaben der GFK achten würden.[655]

Der EGMR folgte dieser Argumentation nicht. Die aus der Dublin-II-VO resultierende Verpflichtung zur Überstellung nach Griechenland schließe die Verantwortung Belgiens zur Beachtung der EMRK nicht aus, weil die Dublin-II-VO dem Mitgliedstaat einen Ermessensspielraum einräume.[656] Artikel 3 Abs. 2 der Dublin-II-VO bestimmt, dass Vertragsstaaten die Zuständigkeit für einen Asylantrag freiwillig übernehmen können (auch wenn die asylsuchende Person bereits in einem anderen Mitgliedstaat um Asyl ersucht hat; sog. Selbsteintrittsrecht).

Der EGMR bekräftigte, dass das Schutzniveau der Menschenrechte im EU-Recht dem der EMRK äquivalent sei. Dennoch seien die Konventionsstaaten an ihre Pflichten aus der EMRK gebunden, wenn sie Maßnahmen treffen, die in ihren Ermessensspielraum fallen.[657] Die Rücküberstellung eines Asylbewerbers in einen anderen Mitgliedstaat i.S.d. Dublin-II-VO stellt eine solche Maßnahme dar.

Belgien habe den Beschwerdeführer in Kenntnis der mangelnden Aufnahmebedingungen in Griechenland zurücküberstellt. Die Zusicherungen der griechischen Behörden, dass dem Beschwerdeführer keine Behandlung drohe, die mit der EMRK unvereinbar wäre, seien nicht ausreichend, um die Verpflichtung Belgiens zu erfüllen, angemessenen Schutz vor der Gefahr von Misshandlungen i.S.d. Art. 3 EMRK zu bieten. Belgien habe die Möglichkeit nicht genutzt, verlässliche Quellen zur aktuellen Menschenrechtslage in Griechenland zu berücksichtigen.[658]

bb) Verstoß gegen Art. 13 EMRK

Belgien und Griechenland haben auch gegen Art. 13 EMRK verstoßen.

Gemäß Art. 13 EMRK hat jede Person, die in ihren in der EMRK anerkannten Rechten oder Freiheiten verletzt worden ist, das Recht, „bei einer innerstaatlichen Instanz eine wirksame Beschwerde zu erheben, auch wenn die Verletzung von Personen begangen worden ist, die in amtlicher Eigenschaft gehandelt haben."

Art. 13 EMRK ist in erster Linie eine Verfahrensgarantie, dass das akzessorische Recht gewährt wird, eine wirksame Beschwerde gegen eine Menschenrechtsverletzung im Sinne der EMRK zur Verfügung zu haben.[659] Die Verletzung eines Rechts aus der EMRK muss nicht festgestellt worden sein. Als Voraussetzung für die Geltendmachung einer Verletzung von Art. 13 ist eine substantiierte Behauptung (*arguable claim*) einer Verletzung eines anderen Rechts ausreichend.[660]

---

655 *M.S.S.* (Fn. 645), Rdnr. 326.
656 Ebenda, Rdnr. 340.
657 Ebenda, Rdnr. 340.
658 Ebenda, Rdnr. 353.
659 *Weber*, Menschrechtlicher Schutz von Bootsflüchtlingen, ZAR 2012, 268.
660 *Frowein*, in: ders./Peukert (Fn. 515), Art. 13 Rdnr. 2.

Der in Art. 13 EMRK verankerte Grundsatz effektiver Beschwerdemöglichkeit muss auch in Abschiebungs- und Rückführungsfällen gewahrt werden.[661] Dabei gewährt Art. 13 EMRK als akzessorisches Recht zu Art. 3 EMRK das Recht, eine wirksame Beschwerde gegen die Amtsentscheidung zur Verfügung zu haben.[662] Im Falle des Beschwerdeführers habe es an einer effektiven Beschwerdemöglichkeit in Belgien und in Griechenland gefehlt. In Belgien stand dem Beschwerdeführer nur ein Rechtsmittel in einem Eilverfahren zur Verfügung, das die Aussetzung der Rückführung für nur 72 Stunden zur Folge hatte. Nach dem EGMR genüge ein solches Rechtsmittel nicht den Bedingungen einer effektiven Beschwerdemöglichkeit, zumal eine Überprüfung der Lage in Griechenland innerhalb der 72 Stunden nur begrenzt möglich ist.[663]

Griechenland hat gegen Art. 13 i.V.m. Art. 3 EMRK verstoßen, weil die griechischen Behörden den Beschwerdeführer dem Risiko einer Abschiebung nach Afghanistan ausgesetzt haben, ohne seinen Asylantrag ernsthaft inhaltlich zu prüfen und ohne ihm Zugang zu effektivem Rechtsschutz zu gewähren.[664]

Zudem sei der Schutzsuchende nie über Unterbringungsmöglichkeiten oder über das Asylverfahren informiert worden. Überhaupt seien die Behörden nicht mit dem Flüchtling in Kontakt getreten, um eine Kommunikation mit ihm aufzunehmen. Ebenfalls seien keine Übersetzer für die Befragungen zum Schutzbegehren herangezogen worden und es habe auch keine juristische Beratung gegeben. Damit sei die ernsthafte Prüfung seines Asylbegehrens beinahe unmöglich gewesen.[665]

e) Hirsi u.a. gegen Italien[666]

In der verbundenen Rechtssache *Hirsi* hatte die italienische Küstenwache am 6. Mai 2009 die Beschwerdeführer (elf Somalier und dreizehn Eritreer) südlich von Lampedusa auf Hoher See aufgegriffen und auf italienischen Militärschiffen nach Tripolis in Libyen gebracht. Die Beschwerdeführer gaben an, dass die italienischen Beamten ihre persönlichen Dokumente an sich nahmen und ihnen das Fahrtziel verschwiegen. In Tripolis wurden sie gezwungen, die Schiffe zu verlassen.[667]

Einen Tag später erklärte der italienische Innenminister auf einer Pressekonferenz, dass das Abfangen und die Rückführung der Flüchtlinge auf Grundlage eines bilateralen Abkommens zwischen Italien und Libyen erfolgte und diese Zusammenarbeit als Erfolg bei der Bekämpfung der unrechtmässigen Migration gewertet werden kann.[668] Derselbe Minister erklärte zu einem späteren Zeitpunkt vor dem

661 *M.S.S.* (Fn. 645), Rdnr. 387–388.
662 *Weber* (Fn. 659), 268.
663 *M.S.S.* (Fn. 645), Rdnr. 387–389.
664 Ebenda, Rdnr. 319.
665 *M.S.S.* (Fn. 645), Rdnr. 319.
666 *Hirsi* (Fn. 487).
667 Ebenda, Rdnr. 11–13.
668 Ebenda, Rdnr. 13.

italienischen Senat, dass sich diese *push-back policy* als sehr wirkungsvoll bei der Bekämpfung der illegalen Einwanderung erwiesen hat.[669] Im Laufe des Jahres 2009 vollzog Italien neun weitere vergleichbare Operationen auf Hoher See, gerichtet auf das Abfangen und Zurückführen von Flüchtlingsbooten nach Libyen.[670]

Der EGMR entschied, dass Italien durch die Zurückweisung der Flüchtlinge auf Hoher See mehrere der in der EMRK garantierten Rechte verletzt habe.[671]

aa) Extraterritoriale Anwendung der EMRK

Gemäß Art. 1 EMRK sichern die Vertragsparteien „allen ihrer Hoheitsgewalt unterstehenden Personen die in Abschnitt I bestimmten Rechte und Freiheiten zu". Die EMRK findet demnach immer Anwendung, wenn ein Vertragsstaat Hoheitsgewalt ausübt.[672] Die Hoheitsgewalt ist in der Regel territorial bezogen.[673] Der EGMR hatte bereits in einigen Fällen vor *Hirsi u.a. vs. Italien (Hirsi)* die extraterritoriale Wirkung der EMRK in bestimmten Ausnahmefällen angenommen.[674] Die Anwendbarkeit der EMRK wurde z.B. für konsularische oder diplomatische Tätigkeiten an Bord von Flugzeugen und Schiffen bejaht.[675].

In *Hirsi* war die EMRK ebenfalls anwendbar, da die Flüchtlinge in Militärschiffen unter italienischer Flagge nach Tripolis verbracht worden sind. Diese Schiffe standen daher unter italienischer Hoheitsgewalt. Italien hat nach dem EGMR auf Hoher See Hoheitsgewalt im Sinne von Art. 1 EMRK gegenüber den Beschwerdeführern ausgeübt.[676].

Der EGMR betonte, dass der Schutz der EMRK auch jenseits der Grenzen gelten müsse, weil sich Migration zunehmend über Seewege vollziehe. Das Ziel sei es, einen rechtsfreien Raum auf Hoher See zu vermeiden.[677]

bb) Verstoß gegen Art. 3 EMRK

Bei der Überprüfung eines Verstoßes gegen Art. 3 EMRK unterscheidet der EGMR zwischen der Gefahr für die Beschwerdeführer, in Libyen eine unmenschliche und erniedrigende Behandlung zu erfahren und dem Risiko, dass sie von den libyschen

---

669 Ebenda, Rdnr. 13.

670 *Hirsi* (Fn. 487), Rdnr. 14.

671 Ebenda, Rdnr. 5–11.

672 Ebenda, Rdnr. 70.

673 *Hirsi* (Fn. 487), Rdnr. 71.

674 Unter anderem in EGMR, *Al-Skeini u.a./Vereinigtes Königreich*, Urteil vom 15.11.2011, Antrag Nr. 55721/99 und EGMR, *Ilacu u.a./Moldau und Russland*, Urteil vom 08.09.2004, Antrag Nr. 48787/9, Rdnr. 311ff.

675 *Hirsi* (Fn. 458), Rdnr. 75.

676 Ebenda, Rdnr. 77–82.

677 Ebenda, Rdnr. 176f.

Behörden in Staaten abgeschoben werden könnten, in denen Lebensgefahr oder Folter droht.[678]

Die Überführung der Schutzsuchenden nach Libyen in Kenntnis der dort vorherrschenden menschenrechtswidrigen Haft- und Lebensbedingungen für Asylbewerber begründe eine eigenständige Verletzung von Art. 3 EMRK. Dabei sah es der EGMR als erwiesen an, dass die Aufnahmelager in Libyen überbesetzt sind und unangemessene sanitäre Einrichtungen aufweisen. Schutzsuchende seien nach Berichten von Menschenrechtsorganisationen und Regierungen willkürlich inhaftiert und gefoltert worden. Die medizinische Versorgung sei nur unzureichend gewährleistet.[679]

Der EGMR hebt hervor, dass den italienischen Behörden auch genügend Berichte von Menschenrechtsorganisationen oder Regierungen vorlagen, aus denen sie Informationen über die unmenschlichen Verhältnisse in Libyen hätten entnehmen können.[680]

Obwohl der EGMR die besonders schwierige Situation, in der sich Italien wegen der zunehmenden Migrationsbewegungen befindet, würdigt, bekräftigt dieser zugleich den absoluten Schutzcharakter des Art. 3 EMRK:

> *„The Court reiterates that protection against the treatment prohibited by Article 3 imposes on States the obligation not to remove any person who, in the receiving country, would run the real risk of being subjected to such treatment."*[681]

Wie bereits bei *M.S.S.* und *Saadi* betont der EGMR auch im Urteil *Hirsi,* dass die bloße Ratifizierung von internationalen Abkommen zum Schutze von Menschenrechten nicht ausreichend ist, um einen Verstoß gegen Art. 3 EMRK abzuwenden (Libyen ist nicht einmal Vertragsstaat der GFK).[682]

Die italienische Regierung versuchte ihr Vorgehen mit der Tatsache zu rechtfertigen, dass die Beschwerdeführer keinen Asylantrag auf dem Schiff gestellt hätten. Sie hätten sich nicht zu den Umständen in Libyen geäußert.[683] Der EGMR betonte hingegen, dass eine ausdrückliche Bitte um Asyl nicht notwendig sei. Es obliege vielmehr an den italienischen Behörden zu untersuchen, welchen Risiken sie die Menschen bei einer Rückführung nach Libyen aussetzen.[684]

Der EGMR war überzeugt davon, dass den Beschwerdeführern eine tatsächliche Gefahr der Weiterschiebung in die Herkunftsstaaten bevorstand. Diese Gefahr einer Kettenabschiebung stelle ebenfalls eine Verletzung von Art. 3 EMRK dar.[685]

---

678 Ebenda, Rdnr. 84.
679 Ebenda, Rdnr. 125.
680 *Hirsi* (Fn. 458), Rdnr. 123 und 131.
681 Ebenda, Rdnr. 122f.
682 Ebenda, Rdnr. 128–130.
683 Ebenda, Rdnr. 132.
684 Ebenda, Rdnr. 133.
685 Ebenda, Rdnr. 158.

cc) Verstoß gegen Art. 13 EMRK

Italien habe auch gegen Art. 13 i.V.m. Art. 3 EMRK verstoßen.

Der EGMR betonte, dass der Grundsatz effektiver Beschwerdemöglichkeit auch in Abschiebungs- und Rückführungsfällen gewahrt werden müsse.[686] Im Fall *Hirsi* habe ein effektives Beschwerderecht als akzessorisches Recht zu Art. 3 EMRK gefehlt.[687] Es seien keine Übersetzer oder Rechtsberater auf dem Schiff gewesen, an die sich die Beschwerdeführer hätten wenden können. Des Weiteren stand den Flüchtlingen keine Möglichkeit offen, ein nationales Rechtsmittel mit aufschiebender Wirkung auf dem Schiff geltend zu machen.[688]

f) Sharifi u.a. gegen Italien und Griechenland[689]

Die Beschwerdeführer (32 afghanische, zwei sudanesische Staatsangehörige und ein eritreischer Staatsangehöriger) versuchten von Griechenland über den Seeweg nach Italien illegal einzureisen. Italien hat sie dabei aufgegriffen und dann sofort nach Griechenland gebracht.

Der EGMR stellte in einem Urteil vom 21. Oktober 2014 erneut schwere und systemische Mängel im griechischen Asylsystem fest. Die Beschwerdeführer hätten keine Möglichkeit gehabt, einen Rechtsbeistand zu konsultieren und auf Dolmetscher zurückzugreifen. Die griechischen Behörden hätten auch die Durchführung eines Asylverfahrens verweigert. Zudem waren sie in prekären Verhältnissen untergebracht worden.

In Griechenland habe den Beschwerdeführern zugleich die Abschiebung nach Afghanistan gedroht, wo sie der Gefahr von Tod, Folter oder unmenschlicher und erniedrigender Behandlung ausgesetzt gewesen wären. Griechenland habe Art. 13 i.V.m Art. 3 EMRK verletzt, weil den Beschwerdeführern kein Zugang zu einem Asylverfahren geboten wurde. Weiterhin bestünde die Gefahr, dass Griechenland die Beschwerdeführer nach Afghanistan abschieben würde, obwohl ihnen dort sehr wahrscheinlich Misshandlungen drohen.[690]

Italien habe gegen Art. 3 EMRK verstoßen, indem es die Beschwerdeführer nach Griechenland zwangsweise verbracht und sie damit den mit dem defizitären Asylsystem in Griechenland verbundenen Risiken ausgesetzt hat. Des Weiteren hat Italien Art. 13 i.V.m Art. 3 EMRK verletzt, weil den Beschwerdeführern kein Zugang zum Asylverfahren oder sonstigen Rechtsbehelfen in den italienischen Häfen ermöglicht wurde.[691]

---

686 *Hirsi* (Fn. 458), Rdnr. 204–207.
687 Ebenda, Rdnr. 197.
688 Ebenda, Rdnr. 185.
689 EGMR, *Sharifi u.a. gegen Italien und Griechenland,* Antrag Nr. 16643/09, Urteil vom 21.10.2014 (*Sharifi*).
690 *Sharifi* (Fn. 689), Rdnr. 181.
691 *Sharifi* (Fn. 689), Rdnr. 190.

g) *Tarakhel gegen Schweiz*[692]

In diesem Fall ging es um die Rücküberstellung einer 8-köpfigen afghanischen Familie von der Schweiz nach Italien. Die Familie reiste über den Seeweg im Sommer 2011 nach Italien ein und stellte dort einen Antrag auf Asyl. Sie wurden in einer Aufnahmeeinrichtung in Bari untergebracht, in welcher sie nach ihren Behauptungen unter unwürdigen Bedingungen und ohne Zugang zu sanitären Einrichtungen leben mussten. In der Einrichtung habe es auch keine Privatsphäre gegeben und es sei zu gewalttätigen Auseinandersetzungen zwischen den Bewohnern gekommen.[693]

Die Familie behauptete, aus Angst um ihre Kinder nach Österreich weitergereist zu sein, um dort Schutz zu suchen. Ihr Asylgesuch wurde von den dortigen Behörden abgelehnt. Österreich stellte indessen Italien ein formelles Gesuch um Übernahme der Familie. Um der Rückschiebung nach Italien zu entgehen, zog die Familie weiter in die Schweiz, wo sie erneut einen Asylantrag stellte.[694]

Die Schweiz lehnte ihren Asylantrag ab und ordnete ebenfalls die Überführung der Familie nach Italien an. Die schwierigen Lebensbedingungen in Italien seien keinesfalls als Grund ausreichend, um eine Rückführung nach Italien zu unterlassen. Italien sei verantwortlich für die ordnungsgemäße Durchführung eines Asylverfahrens und für die angemessene Unterbringung der Antragsteller währenddessen. Die Schweiz könne diese Verantwortung für Italien nicht übernehmen.[695]

Der EGMR entschied, dass die Schweiz bei einer Rückführung der Familie nach Italien, ohne sich vorher konkrete Zusicherungen von der italienischen Regierung einzuholen, dass die Familie angemessen untergebracht und nicht getrennt wird, eine Verletzung von Art. 3 EMRK begehen werde.[696]

Die minderjährigen Kinder der Familie wiesen eine besondere Verletzlichkeit auf. Dem Schutz von Kindern gebiete aufgrund ihrer spezifischen Bedürfnisse, die sich insbesondere wegen ihres Alters und ihrer Abhängigkeit von den Eltern und auch wegen ihres Status als Asylsuchende ergeben, Vorrang vor den staatlichen Interessen an der Bekämpfung der illegalen Einwanderung.[697]

Der EGMR zieht auch zur Auslegung die Kinderrechtskonvention der Vereinten Nationen[698] heran, die vorgibt bei Maßnahmen, die Kinder betreffen, darauf zu achten, dass sie auch mit dem Kindeswohl in Einklang stehen.[699] Die Staaten müssten

---

692 EGMR, *Tarakhel gegen Schweiz*, Antragsnummer 29217/12, Urteil vom 04.11.2014 *(Tarakhel).*

693 *Tarakhel* (Fn. 692), Rdnr. 11.

694 Ebenda, Rdnr. 12–13.

695 Ebenda, Rdnr. 16.

696 Ebenda, Judgement Rdnr. 2, S. 52.

697 *Sharifi* (Fn. 689), Rdnr. 99.

698 Übereinkommen über die Rechte des Kindes vom 20. November 1989 (*Kinderrechtskonvention*), am 5. April 1992 für Deutschland in Kraft getreten (Bekanntmachung vom 10. Juli 1992 – BGBl. II S. 990).

699 *Tarakhel* (Fn. 692), Rdnr. 99; vgl. Art. 3 der Kinderrechtskonvention.

insbesondere bei Kindern, die um Asyl bitten, gewährleisten, dass sie Schutz und humanitäre Hilfe erhalten.[700]

Anders als im Fall *M.S.S.* geht der EGMR nicht davon aus, dass das italienische Asylsystem systemische Mängel aufweist. Er ist jedoch davon überzeugt, dass angesichts der vorherrschenden Situation in Italien eine reale Gefahr gegeben ist, dass die Beschwerdeführer bei einer Rückführung nach Italien obdachlos werden könnten oder in überfüllten Einrichtungen Unterbringung finden. Um sicherzustellen, dass die Beschwerdeführer nicht einer solchen Gefahr ausgesetzt werden, müsse die Schweiz aus Italien die Zusicherung erhalten, dass eine kindgerechte Unterbringung und die Einheit der Familie garantiert werden.[701]

Die Schweiz habe es jedenfalls versäumt, sich gegenüber den italienischen Behörden zu vergewissern, dass die Familie unter angemessenen und altersgerechten Bedingungen untergebracht werde und die Einheit der Familie sicher ist.[702]

3. Zusammenfassung zu Art. 3 EMRK

Der Abschiebungsschutz nach Art. 3 EMRK greift ein, wenn für die Betroffenen bei einer Rückkehr in den Zielstaat mit erheblicher Wahrscheinlichkeit das reale Risiko einer nach Art. 3 EMRK verbotenen Misshandlung im Zielstaat gegeben ist.[703] Die Rechte aus Art. 3 EMRK sind in Haftanstalten besonders gefährdet.[704] Bereits eine kurze Freiheitsentziehung unter schlechten Bedingungen kann für eine traumatisierte Person eine erniedrigende Behandlung darstellen. Nach ständiger Rechtsprechung des EGMR können Haftbedingungen in Gefängnissen, die beispielsweise überbelegt sind oder unangemessene hygienische Verhältnisse aufweisen, eine unmenschliche Behandlung darstellen.[705]

Der EGMR betonte in *M.S.S,* dass die Gesundheit und das Wohlbefinden der Betroffenen immer bei den Haftumständen angemessen berücksichtigt werden müssen. Die Haft darf nicht das damit unvermeidbare Maß an Leiden und Härte überschreiten.[706]

Die Konventionsstaaten verletzen ihre Pflichten aus Art. 3 EMRK nicht nur, wenn sie selbst verbotene Handlungen wie Folter vornehmen, sondern auch, wenn sie einen Ausländer an einen Staat ausliefern, in welchem diesem eine mit Art. 3 EMRK unvereinbare Behandlung droht.[707] Die Gefahr einer Kettenabschiebung stellt ebenfalls eine

---

700 Ebenda, Rdnr. 99.
701 Ebenda, Rdnr. 120.
702 Ebenda, Rdnr. 122.
703 *Thurin* (Fn. 626), S. 160.
704 *Frowein*, in: ders./Peukert (Fn. 543), Art. 3 Rdnr. 1.
705 Statt vieler: *M.S.S.* (Fn. 645), Rdnr. 232 und EGMR, *Ostrovar gegen Moldova*, Urteil vom 13.9.2005, Antrag Nr. 35207/03 Rdnr. 89f.
706 *M.S.S.* (Fn. 645), Rdnr. 221.
707 *Soering* (Fn. 613), Rdnr. 91.

Verletzung von Art. 3 EMRK dar.[708] Das in Art. 3 EMRK verankerte Refoulementverbot gilt mithin auch für die Abschiebung in andere Mitgliedstaaten der EMRK.[709]

Das Rückführungsverbot nach Art. 3 EMRK ist absolut.[710] Auch in einem Notstandsfall im Sinne des Art. 15 I EMRK darf gemäß Art. 15 II EMRK nicht von Art. 3 EMRK abgewichen werden. Die Pflichten aus Art. 3 EMRK gehen demnach über diejenigen des Art. 33 I GFK hinaus, der den Einschränkungen des Art. 1 F und Art. 33 II GFK unterliegt.[711]

In den Fällen *Chahal* und *Saadi* bekräftigte der EGMR, dass das Rückführungsverbot nach Art. 3 EMRK auch nicht durch eine Gefährdung der nationalen Sicherheit relativiert wird, die von dem Ausländer ausgeht.[712] Flüchtlinge gelten nach der Rechtsprechung des EGMR als besonders verletzlich und bedürfen daher eines besonderen Schutzes.[713]

Art. 3 EMRK gewährt kein Recht auf dauerhaften Aufenthalt in einem Vertragsstaat.[714] Die Staaten sind auch nicht verpflichtet, Flüchtlingen Obdach zu gewähren oder sie finanziell zu unterstützen.[715] Wenn die Voraussetzungen für ein Refoulementverbot jedoch vorliegen, dann ist die Vertragspartei verpflichtet, von Maßnahmen zur Beendigung oder Verhinderung eines Aufenthaltes und damit auch der Rückführung einer Person abzusehen, solange die tatsächliche Gefahr der Folter oder unmenschlicher oder erniedrigender Behandlung oder Strafe im Zielland gegeben ist.[716]

Das Refoulementverbot gebietet es, auf Hoher See nicht nur das Leben der Flüchtlinge zu retten, sondern diese auch vor der Abschiebung in die Verfolgerstaaten zu schützen. Das hat in der Regel zur Folge, dass es wegen der Gefahr der Weiterschiebung in die Herkunftsstaaten nicht ausreichend ist, sie in den Ausgangshafen zu verbringen.

Der EGMR hat in *Hirsi* hervorgehoben, dass die Konventionsstaaten sich ihrer Verpflichtung, effektiven Schutz vor *Refoulement* zu gewähren, nicht dadurch entziehen dürfen, dass sie Schutzsuchenden den Zugang zum eigenen Territorium verweigern.[717]

Wenn die Gefahr einer Weiterschiebung besteht, dann müssen die Flüchtlinge in die nächstgelegenen europäischen Häfen gebracht werden.[718] Damit verbunden

---

708 *Hirsi* (Fn. 487), Rdnr. 158.
709 *Zimmermann/Elberling* (Fn. 608), Kap. 27 Rn. 47.
710 Vgl. *Chahal* (Fn. 618), Rdnr. 95 und *Saadi* (Fn. 552), Rdnr. 127; *Schieber* (Fn. 607), S. 80.
711 *Hong* (Fn. 464), S. 256; *Fröhlich* (Fn. 35), S. 20.
712 *Saadi* (Fn. 552), Rdnr. 127.
713 *M.S.S.* (Fn. 645), Rdnr. 233.
714 *Schieber* (Fn. 607), S. 80.
715 *M.S.S.* (Fn. 645), Rdnr. 249.
716 *Schieber* (Fn. 607), S. 80.
717 *Hirsi* (Fn. 487), Rdnr. 122.
718 *Weber* (Fn. 659), 269.

ist auch die Aufnahme, Versorgung und Ausstattung der Menschen vor Ort. Ihnen muss es auch ermöglicht werden, ein Asylgesuch zu stellen.[719]

Die Konventionsstaaten sind in Abschiebefällen selbst beim Vorliegen einer diplomatischen Zusicherung verpflichtet zu prüfen, ob das tatsächliche Risiko einer Misshandlung im Zielstaat vorhanden ist.[720] In *Chahal* stellte der EGMR fest, dass eine diplomatische Zusicherung keinesfalls eine anderweitig feststellbare Gefahr für Leib und Leben des Beschwerdeführers beseitige.[721] Ein solcher rechtlicher Automatismus ist auch mit der Absolutheit des Refoulementverbotes nach Art. 3 EMRK unvereinbar.[722]

Aus dem Fall *Tarakhel* lässt sich folgern, dass diplomatische Zusicherungen grundsätzlich mit der EMRK vereinbar sein können.[723] Diese müssen jedoch der fallspezifischen Situation besonders verletzlicher Personen gerecht werden. Die Konventionsstaaten müssen bei der Prüfung von Überstellungen nach der Dublin-III-VO den besonderen Bedürfnissen von schutzbedürftigen Kindern ausreichend Rechnung tragen.[724] Sie können jedoch auf zielstaatliche Zusicherungen menschenrechtlicher Verhältnisse für den jeweiligen Einzelfall vertrauen.[725] Die Staaten dürfen sich jedoch nicht blind vertrauen und müssen immer die aktuelle Menschenrechtslage in den jeweiligen Mitgliedstaaten im Auge behalten. Es muss immer sichergestellt werden, dass den Betroffenen keine dem Art. 3 EMRK zuwiderlaufende Behandlung im Zielstaat droht. Etwas anderes darf auch nicht gelten, nur weil es sich bei der verletzenden Handlung um eine Überstellung nach dem Dublin-System handelt.[726] Für Dublin-Überstellungen müssen die gleichen menschenrechtlichen Standards wie für Rückführungen in irgendeinen Drittstaat gelten.

III. Art. 4 Prot. Nr. 4 zum EMRK-Verbot der Kollektivausweisung

Gemäß Art. 4 des 4. Zusatzprotokolls zur EMRK sind Kollektivausweisungen ausländischer Personen verboten.

---

719 Ebenda.

720 *Saadi* (Fn. 552), Rdnr. 148.

721 *Chahal* (Fn. 618), Rdnr. 107.

722 *Alleweldt*, Schutz vor Folter, Terrorismusverdacht, Zusicherung menschenwürdiger Behandlung: das Chahal-Urteil des EGMR, in: NVwZ 1997, 1079f.

723 *Schmidt*, Unbegründete Aufregung über das EGMR-Urteil zum Dublin-Abkommen, Jusletter vom 15. Dezember 2014, online verfügbar unter <https://ius.unibas.ch/uploads/publics/42018/20141221142729_5496cac16089b.pdf> Zugriff am 04.03.2015, S. 6.

724 *Schmidt* (Fn. 723), S. 2.

725 *Lübbe*, Prinzipien der Zuordnung von Flüchtlingsverantwortung und Individualrechtsschutz im Dublin-System, ZAR 2015, 126.

726 Ebenda.

Kollektivausweisungen sind nach dem EGMR:

„any measure of the competent authority compelling aliens as a group to leave the country, except where such a measure is taken after and on the basis of a reasonable and objective examination of the particular cases of each individual alien of the group.“[727]

Eine Kollektivausweisung darf demnach nur nach einer vernünftigen und objektiven Prüfung der besonderen Situation jedes einzelnen Ausländers der Gruppe erfolgen. Eine kollektive Ausweisungsentscheidung ist nur dann mit der EMRK vereinbar, wenn sie die persönlichen Umstände jedes einzelnen Betroffenen tatsächlich und individuell berücksichtigt.[728]

Die Norm gebietet somit eine individuelle Prüfung jeder Rückführungsentscheidung und begründet dadurch ein Individualgrundrecht, das als Gruppenrecht ausgeübt wird.[729]

1. *Hirsi u.a. gegen Italien*

In dem Urteil zu der Rechtssache *Hirsi* bejahte der EGMR zum ersten Mal auch die extraterritoriale Anwendbarkeit von Art. 4 Prot. Nr. 4 EMRK, da die italienische Marine auf Hoher See durch die Verbringung der Beschwerdeführer nach Libyen Hoheitsgewalt ausgeübt habe.[730] Eine extraterritoriale Anwendbarkeit von Art. 4 Prot. Nr. 4 EMRK sei immer dann anzunehmen, wenn keine individuelle Prüfung von Anträgen oder Identifizierung von Personen vor der Rückführungsentscheidung erfolgt ist.[731]

Der Schutz der EMRK müsse auch extraterritorial gelten, da es sich bei der Hohen See nicht um einen rechtsfreien Raum handeln dürfe.[732]

Eine individuelle Prüfung der Identität und Schutzanträge der Beschwerdeführer im Falle *Hirsi* sei nicht erfolgt.[733] Das in Art. 4 Prot. Nr. 4 EMRK verankerte Verbot der Kollektivausweisung ist dadurch missachtet worden.[734]

Der Grundsatz effektiver Beschwerdemöglichkeit muss auch in Abschiebungs- und Rückführungsfällen auf Hoher See gewahrt werden.[735] Den Beschwerdeführern habe ein effektives Beschwerderecht im Sinne des Art. 13 EMRK als akzessorisches

727 EGMR, *Henning Becker gegen Dänemark*, Antragsnummer 7011/75, Entscheidung vom 03.10.1975, S. 235, online verfügbar unter <http://www.refworld.org/docid/3ae6b7058.html> Zugriff am 03.03.2015.

728 EGMR, *Conka gegen Belgien*, Antragsnummer 51564/99, Urteil vom 05.02.2002.

729 *Weber* (Fn. 659), 268.

730 *Hirsi* (Fn. 487), Rdnr. 169.

731 *Weber* (Fn. 659), 268.

732 *Hirsi* (Fn. 487), Rdnr. 176f.

733 *Hirsi* (Fn. 487), Rdnr. 183–186.

734 Ebenda, Rdnr. 184ff.

735 *Hirsi* (Fn. 487), Rdnr. 204–207.

Recht zu Art. 4 Prot. Nr. 4 EMRK gefehlt.[736] Sie hätten keine Möglichkeit gehabt, ein Rechtsmittel mit aufschiebender Wirkung gegenüber dem auf dem Schiff tätigen Militärpersonal einzulegen. Des Weiteren seien auf dem Schiff weder Übersetzer noch Rechtsberater gewesen, um Rechtsverstößen vorzubeugen.[737]

Damit habe Italien eine Verletzung von Art. 13 EMRK in Verbindung mit Art. 3 EMRK und Art. 4 Prot. Nr. 4 EMRK vorgenommen.

2. *Sharifi u.a. gegen Italien und Griechenland*[738]

Die Beschwerdeführer wurden in verschiedenen italienischen Häfen von der Grenzpolizei aufgegriffen und sofort nach Griechenland zurückgebracht. In dem Verfahren vor dem EGMR rügten sie unter anderem ihre Kollektivabschiebung aus Italien.

Der Gerichtshof stellte fest, dass bei diesen „automatischen“ Abschiebungen die Beschwerdeführer ohne Prüfung ihrer jeweiligen Fälle in einem Asylverfahren unverzüglich nach Griechenland zurückgeschickt worden seien. Dadurch wurden sie dem Risiko ausgesetzt, wegen der Defizite des griechischen Asylverfahrens dort weder einen Asylantrag stellen noch Unterbringung finden zu können. Der EGMR teilte die Bedenken der Menschenrechtsorganisationen im Hinblick auf die Praxis der italienischen Grenzbehörden in den Häfen der Adria, Personen direkt nach Griechenland zurückzuführen. Den Beschwerdeführern habe man dadurch ihre substantiellen Rechte genommen.

Das Dublin-System müsse im Einklang mit der EMRK angewendet werden. Kollektivausweisungen können nicht auf Dublin gestützt werden. Der für die Rückführung verantwortliche Staat muss gewährleisten, dass das Zielland ausreichend Sicherheit für die Durchführung eines Asylverfahrens bietet und dass die Personen vor einer Rückkehr in ihre Herkunftsstaaten geschützt sind, ohne zuvor die Risiken dort zu prüfen.

Italien habe somit gegen das Verbot der unmenschlichen oder erniedrigenden Behandlung (Art. 3 EMRK), gegen das Recht auf wirksame Beschwerde (Art. 13 EMRK) und gegen das Verbot der Kollektivausweisung ausländischer Personen (Art. 4 Prot. Nr. 4 zur EMRK) verstoßen.[739]

IV. Art. 8 – Recht auf Achtung des Privat- und Familienlebens

Das Recht eines Konventionsstaates, über die Einreise oder den Aufenthalt eines Ausländers zu entscheiden, wird auch durch das Gebot des Schutzes des Privat- und Familienlebens aus Art. 8 EMRK eingeschränkt.[740]

---

736 Ebenda, Rdnr. 197.
737 Ebenda, Rdnr. 185f.
738 *Sharifi* (Fn. 689).
739 *Sharifi* (Fn. 689), Rdnr. 235 und 243.
740 *Kau* (Fn. 461), Rdnr. 295.

Gemäß Art. 8 I EMRK hat jede Person das Recht auf Achtung ihres Privat- und Familienlebens, ihrer Wohnung und ihrer Korrespondenz.

Die Einhaltung der in Art. 8 I EMRK gewährleisteten Rechte erfährt eine besondere Relevanz bei Ausländern, die persönliche oder familiäre Bindungen in einem Konventionsstaat haben und in ihr Herkunftsland oder einen Drittstaat abgeschoben oder ausgeliefert werden sollen. Jede Rückführungsentscheidung stellt einen Eingriff in Art. 8 I EMRK dar, wenn der Betroffene im Konventionsstaat persönliche oder Familienbindungen hat, die hinreichend stark sind und durch eine Abschiebung beeinträchtigt würden.[741] Nach dem EGMR müssen einzelstaatliche Maßnahmen zur Verhinderung der Einreise oder zur Beendigung des Aufenthaltes eines Ausländers,

> *„(...) soweit sie ein durch Artikel 8 Abs. 1 geschütztes Recht beeinträchtigen, als in einer demokratischen Gesellschaft notwendig herausstellen, d.h. durch ein herausragendes soziales Bedürfnis gerechtfertigt und insbesondere in Bezug auf das rechtmäßig verfolgte Ziel verhältnismäßig sein.“*[742]

Das in Art. 8 EMRK geschützte Familienleben setzt lediglich das Bestehen einer Familie voraus und fordert nicht zwingend das Zusammenleben in einer gemeinsamen Wohnung oder das Bestehen einer formellen Ehe.[743] Art. 8 EMRK gewährt jedoch nicht das Recht, den Familienwohnsitz zu wählen, sowie sich als ausländischer Ehepartner in einem Konventionsstaat niederzulassen.[744] Aus Art. 8 EMRK lässt sich weder ein Einreiserecht noch ein Recht zum Nachzug als Familienangehöriger entnehmen.[745] Nur in Ausnahmefällen hat der EGMR die Ablehnung eines Familiennachzugs als eine Verletzung von Art. 8 EMRK erachtet. Art. 8 EMRK gebiete ausnahmsweise einen Nachzug von Familienangehörigen, wenn dies die einzige Möglichkeit zur Verwirklichung eines Familienlebens darstellt.[746]

Dabei prüft der EGMR, ob der Behörde bei der Ablehnung des Nachzugs eines Familienangehörigen ein gerechter Ausgleich zwischen den Interessen der Familie auf der einen Seite und dem eigenen Interesse an der Kontrolle der Einwanderung auf der anderen Seite gelungen ist.[747]

Falls keine familiären Bindungen im Konventionsstaat bestehen, können auch die persönlichen Bindungen der Betroffenen eine Abschiebung wegen des Schutzes

---

741 *Meyer-Ladewig* (Fn. 541), Art. 8 Rdnr. 65.

742 EGMR, *Üner gegen die Niederlande*, Antragsnummer 46410/99, Urteil vom 18. Oktober 2006 *(Üner)*, Rdnr. 54 (non official translation).

743 EGMR, *Abdulaziz u.a. gegen Vereinigtes Königreich*, Antragsnummer 9214/80, 9473/81 und 9474/81 *(Abdulaziz)*, Rdnr. 62.

744 *Abdulaziz* (Fn. 743), Rdnr. 68.

745 Ebenda; *Frowein*, in: ders./Peukert (Fn. 543), Art. 8 Rdnr. 40.

746 *Grabenwarter/Pabel* (Fn. 544), S. 272 Rdnr. 69; *Frowein*, in: ders./Peukert (Fn. 543), Art. 8 Rdnr. 40.

747 EGMR, *Tuquabo-Tekle u.a. gegen Niederlande*, Antragsnummer 60665/00, Urteil vom 01.12.2005, Rdnr. 44; EGMR, *Osman gegen Dänemark*, Antragsnummer 38058/09, Urteil vom 14.06.2011.

des Privatlebens in Art. 8 I EMRK verhindern.[748] Neben dem Familienleben wird das Privatleben als „*Netz an persönlichen, gesellschaftlichen und wirtschaftlichen Beziehungen, die das Privatleben eines jeden Menschen ausmachen*" geschützt.[749]

Das Privatleben schützt die Gesamtheit der sozialen Bindungen zwischen einem Individuum und der Gemeinschaft, in der er lebt, und umfasst alle Aspekte der sozialen Identität.[750]

Darüber hinaus wird das Recht auf körperliche und geistige Integrität als Teilbereich des Rechts auf Privatleben geschützt. Art. 8 EMRK erfüllt hierbei im Verhältnis zu Art. 3 EMRK eine ergänzende Funktion und umfasst Verletzungen, die die für Art. 3 EMRK erforderliche Schwere nicht erreichen.[751] Der Schutz von Art. 8 EMRK greift bereits ein, wenn die Behandlung eine hinreichend schwere Beeinträchtigung der geistigen und körperlichen Unversehrtheit herbeiführen würde.[752] Eingriffe in die körperliche oder geistige Integrität können jedoch wegen Art. 8 II EMRK aus Gründen der öffentlichen Ordnung und Sicherheit und des wirtschaftlichen Wohls gerechtfertigt sein.[753]

Der EGMR führte in seinem Urteil in der Rechtssache *F. gegen Vereinigtes Königreich*[754] aus, dass in Fällen, die nicht den Anwendungsbereich von Art. 2 EMRK oder Art. 3 EMRK berühren, von den Konventionsstaaten nicht verlangt werden könne, nur Rückführungen in Staaten durchzuführen, die alle Rechte aus der EMRK garantieren.[755]

Wie bei Art. 3 EMRK kann das Recht auf körperliche und geistige Integrität i.S.v. Art. 8 EMRK durch staatliche oder nichtstaatliche Akteure im Zielstaat gefährdet werden.[756]

Zusammenfassend lässt sich feststellen, dass nach der Rechtsprechung des EGMR Ausländer in Abschiebungs- oder Ausweisungsfällen einen besonderen Schutz genießen, wenn sie in einem Konventionsstaat aufgewachsen oder geboren sind und

---

748 *Meyer-Ladewig* (Fn. 541), Rdnr. 67.

749 EGMR, *Slivenko u.a. gegen Lettland*, Antragsnummer 60654/00, Urteil vom 15.01.2007 *(Slivenko)*, Rdnr. 96.

750 *Üner* (Fn. 742) Rdnr. 59; *Meyer-Ladewig* (Fn. 541), Art. 8 Rdnr. 26.

751 EGMR, *Bensaid gegen Vereinigtes Königreich*, Antragsnummer 44599/98, Urteil vom 06.02.2001 *(Bensaid)*, Rdnr. 46.

752 *Bensaid* (Fn. 751), Rdnr. 46.

753 Ebenda, Rdnr. 48.

754 EGMR, *F. gegen Vereinigtes Königreich*, Antragsnummer 36812/02, Zulassungsentscheidung vom 31.08.2004 *(F.)*.

755 Ebenda.

756 Ebenda.

keine Verbindung zu ihrem Herkunftsstaat mehr haben.[757] Rückführungen sind in diesen Fällen nur unter engen Voraussetzungen möglich.[758]

Darüber hinaus wird das Recht auf körperliche und geistige Integrität als Teilbereich des Rechts auf Privatleben bei Rückführungen geschützt.

V. Ergebnis - EMRK

Jede Zurückweisung setzt eine individuelle Prüfung der Schutzbedürftigkeit nach der EMRK voraus. Dies gilt sowohl innerhalb als auch außerhalb der Grenzen eines Mitgliedstaates, wenn dieser durch die Rückführungsmaßnahmen Hoheitsgewalt ausübt.[759]

Abschiebehindernisse können sich insbesondere aus Art. 3 EMRK und Art. 4 Prot. Nr. 4 EMRK ergeben. Das Refoulementverbot aus Art. 3 EMRK ist notstandsfest und geht insoweit über die Reichweite von Art. 33 GFK hinaus.

C. GrCh

Die GrCh ist mit dem Ziel entstanden, einen umfassenden und effektiven Grundrechtsschutz auf der Ebene der EU zu gewähren.[760] Sie wurde am 7. Dezember 2000 vom Europäischen Rat in Nizza proklamiert.[761] Mit dem Vertrag von Lissabon wurde sie verbindlich in das Primärrecht der EU verankert. Bis auf spezifische Unionsbürgerrechte (z.B. Bürgerrechte nach Titel V der Charta) gilt die GrCh auch für Drittstaatsangehörige, unabhängig von ihrem Aufenthaltsstatus.[762]

Von besonderer Bedeutung für Drittstaatsangehörige sind die Art. 4, 18, 19 und 47 GrCh. Diese Normen genießen wie bereits festgestellt den Rang des primären Unionsrechts.[763]

Die GrCh bindet gemäß Art. 51 I GrCh alle Organe und Einrichtungen der Union sowie die Mitgliedstaaten, soweit diese Unionsrecht durchführen. Die GrCh ist nicht

---

757 Statt vieler: EGMR, *Moustaquim gegen Belgien,* Antragsnummer 12313/86, Urteil vom 18.02.1991 *(Moustaquim),* Rdnr. 19f.; EGMR, *Beldjoudi gegen Frankreich,* A/234-A, Urteil vom 26.03.1992=EuGRZ 1993, 558; EGMR, *Üner* (Fn. 742), Rdnr. 54; EGMR, *Sisojeva u.a. gegen Lettland,* Antragsnummer 60654/00, Urteil vom 16.6.2005, Rdnr. 101.

758 *Frowein,* in: ders./Peukert (Fn. 543), Art. 8 Rdnr. 36.

759 *Hirsi* (Fn. 487), Rdnr. 122, 179; *Reinhardt,* Menschenrechte Pushed Back – Wie die neue Seeaußengrenzenverordnung das Hirsi-Urteil zurückweist, KJ 2014, 337.

760 *Ehlers,* in: ders. (Hrsg.): Europäische Grundrechte und Grundfreiheiten, 2009, 3. Auflage, § 14 I 2, Rdnr. 1;

761 Ebenda, § 14 I 6 Rdnr. 24.

762 *Spieß,* Einige Anmerkungen zur europäischen Harmonisierung des Migrationsrechts aus menschenrechtlicher Sicht, in: Hofmann/Löhr (Hrsg.): Europäisches Flüchtlings- und Einwanderungsrecht, 2008, S. 235.

763 *Ehlers* (Fn. 760), Rdnr. 1; *Fröhlich* (Fn. 35), S. 186.

nur verbindlich bei der legislativen Umsetzung von Richtlinien, sondern auch bei der administrativen Anwendung von Verordnungen und nationalen Gesetzen, die Richtlinien umsetzen sollen. Die Umsetzung wird in der Regel durch die zuständigen nationalen Behörden vorgenommen.[764]

Die GrCh unterscheidet zwischen Rechten und Grundsätzen (Art. 51 I S. 2 GrCh). Grundsätze unterscheiden sich von Rechten, indem sie der Umsetzung durch Akte der Legislative und der Exekutive bedürfen.[765] Sie enthalten verbindliche Regelungen, zu deren Schutz sowohl die EU als auch die Mitgliedstaaten verpflichtet sind.[766] Grundsätze vermitteln im Gegensatz zu Rechten aber keine subjektiven Rechtspositionen. Dies vermögen jedoch die Vollzugsakte, die zur ihrer Umsetzung erlassen worden sind.[767]

Der Schutz der Unionsgrundrechte wird durch den EuGH, EuG und die Fachgerichte (Art. 19 EUV) sowie durch die nationalen Gerichte gewährleistet.[768]

Der Grundrechtsschutz innerhalb der EU hat sich weitgehend im Einklang mit der EMRK entwickelt, obwohl die EU der EMRK noch nicht beigetreten ist.[769] Gemäß Art. 52 III 1 GRCh haben die in ihr enthaltenen Rechte, soweit sie den durch die EMRK garantierten Rechten entsprechen, die gleiche Bedeutung und Tragweite, wie sie ihnen in der EMRK verliehen wird. Daraus folgt, dass die in der GrCh enthaltenen Rechte mindestens denselben Schutzumfang bieten wie diejenigen der EMRK. Der EU ist es aber genauso möglich einen umfangreicheren Schutz zu bieten, als den von der EMRK vorgesehenen.[770]

Die EMRK ist somit als Rechtserkenntnisquelle für die Auslegung der EU-Grundrechte heranzuziehen, soweit sie den durch die EMRK garantierten Rechten entsprechen.[771]

I. Art. 4 GrCh

Art. 4 GrCh bestimmt wortgleich zu Art. 3 EMRK, dass niemand der Folter oder unmenschlicher oder erniedrigender Strafe oder Behandlung unterworfen werden

764 *Groß*, Migrationsrelevante Freiheitsrechte der EU-Grundrechtecharta, ZAR 2013, 106.
765 *Kingreen*, in: Calliess/Ruffert (Fn. 261), Art. 52 V Rdnr. 14.
766 Ebenda.
767 *Kingreen*, in: Calliess/Ruffert (Fn. 261), Art. 52 V Rdnr. 14.
768 *Epping*, Grundrechte, 2015, Kap. 20 III Rdnr. 1037.
769 Agentur der Europäischen Union für Grundrechte/Europarat, Handbuch zu den europarechtlichen Grundlagen im Bereich Asyl, Grenzen und Migration, 2014, *(Handbuch)*, S. 14.
770 *Handbuch* (Fn. 769), S. 15.
771 *Thym* (Fn. 45), Art. 78 Rdnr. 10.

darf. Die Norm ist daher inhaltsgleich mit Art. 3 EMRK.[772] Die Rechtsprechung des EGMR zu Art. 3 EMRK muss damit auch auf Art. 4 GrCh übertragen werden.[773]

Die Norm verankert ein einklagbares subjektives Recht auf Schutz.[774] Grundrechtsträger sind alle natürlichen Personen, die eine nach Art. 4 GrCh verbotene Behandlung erfahren.[775] Dieses Recht gilt wegen Art. 52 II GrCh vorbehalts- und schrankenlos und ist auch in Übereinstimmung mit Art. 15 II EMRK notstandsfest.[776]

Die Schutzkomponente des Art. 4 GrCh kommt insbesondere zum Tragen bei Ausweisungs- und Abschiebefällen.[777] Ebenso wie Art. 3 EMRK vermag Art. 4 GrCh eine Pflicht zu begründen, eine Ausweisung oder eine Abschiebung zu unterlassen, wenn dem Ausländer im Zielstaat Folter oder eine unmenschliche oder erniedrigende Strafe oder Behandlung droht.[778]

Die ausländerrechtliche Dimension des Art. 4 GrCh hat in dem Grundsatzurteil des EuGH zu den verbundenen Rechtssachen C-411/10 und C-493/10, *N.S./Secretary of State for the Home Department u.a.* eine nähere Ausgestaltung erfahren.

Der EuGH untersagte in seinem Urteil vom 21.12.2011 die Überstellung von Asylbewerbern nach der Dublin-II-VO in einen anderen Mitgliedstaat, wenn den Mitgliedstaaten nicht unbekannt sein könne, dass das dortige Asylsystem systemische Mängel aufweise und für den zu überstellenden Asylbewerber eine ernsthafte Gefahr bestehe, eine unmenschliche oder erniedrigende Behandlung i.S.d. Art. 4 der GrCh zu erfahren.[779]

In der Sache ging es hauptsächlich um afghanische Asylsuchende, die wie bei *M.S.S.* über Griechenland unter anderem nach Großbritannien einreisten und um Asyl baten. In Griechenland waren sie zuvor inhaftiert worden. Dort wurden auch ihre Fingerabdrücke registriert. Einen Asylantrag stellten sie in Griechenland nicht.[780]

Beachtenswert ist, dass im Jahre 2010 etwa 90% der Asylsuchenden über Griechenland in die EU einreisten. Griechenland war außer Stande, die Verantwortung für die außergewöhnlich hohe Anzahl an Asylgesuchen zu übernehmen.[781]

---

772 *Borowski*, in: Meyer (Hrsg): Charta der Grundrechte der Europäischen Union, 2014, 4. Auflage, Art. 4 Rdnr. 1.

773 *Thym* (Fn. 45), Art. 78 Rdnr. 11; *Borowski* (Fn. 772), Art. 4 Rdnr. 1.

774 *Jarass*, Charta der Grundrechte der Europäischen Union, 2013, Art. 4 GrCh Rdnr. 2.

775 *Jarass* (Fn. 774), Rdnr. 5.

776 *Folz*, in: Vedder/Heintschel von Heinegg (Hrsg.): Europäisches Unionsrecht, Handkommentar, 2012, Art. 4 GrCh Rdnr. 3.

777 *Frenz*, Handbuch Europarecht, Band 4 – Europäische Grundrechte, § 4 Rdnr. 989.

778 *Frenz* (Fn. 777).

779 Urteil *N.S./Secretary of State* und *M. E. u.a./Refugee Applications Commissioner and Minister for Justice, Equality and Law Reform*, verb. Rs. C-411/10 und C-493/10, EU:C:2011:865 (*N.S.*), Rdnr. 106.

780 *N.S.* (Fn. 779), Rdnr. 36ff.

781 Ebenda, Rdnr. 87.

Die britischen Behörden beabsichtigten in der Sache *N.S.* dennoch die Rücküberstellung der Kläger nach Griechenland, weil Griechenland nach Art. 3 Abs. 1 Dublin-II-VO zur Durchführung der Asylverfahren zuständig gewesen wäre. Die Kläger gingen gegen diese Entscheidung gerichtlich vor.[782]

Der *Court of Appeal* (England & Wales) und der *High Court* (Irland) setzten schließlich das Verfahren aus und legten dem EuGH einige Fragen hinsichtlich der Auslegung von Art. 3 Abs. 1 Dublin-II-VO und den Unionsgrundrechten der GrCh zur Vorabentscheidung vor.[783]

1. N.S. gegen Secretary of State for the Home Department u. a.

Der EuGH bejahte in seinem Urteil zunächst die Geltung der in der GrCh verankerten Unionsgrundrechte, wenn das Sekundärrecht nationale Handlungsspielräume lässt. In diesen Fällen gelten nationale und europäische Grundrechte parallel.[784] Dies sei auch bei Art. 3 II der Dublin II-Verordnung der Fall. Sodann bekräftigt der EuGH die Verpflichtung der Mitgliedstaaten zum Schutze der Grundrechte von Asylbewerbern, wenn sie die Zuständigkeitskriterien der Dublin II-Verordnung anwenden. Im Einzelnen führt der EuGH aus:

> *„Damit die Union und ihre Mitgliedstaaten ihren Verpflichtungen in Bezug auf den Schutz der Grundrechte der Asylbewerber nachkommen können, obliegt es nach alledem in Situationen wie denen der Ausgangsverfahren den Mitgliedstaaten einschließlich der nationalen Gerichte, einen Asylbewerber nicht an den „zuständigen Mitgliedstaat" im Sinne der Verordnung Nr. 343/2003 zu überstellen, wenn ihnen nicht unbekannt sein kann, dass die systemischen Mängel des Asylverfahrens und der Aufnahmebedingungen für Asylbewerber in diesem Mitgliedstaat ernsthafte und durch Tatsachen bestätigte Gründe für die Annahme darstellen, dass der Antragsteller tatsächlich Gefahr läuft, einer unmenschlichen oder erniedrigenden Behandlung im Sinne von Art. 4 der Charta ausgesetzt zu werden."*[785]

Das Argument der britischen Regierung, die Dublin-II-VO basiere auf der unwiderlegbaren Vermutung, dass alle Mitgliedstaaten die Grundrechte beachten, ließ der EuGH nicht gelten:

> *„eine Anwendung der Verordnung Nr. 343/2003 auf der Grundlage einer unwiderlegbaren Vermutung, dass die Grundrechte des Asylbewerbers in dem für die Entscheidung über seinen Antrag normalerweise zuständigen Mitgliedstaat beachtet werden, ist mit der Pflicht der Mitgliedstaaten zu grundrechtskonformer Auslegung und Anwendung der Verordnung Nr. 343/2003 unvereinbar."*[786]

---

782 *N.S.* (Fn. 779), Rdnr. 40–50.
783 Ebenda, Rdnr. 50.
784 *Thym/Hailbronner*, Vertrauen im europäischen Asylsystem, NVwZ 2012, 407.
785 *N.S.* (Fn. 779), Rdnr. 94.
786 *N.S.* (Fn. 779), Rdnr. 99.

Demnach kommt der EuGH zu dem Ergebnis, dass die Mitgliedstaaten bei Überstellungen in jedem einzelnen Mitgliedstaat verpflichtet sind zu prüfen, ob die Grundrechte der Asylbewerber beachtet werden.[787] Damit wurde die humanitäre Verantwortung der Mitgliedstaaten für Schutzbedürftige hervorgehoben.[788]

Der EuGH verwirft in *N.S.* ebenso wie der EGMR in *M.S.S* jede unwiderlegbare Sicherheitsvermutung bei Anwendung der Dublin-II-VO.[789]

Art. 4 GrCh gebiete es, dass die Mitgliedstaaten Überstellungen von Asylsuchenden unterlassen,

> *„wenn ihnen nicht unbekannt sein kann, dass die systemischen Mängel des Asylverfahrens und der Aufnahmebedingungen für Asylbewerber in diesem Mitgliedstaat ernsthafte und durch Tatsachen bestätigte Gründe für die Annahme darstellen, dass der Antragsteller tatsächlich Gefahr läuft, einer unmenschlichen oder erniedrigenden Behandlung im Sinne dieser Bestimmung ausgesetzt zu werden.“*[790]

Der EuGH bestätigt die Einschätzung des EGMR in seinem Urteil zu *M.S.S.* hinsichtlich der bedrohlichen Lage in Griechenland für Asylsuchende.[791] In Anknüpfung an *M.S.S.* bezieht der EuGH seine Einschätzung der Lage einerseits auf das Asylverfahren, andererseits auf die Aufnahmebedingungen in Griechenland.[792]

Einschränkend betont der EuGH, dass nicht jede Verletzung eines Grundrechts durch den zuständigen Mitgliedstaat die Verpflichtungen der übrigen Mitgliedstaaten zur Beachtung der Bestimmungen der Dublin-II-VO berühren würde.[793]

Auf dem Spiel stehe nämlich

> *„der Daseinsgrund der Union und die Verwirklichung des Raums der Freiheit, der Sicherheit und des Rechts, konkret des Gemeinsamen Europäischen Asylsystems, das auf gegenseitigem Vertrauen und einer Vermutung der Beachtung des Unionsrechts, genauer der Grundrechte, durch die anderen Mitgliedstaaten gründet.“*[794]

Der EuGH erfordert vielmehr systemische Mängel, die ihre Ursache im Gesamtsystem des nationalen Asylverfahrens haben.[795]

---

787 Ebenda, Rdnr. 104.
788 *Dreyer*, Europäische Gerichte als Akteure einer individualrechtlich orientierten Asylpolitik, ZAR 2014, 362.
789 *Thym/Hailbronner* (Fn. 784), 408.
790 *N.S.* (Fn. 779), Rdnr. 106.
791 Ebenda, Rdnr. 88.
792 Ebenda, Rdnr. 112; *Marx*, Solidarität im grundrechtskonformen europäischen Asylsystem, NVwZ 2012, 411.
793 *N.S.* (Fn. 779), Rdnr. 82.
794 *N.S.* (Fn. 779), Rdnr. 83.
795 Ebenda, Rdnr. 86.

2. *Abdullahi gegen Bundesasylamt*[796]

Der EuGH entschied einen weiteren Fall, in welchem die Auslegung von Art. 4 GrCh eine entscheidende Rolle bei der Frage nach der Zulässigkeit der Überstellung einer Asylsuchenden nach den Kriterien der Dublin-II-VO spielte.

Die Klägerin, eine 22-jährige somalische Schutzsuchende, reiste im April 2011 mit dem Flugzeug nach Syrien ein und flüchtete weiter nach Griechenland. Dort stellte sie keinen Asylantrag. Über eine Route, die durch Ungarn führte, gelang es ihr schließlich, nach Österreich einzureisen. In Österreich bat sie um Asyl. Die österreichischen Behörden ersuchten den zweiten Einreisestaat Ungarn um Übernahme. Ungarn gab dem Ersuchen statt. Das österreichische Bundesasylamt wies daraufhin den Asylantrag der Klägerin als unzulässig ab und schob sie zurück nach Ungarn ab.[797]

Die erste Vorlagefrage betraf die Auslegung von Art. 19 II der Dublin II-Verordnung, der die Zuständigkeit kraft Einreise in einen Mitgliedstaat begründet, wenn andere Kriterien nicht vorrangig greifen. Ein vorrangiges Kriterium wäre z.B. der Antrag auf Asyl in einem Mitgliedstaat. Hätte die Klägerin z.B. in Griechenland um Asyl gebeten, dann wäre Griechenland nach der Dublin-II-VO zuständig für die Überprüfung des Asylanspruchs gewesen. Der EuGH betont zunächst, dass das GEAS auf das Prinzip des gegenseitigen Vertrauens zwischen den Mitgliedstaaten beruht. Das GEAS sei

> *„in einem Kontext entworfen (...), der die Annahme zulässt, dass alle daran beteiligten Staaten, ob Mitgliedstaaten oder Drittstaaten, die Grundrechte beachten, einschließlich der Rechte, die ihre Grundlage in der Genfer Flüchtlingskonvention und dem Protokoll von 1967 sowie in der EMRK finden, und dass die Mitgliedstaaten einander insoweit Vertrauen entgegenbringen dürfen.“*[798]

Die Dublin-Verordnung sei geschaffen worden,

> *„um die Behandlung der Asylanträge zu rationalisieren und zu verhindern, dass das System dadurch stockt, dass die staatlichen Behörden mehrere Anträge desselben Antragstellers bearbeiten müssen, und um die Rechtssicherheit hinsichtlich der Bestimmung des für die Behandlung des Asylantrags zuständigen Staates zu erhöhen und damit dem „forum shopping“ zuvorzukommen“.*[799]

Der Zweck der Bestimmung eines für das Asylverfahren zuständigen Staates sei es,

> *„die Bearbeitung der Anträge im Interesse sowohl der Asylbewerber als auch der teilnehmenden Staaten zu beschleunigen“.*[800]

---

796 Urteil *Shamso Abdullahi/Bundesasylamt*, C-394/12, EU:C:2013:813 (*Abdullahi*).
797 *Abdullahi* (Fn. 796), Rdnr. 27–29.
798 *Abdullahi* (Fn. 796), Rdnr. 52.
799 Ebenda, Rdnr. 52.
800 Ebenda, Rdnr. 52.

Der EuGH erklärt die Überstellung der Klägerin nach Ungarn als mit dem Unionsrecht vereinbar. Habe der um Übernahme ersuchte Mitgliedstaat seiner Zuständigkeit für die Prüfung eines Asylbegehrens nach Art. 10 der Dublin-II-VO zugestimmt, so können Asylsuchende sich dagegen nur mit Hinweis auf „systemische Mängel" in dessen System wehren.[801] Der Asylbewerber könne nur „systemische Mängel des Asylverfahrens und der Aufnahmebedingungen für Asylbewerber" geltend machen, die ernsthafte und durch Tatsachen bestätigte Gründe für die Annahme darstellen, dass er tatsächlich Gefahr läuft, einer unmenschlichen oder erniedrigenden Behandlung im Sinne von Art. 4 der Charta ausgesetzt zu werden".[802]

Der EuGH sah vorliegend keine Anhaltspunkte für die Annahme, dass das ungarische Asylsystem an systemischen Mängeln leidet.[803]

3. *Tarakhel gegen Schweiz*

Anders als im Fall *M.S.S.* stellt der EGMR in *Tarakhel* nicht fest, dass das Asylsystem des betroffenen Konventionsstaates Italien komplett funktionsuntüchtig ist. Aufgrund der vorherrschenden Situation in Italien sei aber eine reale Gefahr gegeben, dass die Beschwerdeführer in Italien obdachlos werden könnten oder in überfüllten Einrichtungen Unterbringung finden.[804] Deswegen entschied der EGMR, dass die Schweiz Art. 3 EMRK verletzen würde, wenn sie die Familie aus Afghanistan nach Italien überstelle, ohne konkrete Zusicherungen aus Italien einzuholen, dass die Familie angemessen untergebracht und nicht getrennt wird. Die Rechtsverletzung wurde mithin hier an den besonderen Umständen des Einzelfalls festgemacht.

Die Besonderheit dieses Urteils liegt darin, dass der EGMR das Verbot der Überstellung an einen anderen Konventionsstaat nicht ausschließlich davon abhängig macht, ob die dortigen Aufnahmebedingungen und das Asylverfahren systemische Mängel aufweisen.[805]

Der EGMR würdigt die Gesamtsituation im Hinblick auf die Aufnahmebedingungen für Asylsuchende in Italien und kommt zu dem Ergebnis, dass diese nicht vergleichbar mit der Situation in Griechenland ist.[806] Daraus folgert der EGMR, dass der Ansatz der Beurteilung der Lage für die Familie Tarakhel ein anderer sein muss.[807]

Zuvor hatte der EGMR in vier anderen Fällen die Überstellung von Asylsuchenden nach Italien nicht beanstandet mit der Begründung, im italienischen Asylsystem seien keine systemischen Mängel gegeben.[808]

---

801 Ebenda, Rdnr. 62.
802 Ebenda.
803 Ebenda, Rdnr. 61.
804 *Tarakhel* (Fn. 692), Rdnr. 120.
805 *Tiedemann*, Rückführung von Asylbewerbern nach Italien, NVwZ 2015, 122.
806 *Tarakhel* (Fn. 692), Rdnr. 114.
807 Ebenda, Rdnr. 114.
808 Siehe ausführlich hierzu *Thym*, Zulässigkeit von Überstellungen nach Italien, ZAR 2013, 331–335.

Umso beachtlicher erscheint es, dass die Große Kammer in *Tarakhel* sich wieder auf eine Einzelfallprüfung konzentriert und nicht nur auf die generelle Gesamtsituation für Flüchtlinge in Italien abstellt. Aus der Sicht des EGMR lässt die individuelle Situation der Beschwerdeführer *Tarakhel* die Annahme zu, dass sie in Italien ohne Obdach verbleiben oder in überfüllten Einrichtungen ohne jede Privatsphäre untergebracht werden.[809]

Das Vorliegen systemischer Mängel ist mithin für den EGMR nicht erforderlich, um eine Verletzung von Art. 3 EMRK (und damit auch Art. 4 GrCh) durch eine Überstellung in einen anderen Konventionsstaat anzunehmen. *Der EGMR wehrt sich damit in Tarakhel* gegen eine Einengung der Rechtsverletzungen auf die ausschließliche Verursachung durch systemische Mängel im Asylsystem. Eine solche Exklusivität war durch die Urteile des EuGH in der Rechtssache *N.S.* und *Abdullahi* nahegelegt worden.[810]

Zusammenfassend lässt sich feststellen, dass der EGMR in *Tarakhel* die drohende Verletzung der Rechte aus Art. 3 EMRK als entscheidend erachtet und nicht noch zusätzlich erfordert, dass das Asylsystem an sich systemische Mängel aufweist.

Die Einschränkung des EuGH auf systemische Mängel wirft die Frage auf, welche Voraussetzungen vorliegen müssen, damit Verletzungen von Art. 4 GrCh als systemische Mängel qualifiziert werden können. In der Literatur ist diese Frage umstritten.[811]

Nach einer Ansicht setzen systemische Mängel „die reelle Unfähigkeit des Verwaltungsapparates zur Beachtung des Art. 4GRCh" voraus.[812] Vereinzelte Verstöße gegen das Sekundärrecht seien nicht ausreichend. Erforderlich sei vielmehr die „systemische Unzulänglichkeit" eines Asylsystems.[813] Grundsätzlich müssten demnach für die Aussetzung von Überstellungen nach der Dublin-III-VO dem nationalen Asylsystem inne wohnende Mängel vorliegen, „die mit den Defiziten des griechischen Asylsystems im Jahr 2009 vergleichbar sind".[814] Geringere Verstöße stünden einer Überstellung mithin nicht entgegen.[815]

Andere Autoren bejahen einen systemischen Mangel, wenn dieser so gravierend ist, dass er in einer Vielzahl von Fällen zu der Gefahr einer unmenschlichen oder erniedrigenden Behandlung führt.[816] Dabei sei es nicht erforderlich, dass systemische Mängel sowohl im Asylverfahren als auch im Aufnahmesystem vorliegen.[817] Art. 4 GrCh schütze auch vor Rechtsverletzungen, die nicht durch systemische Mängel

---

809 *Tarakhel* (Fn. 692), Rdnr. 120.
810 *Tiedemann* (Fn. 805), 122.
811 *Lübbe*, „Systemische Mängel" in Dublin-Verfahren, ZAR 2014, 106.
812 *Thym/Hailbronner* (Fn. 784), 408.
813 Ebenda.
814 Ebenda, S. 408.
815 Ebenda; *Thym* (Fn. 808), 333.
816 *Bank/Hruschka*, Die EuGH-Entscheidung zu Überstellungen nach Griechenland und ihre Folgen für Dublin-Verfahren (nicht nur) in Deutschland, ZAR 2012, 186; *Marx* (Fn. 766), 412.
817 *Bank/Hruschka* (Fn. 816), 186.

ausgelöst werden können.[818] Wenn die Gefahr einer nach Art. 4 GrCh verbotenen Behandlung vorläge, die sich gezielt gegen eine Person richtet, dann sei das Vorhandensein systemischer Mängel im Asylverfahren oder den Aufnahmebedingungen nicht entscheidungsrelevant.[819] Art. 3 EMRK stehe nicht unter dem Vorbehalt „struktureller", „systembedingter" Verletzungen, sondern setze nur die Darlegung eines *„ernsthaften Risikos"* seiner Verletzung voraus.[820]

Andere verweisen auf den gewöhnlichen Sprachgebrauch des Begriffs und definieren einen systemischen Mangel als eine strukturelle Lücke im System, die dazu führe, dass Fälle, die diese Systemstelle durchlaufen, mit Fehlern behaftet sind.[821] Systemische Mängel lassen sich nach dieser Ansicht im Gegensatz zu zufälligen Fehlern durch eine Veränderung in den regelhaften Abläufen des Systems beheben.[822]

Diese technische Definition von systemischen Mängeln wird auf nationale Asylsysteme übertragen. Daraus wird gefolgert, dass alle Rechtsverletzungen systembedingt sind, mit Ausnahme von denen, die das Asylsystem nicht vorhersehbar produziert.[823]

Der Gegenbegriff zu „Rechtsverletzung aufgrund systemischer Mängel" sei nicht „Rechtsverletzung aufgrund besonderer Umstände des Einzelfalles", sondern „Rechtsverletzung aufgrund einer Verkettung unglücklicher Umstände".[824]

Die Frage, ob Rechtsverletzungen auf systemischen Mängeln beruhen oder nicht sei auch davon abhängig, welche Anforderungen die Mitgliedstaaten an die Fehlervermeidung stellen. Daraus resultiere dann auch eine handhabbare Bewertungsfrage für die einzelstaatliche Gerichtsbarkeit.[825]

In den Fällen, in denen bei einer Überstellung kein generelles Risiko einer Verletzung der Schutzgüter von Art. 4 GrCh gegeben ist, d.h. keine mit Griechenland vergleichbare Situation vorliegt, obliege es den Schutzsuchenden, die gefahrbringenden Umstände des Einzelfalles geltend zu machen, die eine hinreichend wahrscheinliche und gravierende Betroffenheit des Asylbewerbers durch den Mangel des Asylsystems begründen.[826]

Dieser Auslegung haben sich auch das BVerwG in seinem Beschluss vom 19.3.2014[827] und der VGH Baden-Württemberg in seinem Urteil vom 10.11.2014[828] angeschlossen. Nach dem BVerwG sind unter systemischen Mängeln solche Mängel zu verstehen, die „den Einzelnen in dem zuständigen Mitgliedstaat nicht unvorhersehbar oder schicksalhaft treffen" und sich „aus Sicht der deutschen Behörden und

---

818 Ebenda.
819 *Marx* (Fn. 792), 412.
820 Ebenda, S. 412.
821 *Lübbe* (Fn. 811), 107.
822 Ebenda.
823 Ebenda, S. 110.
824 Ebenda, S. 107.
825 Ebenda, S. 108.
826 Ebenda, S. 111.
827 BVerwG, Beschluss vom 19.03.2014, AZ 10 B 6.14 =NVwZ 2014, 1039.
828 VGH Baden-Württemberg, Urteil vom 10.11.2014, AZ A 11 S1636/14.

Gerichte wegen ihrer systemimmanenten Regelhaftigkeit verlässlich prognostizieren" lassen.[829]

Der VGH Baden-Württemberg definiert systemische Mängel als solche, „die entweder bereits im Asyl- und Aufnahmeregime selbst angelegt sind und von denen alle Asylbewerber oder bestimmte Gruppen von Asylbewerbern deshalb nicht zufällig und im Einzelfall, sondern vorhersehbar und regelhaft betroffen sind, oder aber tatsächliche Umstände, die dazu führen, dass ein theoretisch sachgerecht konzipiertes und nicht zu beanstandendes Asyl- und Aufnahmesystem – aus welchen Gründen auch immer – faktisch ganz oder in weiten Teilen seine ihm zugedachte Funktion nicht mehr erfüllen kann und weitgehend unwirksam wird."[830] Ein systemischer Mangel läge auch vor, „wenn er von vornherein lediglich eine geringe Zahl von Asylbewerbern betreffen kann, sofern er sich nur vorhersehbar und regelhaft realisieren wird und nicht gewissermaßen dem Zufall oder einer Verkettung unglücklicher Umstände bzw. Fehlleistungen von in das Verfahren involvierten Akteuren geschuldet ist".[831]

Gegen die Einengung des Begriffs der systemischen Mängel auf eine tatsächliche „systemische" Unzulänglichkeit des Asylsystems und auf die Unfähigkeit des Verwaltungsapparates zur Beachtung des Art. 4 GRCh spricht, dass dem Schutzgut der Menschenrechte Vorrang vor dem Interesse an der Durchsetzung oder Aufrechterhaltung des Dublin-Systems gebührt. Es sind nicht die Mängel, die die einzelnen nationalen Asylsysteme aufweisen und die sich auch beheben lassen, die eine Unzulässigkeit einer Überstellung nach dem Dublin-System zu begründen vermögen, sondern die drohende Verletzung der Rechte der betroffenen Asylsuchenden aus Art. 3 EMRK bzw. Art. 4 GRCh.[832] Eine solche Auslegung lässt sich auch schwer mit der „Pflicht der Mitgliedstaaten zu grundrechtskonformer Auslegung und Anwendung"[833] der Dublin-III-VO vereinbaren.[834]

Folgt man dagegen dem Ansatz des EGMR im Fall *Tarakhel*, dann führt dies zu dem Ergebnis, dass eine Rechtsverletzung von Art. 4 GrCh ausreichend für die Unzulässigkeit einer Überstellung ist, solange sie eine hinreichend wahrscheinliche und gravierende Betroffenheit des Asylbewerbers begründet. Eine generelle Unzulänglichkeit des Asylsystems wie in Griechenland wäre dann nicht erforderlich.[835]

Die zweite und die dritte Ansicht sind mit der EGMR-Rechtsprechung in *Tarakhel* im Einklang. Der EuGH fordert jedoch, dass die Verletzung des Art. 4 GrCh aufgrund von systemischen Mängeln entsteht. Daraus lässt sich jedoch nicht ohne weiteres folgern, dass systematische Mängel voraussetzen, dass das gesamte nationale Asylsystem nicht mehr funktionsfähig ist.

---

829 BVerwG=NVwZ 2014, 1040.
830 VGH Baden-Württemberg, Urteil vom 10.11.2014, AZ A 11 S1636/14.
831 Ebenda.
832 *Tiedemann* (Fn. 805), 123.
833 *N.S.* (Fn. 779), Rn. 99.
834 *Tiedemann* (Fn. 805), 123.
835 *Lübbe* (Fn. 725), 106.

Die dritte Ansicht überzeugt, als sie zwischen vorhersehbaren und nicht vorhersehbaren im System ruhenden Mängeln unterscheidet. Systemische Mängel sind demnach alle im Asyl- und Aufnahmesystem angelegten Mängel, von denen alle Asylbewerber oder bestimmte Gruppen von Asylbewerbern vorhersehbar und regelhaft betroffen sind. Jeder systemimmanente Mangel kann demnach eine Rechtsverletzung nach Art. 4 GrCh bewirken, solange er vorhersehbar ist und der Betroffene von dem Mangel im Fall der Überstellung mit hinreichender Wahrscheinlichkeit betroffen sein wird.

Ein systemischer Mangel setzt auch nicht voraus, dass eine bestimmte Anzahl von Personen von diesem betroffen ist.[836] Entscheidend ist vielmehr die Schwere und die Intensität des Verstoßes gegen das Menschenrecht und eine individuell hinreichende Betroffenheit.[837]

Wie sich systemische Mängel in der Zukunft qualifizieren lassen werden, wird der EuGH in seiner Rechtsprechung noch klären müssen.[838]

In seinem Gutachten zum Beitritt der EU zur EMRK und deren Vereinbarkeit mit dem AEUV vom 18.12.2014[839] hat der EuGH bereits darauf hingewiesen, dass die Mitgliedstaaten unionsrechtlich verpflichtet sind, „die Beachtung der Grundrechte durch die übrigen Mitgliedstaaten zu unterstellen, so dass sie weder die Möglichkeit haben, von einem anderen Mitgliedstaat ein höheres nationales Schutzniveau der Grundrechte zu verlangen als das durch das Unionsrecht gewährleistete, noch – von Ausnahmefällen abgesehen – prüfen können, ob dieser andere Mitgliedstaat in einem konkreten Fall die durch die Union gewährleisteten Grundrechte tatsächlich beachtet hat."[840] Die EMRK verlange im Gegensatz dazu von einem Mitgliedstaat, die Beachtung der Grundrechte durch einen anderen Staat zu prüfen.[841] Daher sei ein Beitritt der EU zur EMRK geeignet „das Gleichgewicht, auf dem die EU beruht, sowie die Autonomie des Unionsrechts zu beeinträchtigen".[842]

Diesen Ausführungen lässt sich entnehmen, dass der EuGH dem Grundsatz des gegenseitigen Vertrauens eine grosse Bedeutung für das Gleichgewicht der EU beimisst. Dieser Grundsatz kann jedoch nicht bewirken, dass das GEAS keiner Menschenrechtskontrolle zu unterwerfen ist. Die materiell-rechtliche Divergenz zwischen der EMRK und der GrCh lässt sich vielmehr durch einen Rückgriff auf

836 Ebenda, S. 110; *Canor*, -Solange horizontal- Der Schutz der EU-Grundrechte zwischen den Mitgliedstaaten, ZaöRV 2013, 277.
837 *Canor* (Fn. 836), 278.
838 *Pelzer*, Das EuGH-Urteil vom 21.12.2011 zur Dublin-II-Verordnung, Asylmagazin 4/2012, 105.
839 EuGH, Gutachten vom 18.12.2014 – C-2/13.
840 Ebenda, Rdnr. 192.
841 Ebenda, Rdnr. 194.
842 Ebenda.

Art. 52 III GrCh auflösen, ohne dass der Grundsatz des gegenseitigen Vertrauens ins Leere läuft.[843]

4. *Ergebnis*

Art. 4 GrCh verankert ein einklagbares subjektives Recht auf Schutz vor Folter oder unmenschlicher oder erniedrigender Strafe oder Behandlung. Dieses Recht wird vorbehalts- und schrankenlos gewährt und ist auch in Übereinstimmung mit Art. 15 II EMRK notstandsfest.

Die Schutzkomponente des Art. 4 GrCh kam bisher insbesondere zum Tragen bei sogenannten Überstellungen nach der Dublin-II-VO. Der EuGH untersagte erstmals in *N.S.* die Überstellung von Asylbewerbern nach Griechenland, weil den Mitgliedstaaten nicht unbekannt sein könne, dass das dortige Asylsystem systemische Mängel aufweise und für den zu überstellenden Asylbewerber eine ernsthafte Gefahr bestehe, eine unmenschliche oder erniedrigende Behandlung i.S. des Art. 4 der GrCh zu erfahren.[844] Daraus lässt sich zunächst folgern, dass sich die Mitgliedstaaten von ihren vertraglichen Verpflichtungen zum Schutze der Menschenrechte nicht befreien können, wenn sie Sekundärrecht ausüben. Der absolute Abschiebungsschutz nach Art. 3 EMRK bzw. Art. 4 GrCh ist auch bei Überstellungen nach dem Dublin-System weiterhin bindend.[845]

Der EuGH hat in seinen Urteilen eindeutig den Vorrang der Grundrechte hervorgehoben.[846] Dennoch genügt nach dem EuGH nicht schon der „geringste Verstoß" gegen das Sekundärrecht, um die Überstellung an den nach der DublinII-Verordnung zuständigen Staat zu vereiteln.[847] Des Weiteren könne nicht „jeder Verstoß gegen einzelne Bestimmungen" zum Schutze von Flüchtlingen, wie sie z.B. in der Aufnahmerichtlinie oder in der QRL vorgesehen sind, eine Überstellung verhindern.[848]

Eine Überstellung sei jedenfalls dann mit Art. 4 GrCh unvereinbar, wenn ernsthaft zu befürchten wäre, dass Asylverfahren und Aufnahmebedingungen in dem betreffenden Staat systemische Mängel aufweisen.[849]

Der EGMR hat hingegen in *Tarakhel* die drohende Verletzung der Rechte aus Art. 3 EMRK bzw. Art. 4 GrCh im Einzelfall als entscheidend erachtet und nicht noch zusätzlich erfordert, dass das Asylsystem an sich systemische Mängel aufweist.

Diese Auslegung des Art. 3 EMRK durch den EMGR muss auch bei der Auslegung des Art. 4 GrCh berücksichtigt werden. Eine Verletzung des Art. 4 GrCh bei

---

843 *Wendel*, Der EMRK-Beitritt als Unionsrechtsverstoß. Zur völkerrechtlichen Öffnung der EU und ihren Grenzen, NJW 2015, 925.
844 *N.S.* (Fn. 779), Rdnr. 106.
845 *Pelzer* (Rn. 838), 105.
846 *Dreyer* (Fn. 788), S. 362.
847 *N.S.* (Fn. 779), Rdnr. 82.
848 *N.S.* (Fn. 779), Rdnr. 83.
849 Ebenda, Rdnr. 86.

Abschiebe- oder auch bei Rücküberstellungsfällen nach der Dublin-Verordnung kommt demnach nicht nur bei Vorliegen von systemischen Mängeln in Betracht.

Systemische Mängel sind alle im Asyl- und Aufnahmesystem angelegten Mängel, von denen alle Asylbewerber oder bestimmte Gruppen von Asylbewerbern vorhersehbar und regelhaft betroffen sind. Jeder systemimmanente Mangel kann eine Rechtsverletzung nach Art. 4 GrCh bewirken, solange er vorhersehbar ist und der Betroffene von dem Mangel im Fall der Überstellung mit hinreichender Wahrscheinlichkeit betroffen sein wird.

Entscheidend bei der Einzelfallprüfung einer Abschiebung oder Rücküberstellung ist vielmehr die Schwere und die Intensität des Verstoßes gegen das Menschenrecht und eine individuell hinreichende Betroffenheit des Grundrechtsträgers.[850]

II. Art. 18 GrCh

Art. 18 GrCh lautet:

> *„Das Recht auf Asyl wird nach Maßgabe des Genfer Abkommens vom 28. Juli 1951 und des Protokolls vom 31. Januar 1967 über die Rechtsstellung der Flüchtlinge sowie nach Maßgabe des Vertrags über die Europäische Union und des Vertrags über die Arbeitsweise der Europäischen Union (im Folgenden „die Verträge") gewährleistet."*

Der Wortlaut der Norm wurde an Art. 63 EGV angelehnt, in welchem sich die Gemeinschaft zu den völkerrechtlichen Verpflichtungen zum Schutze von Flüchtlingen bekannte.[851] Art. 18 GrCh inkorporiert die völkerrechtlichen Vorgaben der GFK und erhebt sie in den Rang des Primärrechts der EU.[852]

1. *Rechtscharakter*

Die Frage, ob Art. 18 GrCh ein subjektives Recht auf Asyl garantiert, ist noch ungeklärt. Der EuGH hat noch nicht zum Rechtscharakter von Art. 18 GrCh Stellung genommen.

In der Literatur ist diese Frage umstritten. Viele Autoren vertreten die Ansicht, dass Art. 18 GrCh kein umfassendes subjektives Grundrecht auf Asyl gewährt.[853]

Art. 18 GrCh sei ein Grundrecht eigener Art, das die objektive Verpflichtung aufstelle, das Asylrecht unter Beachtung der GFK auf der Grundlage des Art. 78 AEUV auszugestalten.[854]

---

850 *Canor* (Fn. 836), 278.

851 *Bernsdorff*, in: Meyer (Hrsg.): Charta der Grundrechte der Europäischen Union, 2014, 4. Auflage, Art. 18 Rdnr. 2.

852 *Hong* (Fn. 464), S. 148; *Rossi* (Fn. 261), Art. 18 GRCh Rn. 2f; *Graßhof* (Fn. 260), Art. 18 GrCh Rdnr. 2.

853 *Schorkopf* (Fn. 350), § 15 IV 1 Rdnr. 46; *Frenz* (Fn. 777), § 2 Rdnr. 1122; *Rossi* (Fn. 261), Art. 18 EU-GRCh, Rdnr. 3; *Graßhof* (Fn. 260), Art. 18 GrCh Rdnr. 2.

854 *Rossi* (Fn. 261), Art. 18 GRCh Rn. 1f.

Die Norm garantiere kein Grundrecht auf Asyl, weil sie sich auf die GFK beziehe und diese nur Rechte im Asyl und nicht ein Recht auf Asyl begründe.[855] Sowohl die GrCh als auch die GFK respektiere die Kompetenz der Konventionsstaaten, das Recht auf Asyl selbst zu bestimmen.[856] Eine Kompetenzänderung sollte durch die Aufnahme des Art. 18 GrCh gerade nicht erfolgen.[857]

Eine historische Auslegung der GrCh stünde ebenfalls einer Qualifikation der Norm als Grundrecht entgegen.[858] Der Grundrechtekonvent habe keinen subjektiven Asylanspruch schaffen wollen und dies spiegle sich auch im Wortlaut der Norm wider, welcher ein Recht „nach Maßgabe“ garantiere.[859]

Art. 18 GrCh subjektiviere vielmehr die völkerrechtlichen Vorgaben der GFK zu einem Recht des Einzelnen auf eine Ausgestaltung des Asylrechts nach der GFK.[860] Damit begründe sie vor allem Respektierungs- und Schutzpflichten zugunsten anerkannter Flüchtlinge.[861]

Daneben wird Art. 18 GrCh auch als Grundsatz gem. Art. 52 V GrCh betrachtet.[862] Art. 18 GrCh enthalte im Gegensatz zu anderen Freiheitsrechten der GrCh keinen eigenständigen Regelungsgehalt.[863] Die Norm enthielte nur ein einklagbares Recht auf Nichtzurückweisung.[864] Als Grundsatz verpflichte sie gleichzeitig zur Auslegung der Rechts- und Einzelakte (Art. 52 V Alt. 1 GrCh) oder zur Überprüfung ihrer Rechtmäßigkeit (Art. 52 V Alt. 2 GrCh) in ihrem Lichte.[865]

Nach einer anderen Ansicht enthält Art. 18 GrCh ein einklagbares Recht auf Asyl.[866] Es handele sich hierbei um ein Abwehrrecht.[867] Dieses Recht gehe über die Beachtung der völkerrechtlichen Verpflichtungen hinaus und müsse bei der Schaffung von

855 *Frenz* (Fn. 777), Rdnr. 1125.
856 Ebenda.
857 *Jochum,* in: Tettinger/Stern (Hrsg.): Kölner Gemeinschafts-Kommentar zur Europäischen Grundrechte-Charta, 2006, Art. 18 GrCh Rdnr. 6; *Wolffgang,* in: Lenz/Borchardt (Hrsg.): EU-Verträge. Kommentar, 2012, 6. Auflage, Art. 18 GrCh Rdnr. 2.
858 *Graßhof* (Fn. 260), Art. 18 GrCh Rdnr. 2.
859 *Bernsdorff* (Fn. 851), Art. 18 Rdnr. 11.
860 *Hong* (Fn. 464), S. 148; *Rossi* (Fn. 261), Art. 18 GRCh Rdnr. 2 f; *Graßhof* (Fn. 260), Art. 18 GrCh Rdnr. 2.
861 *Jochum* (Fn. 857), Art. 18 GrCh Rdnr. 24.
862 *Wolffgang* (Fn. 857), Art. 18 GrCh Rdnr. 3.
863 Ebenda, Art. 18 GrCh Rdnr. 1.
864 Ebenda, Art. 18 GrCh Rdnr. 3.
865 *Kingreen* (Fn. 765), Art. 52 V Rdnr. 15.
866 *Handbuch* (Fn. 769), S. 24 und S. 39; *Groß,* Migrationsrelevante Freiheitsrechte der EU-Grundrechtecharta, ZAR 2013, 109 und *ders.,* Europäische Grundrechte als Vorgaben für das Einwanderungs- und Asylrecht, KJ 2001, 104; *Jarass* (Fn. 774), Art. 18 GrCh Rdnr. 7; *Bernsdorff* (Fn. 851), Art. 18 GrCh Rdnr. 11; *Weinzierl,* Flüchtlinge, 2005, S. 147.
867 Ebenda.

Asylrechtsnormen sowohl auf Schutzbereichsebene wie auf der Ebene der Rechtfertigung von Eingriffen Beachtung finden.[868]

Als Argument wird hierbei der Wortlaut der Norm herangezogen, der von einem Recht auf Asyl spricht und nicht von einem Recht, Asyl zu suchen.[869] Weiterhin ergebe sich aus der systemischen Stellung der Norm in Titel II „Freiheiten“ der Grundrechtecharta, dass es sich um ein Freiheitsrecht handele.[870] Die GFK stehe der Einordnung des Art. 18 GrCh als subjektives Recht auch nicht entgegen.[871]

Folgt man dieser Ansicht, dann würde Art. 18 GrCh das erste Bekenntnis zu einem Recht auf Asyl in einem internationalen Abkommen darstellen.[872] Der Wortlaut von Art. 18 GrCh ist sogar weiter gefasst als der Wortlaut von Art. 14 I der Allgemeinen Erklärung der Menschenrechte (AEMR), die von einem „Recht vor Verfolgung Asyl zu suchen und zu genießen“ spricht.[873]

Zunächst ist festzuhalten, dass die Entstehungsgeschichte der Norm weder für die Einordnung von Art. 18 GrCh als ein subjektives Recht noch dagegen spricht. Der Wortlaut der Norm ist als Kompromiss der widerstreitenden Interessen und Ansichten des Grundrechtekonvents entstanden.[874] Viele Vertreter der Mitgliedstaaten hatten sich für ein Individualgrundrecht ausgesprochen, das den persönlichen Anwendungsbereich auch auf Unionsbürger erstreckt.[875] Letztendlich einigte man sich auf einen Wortlaut, welcher ein Recht auf Asyl und nicht ein Recht, Asyl zu suchen, manifestiert.[876]

Die Bezugnahme auf die GFK und die Verträge der Union begrenzen dieses Grundrecht nicht, sondern füllen es mit Inhalt. Art. 18 GrCh weist einen eigenständigen Regelungsgehalt auf, der nicht mit dem Sekundärrecht oder mit den Vorgaben der GFK gleichbedeutend sein kann, weil die daraus entstehenden Verpflichtungen aus der GFK und aus Unionsrecht für die Mitgliedstaaten bereits bestehen.[877] Die Normierung eines Rechts auf Asyl zielt auf Eigenständigkeit innerhalb der Grundrechtspolitik der EU ab, die sich dem Individualinteresse der Schutzbedürftigen zuwendet.[878]

---

868 *Bernsdorff* (Fn. 851), Art. 18 Rdnr. 11.

869 *Teitgen-Colly*, The European Union and Asylum: An Illusion of Protection, CML Rev. 2006, 1510.

870 *Fröhlich* (Fn. 35), S. 188.

871 *Groß* (Fn. 764), S. 104; *Fröhlich* (Fn. 35), S. 188.

872 *Teitgen-Colly* (Fn. 869), 1510.

873 *Peers*, Immigration, Asylum and the European Union Charter of Fundamental Rights, EJML 2001, 161.

874 *Fröhlich* (Fn. 35), S. 187; *Teitgen-Colly* (Fn. 869), 1510; *Bernsdorff* (Fn. 851), Art. 18 GrCh Rdnr. 7.

875 *Bernsdorff* (Fn. 851), Art. 18 GrCh Rdnr. 7.

876 *Teitgen-Colly* (Fn. 869), 1510.

877 *Fröhlich* (Fn. 35), S. 186; *Rossi* (Fn. 261), Art. 18 GRCh Rdnr. 2f., der ebenfalls betont, dass eine Eigenständigkeit vorhanden sein muss.

878 *Fröhlich* (Fn. 35), S. 187.

Das Asylrecht und das Refoulementverbot sind zudem zwei unterschiedliche Gewährleistungen der GrCh, da der Schutz vor Zurückweisung i.S.v. Art. 3 EMRK explizit in Art. 19 II GrCh Einzug gefunden hat.[879] Art. 18 und Art. 19 GrCh sind nach einhelliger Ansicht auch nebeneinander anwendbar.[880]

Die Frage, ob sich aus Art. 18 GrCh ein einklagbares Recht auf Asyl ergeben kann, wird der EuGH in seiner Rechtsprechung verbindlich klären müssen.

Zusammenfassend lässt sich jedoch feststellen, dass Art. 18 GrCh das subjektive Recht auf Nichtzurückweisung gewährt, das über den Regelungsgehalt von Art. 19 II GrCh hinausgeht. Das Refoulementverbot nach Art. 33 GFK stellt das Kernelement des subjektiven Rechts auf Asyl dar.[881]

Des Weiteren begründet Art. 18 GrCh das Recht auf eine Ausgestaltung des Asylrechts nach der GFK und Art. 78 I AEUV.[882] Die Norm dient auch als Rechtmäßigkeitsmaßstab und ist in dieser Funktion zur Überprüfung des EU-Sekundärrechts heranzuziehen.[883]

2. *Schutzumfang*

Das Recht auf Asyl nach Art. 18 GrCh bedarf der Konkretisierung und steht unter dem Primärrechtsvorbehalt.[884] Der Inhalt der Norm lässt sich in ihrem Kern anhand der GFK und des dazugehörigen New Yorker Protokolls bestimmen.[885] Des Weiteren wird sie durch die im Rahmen von Art. 78 II AEUV erlassenen Rechtsakte geprägt.[886] Von besonderer Bedeutung sind hierbei die QRL, die Aufnahmerichtlinie und die Verfahrensrichtlinie.[887] Zusätzlich füllen die anderen Grundrechte der GrCh, insbesondere der in Art. 1 GrCh verankerte Schutz der Menschenwürde, Art. 18 GrCh mit Inhalt aus.[888]

Das Recht auf Asyl setzt die Flüchtlingseigenschaft voraus. Diese wird in Anlehnung an den materiellen Flüchtlingsbegriff des Art. 1 A-F GFK und an die Vorgaben der QRL bestimmt.[889]

---

879 *Fröhlich* (Fn. 35), S. 187.

880 *Wolffgang* (Fn. 857), Art. 18 GrCh Rdnr. 5; *Jarass* (Fn. 774), Art. 18 GrCh Rdnr. 4.

881 *Peers* (Fn. 873), 162.

882 *Hong* (Fn. 464), S. 148; *Rossi* (Fn. 261), Art. 18 GRCh Rdnr. 2f.

883 *Fröhlich* (Fn. 35), S. 190.

884 *Schorkopf* (Fn. 350), § 15 IV 1 Rdnr. 44; *Frenz* (Fn. 751), § 2 Rdnr. 1122; *Teitgen-Colly* (Fn. 869), 1510.

885 *Frenz* (Fn. 777), § 2 Rdnr. 1120; *Jochum* (Fn. 857), Art. 18 GrCh Rdnr. 7.

886 *Rossi* (Fn. 261), Art. 18 EU-GRCharta Rdnr. 5; *Graßhof* (Fn. 260), Art. 18 GrCh Rdnr. 4.

887 *Rossi* (Fn. 261), Art. 18 EU-GRCharta, Rdnr. 5; *Graßhof* (Fn. 260), Art. 18 GrCh Rdnr. 4; anderer Ansicht *Wolffgang* (Fn. 857), Art. 18 GrCh Rdnr. 10.

888 *Frenz,* EU-Recht gegen das Flüchtlingselend – Einordnung und Folgerungen aus Lampedusa, ZAR 2014, 4.

889 *Rossi* (Fn. 261), Art. 18 GrCh Rdnr. 6.

Weder aus der GFK noch aus dem Primärrecht lässt sich ein Recht auf Einreise oder Aufnahme entnehmen.[890] In der Regel sind Schutzsuchende Staatsangehörige von Staaten, für die zur Einreise in die EU eine Visumpflicht besteht. Wenn es ihnen nicht gelingt, die Anforderungen für ein Visum zu erfüllen, bleiben ihnen nicht mehr viele Möglichkeiten, in der EU regulär einzureisen und um Schutz zu suchen. Die Folge davon ist häufig dann der unbefugte oder so genannte „illegale" Zugang auf das Hoheitsgebiet der EU.[891]

Kernelement des Art. 18 GrCh ist das Gebot der Nichtzurückweisung aus Art. 33 GFK und aus Art. 4 und 19 II GrCh.[892] Den Mitgliedstaaten ist es daher verboten, Flüchtlinge der Verfolgung auszusetzen. Dieses Verbot ist wie bereits festgestellt auch an der Landes- oder Seegrenze oder im Transitbereich eines Flughafens zu beachten (vgl. zum Hoheitsgebiet auch Art. 3 der Verfahrensrichtlinie).

Art. 3 I der Verfahrensrichtlinie bestimmt, dass ihr Schutz ab dem Moment, in dem eine Person an der Grenze – einschließlich der Hoheitsgewässer und Transitzonen - angekommen ist, Wirkung entfaltet. Weiterhin bestimmt Art. 6 I 2, dass der Antrag von Schutzsuchenden auf internationalen Schutz registriert werden muss, auch wenn er nicht bei den dafür zuständigen Behörden, sondern z.B. beim Grenzschutz, gestellt worden ist.

Aus dem Gebot der Nichtzurückweisung aus Art. 33 GFK und aus Art. 3 I i.V.m. Art. 6 I 2 der Verfahrensrichtlinie kann sich für Mitgliedstaaten die Verpflichtung ergeben, Flüchtlingen den Zugang zum eigenen Hoheitsgebiet zu gewähren.

Das Recht auf Asyl nach Art. 18 GrCh umfasst nicht nur das Recht, Schutz zu suchen, sondern auch das Recht auf die Anerkennung dieses Status.[893] Die QRL gewährt ein Recht auf Anerkennung der Flüchtlingseigenschaft, wenn die Voraussetzungen des Art. 1 A-F GFK vorliegen.

Geprägt ist der Flüchtlingsbegriff von dem individuellen Merkmal der Furcht vor Verfolgung wegen bestimmter Merkmale, die objektiv begründet sein muss.[894]

Art. 9 und 10 QRL präzisieren den Flüchtlingsbegriff der GFK.[895] Die Flüchtlingseigenschaft setzt eine Verfolgungshandlung nach Art. 9 und einen Verfolgungsgrund nach Art. 10 voraus. Art. 9 bestimmt Verfolgungshandlungen und Art. 10 beschreibt die in der GFK bereits genannten Verfolgungsgründe. Die Verfolgung muss demnach wegen der Rasse, der Religion, der Staatsangehörigkeit, der Zugehörigkeit zu einer bestimmten sozialen Gruppe oder der politischen Überzeugung des Flüchtlings erfolgen.[896]

---

890 *Wolffgang* (Fn. 857), Art. 18 GrCh Rdnr. 9; *Bernsdorff* (Fn. 851), Art. 18 GrCh Rdnr. 13a.

891 *Handbuch* (Fn. 769), S. 39.

892 *Handbuch* (Fn. 769), S. 72.

893 *Handbuch* (Fn. 769), S. 49.

894 *Rossi* (Fn. 261), Art. 18 GrCh Rdnr. 6; *Dörig*, Auf dem Weg zu einem gemeinsamen Asylsystem, NVwZ 2014, 106.

895 *Dörig* (Fn. 894), 106.

896 *Rossi* (Fn. 261), Art. 18 GrCh Rdnr. 6; *Dörig* (Fn. 894), 106.

Die Verfolgung wegen der oben genannten Gründe muss gemäß Art. 33 I GFK zu einer Gefahr für Leib und Leben des Betroffenen führen. Des Weiteren bestimmt Art. 9 I lit. a) QRL, dass auch Handlungen, die eine schwerwiegende Verletzung der grundlegenden Menschenrechte bewirken, eine Verfolgung darstellen. Hierbei sind insbesondere die Menschenrechte gemeint, die gemäß Art. 15 II EMRK notstandsfest sind.

Die Gefahr für das Leib und Leben des Flüchtlings muss im Staat, dessen Staatsangehörigkeit dieser besitzt, drohen und kann von staatlichen oder nichtstaatlichen Akteuren ausgehen.[897] Bei einer Verfolgung durch nichtstaatliche Akteure muss der Asylsuchende nachweisen, dass der Staat nicht in der Lage oder nicht gewillt ist, Schutz vor Verfolgung zu bieten.[898]

Dabei schließt nach Art. 8 QRL das Vorliegen einer inländischen Fluchtalternative die Schutzbedürftigkeit einer Person aus.

Des Weiteren nennt Art. 11 QRL die Gründe, die zum Erlöschen der Flüchtlingseigenschaft führen können und Art. 12 QRL die Gründe, die eine Flüchtlingseigenschaft ausschließen. Diese Normen präzisieren im Wesentlichen Art. 1 C, D, E und F GFK.

Art. 13 QRL regelt die Pflicht zur Zuerkennung der Flüchtlingseigenschaft bei Vorliegen der oben genannten Voraussetzungen.

Das Recht auf Asyl nach Art. 18 GrCh steht jeder natürlichen Person zu, unabhängig von ihrer Staatsangehörigkeit.[899] Aus dem materiellen Flüchtlingsbegriff folgt, dass nicht nur anerkannte Flüchtlinge sondern auch Asylsuchende, soweit sie die Voraussetzungen für eine Anerkennung der Flüchtlingseigenschaft erfüllen, Grundrechtsträger von Art. 18 GrCh sind.[900]

3. *Schranken*

Art. 18 GrCh unterliegt der allgemeinen Schranke nach Art. 52 I GrCh.[901] Art. 52 I bestimmt, dass jede Einschränkung der Ausübung eines Rechts nach der GrCh einer Gesetzesgrundlage bedarf und den Wesensgehalt des Rechts beachten muss. Einschränkungen dürfen zudem nur unter Wahrung des Grundsatzes der Verhältnismäßigkeit vorgenommen werden, d.h. sie müssen notwendig sein und „den von der Union anerkannten dem Gemeinwohl dienenden Zielsetzungen oder den Erfordernissen des Schutzes der Rechte und Freiheiten anderer tatsächlich entsprechen".

897 *Jarass* (Fn. 774), Art. 18 GrCh Rdnr. 10.
898 *Handbuch* (Fn. 769), S. 85.
899 *Jarass* (Fn. 774), Art. 18 GrCh Rdnr. 10.
900 Ebenda.
901 *Schorkopf* (Fn. 350), § 15 IV 3 Rdnr. 53; *Jarass*, EU-Grundrechte, 2005, § 23 Rdnr. 14; *Groß* (Fn. 738), S. 104; *Peers* (Fn. 842), 162; dieser Ansicht auch *Jochum* (Fn. 857), Art. 18 GrCh Rdnr. 28, obwohl er die Charakterisierung von Art. 18 GrCh als subjektives Recht strikt ablehnt.

Ein Eingriff in Art. 18 GrCh wird in den seltensten Fällen durch eine Maßnahme, die auf keiner nationalen Rechtsgrundlage basiert, erfolgen. Die Wahrung des Grundsatzes der Verhältnismäßigkeit kann daher bei der Rechtfertigung von Beschränkungen des Rechts aus Art. 18 GrCh eher an Bedeutung gewinnen.[902].

4. Ergebnis

Art. 18 GrCh gewährt das subjektive Recht auf Nichtzurückweisung, das über den Regelungsgehalt von Art. 19 II GrCh hinausgeht. Das Asylrecht und das Refoulementverbot sind zwei unterschiedliche Gewährleistungen der GrCh, da der Schutz vor Zurückweisung i.S.v. Art. 3 EMRK explizit in Art. 19 II GrCh Einzug gefunden hat.[903] Art. 18 und Art. 19 GrCh sind auch nebeneinander anwendbar.[904]

Art. 18 GrCh weist einen eigenständigen Regelungsgehalt auf, der nicht mit dem Sekundärrecht oder mit den Vorgaben der GFK gleichbedeutend sein kann, weil die daraus entstehenden Verpflichtungen aus der GFK und aus Unionsrecht für die Mitgliedstaaten bereits bestehen.[905]

Die Norm dient ebenfalls als Rechtmäßigkeitsmaßstab und ist in dieser Funktion zur Überprüfung des EU-Sekundärrechts heranzuziehen.[906]

III. Art. 19 GrCh

1. Art. 19 I GrCh – Verbot von Kollektivausweisungen

Gemäß Art. 19 I GrCh sind Kollektivausweisungen nicht zulässig. Die Norm hat die gleiche Bedeutung und Tragweite wie Art. 4 Prot. Nr. 4 zur EMRK.[907] Sie muss daher EMRK-konform ausgelegt werden.[908]

Bei der Frage der Anwendbarkeit des Art. 19 I GrCh jenseits der Grenzen ist insbesondere das *Hirsi*-Urteil des EGMR zu beachten. Im Lichte dieser Entscheidung ist Art. 19 I GrCh auch auf Hoher See anwendbar.[909]

Art. 19 I GrCh weist ebenfalls wie Art. 4 Prot. 4 EMRK einen absoluten Charakter auf. Verletzungen von Art. 19 I GrCh sind daher gemäß Art. 52 III 1 am Maßstab von Art. 15 EMRK zu messen.[910]

---

902 *Groß* (Fn. 764), ZAR 2013, 110.
903 *Fröhlich* (Fn. 35), S. 187.
904 *Wolffgang* (Fn. 857), Art. 18 GrCh Rdnr. 5; *Jarass* (Fn. 774), Art. 18 GrCh Rdnr. 4.
905 *Fröhlich* (Fn. 35), S. 186; *Rossi* (Fn. 261), Art. 18 GRCh Rn. 2f., der ebenfalls betont, dass eine Eigenständigkeit vorhanden sein muss.
906 *Fröhlich* (Fn. 35), S. 190.
907 Erläuterungen zur Charta der Grundrechte (2007/C 303/02), Abl. EU vom 14.12.2007.
908 *Weber* (Fn. 659), 269; *Frenz* (Fn. 777), § 3 Rdnr. 1139.
909 Weber (Fn. 659), 269; Frenz (Fn. 777), § 3 Rdnr. 1139.
910 *Schorkopf* (Fn. 350), § 15 IV 3 Rdnr. 54; *Rossi* (Fn. 261), Art. 19 GrCh Rdnr. 3.

Nationale Rückführ- und Abschiebemaßnahmen müssen daher immer mit Art. 19 I GrCh i.V.m. Art. 3 EMRK, Art. 4 Prot. 4 EMRK vereinbar sein.[911]

2. *Art. 19 II – Absolutes Refoulementverbot*

Gemäß Art. 19 II GrCh darf niemand „in einen Staat abgeschoben oder ausgewiesen oder an einen Staat ausgeliefert werden, in dem für sie oder ihn das ernsthafte Risiko der Todesstrafe, der Folter oder einer anderen unmenschlichen oder erniedrigenden Strafe oder Behandlung besteht."

Die Rechtsprechung des EGMR und dessen Interpretation eines absoluten Refoulementverbots aus Art. 3 EMRK ist auch auf Art. 19 II GrCh zu übertragen.[912] Dies ergibt sich auch aus den Erläuterungen zur GrCh, die betont, dass mit Art. 19 II die einschlägige Rechtsprechung des EGMR zu Art. 3 EMRK übernommen wird.[913]

Der Schutz von Art. 19 II GrCh erweitert jedoch das Refoulementverbot um den Fall einer Gefahr auf die Verhängung der Todesstrafe.[914] Es sind grundsätzlich alle aufenthaltsbeendenden Maßnahmen verboten, die Menschen der ernsthaften Gefahr aussetzen, eine nach Art. 19 II GrCh verbotene Behandlung zu erfahren.[915] Die Gefahr muss ernsthaft und erheblich sein und kann von staatlichen und nichtstaatlichen Akteuren ausgehen.[916]

Der Schutz von Art. 19 II GrCh umfasst auch Personen, die an der Grenze abgewiesen werden, wenn für sie als Folge der Abweisung die ernsthafte Gefahr besteht, eine unmenschliche Behandlung zu erfahren.[917]

Die extraterritoriale Wirkung der EMRK ist wegen Art. 6 III EUV auch bei der Auslegung des Art. 19 II GrCh heranzuziehen.[918] Der persönliche und sachliche Anwendungsbereich des Art. 19 II GrCh erstreckt sich daher auch auf Abschiebe- oder Rückführungsmaßnahmen auf Hoher See.[919]

Daraus folgt, dass Rückführ- und Abschiebemaßnahmen im Zuge von Einsätzen auf Hoher See eine strikte Einhaltung der Vorgaben von Art. 19 i.V.m. Art. 3 und Art. 4 Prot. Nr. 4 EMRK erfordern.[920]

Art. 19 II GrCh weist ebenfalls einen absoluten Charakter auf. Verletzungen von Art. 19 II GrCh sind daher nur nach Art. 15 EMRK zu rechtfertigen.[921]

---

911 *Hong* (Fn. 464), S. 148; *Weber* (Fn. 659), 269.
912 *Thym* (Fn. 45), Art. 78 AEUV Rdnr. 11; *Borowski* (Fn. 772), Art. 4 GrCh Rdnr. 1.
913 Erläuterungen zur Charta der Grundrechte (2007/C 303/02), Abl. EU vom 14.12.2007.
914 *Graßhof* (Fn. 260), Art. 19 GrCh Rdnr. 6.
915 *Graßhof* (Fn. 260), Art. 19 GrCh Rdnr. 9.
916 Ebenda, Rdnr. 10.
917 *Frenz* (Fn. 777), § 3 Rdnr. 1156.
918 *Reinhardt* (Fn. 759), 343.
919 *Weber* (Fn. 659), 269.
920 *Reinhardt* (Fn. 759), 343; *Weber* (Fn. 659), 269.
921 *Graßhof* (Fn. 260), Art. 19 GrCh Rdnr. 11; *Rossi* (Fn. 261), Art. 19 GrCh Rdnr. 10.

IV. Art. 47 GrCh

Art. 47 GrCh verankert das Recht auf einen wirksamen Rechtsbehelf und ein unparteiisches Gericht. Gemäß Art. 47 I GrCh hat jede Person das Recht, unter den Bedingungen des Art. 47 „bei einem Gericht einen wirksamen Rechtsbehelf" gegen die Verletzung seiner durch „das Recht der Union garantierten Rechte oder Freiheiten" einzulegen.

Die Norm stützt sich auf Art. 13 EMRK[922] und geht darüber hinaus, weil es eine Überprüfung vor Gericht und nicht nur durch irgendeine innerstaatliche Instanz verlangt.[923]

Gemeinsam haben Art. 47 GrCh und Art. 13 EMRK ihre akzessorische Natur, die ihre Anwendbarkeit von der behaupteten Verletzung einer anderen materiellen Bestimmung des EU-Rechts bzw. der EMRK oder eines Zusatzprotokolls abhängig macht.[924]

Art. 47 II GrCh gibt das Verfahren vor und lautet:

> *„Jede Person hat ein Recht darauf, dass ihre Sache von einem unabhängigen, unparteiischen und zuvor durch Gesetz errichteten Gericht, in einem fairen Verfahren, öffentlich und innerhalb angemessener Frist verhandelt wird. Jede Person kann sich beraten, verteidigen und vertreten lassen."*

Die Vorschrift basiert auf Art. 6 EMRK und manifestiert damit das Recht auf ein faires Verfahren.[925] Zudem wird das Recht, sich „beraten, verteidigen und vertreten zu lassen" verankert.

Anders als Art. 6 EMRK bezieht sich Art. 47 II GrCh nicht nur auf die Verhandlung zivilrechtlicher oder strafrechtlicher Fragen.[926] Die Norm weist in ihrem Wortlaut keine derartige Einschränkung oder Unterscheidung auf, wie dies der Fall bei Art. 6 EMRK ist.[927]

Der Anwendungsbereich von Art. 47 GrCh ist somit auch auf Asylrechtsfälle ausgeweitet, die keine zivilrechtlichen und strafrechtlichen Fragen beinhalten.[928]

Art. 47 III regelt das Recht auf Prozesskostenhilfe, um den Zugang zu den Gerichten wirksam zu gewährleisten.

---

922 Erläuterungen zur Charta der Grundrechte (2007/C 303/02), Abl. EU vom 14.12.2007.

923 *Handbuch* (Fn. 769), S. 110; *Blanke*, in: Calliess/Ruffert (Fn. 261), Art. 47 GrCh Rdnr. 1; *Eser*, in: Meyer (Hrsg.): Charta der Grundrechte der Europäischen Union, 2014, Art. 47 GrCh Rdnr. 3.

924 *Eser* (Fn. 923), Art. 47 Rdnr. 4.

925 Erläuterungen zur Charta der Grundrechte (2007/C 303/02), Abl. EU vom 14.12.2007.

926 *Handbuch* (Fn. 769), S. 110.

927 *Eser* (Fn. 923), Art. 47 Rdnr. 22.

928 *Handbuch* (Fn. 769), S. 110.

Die Erläuterungen zu Art. 47 III beziehen sich ausdrücklich auf die Rechtsprechung des EGMR und betonen, dass nach dem EGMR eine Prozesskostenhilfe zu gewähren ist, wenn mangels einer solchen Hilfe die Einlegung eines wirksamen Rechtsbehelfs nicht gewährleistet wäre.[929]

Des Weiteren verweisen sie auf das Prozesskostenhilfesystem für die beim EuGH anhängigen Rechtssachen.[930]

V. Ergebnis

Die GrCh enthält wichtige Rechte, die die Rechtspositionen von Schutzsuchenden in der EU stärken. Sie enthält als einziges Vertragswerk zum Schutze der Menschenrechte ein Recht auf Asyl, das das subjektive Recht auf Nichtzurückweisung verankert. Es ist zu erwarten, dass Art. 18 GrCh bei der Weiterentwicklung des GEAS eine wichtige Rolle einnehmen wird.

Art. 19 I und II GrCh stärken die Rechtsposition von Schutzsuchenden bei Rückführungen oder Rücküberstellungen nach der Dublin-Verordnung.

Jede Zurückweisung setzt eine individuelle Prüfung der Schutzbedürftigkeit voraus. Dies gilt sowohl innerhalb als auch außerhalb der Grenzen eines Mitgliedstaates, wenn dieser durch die Zurückführungsmaßnahmen Hoheitsgewalt ausübt.[931]

Jede Form von Abschiebung im Sinne der *Rückführungsrichtlinie* oder einer Überstellung nach der Dublin-Verordnung muss dem Recht auf Asyl nach Art. 18 GrCh und dem Gebot der Nichtzurückweisung nach Art. 33 GFK und i.S.d. Art. 4 und Art. 19 GFK (bzw. Art. 3 EMRK) entsprechen.[932]

Die Rechtsprechung von EGMR und EuGH hat die Bedeutung der Menschenrechte für den Umgang mit Asylbewerbern gestärkt.[933] Im Spannungsfeld zwischen der Achtung der Menschenrechte und dem berechtigten Interesse der Mitgliedstaaten, die Zuwanderung von Drittstaatsangehörigen zu steuern, weisen die Entscheidungen des EGMR und des EuGH auf den Vorrang des Grundrechtsschutzes hin.[934]

---

929 Erläuterungen zur Charta der Grundrechte (2007/C 303/02), Abl. EU vom 14.12.2007.

930 Ebenda.

931 *Hirsi* (Fn. 487), Rdnr. 122,179; *Reinhardt* (Fn. 759), 337.

932 *Handbuch* (Fn. 769), S. 7 3.

933 *Dreyer* (Fn. 788), 364.

934 *Dreyer* (Fn. 788), 364.

3. Kapitel: Status Quo - Die Aufteilung von Verantwortlichkeiten im GEAS

In diesem Kapitel gilt es, die Aufteilung der Verantwortung für Schutzbedürftige innerhalb des GEAS näher zu untersuchen. Das Ziel ist es den Status Quo festzuhalten, um in einem weiteren Schritt die Überprüfung mit den zuvor dargestellten menschenrechtlichen Garantien und dem in Art. 80 AEUV verankerten Solidaritätsgrundsatz vorzunehmen. Die Regelungen der Dublin-III-VO sind in diesem Zusammenhang von herausragender Bedeutung. Sie bestimmen im Wesentlichen die Verantwortungsteilung innerhalb des GEAS, weil sie zum einen die Zuständigkeit zur Prüfung eines Schutzbegehrens festlegen und zum anderen erheblichen Einfluss auf die Entscheidung, nach welchem Verfahren das individuelle Schutzbegehren letztendlich geprüft wird, nehmen.[935] Weiterhin gilt es auch die Mechanismen, die zum Zwecke der praktischen Solidarität eingeführt worden sind, darzustellen.

A. Prinzip der einzelstaatlichen Schutzgewährung

Auch im GEAS sind für die Asylpolitik immer noch vorrangig die Mitgliedstaaten zuständig.[936] Der einzelne Mitgliedstaat bestimmt, ob und unter welchen Voraussetzungen er einem Ausländer auf seinem Hoheitsgebiet Schutz gewährt.[937] Er handelt im Rahmen des GEAS rechtlich und politisch eigenverantwortlich.[938]

Das Recht, einem Ausländer Schutz auf dem eigenen Hoheitsgebiet zu bieten, ist ein einzelstaatliches Souveränitätsrecht.[939] Dieses Souveränitätsrecht gilt es jedoch unter Beachtung der im GEAS verbürgten menschenrechtlichen Garantien auszuüben.[940]

Trotz einer weitgehenden Harmonisierung des Asylrechts bestehen zwischen den Mitgliedstaaten bei der Gewährung des internationalen Schutzes und bei den Formen eines solchen Schutzes nach wie vor große Unterschiede.[941] Die Kriterien für die Anerkennung von Asylanträgen variieren stark von Mitgliedstaat zu Mitgliedstaat. Die Mitgliedstaaten sind auch noch nicht verpflichtet, die Entscheidung eines einzelnen Staates über einen Asylantrag anzuerkennen. Da vergleichbare Mindeststandards für Flüchtlinge europaweit tatsächlich nicht bestehen, spielt es

---

935 *Fröhlich,* (Fn. 35), S. 196.
936 *Frenz* (Fn. 888), 5.
937 *Groß* (Fn. 764), 106.
938 *Thym* (Fn. 45), Art. 78 Rdnr. 15.
939 *Fröhlich* (Fn. 35), S. 11.
940 *Thym* (Fn. 45), Art. 78 Rdnr. 15.
941 *Pelzer* (Fn. 838), 262 f.

für die einzelnen Schutzsuchenden eine nicht unerhebliche Rolle, in welchem Mitgliedstaat ihr Asylverfahren durchgeführt wird.

Die Erfüllung der Vorgaben der im Rahmen der Gemeinsamen Europäischen Asylpolitik erlassenen Richtlinien und Verordnungen stellt für manche Mitgliedstaaten weiterhin eine hohe Hürde dar. Im GEAS sollen hohe Schutzstandards gelten.[942] Die Außengrenzstaaten, die traditionell keine Aufnahme-, sondern Transitländer für Asylsuchende waren, haben große Schwierigkeiten, vergleichbare Kapazitäten für die Aufnahme und Versorgung von Schutzsuchenden aufzubauen.[943]

Insbesondere die Außengrenzstaaten wie Italien, Ungarn und insbesondere Bulgarien sind in jüngster Zeit in die Kritik geraten, gegen die menschenrechtlichen Verpflichtungen zum Schutz von Flüchtlingen zu verstoßen.[944] Die Flüchtlingsschutzorganisationen beanstanden zum einen die Bedingungen, unter denen Schutzsuchende untergebracht werden und zum anderen den individuellen Zugang zum Asylverfahren.[945] Im Vergleich zu den Asylsystemen der derzeitigen Hauptaufnahmeländer Deutschland und Schweden[946] weist das bulgarische Asylsystem erhebliche Defizite auf.[947] Nach einem Bericht des Menschenrechtskommissars des Europarates, der auf Erkenntnissen nach einem Besuch vom 9. bis 11. Februar in Bulgarien basiert, befinden sich Schutzsuchende in Bulgarien in einer sehr schwierigen Lebenssituation, welche sich durch die andauernde Wirtschaftskrise verschärft. Viele Flüchtlinge werden obdachlos und sind rassistischen Übergriffen durch gewaltbereite rechte Gruppierungen ausgesetzt.[948]

---

942 Stockholmer Programm (Fn. 33), S. 69.

943 *Pelzer* (Fn. 838), 263.

944 Zu *Bulgarien* siehe ProAsyl Studie „Erniedrigt, misshandelt, schutzlos: Flüchtlinge in Bulgarien“, April 2015, online verfügbar unter <http://www.proasyl.de/fileadmin/fmdam/q_PUBLIKATIONEN/2015/Bulgarien_Broschu__re_Web_END.pdf> Zugriff am 06.07.2015.

945 Amnesty International, Amnesty Report 2015 – Bulgarien, online verfügbar <https://www.amnesty.de/jahresbericht/2015/bulgarien?destination=suche%3Fwords%3Dbulgarien%26search_x%3D0%26search_y%3D0%26search%3DSuchen%26form_id%3Dai_search_form_block> Zugriff am 06.07.2015.

946 Nach Angaben von Eurostat wurden in Deutschland und Schweden Ende März 2015 zusammen 59% der EU-weit anhängigen Asylanträge gestellt, Eurostat: Asyl in der EU im ersten Quartal 2015–185 000 erstmalige Asylbewerber in der EU im ersten Quartal 2015, online verfügbar unter <http://ec.europa.eu/eurostat/documents/2995521/6888001/3-18062015-CP-DE.pdf/5a819c5c-6c72-4a90-bf5b-e5456610ffda> Zugriff am 06.07.2015.

947 ProAsyl Studie „Erniedrigt, misshandelt, schutzlos: Flüchtlinge in Bulgarien, April 2015; Amnesty International, Amnesty Report 2015 – Bulgarien.

948 Report by Nils Muiznieks, Commissioner for Human Rights of the Council of Europe following his visit to Bulgaria from 9 to 11 February 2015, 22.06.2015, S. 29 Rdnr. 128 <https://wcd.coe.int/com.instranet.InstraServlet?command=com.instranet.CmdBlobGet&InstranetImage=2772049&SecMode=1&DocId=2284888&Usage=2> Zugriff am 06.07.2015.

Das GEAS basiert auf der Grundidee, dass EU-weit unter gleichen Bedingungen Schutz zu gewähren ist. Dies setzt jedoch voraus, dass die Mitgliedstaten ihre Verpflichtungen gegenüber Schutzsuchenden im Einklang mit dem geltenden Recht erfüllen. Auch der EuGH hat in seiner Rechtsprechung vielfach bekräftigt, dass sich das GEAS auf das gegenseitige Vertrauen und die Vermutung der Beachtung der Grundrechte durch die Mitgliedstaaten stützt.[949] Nach dem EuGH steht das Unionsrecht jedoch gleichzeitig der Geltung einer unwiderlegbaren Vermutung entgegen, dass alle Mitgliedstaaten die Unionsgrundrechte achten.[950]

Die mit dem Amsterdamer Vertrag von 1997 begonnene Kompetenzübertragung im Bereich Asylpolitik beschränkte sich im Wesentlichen auf die Festlegung gemeinsamer Grundlinien im Wege von Sekundärrechtsakten, die den Mitgliedstaaten eine Mindestharmonisierung vorgeben.[951] Dies änderte sich mit dem Vertrag von Lissabon, in welchem die Beschränkung auf Maßnahmen der Mindestharmonisierung aufgegeben wurde (vgl. Art. 67 AEUV). Die Mitgliedstaaten tragen aber weiterhin die Verantwortung für die Gewährleistung der Flüchtlingsrechte und damit auch für die Beseitigung möglicher systematischer Mängel in ihren Asylsystemen.[952] Denn Aufnahme und Schutz von Flüchtlingen gewährleisten die einzelnen Mitgliedstaaten und nicht die EU.[953]

B. Bestimmung der Erstzuständigkeit nach der Dublin-III-VO

Die Dublin-III-VO regelt die innereuropäische Zuweisung der Zuständigkeit für die Prüfung der Schutzbedürftigkeit und die Durchführung eines Asylverfahrens. Eines der Grundprinzipien dieser Verordnung ist es zu verhindern, dass Asylsuchende das Aufnahmeland bzw. das Land, in welchem sie Schutz beantragen möchten, frei wählen.[954]

Zum Zeitpunkt der Entscheidung im Fall *N.S.* war die Überarbeitung der Dublin-II-VO noch im Gange. Im Juni 2013 wurde dann die neue Dublin-III-VO[955] auf der Grundlage von Art. 78 II lit. e) AEUV beschlossen. Sie trat am 19. Juli 2013 in Kraft und löste die alte Dublin-II-VO ab (Art. 48 und 49 der Dublin III-Verordnung).

949 *N.S.* (Fn. 779), Rdnr. 83.
950 Ebenda, Rdnr. 105.
951 *Fröhlich* (Fn. 35), S. 261; *Battjes* (Fn. 240), S. 77.
952 *Battjes* (Fn. 240), S. 77.
953 *Fröhlich* (Fn. 35), S. 303.
954 *Maiani/Hruschka,* Der Schutz der Familieneinheit in Dublin-Verfahren, ZAR 2014, 69.
955 Verordnung (EU) Nr. 604/2013 des Europäischen Parlaments und des Rates vom 26. Juni 2013 zur Festlegung der Kriterien und Verfahren zur Bestimmung des Mitgliedstaats, der für die Prüfung eines von einem Drittstaatsangehörigen oder Staatenlosen in einem Mitgliedstaat gestellten Antrags auf internationalen Schutz zuständig ist (Neufassung), Abl. EU L 180/31 vom 29.6.2013 (Dublin III-VO).

Das primäre Ziel der Dublin-III-VO ist es weiterhin sicherzustellen, dass nur ein Mitgliedstaat das Asylverfahren durchführt und Mehrfachanträge verhindert werden (Art. 3 I 2 der Dublin-III-VO).

Laut Erwägungsgrund Nr. 5 bezweckt die Dublin-III-VO „insbesondere eine rasche Bestimmung des zuständigen Mitgliedstaats (zu) ermöglichen, um den effektiven Zugang zu den Verfahren zur Gewährung des internationalen Schutzes zu gewährleisten und das Ziel einer zügigen Bearbeitung der Anträge auf internationalen Schutz nicht zu gefährden".

Die Zuständigkeitsbestimmung soll somit auch im Interesse der Asylsuchenden an einer zügigen Bearbeitung ihrer Asylgesuche erfolgen.

Erwägungsgrund Nr. 32 der Dublin-III-VO verweist zum Schutze der Asylsuchenden auf die Bindung der Mitgliedstaaten „an ihre Verpflichtungen aus den völkerrechtlichen Instrumenten einschließlich der einschlägigen Rechtsprechung des Europäischen Gerichtshofs für Menschenrechte".

Erwägungsgrund Nr. 39 der Dublin-III-VO hebt deutlich hervor, dass die Dublin-III-VO „im Einklang mit den Grundrechten und Grundsätzen" der GrCh steht. Das Ziel dieser Verordnung sei

> *„die uneingeschränkte Wahrung des in Artikel 18 der Charta verankerten Rechts auf Asyl als auch die in ihren Artikeln 1, 4, 7, 24 und 47 anerkannten Rechte zu gewährleisten."*

I. Anwendungsbereich

Die Dublin-III-VO findet Anwendung auf alle Anträge auf internationalen Schutz im Sinne von Art. 2 lit. h) der QRL, die nach dem 1. Januar 2014 in der EU gestellt worden sind (vgl. Art. 1, Art. 49 der Dublin-III-VO). Neu ist, dass auch subsidiär Schutzberechtigte vom Anwendungsbereich der Dublin Verordnung erfasst sind (Art. 2 lit b) der Dublin-III-VO i.V.m. Art. 2 lit. h) der QRL).

Damit sind alle Fallgruppen des internationalen Schutzes dem Zuständigkeitsverfahren der Dublin-III-VO unterstellt.[956]

Die Zuständigkeit für die Prüfung eines Asylbegehrens wird meistens durch einen Fingerabdrucksabgleich nachgewiesen. Die Eurodac-VO[957] sieht dafür vor, dass

---

956 *Huber,* Umsetzung ausländer- und flüchtlingsrechtlicher Richtlinien der EU und die neue Dublin III-VO, NVwZ 2014, 553.

957 Verordnung (EU) Nr. 603/2013 des Europäischen Parlaments und des Rates vom 26.6.2013 über die Einrichtung von Eurodac für den Abgleich von Fingerabdruckdaten zum Zwecke der effektiven Anwendung der Verordnung (EU) Nr. 604/2013 zur Festlegung der Kriterien und Verfahren zur Bestimmung des Mitgliedstaats, der für die Prüfung eines von einem Drittstaatsangehörigen oder Staatenlosen in einem Mitgliedstaat gestellten Antrags auf internationalen Schutz zuständig ist und über der Gefahrenabwehr und Strafverfolgung dienende Anträge der Gefahrenabwehr- und Strafverfolgungsbehörden der Mitgliedstaaten und Europols auf den Abgleich mit Eurodac-Daten sowie zur Änderung der Verordnung (EU) Nr. 1077/2011 zur

Ausländern beim Betreten eines Hoheitsgebietes Fingerabdrücke genommen und innerhalb von 72 Stunden in der Eurodac-Datenbank gespeichert werden (Art. 9, Art. 14 Eurodac-VO). Auf diese Datenbank haben dann die zuständigen Behörden der Mitgliedstaten Zugriff und können Fingerabdrücke abgleichen (Art. 15 II der Eurodac-VO). Das Ergebnis des Abgleichs wird den Mitgliedstaaten in der Regel innerhalb von 24 Stunden übermittelt (Art. 25 I der Eurodac-VO).

Falls ein Mitgliedstaat einen Treffer beim Abgleich erzielt, so muss er dann die Kriterien nach Kapitel III der Dublin-III-VO anwenden und prüfen, ob ein anderer Mitgliedstaat oder er selbst für die Durchführung eines Asylverfahrens zuständig ist.[958]

II. Zuständigkeitskriterien

Die Kriterien und deren Rangfolge werden in Kapitel III geregelt. Gemäß Art. 7 I der Dublin-III-VO finden die Zuständigkeitskriterien in der in diesem Kapitel genannten Rangfolge Anwendung. Berücksichtigt werden soll hierbei die Situation der Betroffenen zum Zeitpunkt der ersten Antragstellung (Art. 7 II der Dublin-III-VO).

1. Vorrang des Kindeswohls und der Familieneinheit

Die Interessen von Minderjährigen und Familienangehörigen sollen vorrangig bei der Prüfung der Zuständigkeit berücksichtigt werden. Die Mitgliedstaaten werden angehalten, das Kindeswohl bei der Anwendung aller Regelungen zu beachten.[959] Dies wird bereits in der Präambel zur Dublin-III-VO betont. In Erwägungsgrund Nr. 13 heißt es:

> *„Bei der Anwendung dieser Verordnung sollte das Wohl des Kindes im Einklang mit dem Übereinkommen der Vereinten Nationen über die Rechte des Kindes von 1989 und mit der Charta der Grundrechte der Europäischen Union eine vorrangige Erwägung der Mitgliedstaaten sein. Bei der Beurteilung des Wohls des Kindes sollten die Mitgliedstaaten insbesondere das Wohlbefinden und die soziale Entwicklung des Minderjährigen, Erwägungen der Sicherheit und der Gefahrenabwehr und den Willen des Minderjährigen unter Berücksichtigung seiner Alters und seiner Reife, einschließlich seines Hintergrunds, berücksichtigen. Darüber hinaus sollten für unbegleitete Minderjährige aufgrund ihrer besonderen Schutzbedürftigkeit spezielle Verfahrensgarantien festgelegt werden."*

In Art. 6 I Dublin-III-VO heißt es:

> *„Das Wohl des Kindes ist in allen Verfahren, die in dieser Verordnung vorgesehen sind, eine vorrangige Erwägung der Mitgliedstaaten."*

Errichtung einer Europäischen Agentur für das Betriebsmanagement von IT-Großsystemen im Raum der Freiheit, der Sicherheit und des Rechts (Neufassung), ABl. EU L180/1 (*Eurodac-Verordnung*).

958 Vgl. zum Verfahren *Handbuch* (Fn. 743), S. 90f.

959 *Marx*, Änderungen im Dublin-Verfahren nach der Dublin III-VO, ZAR 2014, 6.

Art. 8 I der Dublin-III-VO regelt für unbegleitete Minderjährige die Zuständigkeit des Mitgliedstaates für die Prüfung seines Schutzgesuchs, in welchem sich ein Familienangehöriger oder eines der Geschwister des unbegleiteten Minderjährigen rechtmäßig aufhält, sofern es dem Wohl des Minderjährigen dient. Das gleiche Prinzip gilt, wenn der Minderjährige Verwandte in einem Mitgliedstaat hat und diese auch für ihn sorgen können (Art. 8 II der Dublin-III-VO).

Hat ein unbegleiteter Minderjähriger keine Familienangehörigen oder Verwandten in den Mitgliedstaaten, dann ist gemäß Art. 8 IV Dublin-III-VO der Mitgliedstaat zuständig, in dem der unbegleitete Minderjährige einen Antrag auf Asyl gestellt hat, sofern es dem Kindeswohl dient.

Zum Schutze der Familieneinheit heißt es in Erwägungsgrund Nr. 14 und Nr. 15 der Dublin-III-VO, dass *„...die Achtung des Familienlebens eine vorrangige Erwägung der Mitgliedstaaten sein"* soll und die Anträge von Familienangehörigen gemeinsam *„durch ein und denselben Mitgliedstaat"* bearbeitet werden sollen, damit sichergestellt werden kann, dass die *„Entscheidungen kohärent sind und dass die Mitglieder einer Familie nicht voneinander getrennt werden."*

Weiterhin bestimmt Erwägungsgrund Nr. 16 der Präambel, dass das zwischen einem Antragsteller und seinem Kind, einem seiner Geschwister oder einem Elternteil bestehende Abhängigkeitsverhältnis, das durch Schwangerschaft oder Mutterschaft, durch den Gesundheitszustand oder hohes Alter des Antragstellers begründet ist, als ein verbindliches Zuständigkeitskriterium herangezogen werden muss.

Art. 9 der Dublin-III-VO bestimmt, dass wenn bereits Familienangehörige in einem Mitgliedstaat leben, die in diesem Mitgliedstaat als Begünstigte des internationalen Schutzes zum Aufenthalt berechtigt sind, dieser Mitgliedstaat auch für die Prüfung des Schutzgesuches zuständig ist. Entsprechendes gilt nach Art. 10 der Dublin-III-VO, wenn über den Antrag auf internationalen Schutz eines Familienangehörigen noch keine Erst-entscheidung in der Sache ergangen ist.

Art. 11 der Dublin-III-VO regelt das so genannte Familienverfahren und bestimmt, dass wenn mehrere Familienangehörige in demselben Mitgliedstaat gleichzeitig einen Schutzantrag stellen und ein gemeinsames Verfahren zur Prüfung ihres Gesuchs anstreben, der Mitgliedstaat die Prüfung ihres Gesuchs vornehmen soll, der nach den Kriterien der Dublin-III-VO für die Aufnahme des größten Teils von ihnen zuständig ist (Art. 11 lit. a) der Dublin-III-VO) oder der Mitgliedstaat, der nach den Kriterien für die Prüfung des von dem ältesten von ihnen gestellten Antrags zuständig ist (Art. 11 lit. a) der Dublin-III-VO). Das Ziel der Regelung ist es, eine Trennung der Familie auf Grund unterschiedlicher Zuständigkeiten zu vermeiden.[960]

Bei Personen, die wegen Schwangerschaft, eines neugeborenen Kindes, schwerer Kindheit, ernsthafter Behinderung oder hohen Alters auf die Unterstützung eines Kindes, eines ihrer Geschwister oder eines Elternteils angewiesen sind oder ihr Kind, eines ihrer Geschwister oder ein Elternteil entsprechender Unterstützung dieser Personen bedarf, bestimmt Art. 16 I der Dublin-III-VO, dass sich die

960 *Huber* (Fn. 956), 553; *Bast* (Fn. 125), S. 22.

Mitgliedstaaten in der Regel für die Prüfung des Schutzgesuchs zuständig erklären sollen, damit die Antragsteller und deren Familienangehörige nicht getrennt bzw. sie zusammengeführt werden, sofern die familiäre Bindung bereits im Herkunftsland bestanden hat und die Familienangehörigen in der Lage sind, die abhängige Person zu unterstützen.

Art. 16 II der Dublin-III-VO sieht weiterhin für abhängige Personen vor, dass der Mitgliedstaat, in dem sich das Kind, eines seiner Geschwister oder ein Elternteil rechtmäßig aufhält, zuständiger Mitgliedstaat ist, sofern der Gesundheitszustand des Antragstellers diesen nicht längerfristig daran hindert, in diesen Mitgliedstaat zu reisen. Andernfalls ist der Mitgliedstaat, in dem sich der Antragsteller aufhält, zuständiger Mitgliedstaat.

2. *Andere Fälle*

In Fällen, in denen die Schutzsuchenden keine unbegleiteten Minderjährigen sind und auch sie auch keine familiären Bindungen zu anderen Mitgliedstaaten bereits haben, ist derjenige Mitgliedstaat für die Prüfung ihres Asylantrages zuständig, in dem der Antrag zuerst gestellt wurde (vgl. Art. 3 II der Dublin-III-VO).

Das gleiche gilt für die Zuständigkeit des Mitgliedstaates, mit dessen Aufenthaltstitel oder Visum der Drittstaatsangehörige eingereist ist und dieser in einem anderen Mitgliedstaat Asyl beantragt hat (Art. 12 der Dublin-III-VO).

In den häufigsten Fällen ist jedoch der Mitgliedstaat zuständig, der die unrechtmäßige Einreise in das EU-Gebiet zugelassen hat (vgl. Art. 13 I Dublin-III-VO).[961] Daraus folgt, dass Asylsuchende in der Regel ihr Schutzgesuch gegenüber dem Mitgliedstaat geltend machen müssen, in welchem sie zuerst europäisches Hoheitsgebiet betreten haben. Eine Wahlfreiheit haben sie, wie bereits festgestellt, nicht.

3. *Verfahrensgarantien*

Gemäß Art. 3 I der Dublin-III-VO prüfen die Mitgliedstaaten „jeden Asylantrag, der in ihrem Hoheitsgebiet an ihrer Grenze oder in den Transitzonen gestellt wird". Damit wird zunächst garantiert, dass jedes Schutzgesuch zu prüfen ist. Die Norm soll gewährleisten, dass Flüchtlinge nicht zwischen den Staaten hin- und hergeschoben werden (so genannte *refugees in orbit*), die sich nicht für die Prüfung des Schutzbegehrens zuständig erklären.[962]

Die Dublin-III-VO gesteht auch neue Verfahrensgarantien zu.[963] In einem persönlichen Gespräch sollen der prüfende Mitgliedstaat und die Asylsuchenden die

961 *Langford,* The other Euro Crisis: Rights violations under CEAS and the Unraveling of EU Solidarity, Harvard Human Rights Journal 2013, 218; *Bender/Bethke,* »Dublin III«, Eilrechtsschutz und das Comeback der Drittstaatenregelung, Asylmagazin 11/2013, 359.

962 *Bast* (Fn. 317), S. 22.

963 *Bender/Bethke* (Fn. 961), S. 359; *Maiani/Hruschka* (Fn. 954), 71f.

notwendigen Angaben erarbeiten, die es zur Bestimmung der Zuständigkeit bedarf (Art. 5 Dublin-III-VO). Gemäß Art. 4 I lit. c) der Dublin-III-VO soll den Betroffenen in diesem Gespräch ermöglicht werden, Angaben über die Anwesenheit von Familienangehörigen, Verwandten oder Personen jeder anderen verwandtschaftlichen Beziehung in den Mitgliedstaaten zu machen.

Art. 6 II der Dublin-III-VO legt z.B. fest, dass jeder unbegleitete Minderjährige bei allen Verfahren einen rechtlichen Vertreter erhält, der „über die entsprechenden Qualifikationen und Fachkenntnisse verfügt, um zu gewährleisteten, dass dem Wohl des Minderjährigen (...) Rechnung getragen wird". Des Weiteren garantiert Art. 4 Dublin-III-VO das Recht auf Information und Art. 5 Dublin-III-VO das Recht auf rechtliches Gehör.[964]

Gemäß Art. 6 IV der Dublin-III-VO ist der Mitgliedstaat, in dem ein unbegleiteter Minderjähriger einen Asylantrag stellt verpflichtet, unverzüglich tätig zu werden, „um die Familienangehörigen, Geschwister oder Verwandten des unbegleiteten Minderjährigen im Hoheitsgebiet der Mitgliedstaaten zu ermitteln".

Art. 28 I der Dublin-III-VO legt fest, dass die Mitgliedstaaten eine Person nicht allein deswegen in Haft nehmen dürfen, weil sie dem Verfahren zur Bestimmung der Erstzuständigkeit nach der Dublin-III-VO unterliegt. Eine direkte Inhaftnahme, wie sie insbesondere in Fällen des Aufgriffs beim unrechtmäßigen Grenzübergang oder im Transitbereich von vielen Mitgliedstaaten vorgenommen worden ist, entbehrt somit jeglicher Rechtsgrundlage.[965] Gemäß Art. 28 II der Dublin-III-VO darf eine Inhaftierung zwecks Sicherstellung einer Überstellung nur erfolgen, „wenn eine erhebliche Fluchtgefahr besteht" und „nur im Falle, dass Haft verhältnismäßig ist und sich weniger einschneidende Maßnahmen nicht wirksam anwenden lassen". Die Überstellung muss in diesen Haftfällen spätestens innerhalb von sechs Wochen durchgeführt werden (Art. 28 III Ua. 3 der Dublin-III-VO).

III. Grundsätze zu Überstellungen in andere Mitgliedstaaten

Für den Fall, dass sich ein Asylbewerber in einem anderen Staat aufhält und Asyl beantragt als dem zuständigen, bestimmt Art. 21 I der Dublin-III-VO, dass der Aufenthaltsstaat an den zuständigen Staat einen Antrag auf Übernahme stellen kann. Der zuständige Mitgliedstaat ist dann zur Übernahme verpflichtet und muss einer Überstellung zustimmen (Art. 18 I der Dublin-III-VO). Ein Asylantragsteller wird deswegen bei der Erstbefragung zum Schutzbegehren in der Regel zuerst nach seiner Reiseroute befragt und nicht nach dem Grund für seine Flucht.[966] Innerhalb der EU kommt es zu zahlreichen Überstellungen von Asylbewerbern in die jeweiligen Ersteinreisestaaten. Deutschland überstellte im Jahr 2013 insgesamt 4.741 Personen an andere Mitgliedstaaten, die meisten davon an Polen (2.234) und Belgien (674).

964 *Maiani/Hruschka* (Fn. 954), 72.
965 *Huber* (Fn. 956), 554.
966 *Dreyer* (Fn. 788), 259.

An Deutschland wurden 2013 insgesamt 1.904 Personen überstellt.[967] Im März 2015 hat Deutschland 4.102 Übernahmeersuchen an andere Mitgliedstaaten gestellt. Der Anteil der auf EURODAC-Treffern beruhenden Ersuchen stieg auf 76%. Im Gegensatz dazu wurde Deutschland in nur 573 Fällen von anderen Mitgliedstaaten um Übernahme gebeten.[968]

Seit *M.S.S.* und *N.S.* ist klargestellt, dass eine unwiderlegbare Vermutung, wonach alle Mitgliedstaaten sicher sind und die EMRK und GrCh einhalten, nicht angenommen werden darf.[969] Die Mitgliedstaaten müssen bei der Anwendung der Dublin-III-VO darauf achten und selbst prüfen, dass die Gefahr einer Verletzung von Art. 4 GrCh aufgrund von systemischen Mängeln des Asylverfahrens oder der Asylbedingungen in einzelnen Mitgliedstaaten nicht besteht.

Art. 3 II 1 der Dublin-III-VO ist als Reaktion auf die EGMR-Rechtsprechung zu *M.S.S* und der EuGH-Rechtsprechung zu *N.S.* und *Puid*[970] zu verstehen und bestimmt, dass in Fällen, in denen es „wesentliche Gründe für die Annahme gibt, dass das Asylverfahren und die Aufnahmebedingungen für Antragsteller in einem Mitgliedstaat systemische Schwachstellen aufweisen, die eine Gefahr einer unmenschlichen oder entwürdigenden Behandlung“ i.S.d. Art. 4 GrCh bewirken, der die Zuständigkeit prüfende Mitgliedstaat die Prüfung nach den vorgegebenen Kriterien fortsetzen muss, „um festzustellen, ob ein anderer Mitgliedstaat als zuständig bestimmt werden kann“. Ist diese Prüfung erfolglos, so bestimmt Art. 3 II 2 der Dublin-III-VO, dass der prüfende Mitgliedstaat dann selbst zuständig ist.

In *Puid* bestätigte der EuGH seine Grundsatzentscheidung in der Rechtssache *N.S.*, wonach eine Zurückschiebung in einen Mitgliedstaat, in welchem systemische Mängel im Asylsystem vorherrschen, einen Verstoß gegen die grundrechtlichen Verpflichtungen aus Art. 4 GrCh darstellt.[971] Die andere Vorlagefrage in *Puid* betraf die Auslegung von Art. 3 II der alten Dublin-II-VO, welche dem Mitgliedstaat die Möglichkeit des Selbsteintritts zur Prüfung eines Asylgesuches lässt. Der hessische Verwaltungsgerichtshof wollte wissen, ob der Mitgliedstaat, der die Überstellung des Asylbewerbers an den ursprünglich nach der Verordnung als zuständig bestimmten Mitgliedstaat nicht durchführen kann, den Antrag selbst prüfen muss.[972]

---

967 BAMF, Das Bundesamt in Zahlen 2013, Asyl, Migration und Integration, S. 35, online verfügbar unter <http://www.bamf.de/SharedDocs/Anlagen/DE/Publikationen/Broschueren/bundesamt-in-zahlen-2013.pdf?__blob=publicationFile> Zugriff am 06.07.2015.

968 BAMF, Aktuelle Zahlen zu Asyl, Ausgabe: April 2015, online verfügbar unter <http://www.bamf.de/SharedDocs/Anlagen/DE/Downloads/Infothek/Statistik/Asyl/statistik-anlage-teil-4-aktuelle-zahlen-zu-asyl.pdf?__blob=publicationFile> Zugriff am 10.05.2015.

969 *Marx* (Fn. 959), 8.

970 Urteil *Bundesrepublik Deutschland/Kaveh Puid*, C-4/11, EU:C:2013:740 (*Puid*).

971 *Puid* (Fn. 970), Rdnr. 30.

972 Ebenda, Rdnr. 32.

Der EuGH betonte, dass Art. 3 II keine Rechtspflicht des Aufenthaltsstaats zum Selbsteintritt beinhalte, auch wenn eine Überstellung wegen drohender Verletzung von Art. 4 GrCh nicht erfolgen darf. Der die Überstellung betreibende Staat müsse die Prüfung der Zuständigkeitskriterien fortführen, um festzustellen, ob anhand eines dieser Kriterien ein anderer Mitgliedstaat als für die Prüfung des Asylantrags zuständig bestimmt werden kann.[973]

Lasse sich nach diesen Kriterien kein zuständiger Staat ermitteln, so sei dann der erste Mitgliedstaat, in dem der Asylantrag gestellt wurde, nach Art. 13 Dublin II-Verordnung für dessen Prüfung zuständig.[974] Art. 3 II 2 Dublin-III-VO spiegelt diese Ausführungen wieder.

Aus der Dublin-III-VO lässt sich somit keine Pflicht zum Selbsteintritt entnehmen. Das Selbsteintrittsrecht ist in Art. 17 I Dublin-III-VO geregelt. Demnach kann jeder Mitgliedstaat beschließen, einen Antrag auf internationalen Schutz zu prüfen, „auch wenn er nach den in dieser Verordnung festgelegten Kriterien nicht für die Prüfung zuständig ist."

Eine Änderung zugunsten von Schutzsuchenden hat die humanitäre Klausel des Art. 15 Dublin-II-VO erfahren.[975] Art. 17 II Dublin-III-VO sieht nunmehr den Selbsteintritt aus „humanitären Gründen, die sich insbesondere aus dem familiären oder kulturellen Kontext ergeben, um Personen jeder verwandtschaftlichen Beziehung zusammenzuführen, auch wenn der andere Mitgliedstaat nach den Kriterien in den Art. 8 bis 11 und 16 nicht zuständig ist", vor. Diese Möglichkeit bedarf jedoch der schriftlichen Zustimmung der betroffenen Asylsuchenden (Art. 17 II 2 Dublin-III-VO). Die Kommission schlug bereits 2008 vor, die Dublin-II-VO durch einen Mechanismus zu ergänzen, der es ermöglicht, die Überstellung in einen anderen Mitgliedstaat in Ausnahmefällen auszusetzen.[976] UNHCR und der *European Council on Refugees and Exiles* (ECRE) haben sich mehrfach für einen solchen Mechanismus ausgesprochen.[977] Der Vorschlag der Kommission konnte sich bei der Überarbeitung der Dublin-II-VO am Ende nicht durchsetzen, weil der Rat den vorgeschlagenen Aussetzungsmechanismus ablehnte.[978]

Die Dublin-III-VO sieht daher keinen Mechanismus vor, wonach Überstellungen in einen bestimmten Mitgliedstaat ausgesetzt werden können.[979]

---

973 *Puid* (Fn. 970), Rdnr. 32f.

974 Ebenda.

975 *Marx* (Fn. 959), 8.

976 Europäische Kommission: Vorschlag für eine Neufassung der Verordnung (EG) Nr. 343/2003, Brüssel, den 3.12.2008, KOM(2008) 0243 endgültig.

977 UNHCR: The Dublin II Regulation – A UNHCR Discussion Paper, April 2006; ECRE: Sharing Responsibility for Refugee Protection in Europe: Dublin Reconsidered, März 2008.

978 Standpunkt des Rates Nr. 5/2013 zur Dublin III-VO vom 6. Juni 2013 (2013/C 177 E/01).

979 *Bender/Bethke* (Fn. 961), 366.

IV. Rechtsmittel gegen eine Überstellungsentscheidung

Art. 27 I der Dublin-III-VO verankert das „Recht auf ein wirksames Rechtsmittel gegen eine Überstellungsentscheidung in Form einer auf Sach- und Rechtsfragen gerichteten Überprüfung durch ein Gericht". Der Rechtsbehelf bewirkt eine Aussetzung der Durchführung der Überstellungsentscheidung bis zum Abschluss seiner gerichtlichen Überprüfung (Art. 27 III lit. c) der Dublin-III-VO). Die Mitgliedstaaten müssen auch sicherstellen, dass die betreffende Person rechtliche Beratung und gegebenenfalls sprachliche Hilfe in Anspruch nehmen kann (Art. 27 V der Dublin-III-VO). Den Betroffenen ist auch Prozesskostenhilfe in dem Rahmen zu gewähren, wie sie den eigenen Staatsangehörigen in Fragen der rechtlichen Beratung im Allgemeinen gewährt wird (Art. 27 VI der Dublin-III-VO).

V. Frühwarnsystem

Als Reaktion auf die Missstände in den Mittelmeeranrainerstaaten und die zunehmenden Migrationsbewegungen in Richtung der EU, einigten sich die EU-Innenminister bei ihrem Treffen am 8. März 2012 auf die Einrichtung eines Frühwarnmechanismus, der es in Zukunft ermöglichen soll, Krisensituationen an den Grenzen der EU zu vermeiden.[980]

Art. 33 der Dublin-III-VO führt diesen neuen Mechanismus ein und regelt die genaue Vorgehensweise der beteiligten Akteure im Falle einer Krisensituation in einem Mitgliedstaat.

Im Rahmen dieses Frühwarnmechanismus kommt dem in Mai 2010 neu eingerichteten Europäischen Unterstützungsbüros für Asylfragen (*European Asylum Support Office* - EASO)[981] eine besondere Funktion zu. Die EASO soll Informationen über die Lage in den Mitgliedstaaten sammeln und auswerten (Art. 9 III der Verordnung (EU) Nr. 439/2010).

Die Kommission überprüft basierend auf diesen Informationen, ob eine konkrete Gefahr für das Asylsystem eines Mitgliedstaates gegeben ist. Wenn die Kommission festgestellt hat, dass die Anwendung der Dublin-III-VO infolge der konkreten Gefahr der Ausübung besonderen Drucks auf das Asylsystem eines Mitgliedstaats und/oder von Problemen beim Funktionieren des Asylsystems eines Mitgliedstaats beeinträchtigt sein könnte, so spricht sie in Zusammenarbeit mit dem EASO Empfehlungen für diesen Mitgliedstaat aus und bittet diesen um die Erstellung eines Aktionsplans (Art. 33 I der Dublin-III-VO).

---

980 Council of the European Union: Council Conclusions on a Common Framework for genuine and practical solidarity towards Member States facing particular pressures on their asylum systems, including through mixed migration flows, 3151st Justice and Home Affairs Council meeting, 8.3.2012, S. 2.

981 Verordnung (EU) Nr. 439/2010 des Europäischen Parlaments und des Rates vom 19.5.2010 zur Einrichtung eines Europäischen Unterstützungsbüros für Asylfragen, ABl. EU 2010 Nr. L 132, S. 11–28.

Anschließend obliegt es dem Mitgliedstaat, einen präventiven Aktionsplan vorzubereiten und alle geeigneten Maßnahmen zu ergreifen, um die besondere Belastungssituation auf sein Asylsystem zu bewältigen oder um sicherzustellen, dass die festgestellten Mängel behoben werden, bevor sich die Situation verschlechtert (Art. 33 II Uabs. 2 der Dublin-III-VO).

Wenn festgestellt wird, dass mit der Durchführung des präventiven Aktionsplans die Mängel nicht behoben worden sind, oder eine ernste Gefahr besteht, dass die Asylsituation in dem betreffenden Mitgliedstaat sich zu einer Krise entwickelt, kann die Kommission in Zusammenarbeit mit dem EASO den betreffenden Mitgliedstaat auffordern, einen Krisenbewältigungsaktionsplan auszuarbeiten (Art. 33 III 1 der Dublin-III-VO). Sowohl der präventive Aktionsplan als auch der Krisenbewältigungsaktionsplan soll während des gesamten Prozesses die Wahrung des Asylrechts, insbesondere der Grundrechte der Personen, die einen Antrag auf internationalen Schutz stellen, gewährleisten (Art. 33 I Ua. 2, III 2 der Dublin-III-VO).

Der Frühwarn- und Krisenbewältigungsmechanismus richtet sich damit primär an den Mitgliedstaat, der zu dem Beurteilungszeitpunkt eine Krise erfährt.[982] Schwerpunktmäßig ist er alleine dafür verantwortlich die erforderlichen Maßnahmen zu treffen, um die Mängel in seinem Asylsystem zu beheben.

C. Lastenverteilung in Ausnahmesituationen

Die Diskussion um ein einheitliches Verteilungssystem für Asylsuchende und anerkannte Flüchtlinge begann in Europa bereits Anfang der 1990er Jahre.[983] Infolge des Zerfalls der ehemaligen sozialistischen Republik Jugoslawien stieg die Anzahl der Asylanträge innerhalb der Europäischen Gemeinschaft rapide an. Zwischen 1991 und 1995 wurden fast 2 Millionen Menschen aus dem Kriegsgebiet in den Mitgliedstaaten der EU aufgenommen.[984] Deutschland, das ca. 400.000 Kriegsvertriebene aus Bosnien und Kroatien aufnahm, forderte die Einführung eines Systems europäischer Verantwortungsteilung.[985] Die damalige Bundesregierung, welche zu diesem Zeitpunkt auch die Ratspräsidentschaft innehatte, befürwortete insbesondere ein einheitliches Verteilungsverfahren in Anlehnung an die innerstaatlichen Aufnahmequoten für Schutzsuchende nach §§ 44, 45 AsylVfG (Verteilungsverfahren nach dem Königsteiner Schlüssel).[986]

---

982 *Roßkopf*, Dublin III beyond M.S.S. and N.S., AWR-Bulletin 2012, 75.

983 *Barbou des Places* (Fn. 185), S. 1; *Noll*, Prisoners' Dilemma in Fortress Europe: On the Prospects for Equitable Burden-Sharing in the European Union, GYIL 1997, 413ff.

984 *Zumach*, Über die Festung Europa und die Menschenrechte, in: Bierdel/Lakitsch (Hrsg.): Flucht und Migration, Von Grenzen, Ängsten und Zukunftschancen, 2014, S. 58.

985 *Tomei* (Fn. 186), S. 40; *Chibanguza*, (Fn. 186), S. 284.

986 Vgl. German Presidency Draft Council Resolution on Burden-sharing with Regard to the Admission and Residence of Refugees 1994, Council Doc. 7773/94 ASIM 124.

Trotz dieser Ausnahmesituation konnten sich die Mitgliedstaaten nicht auf die Einführung verbindlicher Mechanismen zur Verteilung der Verantwortung für die Flüchtlinge einigen.[987] Zustande kamen zunächst nur eine unverbindliche Entschließung des Rates zur Lastenverteilung hinsichtlich der Aufnahme und des vorübergehenden Aufenthalts von Vertriebenen (1995)[988] und ein Beschluss des Rates über ein Warn- und ein Dringlichkeitsverfahren zur Lastenverteilung hinsichtlich der Aufnahme und des vorübergehenden Aufenthalts von Vertriebenen (1997)[989].

Die *Entschließung* umfasste Personen, die wegen eines bewaffneten Konflikts oder eines Bürgerkriegs auf der Flucht waren. Sie empfiehlt den Mitgliedstaaten, Flüchtlinge vorübergehend unter angemessenen Bedingungen aufzunehmen.[990]

Der Rat betonte die Notwendigkeit einer „ausgewogenen und solidarischen Lastenverteilung hinsichtlich der Aufnahme und des vorübergehenden Aufenthalts von Vertriebenen in einem solchen Krisenfall".[991] Eine ausgewogene Lastenverteilung könne unter Berücksichtigung des „Beitrags der einzelnen Mitgliedstaaten zur Verhinderung oder Lösung der Krise, insbesondere durch Leistung militärischer Hilfe" sowie der „Maßnahmen der einzelnen Mitgliedstaaten zum Schutz der bedrohten Bevölkerung an Ort und Stelle oder zur Leistung humanitärer Hilfe," und unter Heranziehung „sämtlicher wirtschaftlicher, sozialer und politischer Faktoren, die sich auf die Kapazität eines Mitgliedstaats, eine größere Anzahl Vertriebener unter zufriedenstellenden Bedingungen aufzunehmen, auswirken können", erfolgen.[992]

Das Warn- und Dringlichkeitsverfahren wurde mit dem Ziel eingeführt, die *Entschließung* zu verstärken, damit ihre Grundsätze „auf wirksame Weise angewandt werden können, wenn Krisensituationen auftreten, die ein rasches Handeln erfordern" (vgl. Erwägungsgrund des *Beschlusses*).

Das Verfahren sieht vor, dass in Krisenzeiten der Koordinierungsausschuss nach Art. 4 k EGV einberufen wird, um über die Lage und den Umfang der Migrationsbewegungen in den Mitgliedstaaten zu beraten. Dieser soll dann Vorschläge für Maßnahmen, die zur Verteilung der Verantwortlichkeiten dienlich sein können, unterbreiten. Die Aufnahme der Flüchtlinge wird jedoch von den einzelnen Mitgliedstaaten bestimmt, die auch die Modalitäten hierzu festlegen.[993] Nur einige

---

987 *Benediek,* Der Konflikt im ehemaligen Jugoslawien und die Europäische Integration, 2004, S. 237f.

988 Entschließung 95/C 262/01 des Rates vom 25.09.1995 zur Lastenverteilung hinsichtlich der Aufnahme und des vorübergehenden Aufenthalts von Vertriebenen, ABl. C 262 vom 7.10.1995 (Entschließung), S. 1–3.

989 Beschluss 96/198/JI des Rates über ein Warn- und ein Dringlichkeitsverfahren zur Lastenverteilung hinsichtlich der Aufnahme und des vorübergehenden Aufenthalts von Vertriebenen (Beschluss), ABl. L 63 vom 13.03.1996, S. 10–11.

990 Entschließung (Fn. 988), Nr. 1a.

991 Ebenda, Nr. 4.

992 Ebenda.

993 Beschluss (Fn. 989989), Nr. 2–4.

Mitgliedstaaten nahmen an dem unverbindlichen Verfahren teil. Diese Solidaritätsinstrumente liefen im Jahre 1999 ohne eine Umsetzung zu erfahren aus.[994]

I. Richtlinie über die Gewährung vorübergehenden Schutzes[995]

Der Krieg im Kosovo spitzte die Lage Ende der 1990er Jahre zu.[996] In Folge dessen schlug die Kommission im Mai 2000 vor, die Richtlinie über die Gewährung vorübergehenden Schutzes zu verabschieden[997] und einen Europäischen Flüchtlingsfond zu errichten.[998]

Vor dem Hintergrund des Bosnien- und Kosovokrieges setzte sich der Richtlinienvorschlag durch und wurde vom Rat im Juli 2001 mit wenigen Änderungen angenommen.[999]

Die Richtlinie sieht Mindestnormen vor, deren Umsetzung einen vorübergehenden Schutz im Falle eines Massenzustroms von Vertriebenen unabhängig von der Zuerkennung der Flüchtlingseigenschaft bieten soll. Art. 2 lit. a) definiert den vorübergehenden Schutz, als ein

> *„ausnahmehalber durchzuführendes Verfahren, das im Falle eines Massenzustroms oder eines bevorstehenden Massenzustroms von Vertriebenen aus Drittländern, die nicht in ihr Herkunftsland zurückkehren können, diesen Personen sofortigen, vorübergehenden Schutz garantiert, insbesondere wenn auch die Gefahr besteht, dass das Asylsystem diesen Zustrom nicht ohne Beeinträchtigung seiner Funktionsweise und ohne Nachteile für die betroffenen Personen oder andere um Schutz nachsuchende Personen auffangen kann."*

1. Anwendungsbereich

Geschützt werden somit Vertriebene, die nicht in ihre Heimatländer zurückkehren können. Art. 2 lit. c) definiert als Drittstaatsangehörige oder Staatenlose, „die ihr

---

994 *Parusel*, Abschottungs- und Anwerbungsstrategien, 2010, S. 106.

995 Richtlinie 2001/55/EG des Rates vom 20. Juli 2001 über Mindestnormen für die Gewährung vorübergehenden Schutzes im Falle eines Massenzustroms von Vertriebenen und Maßnahmen zur Förderung einer ausgewogenen Verteilung der Belastungen, die mit der Aufnahme dieser Personen und den Folgen dieser Aufnahme verbunden sind, auf die Mitgliedstaaten, ABl. L 212 vom 07.08.2001, S. 12–23.

996 *Fröhlich* (Fn. 35), S. 269.

997 Europäische Kommission, Vorschlag für eine Richtlinie des Rates¸über Mindestnormen für die Gewährung vorübergehenden Schutzes im Falle eines Massenzustroms von Vertriebenen und Maßnahmen zur Förderung einer ausgewogenen Verteilung der Belastungen, die mit der Aufnahme dieser Personen und den Folgen dieser Aufnahme verbunden sind, auf die Mitgliedstaaten, KOM(2000) 0303 endgültig, ABl. C 311 E vom 31.10.2000, S. 251.

998 Europäische Kommission, Vorschlag für eine Entscheidung des Rates über die Errichtung eines Europäischen Flüchtlingsfonds, KOM(1999) 686 endgültig.

999 *Benediek* (Fn. 987), S. 242.

Herkunftsland oder ihre Herkunftsregion haben verlassen müssen oder insbesondere nach einem entsprechenden Aufruf internationaler Organisationen evakuiert wurden und wegen der in diesem Land herrschenden Lage nicht sicher und dauerhaft zurückkehren können, und die gegebenenfalls in den Anwendungsbereich von Artikel 1 Abschnitt A der Genfer Flüchtlingskonvention oder von sonstigen internationalen oder nationalen Instrumenten, die internationalen Schutz gewähren, fallen". Darunter fallen insbesondere Menschen, „die aus Gebieten geflohen sind, in denen ein bewaffneter Konflikt oder dauernde Gewalt herrscht oder die ernsthaft von systematischen oder weit verbreiteten Menschenrechtsverletzungen bedroht waren oder Opfer solcher Menschenrechtsverletzungen sind".

Vom Anwendungsbereich der Richtlinie werden mithin potentielle Flüchtlinge i.S.d. GFK und Personen, in deren Heimatländern ein bewaffneter Konflikt ausgetragen wird, die Opfer von Menschenrechtsverletzungen oder die ernsthaft von systematischen Menschenrechtsverletzungen bedroht sind, umfasst.

Die Richtlinie regelt somit ein Ausnahmeverfahren, das sofortigen Schutz im Krisenfall ermöglicht. Die Gewährung vorübergehenden Schutzes soll damit der Gefahr entgegenwirken, dass nationale Asylsysteme den Zustrom nicht bewältigen können, ohne dass ihre Funktionsweise verschlechtert wird. Zuletzt geht es wohl auch darum, die Interessen der betroffenen Schutzsuchenden zu wahren.

Laut Erwägungsgrund Nr. 20 der Richtlinie soll dieses Verfahren zum einen die Finanzierung der Schutzgewährung ermöglichen und zum anderen die tatsächliche Aufnahme der betreffenden Personen in den Mitgliedstaaten zum Inhalt haben. Der Lastenausgleich kann damit in finanzieller und personeller Hinsicht gefördert werden.

In Erwägungsgrund 10 dieser Richtlinie heißt es ausdrücklich, dass der vorübergehende Schutz mit den internationalen Verpflichtungen der Mitgliedstaaten gegenüber Flüchtlingen in Einklang stehen soll. Er darf nicht die „Zuerkennung der Flüchtlingseigenschaft" i.S.d. GFK berühren.

In den Art. 3 und 6 II wird die Verpflichtung zur Wahrung der Menschenrechte und Grundfreiheiten, einschließlich des Grundsatzes der Nichtzurückweisung aufs Neue bekräftigt.

Artikel 3 I und Artikel 17 I der Richtlinie stellen ausdrücklich klar, dass ein vorübergehender Schutz nicht die Überprüfung und Zuerkennung der Flüchtlingseigenschaft nach der GFK ausschließt. Art. 17 I sichert den Betroffenen ausdrücklich zu, dass ihnen Zugang zum Asylverfahren zu gewähren ist. Der Aufnahmestaat ist dann auch für die Prüfung des Asylantrags zuständig (Art. 18).

2. Verfahren

Gemäß Art. 5 I wird das Vorliegen eines Massenzustroms durch einen Beschluss des Rates festgestellt. Zuvor muss die Kommission dem Rat einen Vorschlag unterbreiten, nachdem sie zuvor alle Anträge der Mitgliedstaaten geprüft hat (Art. 5 I 2). Art. 2 lit. d) definiert „Massenzustrom" als den

„Zustrom einer großen Zahl Vertriebener, die aus einem bestimmten Land oder einem bestimmten Gebiet kommen, unabhängig davon, ob der Zustrom in die Gemeinschaft spontan erfolgte oder beispielsweise durch ein Evakuierungsprogramm unterstützt wurde."

Die Anerkennung eines Massenzustroms hängt von verschiedenen Bedingungen ab. Zunächst erscheint es erforderlich zu sein, dass eine Krise von außergewöhnlicher Schwere vorliegt. Des Weiteren handelt es sich erst um einen ernstzunehmenden Krisenfall, wenn die Befürchtung besteht, dass die einzelnen Mitgliedstaaten überfordert sind und die Funktionsfähigkeit ihrer Asylsysteme gefährdet ist.[1000] Dabei muss die Krise ein solches Ausmaß angenommen haben, dass sie ein gemeinsames Handeln aller Mitgliedstaaten erforderlich macht.[1001]

Die im Falle eines Massenzustroms vorgesehenen Maßnahmen werden unter Kapitel VI „Solidarität" zusammengefasst. Dies lässt die Verknüpfung zwischen dem vorübergehenden Schutz und dem Grundsatz der Solidarität erkennen, die sich in der gesamten Richtlinie zum vorübergehenden Schutz widerspiegelt.[1002] Die Solidaritätsmaßnahmen sollen gemäß Art. 24 aus den Mitteln des Europäischen Flüchtlingsfonds finanziert werden.

3. *Aufnahme und Verteilung*

Art. 25 I regelt die Aufnahme und die Verteilung der Vertriebenen durch die Mitgliedstaaten. Die Mitgliedstaaten teilen hierzu dem Rat ihre Aufnahmekapazitäten mit (Art. 5 I 2). In dem Beschluss des Rates werden dann die Aufnahmeplätze der jeweiligen Länder aufgeführt.

Eine Verteilung nach Quoten ist nicht vorgesehen. Die Norm begründet auch keine Pflicht zur Aufnahme von Vertriebenen, selbst wenn die Mitgliedstaaten tatsächlich ihre Aufnahmequoten angeben würden.[1003] Art. 26 regelt die Verlegung des Wohnsitzes (Überstellung) der Vertriebenen während der Dauer ihres Schutzes innerhalb der EU. Dabei kann ein Mitgliedstaat die Überstellung von Betroffenen bei den anderen Staaten beantragen, falls seine Aufnahmekapazitäten erschöpft sind. Die anderen Mitgliedstaaten teilen dann diesem Staat ihre eigenen Kapazitäten mit. Auch hier ist keine Verpflichtung zur Aufnahme vorgesehen. Die Überstellung ist zum einen abhängig von der Zustimmung des Flüchtlings und zum anderen auch von der Zustimmung des neu aufnehmenden Staates.[1004]

1000 *Arenas*, The concept of „mass influx of displaced persons", EJML 2005, 439.

1001 *Arenas* (Fn. 1000), 440.

1002 UNHCR, Stellungnahme zur Richtlinie 2001/55/EG des Rates vom 20. Juli 2001 über Mindestnormen für die Gewährung vorübergehenden Schutzes im Falle eines Massenzustroms vom August 2003, online abrufbar unter <http://www.unhcr.de/fileadmin/rechtsinfos/fluechtlingsrecht/2_europaeisch/2_2_asyl/2_2_8/FR_eu_asyl_schutz-HCR_L_212_12.pdf> Zugriff am 10.04.2015, S. 3.

1003 *Fröhlich* (Fn. 35), S. 271.

1004 Ebenda.

Der vorübergehende Schutz wird zunächst für ein Jahr gewährt und kann auf zwei Jahre verlängert werden (vgl. Art. 4 I).

Beendet wird der vorübergehende Schutz ebenfalls durch Beschluss des Rates, wenn dieser festgestellt hat,

> *„dass die Lage im Herkunftsland eine sichere, dauerhafte Rückkehr der Personen, denen der vorübergehende Schutz gewährt wurde, unter Wahrung der Menschenrechte und Grundfreiheiten sowie der Verpflichtungen der Mitgliedstaaten hinsichtlich der Nichtzurückweisung zulässt“* (Art. 6 II 1).

Art. 22 I ermöglicht den Mitgliedstaaten, die „Zwangsrückführung von Personen, deren vorübergehender Schutz abgelaufen ist und die für eine Aufnahme nicht in Frage kommen“.

4. Ergebnis

Der auf den Krisenfall zugeschnittene Mechanismus dieser Richtlinie ist bisher noch nie zur Anwendung gelangt. Diskutiert wurde ihre Anwendung, als die Revolutionen in Nordafrika stattfanden und im Zuge dessen viele Menschen über das Mittelmeer nach Europa zu fliehen versuchten und größtenteils auf Lampedusa strandeten.[1005] Die Regierung von Malta beantragte die Gewährung eines vorübergehenden Schutzes für Vertriebene aus Libyen. Die Kommission sprach sich gegen eine Einleitung dieses Mechanismus aus, weil sie der Ansicht war, die Voraussetzungen dafür seien nicht gegeben.[1006]

II. Neuansiedlungsprogramme

Neuansiedlungsprogramme bezwecken Flüchtlingen den Zugang zum internationalen Schutz in einem Drittstaat zu ermöglichen, wenn sie zuerst von einem Staat aufgenommen worden sind, der einen angemessenen Schutz nicht zu leisten vermag.[1007]

Außerdem dienen sie auch als Instrumente der Lastenteilung zwischen den Staaten und fördern damit die Solidarität im inneren einer Gemeinschaft.[1008] Global wird die Neuansiedlung von Flüchtlingen (*„resettlement“*) vom UNHCR in Kooperation mit aufnahmebereiten Ländern organisiert. Die Neuansiedlung wird vom UNHCR als eine der drei dauerhaften Lösungen für Flüchtlinge beworben. Das so genannte *„resettlement“, bezeichnet nach dem UNHCR*

1005 EASO, Jahresbericht 2011 über die Asylsituation in der Europäischen Union und die Tätigkeit des Europäischen Unterstützungsbüros für Asylfragen, S. 23.
1006 EASO (Fn. 1005), S. 39.
1007 UNCHR Resettlement Handbook, 2011 (*Resettlement Handbook*), S. 36.
1008 *Resettlement Handbook* (Fn. 1007), S. 39; *Fröhlich* (Fn. 35), S. 324f.

„die dauerhafte Neuansiedlung besonders verletzlicher Flüchtlinge in einem zur Aufnahme bereiten Drittstaat, der ihnen vollen Flüchtlingsschutz gewährt und ihnen die Möglichkeit bietet, sich im Land zu integrieren.“[1009]

Für ein *resettlement* Programm sucht der UNHCR in einem spezifischen Verfahren besonders schutzbedürftige Flüchtlinge, die einer Neuansiedlung zugestimmt haben aus und schlägt ihre Aufnahme bestimmten Staaten vor. In Frage kommen nur Menschen, bei denen der UNHCR die Flüchtlingseigenschaft bereits festgestellt hat und die als besonders schutzbedürftig gelten, wie z.B. unbegleitete Minderjährige oder alleinstehende Frauen. Die Staaten legen jährlich ihre Aufnahmequoten sowie die dabei zu begünstigenden Personengruppen fest und entscheiden auf freiwilliger Basis, ob sie die Flüchtlinge aufnehmen möchten.[1010]

Die Neuansiedlung von Flüchtlingen wird in den meisten Mitgliedstaaten der EU noch sehr zurückhaltend vorgenommen. In 2012 sind beispielsweise mit Hilfe des UNHCR 4.405 Menschen in 14 Mitgliedstaaten der EU neu angesiedelt worden. Diese Anzahl entspricht nur 6% der insgesamt weltweit in 2012 neu angesiedelten Flüchtlinge (69.252).[1011]

Neben den Hauptaufnahmeländern USA, Kanada und Australien beteiligen sich jedoch immer mehr Mitgliedstaaten der EU, wie Schweden (1.900 Aufnahmeplätze) und Finnland (750 Aufnahmeplätze), verstärkt an den vom UNHCR verwalteten *resettlement* Programm.[1012] Deutschland nimmt seit 2012 jährlich 300 Flüchtlinge auf. Die Innenminister haben nunmehr auf ihrer Konferenz am 11.-12. Dezember 2014 beschlossen, im Jahre 2015 das Aufnahmekontingent auf 500 Plätze zu erhöhen.[1013]

Nach Angaben des UNCHR stehen weltweit gegenwärtig Aufnahmeplätze für rund 80.000 Flüchtlinge zur Verfügung. Der UNHCR schätzt jedoch zurzeit, dass insbesondere wegen des Bürgerkriegs in Syrien mehr als 950.000 Plätze für Flüchtlinge benötigt werden.[1014]

1009 *Resettlement Handbook* (Fn. 1007), S. 36.

1010 *Resettlement Handbook* (Fn. 1007), S. 354.

1011 UNHCR EU Resettlement Factsheet, 2013, online verfügbar unter <http://www.unhcr.org/524c31b69.pdf> Zugriff am 13.04.2015.

1012 UNHCR Global Resettlement Statistic Report 2013, S. 53, online verfügbar unter <http://www.unhcr.org/52693bd09.html> Zugriff am 12.04.2015.

1013 BMI, Humanitäre Aufnahmeprogramme des Bundes, 12.12.2014, online verfügbar unter <http://www.bmi.bund.de/DE/Themen/Migration-Integration/Asyl-Fluechtlingsschutz/Humanitaere-aufnahmeprogramme/humanitaere-aufnahmeprogramme_node.html> Zugriff am 16.04.2015.

1014 Executive Committee of the High Commissioner's Programme, Progress Report on Resettlement, 6 June 2014, S. 3, online verfügbar unter <http://www.unhcr.org/53aa90bf9.html> Zugriff am 12.04.2015.

1. *Joint EU Resettlement Programme*

Auf Vorschlag der Komission wurde im Jahre 2009 die Einrichtung eines gemeinsamen Neuansiedlungsprogramms der EU (*Joint EU Resettlement Programme*) beschlossen, welches die freiwillige Aufnahme von Asylsuchenden oder anerkannten Flüchtlingen mit der finanziellen Unterstützung der EU nach Quoten vorsieht.[1015] Dieses Neuansiedlungsprogramm bezweckt die Ansiedlung von Flüchtlingen aus Drittstaaten und nicht die Umverteilung von Flüchtlingen innerhalb der EU.[1016] Die freiwillige Aufnahme von Flüchtlingen aus Ländern außerhalb der EU soll als „Ausdruck der Solidarität der EU" gegenüber diesen Staaten gelten, währenddessen die Umverteilung von Flüchtlingen innerhalb der EU „in erster Linie dem Lastenausgleich zwischen den EU-Mitgliedstaaten dient".[1017] Im März 2012 wurde dann das gemeinsame Neuansiedlungsprogramm der EU beschlossen.[1018] Durch finanzielle Anreize versucht die EU die Mitgliedstaaten zu bewegen, möglichst viele Flüchtlinge von Drittländern zu übernehmen. Ein Mitgliedstaat bekommt 4.000 EUR pro neu angesiedeltem Flüchtling und 6.000 EUR einmalig für die Teilnahme am Programm (vgl. Art. 13 Nr. 3a)). Zudem werden spezifische, besonders schutzbedürftige Gruppen genannt, die bei der Neuansiedlung bevorzugt behandelt werden sollen, und es werden geografische Präferenzen hinsichtlich der Herkunftsländer der Flüchtlinge festgelegt (vgl. Art. 13 Nr. 3 lit. b)).

Die Kommission hat am 27.05.2015 eine konkrete Empfehlung für das EU-weite Neuansiedlungssystem vorgelegt, wonach Plätze für 20.000 Menschen geschaffen werden sollen (nähere Ausführungen erfolgen in Kapitel 5).[1019] Die Maßnahmen, die im Rahmen dieses Programms möglicherweise greifen sollen, werden nicht behandelt, weil der Schwerpunkt der vorliegenden Arbeit bei der innergemeinschaftlichen Solidarität beim Umgang mit Flüchtlingen liegt.

Die Etablierung des gemeinsamen Neuansiedlungsprogramms der EU könnte das globale Ungleichgewicht beim Schutz von Flüchtlingen positiv verändern.

1015 Europäische Kommission: Mitteilung der Kommission zur Einrichtung eines gemeinsamen Neuansiedlungsprogramms der EU vom 2.9.2009, KOM(2009) 447 endgültig.

1016 KOM(2009) 447 endgültig, S. 3.

1017 Ebenda.

1018 Beschluss Nr. 281/2012/EU des Europäischen Parlaments und des Rates vom 29. März 2012 zur Änderung der Entscheidung Nr. 573/2007/EG zur Einrichtung des Europäischen Flüchtlingsfonds für den Zeitraum 2008 bis 2013 innerhalb des Generellen Programms „Solidarität und Steuerung der Migrationsströme", ABl. EU L 92/1 vom 30.03.2012, S. 1–3.

1019 Europäische Kommission, Commission Recommendation of (...) on a European ressettlement scheme (provisional version), C(2015) 3560/2, <http://ec.europa.eu/dgs/home-affairs/e-library/documents/policies/asylum/general/docs/recommendation_on_a_european_resettlement_scheme_en.pdf> Zugriff am 31.05.2015, Erwägungsgrund Nr. 7.

2. EU Relocation Malta Project - EUREMA

Das EUREMA Programm ist ein Pilotprojekt von Umsiedlungen aus Malta innerhalb der EU, welches 2009 auf Initiative der Kommission und mit Unterstützung des Rates ins Leben gerufen wurde.[1020] Die Notwendigkeit für das Programm ergab sich wegen des raschen Anstiegs der Anzahl der Asylgesuche in Malta, dem kleinsten EU-Mitgliedstaat, in der ersten Jahreshälfte von 2011 um 56 % im Vergleich zum gleichen Zeitraum im Vorjahr.[1021]

Die erste Phase des Projektes wurde im Sommer 2011 abgeschlossen. Dabei wurden 228 Personen aus Malta in sechs andere Mitgliedstaaten umgesiedelt.[1022] Mit Hilfe des UNHCR wurden Kandidaten für eine Umsiedlung ausgesucht und den beteiligten Mitgliedstaaten vorgeschlagen. Es handelte sich hierbei um anerkannte Flüchtlinge, subsidiär geschützte Personen und Asylsuchende. Die Mitgliedstaaten konnten dann nach ausführlicher Prüfung der Einzelfälle entscheiden, ob und wie viele Menschen sie bereit waren aufzunehmen.[1023]

Die Auswahlkriterien waren unter anderem: das Vorhandensein von Familienangehörigen oder Gemeinschaften der gleichen Volksgruppe in dem Mitgliedstaat, in welchen die Umsiedlung erfolgen sollte, Sprachkenntnisse, die Anerkennung der Flüchtlingseigenschaft durch Malta oder UNHCR, eine besondere Schutzbedürftigkeit und die Ausbildung und Berufserfahrung der Betroffenen.[1024] Viele Mitgliedstaaten legten ihren Fokus auf das Integrationspotential der vorgeschlagenen Kandidaten, während andere nur Familien akzeptierten.[1025]

Die teilnehmenden Flüchtlinge wurden in der Regel von einem Mitgliedstaat zur Wahl gestellt, ob sie bereit wären dorthin umzusiedeln. Sie betonten, dass ihnen die Freiwilligkeit der Maßnahme sehr wichtig war.[1026]

Die Aufnahmestaaten boten unterschiedliche Aufnahme- und Unterbringungsbedingungen für die Flüchtlinge an. Des Weiteren garantierten sie ihnen auch einen unterschiedlichen aufenthaltsrechtlichen Status in ihrem Hoheitsgebiet.[1027]

1020 Rat der Europäischen Union, Schlussfolgerungen des Vorsitzes zu der Tagung des Europäischen Rates in Brüssel vom 18.-19. Juni 2009 (doc. 11225/2/09 CONCL 2), Rdnr. 37, online verfügbar unter <http://register.consilium.europa.eu/doc/srv?f=ST+11225+2009+REV+2&l=de> Zugriff am 13.04.15.

1021 Eurostat: Population and social conditions. Asylum applicants and first instance decisions on asylum applications: second quarter 2011, 3.2.2012, S. 1.

1022 Europäische Kommission: Mitteilung der Kommission vom 2.12.2011. Eine EU-Agenda für weitergehende Teilung der Verantwortung und mehr gegenseitiges Vertrauen, KOM(2011) 835 endgültig, S. 9.

1023 EASO, fact finding report on intra-EU relocation activities from Malta, Juli 2012, S. 8, online verfügbar unter <http://easo.europa.eu/wp-content/uploads/EUREMA-fact-finding-report-EASO1.pdf> Zugriff am 14.04.2015.

1024 EASO (Fn. 1023), S. 10.

1025 Ebenda.

1026 EASO, (Fn. 1023), S. 13.

1027 Ebenda.

In ihrer Mitteilung vom 2. Dezember 2011 über „verstärkte EU-interne Solidarität im Asylbereich: Eine EU-Agenda für weitergehende Teilung der Verantwortung und mehr gegenseitiges Vertrauen" lobte die Kommission das EUREMA Pilotprojekt und betonte, dass sie die Umsiedlung von anerkannten Flüchtlingen innerhalb der Union stark unterstütze.[1028] Die Kommission werde ein permanentes System für die Umsiedlung von Flüchtlingen auf freiwilliger Basis vorschlagen, die es den Mitgliedstaaten ermöglichen werde, auch in einer Notlage Unterstützung durch Umsiedlung zu beantragen.[1029]

In der zweiten Phase von EUREMA, die mit einer Beitragskonferenz auf Initiative der Kommission am 12. Mai 2011 startete, boten nur sieben Mitgliedstaaten 91 Aufnahmeplätze an, während acht Staaten 265 Flüchtlinge über bilaterale Abkommen mit Malta aufnahmen.[1030]

Seit 2009 haben sich insgesamt 12 Mitgliedstaaten an dem Pilotprojekt EUREMA (Phase 1 und 2) beteiligt. Acht weitere Mitgliedstaaten haben mit Malta bilaterale Abkommen abgeschlossen, die ebenfalls die freiwillige Umsiedlung von Flüchtlingen aus Malta zum Gegenstand haben. Beide Phasen wurden mit Mitteln aus dem ERF finanziert (Gesamtbudget 2,4 Mio. EUR).[1031] Zehn Mitgliedstaaten beteiligten sich überhaupt nicht an EUREMA.[1032]

NGOs kritisierten vor allem die niedrige Bereitstellung von Aufnahmeplätzen durch die anderen Mitgliedstaaten und bezweifelten daher die praktische Wirksamkeit des Programms.[1033] Auch die Kommission beklagte die niedrige Anzahl der Umsiedlungen und forderte die Mitgliedstaaten auf, mehr Aufnahmeplätze bereitzustellen.[1034]

1028 Europäische Kommission: Mitteilung der Kommission vom 2.12.2011. Eine EU-Agenda für weitergehende Teilung der Verantwortung und mehr gegenseitiges Vertrauen, KOM(2011) 835 endgültig, S. 9.

1029 Ebenda.

1030 European Resettlement Network, online verfügbar unter <http://www.resettlement.eu/page/intra-eu-relocation> Zugriff am 03.08.2015.

1031 Ebenda.

1032 EASO, fact finding report on intra-EU relocation activities from Malta, Juli 2012, S. 1, online verfügbar unter <http://easo.europa.eu/wp-content/uploads/EUREMA-fact-finding-report-EASO1.pdf> Zugriff am 14.04.2015.

1033 Amnesty International, Amnesty International's contribution to the European Commission's public consultation on the Debate on the future agenda for Home Affairs policies: An open and safe Europe – what next?, January 2014, S. 10f; ProAsyl, Stellungnahme zur Öffentlichen Anhörung des Innenausschusses des Deutschen Bundestages zum Antrag der Abgeordneten Ulla Jelpke, Jan Korte, Katrin Kunert, weiterer Abgeordneter und der Fraktion DIE LINKE: „Das Massensterben an den EU-Außengrenzen beenden – Für eine offene, solidarische und humane Flüchtlingspolitik in der Europäischen Union" (BT-Drucksache 18/288) am 2. Juli 2014, S. 24.

1034 Europäische Kommission: Mitteilung der Kommission vom 2.12.2011. Eine EU-Agenda für weitergehende Teilung der Verantwortung und mehr gegenseitiges Vertrauen, KOM(2011) 835 endgültig, S. 9.

In seinen Schlussfolgerungen vom 8. März 2012 erklärte der Rat, dass weitere Schritte zur freiwilligen Umsiedlung von Personen, die internationalen Schutz genießen, innerhalb der EU geprüft und unternommen werden sollten, und ersuchte die Kommission, eine umfassende Bewertung des EUREMA durchzuführen, um den Nutzen und den Erfolg für die teilnehmenden Mitgliedstaaten und für die Personen, die internationalen Schutz genießen, sowie Schwierigkeiten und Problemstellungen, die sich möglicherweise ergeben haben, zu ermitteln.[1035]

Im Juli 2012 veröffentlichte dann das Europäische Unterstützungsbüro für Asylfragen (EASO) seinen abschließenden Bericht über die Evaluation des EUREMA Projektes.[1036] Die für den Bericht befragten Staaten gaben an, an EUREMA teilgenommen zu haben, weil sie die Mittel des ERF dafür in Anspruch nehmen und Erfahrungen mit der Umsiedlung von Flüchtlingen sammeln konnten.[1037] Die Staaten, die im Rahmen von bilateralen Abkommen Flüchtlinge aus Malta übernommen hatten erklärten, dass die bilaterale Vereinbarung für sie den einfachsten und effizienteren Weg geboten habe, um Malta in der Notlage zu helfen.[1038] Des Weiteren seien die administrativen Hürden der Projektfinanzierung zu hoch gewesen, um sie als Anreiz für eine Teilnahme am Projekt heranzuziehen. Das Auswahlverfahren ist ebenfalls als zu aufwendig empfunden worden.[1039]

Nach diesem Bericht waren sich alle Beteiligten einig, dass eine Harmonisierung der Umsiedlungsbedingungen wie die Aufnahme- und Unterbringungsbedingungen, der Status und die Integration der Flüchtlinge in den verschiedenen Mitgliedstaaten essentiell für die weitere Etablierung einer gemeinsamen Umsiedlungspraxis ist. Nichtsdestotrotz erklärten die Mitgliedstaaten sich bereit, an weiteren ad-hoc-Umsiedlungsprogrammen teilzunehmen, vorausgesetzt, dass die Teilnahme auf einer freiwilligen politischen Entscheidung beruhen kann.[1040]

Weil sich die meisten Mitgliedstaaten gegen ein dauerhaftes Umsiedlungsprogramm äußerten, hat die Kommission bisher noch keinen Vorschlag für ein dauerhaftes System für die EU-interne Umsiedlung von anerkannten Flüchtlingen unterbreitet.[1041]

1035 Schlussfolgerungen des Rates vom 8. März 2012 über einen gemeinsamen Rahmen für echte und praktische Solidarität gegenüber Mitgliedstaaten, deren Asylsysteme besonderem Druck, einschließlich durch gemischte Migrationsströme, ausgesetzt sind, Dok. Nr. 7115/12 ASIM 20 FRONT 30, Rdnr. 16, online verfügbar unter <http://register.consilium.europa.eu/doc/srv?l=DE&f=ST%207485%202012%20 INIT> Zugriff am 14.04.2015.

1036 Ebenda, S. 1–17.

1037 Ebenda, S. 8.

1038 Ebenda.

1039 Ebenda, S. 14.

1040 EASO (Fn. 1023), S. 17.

1041 Europäische Kommission: Mitteilung der Kommission an das Europäische Parlament und an den Rat vom 22.05.2014, Fünfter Jahresbericht über Einwanderung und Asyl (2013), KOM(2014) 288 endg., S. 8.

D. Praktische Zusammenarbeit

In der Mitteilung der Kommission über die Intensivierung der konkreten Zusammenarbeit von 2006[1042] legte die Kommission erstmals dar, wie die konkrete Zusammenarbeit der Mitgliedstaaten zur Verwirklichung der in Tampere und im Haager Programm festgelegten Ziele beitragen könne.

Den Mitgliedstaaten soll Gelegenheit geboten werden sich mit den Systemen und Praktiken anderer Mitgliedstaaten vertraut zu machen und auf operativer Ebene engere Arbeitsbeziehungen zwischen den Asylbehörden zu entwickeln. Das Ziel der praktischen Zusammenarbeit soll die Begründung von gegenseitigem Vertrauen und die Förderung des Bewusstseins für gemeinsame Interessen sein.[1043]

Durch eine praktische Zusammenarbeit gelte es „eine größere Konvergenz der einzelstaatlichen Entscheidungen im Rahmen der vom gemeinschaftlichen Asylrecht vorgegebenen Regeln" und insbesondere eine höhere Qualität bei der Beschlussfassung über Schutzgesuche im Interesse der Mitgliedstaaten und der Asylsuchenden zu erreichen.[1044]

Nach der Ansicht der Kommission würde eine bessere Beschlussfassung „zu vergleichbaren Asylregeln in der EU und einem einheitlichen Asylraum beitragen, in dem Schutzbedürftigen Schutz gewährt und Personen, die keinen Schutz benötigen, eine faire und effiziente Behandlung zuteil wird".[1045]

Die Kommission beschloss bereits im Jahre 2003 vorbereitende Maßnahmen zur Einrichtung eines Asylkooperationsnetzwerkes zu treffen, das aktuelle Daten zu Migrationsfragen liefern soll. Das Europäische Migrationsnetzwerk (EMN) wurde von 2004 bis 2006 als vorbereitende Maßnahme von der Kommission durchgeführt. Dieses Netzwerk sollte Grundlage für den Informationsaustausch, die Förderung bewährter Praktiken und die Sammlung von Fachwissen sein und damit zu mehr Konvergenz in der Asylpolitik und einer einheitlichen Umsetzung des GEAS beitragen.[1046] Die Errichtung des EMN erfolgte erst mit Entscheidung des Rates vom 14. Mai 2008.[1047]

Die Einrichtung eines Unterstützungsbüros für Asylfragen wurde erstmals im Anhang zum Haager Programm von 2004 als eines der wichtigsten Vorhaben

---

1042 Europäische Kommission: Mitteilung der Kommission an den Rat und an das Europäische Parlament vom 17.02.2006 über die Intensivierung der konkreten Zusammenarbeit - Neue Strukturen, neue Konzepte: Verbesserung der Beschlussfassung im gemeinsamen europäischen Asylsystem, KOM(2006) 67 endgültig.

1043 KOM(2006) 67 endgültig, S. 2 Rdnr. 4.

1044 Ebenda.

1045 KOM(2006) 67 endgültig, S. 3 Rdnr. 5.

1046 Ebenda, S. 3 Rdnr. 6.

1047 Rat der Europäischen Union, Entscheidung des Rates 2008/381/EG vom 14. Mai 2008 zur Einrichtung eines Europäischen Migrationsnetzwerks, ABl. EU 2008 Nr. L 131, S. 7–12.

aufgelistet.[1048] In einer neueren Mitteilung von 2011 über verstärkte EU-interne Solidarität betont die Kommission, dass „praktische Maßnahmen eine notwendige Ergänzung zu Rechtsvorschriften darstellen, da sie das Vertrauen darauf schaffen, dass alle Mitgliedstaaten dieselben Aufgaben in ähnlicher Art und Weise mit ähnlichen Ergebnissen durchführen".[1049]

Das neu eingerichtete Unterstützungsbüro für Asylfragen soll gewährleisten, dass die praktische Zusammenarbeit zu einer tragenden Säule des Asylsystems der Union wird.[1050]

Im Folgenden sollen die Tätigkeiten des Europäischen Migrationsnetzwerkes und der EASO als Beispiele für Solidaritätsinstrumente zur Förderung der praktischen Zusammenarbeit näher dargestellt werden.

I. Das Europäische Migrationsnetzwerk

Gemäß Art. 1 II der Entscheidung des Rates 2008/381/EG ist das Ziel des Europäischen Migrationsnetzwerkes (European Migration Network - EMN) „die Deckung des Informationsbedarfs der Gemeinschaftsorgane sowie der Behörden und Einrichtungen der Mitgliedstaaten zur Migrations- und Asylthematik durch Bereitstellung aktueller, objektiver, verlässlicher und vergleichbarer Informationen zu Migration und Asyl". Neben den EU-Organen und den Mitgliedstaaten soll auch die breite Öffentlichkeit mit diesen Informationen versorgt werden (Art. 1 III der Entscheidung des Rates 2008/381/EG).

Die Leitung des EMN übernimmt ein Lenkungsausschuss, der sich aus je einem Vertreter jedes Mitgliedstaats und einem Vertreter der Kommission zusammensetzt. Ein Vertreter des Europäischen Parlaments ist als Beobachter bei den Sitzungen des EMN zugelassen (Art. 4 I IV der Entscheidung des Rates 2008/381/EG).

Die Aufgabe der Kommission ist es, die Tätigkeit des EMN in Zusammenarbeit mit den nationalen Kontaktstellen zu koordinieren (Art. 6 der Entscheidung des Rates 2008/381/EG). Die Maßnahmen des EMN werden aus dem Gesamthaushalt der Europäischen Union finanziert (Art. 11 der Entscheidung des Rates 2008/381/EG). Das EMN setzt sich aus nationalen Kontaktstellen, die von den Mitgliedstaaten benannt werden und der Kommission zusammen (Art. 3 der Entscheidung des Rates 2008/381/EG).

Die nationalen Kontaktstellen setzen sich aus mindestens drei Experten im Bereich Asyl und Migration zusammen, die nationalen und internationalen staatlichen oder privaten Organisationen mit Sitz in dem Mitgliedstaat angehören (Art. 5 II der Entscheidung des Rates 2008/381/EG).

1048 Das Vorhaben mit der Nr. 63 im Anhang zum Haager Programm lautet: Errichtung einer europäischen Unterstützungsagentur für alle Formen der Kooperation zwischen den Mitgliedstaaten im Rahmen der gemeinsamen europäischen Asylregelung (nach Einführung eines gemeinsamen Asylverfahrens und nach Evaluierung).

1049 KOM(2011) 835 endgültig, S. 8.

1050 Ebenda.

Das Bundesamt für Migration und Flüchtlinge (BAMF) ist die nationale Kontaktstelle des EMN in Deutschland.[1051]

Die Sammlung, Ordnung, Bewertung und Darstellung von Informationen über Herkunftsländer (so genannte Country of Origin Information – COI) ist eine der wesentlichen Aufgaben des EMN.[1052] Nach Ansicht der Kommission ist „ein objektives, transparentes und korrekt funktionierendes COI-System, das schnell offizielle und verlässliche Informationen liefert, unerlässlich für jegliche Bewertung der Schutzbedürftigkeit eines Antragstellers". Eine einheitliche Sammlung und Analyse von COI könne zu einer Angleichung der Asylregeln innerhalb der EU beitragen.[1053]

Zu den weiteren Aufgaben des EMN gehört der Aufbau und die Pflege „eines Internet-gestützten Informationsaustauschsystems, das Zugang zu relevanten Dokumenten und Veröffentlichungen zur Thematik Migration und Asyl bietet" (Art. 2 I lit. e) der Entscheidung des Rates 2008/381/EG). Dieses gemeinsame Portal soll einen einfachen Zugang zu bestehenden Informationen schaffen, indem es allen Mitgliedstaaten „Zugriff auf alle offiziellen Datenbanken zu Informationen über die Herkunftsländer, das Recht der Mitgliedstaaten, die relevanten Rechtsvorschriften und Urteile der Gemeinschaft und der Mitgliedstaaten sowie anderen offiziellen Informationsquellen bietet".[1054] Der Zugang zu dem EMN Informationsaustauschportal ist beschränkt auf die nationalen Kontaktstellen und die Partner in den nationalen Netzwerken. Das EMN soll regelmäßig Berichte und Studien zu aktuellen Migrationsfragen verfassen (Art. 2 I lit. d) der Entscheidung des Rates 2008/381/EG). Basierend auf einem jährlichen Arbeitsprogramm veröffentlicht das EMN jährlich vier Studien zu verschiedenen aktuellen Themenbereichen.

Die Aufgabe einer nationalen Kontaktstelle ist es, regelmäßig nationale Berichte zu erstellen, Informationen zwecks Austauschs zu liefern und gegebenenfalls adhoc Anfragen zu stellen und solche Anfragen anderer nationaler Kontaktstellen zu beantworten. Des Weiteren richtet die nationale Kontaktstelle ein nationales Migrationsnetzwerk ein, das aus den unterschiedlichsten Organisationen und Einzelpersonen, die im Bereich Migration und Asyl tätig sind und relevante Akteure vertreten, gebildet ist (Art. 5 V der Entscheidung des Rates 2008/381/EG).

Das EMN fasst die Ergebnisse dieser nationalen Studien zu einem Synthesebericht zusammen und präsentiert sie aus der Perspektive der EU. Diese Syntheseberichte werden für die Allgemeinheit zugänglich auf der Homepage des EMN veröffentlicht. Im Jahre 2014 hat der EMN beispielsweise eine europaweit vergleichende Studie zur

---

1051 BAMF, Das Europäische Migrationsnetzwerk, online verfügbar unter <http://www.bamf.de/DE/DasBAMF/EMN/DasEMN/dasemn-node.html> Zugriff am 03.05.2015.

1052 KOM(2011) 835 endgültig, Rdnr. 12; vgl. Art. 2 lit. a) und b) der Entscheidung des Rates 2008/381/EG.

1053 KOM(2011) 835 endgültig, Rdnr. 12.

1054 Ebenda, Rdnr. 13.

EU-weiten Politik und Praxis beim Umgang mit unbegleiteten minderjährigen Flüchtlingen erstellt und veröffentlicht.[1055]

II. Das Europäische Unterstützungsbüro für Asylfragen

Zur Förderung der praktischen Zusammenarbeit wurde im Mai 2010 das Europäische Unterstützungsbüro für Asylfragen (European Asylum Support Office - EASO) mit Sitz in Valletta auf Malta gegründet.[1056] Seine Gründungsverordnung wurde auf Grundlage von Art. 74, Art. 78 I und II AEUV erlassen.[1057]

Einer der Gründe für die Errichtung des EASO waren die starken Unterschiede in der Umsetzung der Vorgaben des GEAS von Mitgliedstaat zu Mitgliedstaat (vgl. Erwägungsgrund Nr. 2 der Verordnung (EU) Nr. 439/2010). In manchen Mitgliedstaaten wird ein Asylstatus fast nie anerkannt. Gleichzeitig gibt es aber auch gut funktionierende Asylsysteme. Nach Angaben von Eurostat ergingen im Jahr 2014 etwa 80% der positiven Asylentscheidungen in erster Instanz in nur sechs Mitgliedstaaten (Deutschland (41.000), gefolgt von Schweden (31.000), Italien (21.000), Frankreich (15.000), den Niederlanden (14.000) und dem Vereinigten Königreich (10.000)).[1058]

Die aktuellen Schutzquoten bestätigen, dass die Zuerkennung des internationalen Schutzes von Mitgliedstaat zu Mitgliedstaat stark zu variieren vermag.[1059] Insgesamt waren im Jahr 2014 in der EU (es wurden die Daten von 27 Mitgliedstaaten berücksichtigt) 45% der Entscheidungen in erster Instanz über Asylanträge positiv. Flüchtlinge aus Syrien waren die größte Gruppe, denen im Jahr 2014 in der EU der Schutzstatus zuerkannt wurde. Während in Spanien nur 27 % der Syrer eine positive Entscheidung über ihr Schutzgesuch erhielten, lag die Schutzquote für Syrer in Dänemark bei 73 % und in Deutschland bei 59 %. Ähnliche Unterschiede lassen sich auch bezüglich Schutzsuchenden aus Afghanistan nachweisen.[1060]

1055 EMN, Focussed Study 2014, Policies, practices and data on unaccompanied minors in 2014 <http://ec.europa.eu/dgs/home-affairs/what-we-do/networks/european_migration_network/reports/docs/emn-studies/unaccompanied-minors/6a_czech_republic_national_report_unaccompanied_minors_en.pdf> Zugriff am 02.05.2015.

1056 Verordnung (EU) Nr. 439/2010 des Europäischen Parlaments und des Rates vom 19.5.2010 zur Einrichtung eines Europäischen Unterstützungsbüros für Asylfragen, ABl. EU 2010 Nr. L 132, S. 11–28.

1057 *Progin-Theuerkauf* (Fn. 308), Art. 78 AEUV Rdnr. 16; zur Entstehungsgeschichte der EASO siehe *Comte* (Fn. 243), 373–406.

1058 EUROSTAT, Asylum Statistics, Data extracted on 18 March 2015, online verfügbar unter <http://ec.europa.eu/eurostat/statistics-explained/index.php/Asylum_statistics> Zugriff am 15.04.2015.

1059 Eurostat, Pressemitteilung 20. März 2015, Asyl in der EU, Zahl der Asylbewerber in der EU im Jahr 2014 sprunghaft auf mehr als 625 000 gestiegen, 20% waren Syrer - Entscheidungen in erster Instanz, 2014, online verfügbar unter <http://ec.europa.eu/eurostat/documents/2995521/6751783/3-20032015-BP-DE.pdf/23ee1e9b-19e3-4453-9b2a-f810c03c4a22> Zugriff am 10.05.2015.

1060 Ebenda.

Die Idee hinter dem EASO ist es, die Schutzstandards zu erhöhen, damit Flüchtlinge in allen Mitgliedstaaten gerechter behandelt werden können.[1061] Die EASO soll sich für eine kohärente Umsetzung des GEAS einsetzen und harmonisierte Vorgehensweisen unterstützen, mit denen sich eine Angleichung der Asylentscheidungen erreichen lässt.[1062] Das Motto der Agentur lautet *„Support is our mission"*[1063].

1. Struktur

Die EASO ist in der Rechtsform einer europäischen Agentur mit eigener Rechtspersönlichkeit errichtet worden (Art. 40 der VO (EU) Nr. 439/2010). Als europäische Agentur ist sie in rechtlicher und finanzieller Hinsicht (im Rahmen ihres Budgets) autonom.[1064] Gemäß Art. 1 der VO (EU) Nr. 439/2010 ist sie beauftragt, den Mitgliedstaaten bei der Umsetzung der gemeinsamen asylrechtlichen Vorgaben und dem Aufbau von stabilen Asylsystemen behilflich zu sein. Die Agentur möchte als unabhängiges Kompetenzzentrum in Asylfragen die praktische Zusammenarbeit zwischen Mitgliedstaaten koordinieren und stärken.[1065] Das EASO ist nicht befugt, auf die Entscheidungen der nationalen Asylbehörden über Asylanträge Einfluss zu nehmen (Art. 2 Abs. 6 der VO (EU) Nr. 439/2010). Die Mitgliedstaaten können frei über die Anerkennung oder Ablehnung eines Schutzgesuchs entscheiden. Die EASO ist auch nicht befugt, in Notfällen zu intervenieren oder gar Anweisungen zur Rechtsanwendung an die Mitgliedstaaten zu erteilen.[1066]

Die Organisation der EASO erfolgt durch einen Verwaltungsrat und einem Exekutivdirektor (Art. 24 der VO (EU) Nr. 439/2010). Der Verwaltungsrat bildet das Planungs- und Überwachungsorgan der EASO (Art. 29 der VO (EU) Nr. 439/2010). Er setzt sich zusammen aus jeweils einem Vertreter von jedem Mitgliedstaat und zwei Vertretern von der Kommission (Art. 25 I der Verordnung (EU) Nr. 439/2010). Der UNHCR ist ebenfalls mit einem Mitglied ohne Stimmrecht vertreten (Art. 25 IV der Verordnung (EU) Nr. 439/2010).

1061 Europäisches Parlament, Plenartagung 17.-23. Mai 2010, Interview mit Jean Lambert: Grünes Licht für neues EU-Asylbüro, S. 14, online verfügbar unter <http://www.europarl.europa.eu/sides/getDoc.do?pubRef=-//EP//NONSGML+IM-PRESS+20100507FCS74267+0+DOC+PDF+V0//DE&language=DE> Zugriff am 15.04.2015.

1062 EASO, Arbeitsprogramm 2015, September 2014, S. 5, online verfügbar unter <file:///C:/Users/Sony/Downloads/BZAC14001DEN_002.pdf> Zugriff am 14.04.2015.

1063 EASO – Support is our mission, <http://easo.europa.eu/> Zugriff am 14.04.2015.

1064 *Gachowetz,* EASO - The European Asylum Support Office - a new facilitator for the establishment of a Common European Asylum System?, AWR-Bulletin 2012, 80.

1065 EASO, Arbeitsprogramm 2015, September 2014, S. 6; vgl. auch Erwägungsgrund Nr. 13 der VO (EU) Nr. 439/2010.

1066 *Markard,* Gerechte Verteilung von Schutzsuchenden in Europa? Fragen an die Dublin II-VO – 12. Berliner Symposium zum Flüchtlingsschutz, ZAR 2012, 388.

Zu den Aufgaben des Verwaltungsrates gehört es, einen jährlichen allgemeinen Tätigkeitsbericht der EASO und einen Jahresbericht zur Asylsituation in der Union herauszugeben (Art. 29 I lit. c) der Verordnung (EU) Nr. 439/2010).

Der Exekutivdirektor ist der gesetzliche Vertreter der Agentur und ist für die laufenden Geschäfte verantwortlich (Art. 31 der VO (EU) Nr. 439/2010).[1067] Derzeit ist Dr. Robert K. Visser der Exekutivdirektor der EASO.[1068] Der Exekutivdirektor erstellt ein Arbeitsprogramm für die EASO für das folgende Jahr, welches vom Verwaltungsrat genehmigt werden muss (Art. 31 VI lit c), Art. 29 I lit. f) der Verordnung (EU) Nr. 439/2010). Des Weiteren ist er auch für die COI-Berichte zuständig (Art. 31 VI lit. d) der Verordnung (EU) Nr. 439/2010).

Die EASO hat einen Beirat eingerichtet, der sich aus Vertretern von staatlichen und nichtstaatlichen Organisationen, die auf lokaler, regionaler, einzelstaatlicher, europäischer oder internationaler Ebene im Bereich der Asylpolitik tätig sind, zusammensetzt, um im engen Dialog mit diesen Akteuren zu sein. Der Beirat soll den Austausch von Informationen und die Bündelung von Wissen ermöglichen. Ein gemeinsames Treffen der Akteure findet mindestens einmal im Jahr statt (vgl. Art. 51 der Verordnung (EU) Nr. 439/2010).

Die Finanzierung der Agentur erfolgt durch das Budget der EU.[1069] Seit der Errichtung haben sich das Budget und die Mitarbeiteranzahl der EASO stetig erhöht. Die EU hat für das Jahr 2015 ca. 15 Mio. EUR zur Finanzierung der Arbeit von EASO zur Verfügung gestellt.[1070]

2. *Aufgaben*

Die Unterstützungstätigkeit der EASO soll sich auf die folgenden drei Bereiche erstrecken: auf die Umsetzung des GEAS, die praktische Zusammenarbeit der Mitgliedstaaten und auf operative Maßnahmen zugunsten von Mitgliedstaaten, deren Asyl- und Aufnahmesysteme besonderem Druck ausgesetzt sind (Art. 1 der VO (EU) Nr. 439/2010). Die Unterstützung soll in allen drei Bereichen durch die Verbreitung von bewährten Verfahren in Bereichen wie Zugang zum Verfahren, Behandlung der besonders schutzbedürftigen Gruppen, gemeinsame Nutzung von Anwendungen und Bewältigung von Rückständen erfolgen.

Zu den Hauptaufgaben der EASO zählt die Unterstützung der Mitgliedstaaten, deren Asyl- und Aufnahmesysteme besonderem Druck ausgesetzt sind, mit effizienten operativen Maßnahmen (Art. 2 II der VO (EU) Nr. 439/2010).

Art. 5 der VO (EU) Nr. 439/2010 regelt, dass zu diesen operativen Maßnahmen der Informationsaustausch und die Umsiedlung von Flüchtlingen innerhalb der

---

1067 *Bergmann*, Handlexikon der Europäischen Union, 5. Auflage 2015.

1068 EASO, About us, EASO Team <https://easo.europa.eu/about-us/easo-team/> Zugriff am 03.05.2015.

1069 *Comte* (Fn. 211), 386.

1070 EASO, Budget 2015, online verfügbar unter <http://easo.europa.eu/wp-content/uploads/EASO-Budget-2015.pdf> Zugriff am 16.04.2015.

Union gehören. Der Auftrag lautet hierbei, die Solidarität innerhalb der Union zu unterstützen, „um eine bessere Umsiedlung der Personen, die internationalen Schutz genießen, zwischen den Mitgliedstaaten zu fördern" und „gleichzeitig (...) zu gewährleisten, dass die Asyl- und Aufnahmesysteme nicht missbraucht werden" (Erwägungsgrund Nr. 9 der VO (EU) Nr. 439/2010).

Des Weiteren koordiniert und unterstützt die EASO gemäß Art. 8 der VO (EU) Nr. 439/2010 „gemeinsame Maßnahmen zugunsten der Asyl- und Aufnahmesysteme von Mitgliedstaaten". Hierzu sammelt und bewertet die EASO alle verfügbaren Informationen, die von den Mitgliedstaaten, dem UNHCR und gegebenenfalls anderen relevanten Organisationen übermittelt werden, die ihr zur Ermittlung, Vorbereitung und Erarbeitung von Sofortmaßnahmen zweckdienlich sind (Art. 9 I der VO (EU) Nr. 439/2010).

Zu den Sofortmaßnahmen gehören beispielsweise die Unterstützung bei der ersten Analyse der Asylanträge und bei der Bereitstellung geeigneter Aufnahmeeinrichtungen (insbesondere Notunterkünfte) und Beförderungsmittel, sowie bei der medizinischen Versorgung (Art. 10 lit. a) und b) der VO (EU) Nr. 439/2010).

Bei Bedarf kann die EASO auch den Einsatz eines Asyl-Unterstützungsteams in dem Hoheitsgebiet dieses Mitgliedstaats oder dieser Mitgliedstaaten koordinieren (Art. 13 II der VO (EU) Nr. 439/2010). Entscheidet der Exekutivdirektor, ein Einsatzteam zu entsenden, dann wird in Zusammenarbeit mit dem betroffenen Mitgliedstaat ein Einsatzplan erstellt, welcher eine Lagebeschreibung mit Angabe der Vorgehensweise und der Ziele der Entsendung einschließlich des Einsatzziels, eine Prognose über die Dauer des Einsatzes und die Zusammensetzung des Asyl-Unterstützungsteams beinhaltet (Art. 17 IV, Art. 18 der VO (EU) Nr. 439/2010).

Weiterhin kann die Agentur den in Not geratenen Mitgliedstaaten technische Hilfe wie Übersetzungen, Informationen über die Herkunftsländer und Kenntnisse über die Bearbeitung und Verwaltung von Asylverfahren leisten (Art. 14 der VO (EU) Nr. 439/2010).

Das Ziel ist es auch, einen Pool von einzelstaatlichen Asylexperten auf Grundlage der festgelegten Anforderungsprofile (Asyleinsatzpool) aufzubauen (Art. 15 I der VO (EU) Nr. 439/2010). Die Mitgliedstaaten benennen hierbei Experten, die den geforderten Anforderungsprofilen entsprechen (Art. 15 II der VO (EU) Nr. 439/2010). Die Entsendung dieser Asylexperten in einzelne Mitgliedstaaten, die um Unterstützung gebeten haben, soll nach einem speziellen Einsatzplan erfolgen, in dem die genauen Bedingungen für den Einsatz der Asyl-Unterstützungsteams festgelegt werden (Art. 18 der VO (EU) Nr. 439/2010).

Hinsichtlich der externen Dimension des GEAS ist die EASO befugt, Maßnahmen zur Neuansiedlung zu koordinieren als Zeichen der Solidarität der EU mit den Ländern, die sie aufnehmen. Gleichzeitig soll die Agentur an der „Schaffung von Kapazitäten in den Asyl- und Aufnahmesystemen der betreffenden Länder" mitwirken (Art. 7 der VO (EU) Nr. 439/2010).

Die EASO soll auch mit den anderen EU Agenturen wie Frontex und der Agentur der Europäischen Union für Grundrechte (*European Union Agency for Fundamental Rights* - FRA) zusammenarbeiten (Art. 52 der VO (EU) Nr. 439/2010). Die

Zusammenarbeit mit der FRA wird als notwendig erachtet, um eine Doppelarbeit bei der Verfassung von Berichten oder Studien im Bereich Asyl und Grundrechte zu vermeiden.[1071]

Zur Zusammenarbeit der EASO mit Frontex hat der Rat bereits im Stockholmer Programm folgendes festgelegt:

> *„Es ist von grundlegender Bedeutung, dass die Tätigkeiten von Frontex und des Europäischen Unterstützungsbüros für Asylfragen (EASO) koordiniert werden, wenn es um die Aufnahme von Migranten an den Außengrenzen der Union geht".*

Problematisch erweisen sich in dem Zusammenhang insbesondere Fälle, in denen so genannte gemischte Migrationsströme an den Außengrenzen der EU in Kontakt mit Grenzbeamten von Frontex geraten. Die Differenzierung zwischen Flüchtlingen und anderen MigrantInnen kann sich als sehr schwierig erweisen. Der Rat ersuchte daher

> *„das EASO, Methoden zu entwickeln, mit denen in gemischten Migrationsströmen diejenigen, die internationalen Schutz benötigen, besser erkannt werden können, und wann immer möglich mit Frontex zusammenzuarbeiten."*[1072]

Nach Auffassung der Kommission sollte das EASO zusätzlich in Zusammenarbeit mit der FRA Frontex dabei helfen, die Mechanismen zum Schutz der Grundrechte im Rahmen von Frontex-Einsätzen zu stärken und Aspekte des internationalen Schutzes in die Arbeit von Frontex zu integrieren.[1073]

3. Bisheriges Engagement

a) Unterstützung von Mitgliedstaaten, die einem besonderen Druck ausgesetzt sind

Griechenland wird seit dem 1. April 2011 von der EASO bei dem Aufbau seines Asylsystems unterstützt. Die Zusammenarbeit mit Griechenland gehört von Beginn an zu den Prioritäten der Tätigkeit von EASO. Das erste Einsatzteam wurde bereits am 26. Mai 2011 nach Griechenland entsendet. Im Schwerpunkt sah der Einsatzplan vor, das Aufnahmeverfahren neu zu bilden und den Rückstau an anhängigen Verfahren zu reduzieren.[1074]

Im Einsatz sind heute noch 73 Experten aus verschiedenen Mitgliedstaaten aus dem Asyleinsatzpool und 56 Asyl-Unterstützungsteams der EASO. Sie unterstützen

---

1071 *Comte* (Fn. 243), 392.

1072 *Stockholmer Programm* (Fn. 33), Punkt 5.1.

1073 KOM(2011) 835 endgültig, S. 4.

1074 EASO, Operating Plan for Greece, Interim Assessment of Implementation, 28.07.2014, online verfügbar unter <http://easo.europa.eu/wp-content/uploads/Interim-assessment-on-the-implementation-of-the-EASO-Operating-Plan-for-Greece.pdf> Zugriff am 15.04.2015.

die griechischen Behörden bei der Ausbildung der Beamten und bei der Anwerbung von EU-Fördermitteln. Des Weiteren werden Informationen über die Herkunftsländer der Flüchtlinge ausgetauscht.[1075] Nach Angaben von EASO gelang es Griechenland mit der Hilfe der Experten bis Mitte 2013 ein funktionierendes Aufnahme- und Berufungsverfahren aufzubauen. Eine neue Asylverfahrensrichtlinie trat ebenfalls in Kraft. Das Erstaufnahmezentrum in Fylakio (Nordgriechenland) sei wieder voll betriebsfähig.[1076]

Dennoch verbleibe der Kapazitätsaufbau eine Priorität im Bereich Asyl und Aufnahme von Asylsuchenden in Griechenland. Der Rückstau von Asylverfahren sei ebenfalls noch ein sehr wichtiges Problem, das einer Lösung bedürfe.[1077] Der Einsatz in Griechenland wurde bis Mai 2016 verlängert.[1078]

Daneben haben Italien im Juni 2013 und Zypern im Juni 2014 mit der EASO einen speziellen Unterstützungsplan ausgearbeitet, der unter anderem die Schulung von Asylbeamten, die Vermittlung von Herkunftslandinformationen und die Verbesserung der Aufnahmebedingungen vor Ort vorsieht.[1079]

b) *Eigenes Frühwarnsystem*

Die EASO hat auch ein eigenes Frühwarnsystem (wie in Art. 9 III vorgesehen) eingerichtet, das es ermöglichen soll, jeden plötzlichen Massenzustrom von Drittstaatsangehörigen, der die Asyl- und Aufnahmesysteme besonderem Druck aussetzten könnte, rechtzeitig zu erkennen. Die Agentur veröffentlicht monatlich einen Ausblick basierend auf der Analyse der Asyltrends und der Push- und Pullfaktoren (Abwanderungs- und Anziehungsfaktoren), sowie von Risikoszenarien.[1080] Auf Indikation dieses Frühwarnsystems wurde z.B. auch ein spezieller Unterstützungsplan für Schweden im Dezember 2012 entwickelt, der die Schulung von Asylbeamten in Schweden vorsieht.[1081]

1075 EASO, Operating Plan for Greece, Interim Assessment of Implementation, 28.07.2014, S. 1.

1076 Ebenda, S. 2.

1077 Ebenda, S. 15.

1078 EASO, EASO and Greece sign agreement to continue EASO Support to Greece until May 2016, Press Release 07/2015, 19.05.2015, online verfügbar unter <https://easo.europa.eu/wp-content/uploads/20150513-Press-release-signing-of-the-SSP-2.pdf> Zugriff am 19.05.2015.

1079 EASO, *Special Support Plan to Italy*, 4. June 2013, S. 7f. und *Special Support Plan to Cyprus*, 5. June 2014, S. 7f., online verfügbar unter <http://easo.europa.eu/wp-content/uploads/EASO-SPP-Italy-ELECTR-SIGNED.pdf und http://easo.europa.eu/wp-content/uploads/EASO-CY-OP.pdf> Zugriff am 15.04.2015.

1080 EASO, Analysis and statistics, Early warning, <https://easo.europa.eu/about-us/tasks-of-easo/analysis-and-statistics/> Zugriff am 03.05.2015.

1081 EASO, Special Support Plan to Sweden, 21 December 2012, online verfügbar unter <http://easo.europa.eu/wp-content/uploads/EASO-Special-Support-Plan-Sweden1.pdf> Zugriff am 15.04.2015.

Die von der EASO gesammelten Informationen und Analysen sind auch die Grundlage für das in Art. 33 der Dublin-III-VO vorgesehene Frühwarn- und Krisenbewältigungsverfahren.

c) *Schulungsprogramm*

Eines der Unterstützungsinstrumente des EASO ist das eigene Schulungsprogramm, das sich hauptsächlich an Entscheider im Asylverfahren und Asylpraktiker innerhalb der EU richtet.[1082] Die EASO führt Schulungen für Behörden und Gerichte durch, um die Qualität der Entscheidungen und die Angleichung der Methoden zu fördern. Hierfür wurde ein Europäisches Asylcurriculum (EAC) entwickelt, das aus einer Kombination von E-learning- und Präsenzveranstaltungen besteht.[1083]

Die Module, an deren Entwicklung sowohl Experten aus der Wissenschaft als auch des UNHCR beteiligt gewesen sind, sollen das gesamte Asylverfahren von der Anhörung bis zum Entscheidungsprozess abdecken.[1084] Im Jahre 2013 wurden 2.111 Asylbeamte in den Modulen des EASO- Ausbildungslehrplans geschult.[1085]

d) *Eigenes Portal für COI*

Die EASO hat ein eigenes Portal für Herkunftslandinformationen errichtet. Dieses Portal soll europaweit die Hauptquelle für COI werden. Zurzeit ist der Zugang nur für EU Mitarbeiter und Mitarbeiter der nationalen Behörden der Mitgliedstaaten eröffnet. Die EASO hat jedoch auf ihrer Homepage bereits Studien zur Sicherheitslage in den Herkunftsländern[1086] oder zur Praxis der Altersbestimmung von Jugendlichen und jungen Erwachsenen in der EU[1087] veröffentlicht.

1082 EASO Schulungsprogramm, März 2014, S. 7, online verfügbar unter <http://easo.europa.eu/wp-content/uploads/BZ0413152DEC.pdf> Zugriff am 15.04.2015.

1083 Ebenda.

1084 EASO Schulungsprogramm, März 2014, S. 11ff.

1085 Europäische Kommission: Mitteilung der Kommission an das Europäische Parlament und an den Rat vom 22.05.2014, Fünfter Jahresbericht über Einwanderung und Asyl (2013), COM(2014) 288 final, S. 4.

1086 EASO, Country of Origin Information Report - Afghanistan, January 2015 und Country of Origin Information Report – Chechnya, September 2014 - online verfügbar unter <http://easo.europa.eu/wp-content/uploads/Afghanistan-security-situation-EN.pdf> und <http://easo.europa.eu/wp-content/uploads/COI-Report-Chechnya.pdf> Zugriff am 15.04.2015.

1087 EASO, Age assessment practice in Europe, December 2013, online verfügbar unter <http://easo.europa.eu/wp-content/uploads/EASO-Age-assessment-practice-in-Europe.pdf> Zugriff am 15.04.2015.

e) Evaluation von EUREMA

Wie bereits beschrieben, hat die EASO im Auftrag der Kommission die Evaluation des EUREMA-Projektes vorgenommen. Sie veröffentlichte im Juli 2012 ihren abschließenden Bericht.[1088]

f) Zusammenarbeit mit Frontex

Am 26. September 2012 schlossen die EASO und Frontex ein formelles Arbeitsübereinkommen, welches die Kooperation der beiden Agenturen näher regelt.[1089]

Der Schwerpunkt der Zusammenarbeit soll im Bereich der Schulungen und des Austausches von Informationen über Herkunftsländer, um die Erkennung von Schutzbedürftigen bei der Überwachung der Grenzen zu verbessern (vgl. Art. 4 bis Art. 9 des Arbeitsübereinkommens) und die Risikoanalyse zu erleichtern, liegen. Auf operativer Ebene ist eine Zusammenarbeit bei der Unterstützung der Mitgliedstaaten, die einem besonderen Migrationsdruck ausgesetzt sind, vorgesehen. Zu diesem Zweck ist insbesondere die Koordinierung der Einsätze der Frontex *European Border Guard Teams* und der EASO Asyl-Unterstützungsteams (Art. 2 des Arbeitsübereinkommens) beabsichtigt.

Die beiden Agenturen veranstalteten in Griechenland im April 2013 eine erste gemeinsame Schulung zur Feststellung der Staatsangehörigkeit. Das Ziel war es, den Zugang zum Asylverfahren für alle in Griechenland lebenden Migranten zu verbessern, die möglicherweise als erfolgreiche Bewerber um internationalen Schutz in Frage kommen.[1090]

Im EASO Arbeitsprogramm für das Jahr 2015 heißt es

> *„Frontex und EASO werden weiterhin eine nachhaltige Zusammenarbeit bei Schulungsprogrammen, Qualitätsinitiativen, Daten- und Analyseweitergabe im Zusammenhang mit dem Frühwarn- und Vorsorgesystem und Herkunftslandinformationen praktizieren. Darüber hinaus wird das EASO die Zusammenarbeit mit Frontex im Bereich der operativen Unterstützung intensivieren, und zwar durch Koordinierung bei der Unterstützung von EU-Staaten und durch Streben nach weiteren Synergien in der Grenzverwaltung und der Ermittlung des Bedarfs an internationalem Schutz.“*[1091]

1088 EASO, fact finding report on intra-EU relocation activities from Malta, Juli 2012, S. 1–17, online verfügbar unter <http://easo.europa.eu/wp-content/uploads/EUREMA-fact-finding-report-EASO1.pdf> Zugriff am 14.04.2015.

1089 EASO, Press Release 26. September 2012: Frontex and the European Asylum Support Office sign Working Arrangement, online verfügbar unter <http://easo.europa.eu/wp-content/uploads/20120926-Press-ReleaseEASOFRONTEX-Agreement.pdf> Zugriff am 16.04.2015; http://easo.europa.eu/wp-content/uploads/20120926-FRONTEX-EASO-working-arrangement-FINAL.pdf.

1090 EASO, Jahresbericht 2013 über die Asylsituation in der Europäischen Union 2013, Juli 2014 <https://easo.europa.eu/wp-content/uploads/BZAB14001DEC_PDF-Web.pdf> S. 64.

1091 EASO, Arbeitsprogramm 2015, S. 33.

Die Zusammenarbeit soll damit auch im Bereich der externen Dimension des GEAS erfolgen. Die EASO und Frontex haben bereits Seminare und Trainings im Bereich Asyl und Grenzschutz für die zuständigen Behörden in Marokko, Jordanien und Tunesien organisiert. Das Ziel sei eine Verbesserung der dortigen Asylsysteme und die Verhinderung der unbefugten Migration über diese Staaten in die EU.[1092] Die Zusammenarbeit mit diesen Ländern wird von ProAsyl heftig kritisiert.[1093] Es sei insbesondere im Bereich der Grenzkontrollen unverantwortlich, mit Staaten zusammen zu arbeiten, in denen die Menschenrechte von Flüchtlingen nicht geachtet werden.[1094]

E. Finanzielle Zusammenarbeit

Die EU hat in den letzten Jahren einige Instrumente zur finanziellen Unterstützung der Mitgliedstaaten bei der Umsetzung des GEAS eingeführt. Dazu gehören der Europäische Flüchtlingsfonds (EFF)[1095], der Europäische Fonds für die Integration von Drittstaatsangehörigen (EFI)[1096], der Europäischen Rückkehrfond (RF)[1097] und der Europäische Außengrenzfonds[1098].

1092 EASO, Press Release – EASO starts new project with Jordan, Morocco and Tunisia, 14.05.2014, online verfügbar unter <http://easo.europa.eu/wp-content/uploads/EASO-starts-new-project-with-Jordan-Morocco-and-Tunisia.pdf> Zugriff am 17.04.2015.

1093 ProAsyl, Fachpolitischer Newsletter Nr. 206, Juli 2014 <http://www.proasyl.de/de/directmail/fachpolitischer-newsletter/fachpolitischer-newsletter-206/> Zugriff am 12.07.2015.

1094 ProAsyl, Fachpolitischer Newsletter Nr. 206, Juli 2014.

1095 Entscheidung 573/2007/EG des Europäischen Parlaments und des Rates vom 23.5.2007 zur Einrichtung des Europäischen Flüchtlingsfonds für den Zeitraum 2008 bis 2013 innerhalb des generellen Programms „Solidarität und Steuerung der Migrationsströme" und zur Aufhebung der Entscheidung 2004/904/EG des Rates, ABl. EG 2007 Nr. L 144/1.

1096 Entscheidung 2007/435/EG des Rates vom 25. Juni 2007 zur Einrichtung des Europäischen Fonds für die Integration von Drittstaatsangehörigen für den Zeitraum 2007 bis 2013 innerhalb des Generellen Programms „Solidarität und Steuerung der Migrationsströme", ABl. EG 2007, Nr. L 168.

1097 Entscheidung Nr. 575/2007/EG des Europäischen Parlaments und des Rates vom 23. Mai 2007 zur Einrichtung des Europäischen Rückkehrfonds für den Zeitraum 2008 bis 2013 innerhalb des Generellen Programms „Solidarität und Steuerung der Migrationsströme", ABl. EG 2007, Nr. L 144.

1098 Entscheidung Nr. 574/2007/EG des Europäischen Parlaments und des Rates vom 23. Mai 2007 zur Einrichtung des Außengrenzenfonds für den Zeitraum 2007 bis 2013 innerhalb des Generellen Programms „Solidarität und Steuerung der Migrationsströme", ABl. EG Nr. L144 S. 22.

Seit seiner Einrichtung im Jahr 2000 hat der EFF die Mitgliedstaaten beim Ausbau der Kapazität ihrer Asylsysteme unterstützt.[1099] Die Mittel konnten etwa für die Verbesserung der Aufnahmebedingungen und Asylverfahren, für Strukturverbesserungen in der Asylpolitik sowie für die Neuansiedlung und Überstellung von einem Mitgliedstaat in einen anderen in Anspruch genommen werden (Art. 3 EFF III). Italien erhielt beispielsweise Gelder für die Einrichtung eines neuen Aufnahmesystems für Asylsuchende. Zudem bekamen Belgien, Griechenland, Italien und Malta eine finanzielle Soforthilfe, als sie mit einer besonders hohen Anzahl an Schutzsuchenden konfrontiert waren.[1100]

Der EFI wurde mit dem Ziel errichtet, die Projekte der Mitgliedstaaten zur Förderung der sozialen und wirtschaftlichen Integration der Flüchtlinge zu unterstützen.[1101] Die Kommission erließ im Jahre 2007 strategische Leitlinien, die den Rahmen für die Nutzung des EFI bis zum Jahre 2013 vorgaben.[1102] Erste Priorität bei der Förderung hatten demnach nationale Programme, „die darauf abzielen, neu zugewanderte Drittstaatsangehörige mit der Aufnahmegesellschaft vertraut zu machen und es ihnen zu ermöglichen, Grundkenntnisse in Bezug auf die Sprache, die Geschichte, die Institutionen, die sozioökonomischen Merkmale, die Kultur und die grundlegenden Normen und Werte der Aufnahmegesellschaft zu erlangen."[1103]

Mit Hilfe des RF konnten die Mitgliedstaaten bis 2013 insbesondere die freiwillige Rückkehr von Flüchtlingen in ihre Heimatländer kofinanzieren. Des Weiteren standen ihnen Mittel für den Aufbau und die Finanzierung eines Rückkehrmanagements für die zwangsweise Rückführung von abgelehnten und ausreisepflichtigen Asylbewerbern zur Verfügung (Art. 3 und 7 RF).

Der Europäische Außengrenzfonds[1104] bezweckte daneben die Unterstützung der Mitgliedstaaten, die durch die Verlagerung der Grenzkontrollen an die Außengrenzen derzeit die Hauptlast der Grenzkontrollen zu tragen haben.[1105] Die Mittel standen für die Finanzierung von Maßnahmen zur Verbesserung der Grenzkontrollen einschließlich der Steuerung der Verkehrsströme von Personen an den

1099 KOM(2011) 835 endgültig, S. 5.

1100 Ebenda.

1101 Europäische Kommission, Mitteilung der Kommission an den Rat, das Europäische Parlament, den Europäischen Wirtschafts- und Sozialausschuss und den Ausschuss der Regionen über Einwanderung, Integration und Beschäftigung vom 03.06.2003 (KOM (2003) 336 endgültig), S. 8.

1102 Europäische Kommission, Entscheidung der Kommission zur Durchführung der Entscheidung 2007/435/EG des Rates hinsichtlich der Annahme strategischer Leitlinien für den Zeitraum 2007 bis 2013, KOM(2007) 3926 endgültig.

1103 KOM(2007) 3926 endgültig, S. 5.

1104 Entscheidung Nr. 574/2007/EG des Europäischen Parlaments und des Rates vom 23. Mai 2007 zur Einrichtung des Außengrenzenfonds für den Zeitraum 2007 bis 2013 innerhalb des Generellen Programms „Solidarität und Steuerung der Migrationsströme", ABl. EG Nr. L144 S. 22.

1105 *Thym* (Fn. 45), Art. 77 AEUV Rdnr. 16.

Außengrenzen durch die Mitgliedstaaten zur Verfügung (Art. 3 der Entscheidung Nr. 574/2007/EG).

Auf Initiative der Kommission wurde dann im Jahre 2011 die Errichtung eines neuen Migrationsfonds ins Leben gerufen, der die EFF, EFI und den RF zu einem einzigen Fonds integrieren sollte.[1106] Mit den Mitteln des neuen Migrationsfonds sollte der Kapazitätsaufbau in den Mitgliedstaaten fortgesetzt und die Förderung sollte „auf die gesamte Bandbreite der Asyl- und Migrationspolitik der EU", einschließlich der externen Dimension des GEAS, ausgeweitet werden.[1107]

I. AMIF

Seit dem 1. Januar 2014 steht den Mitgliedstaaten ein neuer Asyl-, Migrations- und Integrationsfonds (AMIF) zur Verfügung.[1108] Die Verordnung zur Errichtung des AMIF stützt sich auf Art. 78 II und 79 II und IV AEUV. Die Errichtung des AIMF trägt Art. 80 AEUV Rechnung, der explizit auch finanzielle Instrumente zur Förderung der Solidarität vorsieht. Der AMIF soll der Solidarität durch finanzielle Unterstützung für die Mitgliedstaaten Ausdruck verleihen (vgl. Erwägungsgrund Nr. 7 der Verordnung (EU) Nr. 516/2014).

1. Anwendungsbereich

Der AMIF unterteilt seinen Anwendungsbereich in die Kategorien „Gemeinsames Europäisches Asylsystem", „Integration von Drittstaatsangehörigen und legale Migration" und „Rückkehr", und deckt damit im Wesentlichen alle Bereiche ab, die bisher durch den EFF, EIF und RF gefördert wurden. Das GEAS soll einschließlich seiner externen Dimension gestärkt und weiterentwickelt werden. Damit ist der AMIF ein umfassenderes Instrument zur finanziellen Solidarität als die Vorgängerfonds.[1109]

Für die vorliegende Arbeit sind nur Maßnahmen im Bereich „Gemeinsames Europäisches Asylsystem" von Bedeutung und sollen daher im Folgenden etwas näher dargestellt werden.

1106 Europäische Kommission: Vorschlag für eine Verordnung des Europäischen Parlaments und des Rates zur Einrichtung des Asyl- und Migrationsfonds vom 15.11.2011, KOM(2011) 751 endgültig.

1107 KOM(2011) 751 endgültig, S. 2.

1108 Verordnung (EU) Nr. 516/2014 des Europäischen Parlaments und des Rates vom 16. April 2014 zur Einrichtung des Asyl-, Migrations- und Integrationsfonds, zur Änderung der Entscheidung 2008/381/EG des Rates und zur Aufhebung der Entscheidungen Nr. 573/2007/EG und Nr. 575/2007/EG des Europäischen Parlaments und des Rates und der Entscheidung 2007/435/EG des Rates, ABl. EU 2014 Nr. 50/168 (AMIF-VO).

1109 KOM(2014) 288 endgültig, S. 21.

In Bezug auf die Aufnahme- und Asylsysteme in den Mitgliedstaaten regelt Artikel 5 I und II der AMIF-VO, dass der Fonds Mittel für die materielle Hilfe von Menschen, die eines internationalen Schutzes bedürfen, bereitstellt. Diese Mittel umfassen die „Hilfe an der Grenze, Bildung, Ausbildung, Unterstützungsleistungen, gesundheitliche und psychologische Betreuung" der Schutzbedürftigen (Artikel 5 I lit. a) der AMIF-VO). Gefördert werden können auch Dolmetscherdienste und andere sprachliche Unterstützungsleistungen (Artikel 5 I lit. b) der AMIF-VO).

Die Mitgliedstaaten können mit Mitteln des AMIF auch Maßnahmen zur Verbesserung der mitgliedstaatlichen Verwaltungsstrukturen und Schulungen von Mitarbeitern, die für die Betroffenen zuständig sind, kofinanzieren, mit dem Ziel „Asylsuchenden einen effektiven und einfachen Zugang zu Asylverfahren zu gewährleisten und effiziente Asylverfahren von hoher Qualität sicherzustellen" (Artikel 5 I lit. c) der AMIF-VO).

Artikel 6 der AMIF-VO benennt Maßnahmen, die für den Ausbau der Kapazität der Asylpolitik der einzelnen Mitgliedstaaten mit den Mitteln des AMIF gefördert werden können. Zu diesen Maßnahmen gehört z.B. die Verbesserung des in der Dublin-III-VO vorgesehenen Mechanismus für Frühwarnung, Vorsorge und Krisenbewältigung, sowie die „Sammlung, Auswertung und Verbreitung qualitativer und quantitativer statistischer Daten über Asylverfahren, Aufnahmekapazitäten, Neuansiedlungsmaßnahmen" und die Überstellung von Flüchtlingen oder Asylsuchenden von einem Mitgliedstaat in einen anderen (Art. 6 lit. a) der AMIF-VO). Mit den Mitteln des AMIF sollen auch generell die Sammlung und der Austausch von Herkunftslandinformationen mitfinanziert werden (Art. 6 lit. b) der AMIF-VO).

In Artikel 7 I der AMIF-VO wird die Förderung der Neuansiedlung von Flüchtlingen geregelt. Finanziert werden können die Einführung und der Ausbau nationaler Neuansiedlungsprogramme und -strategien und anderer humanitärer Aufnahmeprogramme (Art. 7 I lit. a) der AMIF-VO). Des Weiteren können die für eine Neuansiedlung geeignete Infrastruktur und Verwaltung zur Durchführung eines nationalen Programms gefördert werden (Art. 7 I lit. b) der AMIF-VO).

Als Maßnahmen kommen die Schulungen von Mitarbeitern hinsichtlich der Befragung von Schutzsuchenden sowie die Vornahme von Gesundheitschecks und Sicherheitsüberprüfungen in Betracht. Dazu gehören auch Dienstreisen der Mitarbeiter in die betreffenden Drittländer (Art. 7 I lit. c)-d) der AMIF-VO).

Für Flüchtlinge, die neu angesiedelt werden, kann Unterstützung bei der Ankunft oder kurz danach gewährt werden, einschließlich der Bereitstellung eines Dolmetschers (Art. 7 I lit. f) der AMIF-VO).

Art. 7 II der AMIF-VO bestimmt, dass für die Umsiedlung von Personen innerhalb der EU aus dem AMIF ähnliche Maßnahmen wie die in Art. 7 I genannten gefördert werden können. Gelder bekommen allerdings nur freiwillige Programme, bei denen sowohl der Erstaufnahmestaat als auch der übernehmende Staat zustimmen müssen.

2. *Soforthilfemechanismus*

Der AMIF sieht auch einen Soforthilfemechanismus vor, mit dem schnell auf die Zunahme der Anzahl von Flüchtlingen in Mitgliedstaaten reagiert werden kann.[1110] Art. 21 der AMIF-VO regelt die Möglichkeit einer finanziellen Unterstützung, um in einer Notlage den dringenden spezifischen Erfordernissen der Mitgliedstaaten gerecht werden zu können.

Art. 2 lit. k) definiert eine solche Notlage als eine Lage, die durch starken Migrationsdruck aufgrund eines massiven und übermäßigen Zustroms von Drittstaatsangehörigen, bei dem die Einrichtungen für die Aufnahme und Ingewahrsamnahme sowie die Asylsysteme und -verfahren der Mitgliedstaaten kurzfristig stark beansprucht werden, entsteht (Art. 2 lit. k) i) der AMIF-VO).

Eine Soforthilfe kann auch beansprucht werden, wenn die Gewährung des vorübergehenden Schutzes nach der Richtlinie zum vorübergehenden Schutz beschlossen worden ist (Art. 2 lit. k) ii) der AMIF-VO).

Daneben können auch Drittstaaten aus den Mitteln des AMIF profitieren, wenn sie starkem Migrationsdruck ausgesetzt sind, weil sie Flüchtlinge wegen Ereignissen wie beispielsweise politische Entwicklungen oder Konflikte, aufgenommen haben (Art. 2 lit. k) iii) der AMIF-VO).

Art. 19 II der AMIF-VO bestimmt, dass die Mitgliedstaaten dafür sorgen tragen, „dass bei der Durchführung aller aus diesem Fonds unterstützten Maßnahmen die Menschenrechte und die Menschenwürde uneingeschränkt gewahrt werden." Die zu fördernden nationalstaatlichen Maßnahmen müssen die Grundrechte und Grundsätze der GrCh uneingeschränkt beachten.

3. *Budget*

Der AMIF ist mit einem Budget von 3.137 Mio. EUR für den Zeitraum vom 1. Januar 2014 bis 31. Dezember 2020 ausgestattet (vgl. Art. 1 und Art. 14 I der AMIF-VO). Das Ziel ist es, einen flexiblen Rahmen zu schaffen, „innerhalb dessen die Mitgliedstaaten Finanzmittel im Rahmen ihrer nationalen Programme erhalten können" (vgl. Erwägungsgrund Nr. 6 der AMIF-VO). Beinahe 90 % des Budgets (2.752 Mio. EUR) wird deswegen für nationalstaatliche Programme bereitgestellt (Art. 15 I der AMIF-VO).[1111] Davon werden für *resettlement* und *relocation* Programme insgesamt 360 Mio. EUR zur Verfügung gestellt (Art. 15 I lit. b) der AMIF-VO). Für jede Person, die neu angesiedelt oder von einem Mitgliedstaat in einen anderen umgesiedelt wird, erhalten die Mitgliedstaaten einen zusätzlichen Betrag in Höhe von 6000 bis 10000 EUR (z.B. für besonders schutzbedürftige Personen) (Art. 17 I, II und Art. 18 I der AMIF-VO). Diese Beträge kann die Kommission gegebenenfalls an die

---

1110 KOM(2014) 288 endgültig, S. 21.

1111 Vgl. auch Europäische Kommission: Mitteilung der Kommission an das Europäische Parlament und an den Rat vom 22.05.2014, Fünfter Jahresbericht über Einwanderung und Asyl (2013), KOM(2014) 288 endgültig, S. 21.

jeweiligen Inflationsraten anpassen oder bei Bedarf erhöhen, um den finanziellen Anreiz zu erhöhen (Art. 17 IV und Art. 18 IV der AMIF-VO). Art. 18 IV der AMIF-VO bezieht sich ausdrücklich auf die Verwirklichung des in Art. 80 AEUV verankerten Grundsatzes der Solidarität und der gerechten Verantwortungsaufteilung unter den Mitgliedstaaten.

Mindestens 40% der Mittel sollen in die Verbesserung der Unterbringungskapazitäten und der Verwaltungsstrukturen fließen. Hierbei soll ein Schwerpunkt die Verbesserung der Beratung und Erstorientierung von Flüchtlingen bilden. Zudem gilt es, die Identifizierung und Betreuung von besonders schutzbedürftigen Flüchtlingen zu stärken (vgl. 5 II lit. a) – g) der AMIF-VO).

Jedem Mitgliedstaat steht ein bestimmter Anteil an dem Budget für das nationale Programm zur Verfügung (vgl. Art. 15 I i.V.m. Anhang I der AMIF-VO). Für Deutschland sind beispielsweise für die Förderperiode 2014–2020 insgesamt 208 Mio. EUR vorgesehen.[1112]

Das jeweilige nationale Programm legt die Ziele für die jeweiligen förderfähigen Bereiche fest und benennt die befugten Behörden, die für die Verwaltungs- und Kontrollsysteme zuständig sind. Die Kommission muss jedes nationalstaatliche Programm genehmigen, bevor die Gelder in Anspruch genommen werden können (Art. 14 i.V.m. Art. 19 I der AMIF-VO). Die Transparenz wird durch die Veröffentlichung der nationalen Programme auf der Homepage der jeweiligen Verwaltungsstellen der Mitgliedstaaten gewährleistet.

Grundsätzlich beträgt der Kofinanzierungsanteil der nationalen Projekte 75 %. Die Mittel aus dem AMIF werden im Wege der Anteilfinanzierung gewährt (§ 6 III, V 1 der Richtlinie über die Gewährung von Zuwendungen im Rahmen des Asyl-, Migrations-, und Integrationsfonds vom 30. September 2014).[1113]

II. Fonds für innere Sicherheit

Ergänzt wird der AMIF durch den Fonds für die innere Sicherheit (ISF), der sich in die zwei Bereiche Grenze und Sicherheit gliedert. Der ISF-Grenze[1114] umfasst nunmehr auch die Funktion des Europäischen Außengrenzfonds, der Ende 2013 auslief. Die ISF-Grenze-VO begründet ein Instrument für die finanzielle Unterstützung der Mitgliedstaaten im Bereich Management der Außengrenzen und gemeinsame

1112 Vgl. BAMF, Nationales Programm AMIF (am 19.03.2015 von der Kommission genehmigt), S. 2, online verfügbar unter <http://www.bamf.de/SharedDocs/Anlagen/DE/Downloads/Infothek/EU_AMIF/nationales-programm.pdf?__blob=publicationFile> Zugriff am 07.05.2015.

1113 GMBl 2014 Nr. 63, S. 1290.

1114 Verordnung (EU) Nr. 515/2014 des Europäischen Parlaments und des Rates vom 16. April 2014 zur Schaffung eines Instruments für die finanzielle Unterstützung für Außengrenzen und Visa im Rahmen des Fonds für die innere Sicherheit und zur Aufhebung der Entscheidung Nr. 574/2007/EG, ABl. EU 2014 Nr. L 150, S. 143–167 (ISF-Grenze-VO).

Visumpolitik (Art. 1 Abs. 1 der ISF-Grenze-VO). Das Ziel ist es, beim Schutz der gemeinsamen Außengrenzen und bei der Visumpolitik für Solidarität und geteilte Verantwortung zwischen den Mitgliedstaaten und der Union zu sorgen (Erwägungsgrund Nr. 43 der ISF-Grenze-VO).

1. Anwendungsbereich

Aus den Mitteln dieses Fonds sollen zum einen Maßnahmen zur Umsetzung und der Durchsetzung von Strategien der inneren Personenfreizügigkeit und der äußeren Personenkontrollen gefördert werden und zum anderen die schrittweise Einführung eines integrierten Managementsystems für die Außengrenzen auf der Grundlage von Solidarität und verantwortungsbewusstem Handeln unterstützt werden (Art. 3 III lit. a) und b) der ISF-Grenze-VO).

Die förderfähigen Maßnahmen werden in Art. 4 der ISF-Grenze-VO genannt. Im Rahmen der Grenzüberwachung können z.B. „Infrastrukturen sowie Gebäude und Systeme, die an Grenzübergangsstellen und zur Überwachung zwischen Grenzübergangsstellen erforderlich sind, um unbefugte Grenzübertritte, die unrechtmässige Einwanderung und die grenzüberschreitende Kriminalität zu bekämpfen und einen reibungslosen Reiseverkehr sicherzustellen“ (Art. 4 I lit. a) der ISF-Grenze-VO) und „Betriebsausrüstung, Transportmittel und Kommunikationssysteme, die für wirksame und sichere Grenzkontrollen und das Aufspüren von Personen benötigt werden“ (Art. 4 I lit. b) der ISF-Grenze-VO) gefördert werden.

Die nationale zuständige Behörde führt bei den Projektträgern stichprobenartige Vor-Ort-Kontrollen durch. Es sollen die ordnungsgemäße Umsetzung des Projekts sowie die Ausgaben und Verwendungsnachweise überprüft werden (Art. 27 I der ISF-Grenze-VO).

2. Soforthilfe

Die Soforthilfe für in einer Notlage geratene Mitgliedstaaten ist in Art. 14 der ISF-Grenze-VO geregelt. Den Mitgliedstaaten wird finanzielle Unterstützung gewährt, um in einer Notlage dringenden spezifischen Erfordernissen gerecht werden zu können. Die Soforthilfe erfolgt entsprechend den Anhängen zur ISF-Grenze-VO, in welchen die vorgesehenen Gesamtmittel für die einzelnen Mitgliedstaaten aufgeführt werden.

Aus dem Gesamtbudget sollen grundsätzlich 264 Mio. EUR für Unionsmaßnahmen, Soforthilfe und technische Hilfe auf Initiative der Kommission bereitgestellt werden, wobei mindestens 30% dieses Betrages für Unionsmaßnahmen zu verwenden sind (Art. 5 V lit. d) der ISF-Grenze-VO).

3. Budget

Der Fonds stellt den Mitgliedstaaten für den Zeitraum vom 1. Januar 2014 bis 31. Dezember 2020 Mittel in Höhe von 2.760 Mio. EUR zur Verfügung (Art. 5 I der ISF-Grenze-VO). Der Europäische Außengrenzenfonds hatte dagegen für den Zeitraum von 2007 bis 2013 ein Gesamtbudget von 1.820 Mio. EUR (Art. 13 I der Entscheidung 2007/574/EG). Davon werden 1.551 Mio. EUR für die nationalen Programme der Mitgliedstaaten bereitgestellt (Art. 5 V lit. a) der ISF-Grenze-VO). Weitere 791 Mio. EUR können für die Entwicklung von IT-Systemen zur Unterstützung der Steuerung von Migrationsströmen über die Außengrenzen in Anspruch genommen werden. Art. 6 ordnet die Mittel für förderfähige Maßnahmen in den Mitgliedstaaten zu und bestimmt in seinem Absatz 3, dass die Mitgliedstaaten Eurosur mit den erforderlichen Finanzmitteln ausstatten müssen, um sein ordnungsgemäßes Funktionieren sicherzustellen.

F. Gemeinsamer Grenzschutz

Mit dem Wegfall der Grenzkontrollen im Schengen-Raum entstand auch das Bedürfnis nach einer Kompensation des verursachten Kontrollverlustes und Sicherheitsdefizits entlang der Außengrenzen der EU.[1115] Die Grenzkontrollen erfolgen nach dem Schengener Grenzkodex.[1116] Dieser sieht zum einen die Kontrollen an den Grenzübergangsstellen (Grenzübertrittskontrollen nach Art. 2 des *Schengener Grenzkodex*) und zum anderen die Überwachung der Grenzen zwischen den Grenzübergangsstellen (Grenzüberwachung nach Art. 12 des *Schengener Grenzkodex*) vor.

Zuständig für die Durchführung von Grenzkontrollen an den Außengrenzen der EU sind die Grenzpolizeieinrichtungen der Mitgliedstaaten.[1117] Art. 74 AEUV ermöglicht die Kooperation der Mitgliedstaaten bei der Durchführung dieser Grenzkontrollen. Basierend auf Art. 77 I lit. c) und Art. 77 II lit. d) AEUV soll die Einführung eines integrierten Grenzschutzsystems gelingen. Damit ist jedoch nicht die Einführung eines supranationalen EU-Grenzschutzes gefordert.[1118] Das Ziel ist vielmehr die Förderung und die Entwicklung eines gemeinsamen Systems zur Koordinierung und Unterstützung der nationalen Grenzkontrollen, das ein einheitliches und hohes Kontroll- und Überwachungsniveau gewährleistet.[1119]

Zu diesem Zweck wurde die Europäische Agentur für die operative Zusammenarbeit an den Außengrenzen (Frontex) errichtet.[1120] Mit der Unterstützung von Frontex

---

1115 *Mrozek*, Zwischen „Raum der Freiheit", „Raum der Sicherheit" und „Raum des Rechts" – der Mechanismus des supranationalen Grenzschutzes an den europäischen Außengrenzen, ZAR 2014, 393.

1116 Verordnung (EG) Nr. 562/2006 des Europäischen Parlaments und des Rates vom 15. März 2006 über einen Gemeinschaftskodex für das Überschreiten der Grenzen durch Personen, ABl. EG Nr. L 105/1 (Schengener Grenzkodex).

1117 *Thym* (Fn. 45), Art. 77 AEUV Rdnr. 15.

1118 *Thym* (Fn. 45), Art. 77 AEUV Rdnr. 17.

1119 Ebenda; vgl. auch Erwägungsgrund Nr. 1 der VO (EG) Nr. 2007/2004 (konsolidierte Fassung).

1120 VO (EG) Nr. 2007/2004 des Rates zur Errichtung einer Europäischen Agentur für die operative Zusammenarbeit an den Außengrenzen der Mitgliedstaaten der

soll es den Mitgliedstaaten gelingen, die gemeinsamen Grenzen zu sichern und illegale Migration zu verhindern.[1121] Der so genannten „illegalen“ Migration wird ein besonderes Gefahrenpotential für die Sicherheit der Mitgliedstaaten zugesprochen, weil sie sich staatlicher Kontrollinstrumente entzieht und in direkten Zusammenhang mit der globalen Terrorgefahr gebracht wird.[1122] Mittels Grenzschutzes soll die Trennung zwischen „legaler“ und „illegaler“ Migration durchgesetzt werden.[1123]

Insbesondere beim gemeinsamen Grenzschutz lässt es sich nicht abstreiten, dass die Mitgliedstaaten an den Außengrenzen der EU die Hauptlast der Sicherung und der Kontrollen tragen.[1124] Während der revolutionären Umstürze der diktatorischen Machtverhältnisse in Tunesien, Ägypten und Libyen nahmen Sekundärbewegungen innerhalb der EU zu.[1125] Das Vertrauen der Mitgliedstaaten in das europäische Grenzschutzsystem schien zu zerbröckeln.[1126] Die so genannte „Schengen-Krise“ erreichte ihren Höhepunkt, als Italien einigen übergesetzten Tunesiern Aufenthaltserlaubnisse für die Dauer von 6 Monaten erteilte, die ihnen eine Weiterreise in die nördlichen Staaten des Schengen-Raums ermöglichte.[1127] Als Reaktion darauf führten Frankreich und Dänemark kurzzeitig wieder Grenzkontrollen ein.[1128]

Die italienische Regierung rechtfertigte ihre Vorgehensweise damit, dass sie mit der außergewöhnlich hohen Anzahl der ankommenden MigrantInnen überfordert

Europäischen Union, ABl. EG 2004 Nr. L 349/1, zuletzt geändert durch VO (EU) Nr. 1168/2011, ABl. 2011 Nr. L 304 (Frontex-VO).

1121 *Düvell*, The Pathways in and out of Irregular Migration in the EU: A Comparative Analysis, EJML 2011, 246.

1122 *Mrozek* (Fn. 1115), 396.

1123 Ebenda, S. 399.

1124 *Thym* (Fn. 45), Art. 77 AEUV Rdnr. 16.

1125 *Nascimbene/di Pascale*, The Arab Spring and the Extraordinary Influx of People who arrived in Italy from North Africa, EJML 2011, 356.

1126 *Cutitta u.a.*, Die Grenze demokratisieren, KJ 2011, 244.

1127 Decreto Del Presidente del Consiglio dei Ministri, 5. April 2011 (11A04818): Misure di Protezione temporanea per i cittadini stranieri affluiti dai Paesi nordafricani, online verfügbar unter <http://www.regione.toscana.it/regione/multimedia/RT/documents/2011/05/05/62ddca81384a470fce600700cd9e02e8_dpcm5042011.pdf> Zugriff am 8.3.2011.

1128 Vgl. *Bremer/Wiegel*, Rom verspricht Tunesiern Aufenthaltsgenehmigungen, FAZ (Frankfurt am Main 8.4.2011), online verfügbar unter <http://www.faz.net/aktuell/politik/ausland/lampedusa-rom-verspricht-tunesiern-aufenthaltsgenehmigungen-1620161.html> Zugriff am 13.1.2012; Süddeutsche Zeitung (München 5.7.2011): Dänemark startet Grenzkontrollen. Minister ruft deutsche Urlauber zum Boykott auf, Online verfügbar unter <http://www.sueddeutsche.de/politik/daenemark-startet-grenzkontrollen-minister-ruft-deutsche-urlauber-zum-boykott-auf-1.1116177> Zugriff am 13.1.2012.

war.[1129] Gleichzeitig warf sie den anderen Mitgliedstaaten vor, Italien bei der Bewältigung der Migrationsbewegungen an ihrer Küste im Stich gelassen zu haben.

Die daraufhin folgende Debatte um das gemeinsame Grenzschutzsystem führte zu politischen Spannungen zwischen den Mitgliedstaaten und stellte das Prinzip der Freizügigkeit innerhalb des Schengen-Raums in seiner Gesamtheit in Frage.[1130]

Derzeit sorgt die Regierung von Ungarns Premier Viktor Orbán für große Spannungen in der Europäischen Union. Laut Orbán sei Ungarn „voll" und habe entschieden, vorerst keine Flüchtlinge mehr aufzunehmen. Seine Regierung werde eigenmächtig die Dublin-III-VO aussetzen.[1131]

Nur einen Tag nach dieser Ankündigung nahm die Regierung in Budapest dies wieder zurück, weil sie dem Druck aus Brüssel nicht standhalten konnte.[1132]

Die österreichische Regierung hat kurz vor dem Innenministertreffen vom 20. Juli 2015, bei dem es auch um die Verteilung von Flüchtlingen innerhalb der EU gehen sollte, ebenfalls einen Alleingang beschlossen und ihre Beamten angewiesen, keine neuen Asylanträge zu bearbeiten.[1133]

Damit die Funktionstüchtigkeit der Grenzkontrollen an den Außengrenzen der EU gewährleistet ist, müssen flankierende Solidaritätsmaßnahmen insbesondere für die Mittelmeeranrainerstaaten vorgenommen werden. Art. 80 AEUV kommt hierbei eine besondere Bedeutung zu.[1134]

Im Folgenden werden die gemeinsamen Maßnahmen und Mechanismen zum Schutze der Außengrenzen näher betrachtet, die als Ausdruck mitgliedstaatlicher Solidarität gelten.

1129 *Zaiotti*, The Beginning of the End? The Italo-French Row over Schengen and the lessons of Past „Crisis" for the Future of Border Free Europe, European Union Centre of Excellence (EUCE), Occasional Paper No. 12, June 2011, S. 6.

1130 *Nascimbene/di Pascale* (Fn. 1125), 355.

1131 Spiegel Online, Aufnahmestopp: EU verlangt Erklärung für Ungarns Flüchtlingsalleingang, 24.06.2015, online verfügbar unter <http://www.spiegel.de/politik/ausland/ungarn-eu-verlangt-erklaerung-fuer-fluechtlings-alleingang-a-1040370.html> Zugriff am 20.07.2015.

1132 Spiegel Online, Grenzblockade: Ungarn nimmt umstrittenen Flüchtlingsstopp zurück, 24.06.2015, online verfügbar unter <http://www.spiegel.de/politik/ausland/ungarn-nimmt-umstrittenen-fluechtlingsstopp-offenbar-zurueck-a-1040477.html> Zugriff am 20.07.2015.

1133 Spiegel Online, EU-Flüchtlingsgipfel: Österreich macht dicht, 20.07.2015, online-verfügbar unter <http://www.spiegel.de/politik/ausland/fluechtlinge-eu-innenminister-beraten-ueber-verteilung-oesterreich-macht-dicht-a-1044414.html> Zugriff am 20.0.7.2015.

1134 *Mrozek* (Fn. 1115), 397.

I. Frontex

Frontex nahm im Oktober 2005 ihre operative Tätigkeit auf.[1135] Das Ziel ihrer Arbeit ist es, die Solidarität zwischen den Mitgliedstaaten bei der Überwachung der gemeinsamen Grenzen zu stärken und insbesondere diejenigen Mitgliedstaaten zu unterstützen, die besonderem und unverhältnismäßigem Druck ausgesetzt sind (vgl. Erwägungsgrund Nr. 2 und Art. 1 III der Frontex-VO). Die Agentur baut auf dem Schengener Besitzstand auf und eine ihrer wichtigsten Aufgaben ist es, den Schengener Grenzkodex an den Außengrenzen der beteiligten Staaten umzusetzen.[1136]

Der Hauptsitz der Agentur ist in Warschau. Daneben hat sie seit 2010 eine Fachaußenstelle (*Frontex Operational Office* – FOO) in Piräus, Griechenland.[1137]

Frontex wird durch einen Verwaltungsrat organisiert (Art. 29 lit. h) der Frontex-VO) und durch den Exekutivdirektor geleitet (Art. 25 I der Frontex-VO). Der Verwaltungsrat setzt sich aus einem Vertreter jedes Mitgliedstaats, und jedes der mit Schengen assoziierten Länder sowie zwei Vertretern der Kommission zusammen (Art. 21 I der Frontex-VO). Der Verwaltungsrat fasst seine Beschlüsse grundsätzlich mit der absoluten Mehrheit seiner stimmberechtigten Mitglieder (Art. 24 I der Frontex-VO). Er ernennt den Exekutivdirektor auf Vorschlag der Kommission (Art. 20II lit. a) der Frontex-VO).

Der Exekutivdirektor ist zuständig für die laufenden Geschäfte der Agentur. Er ist insbesondere für die Durchführung der Einsatzpläne für die gemeinsamen Grenzschutzeinsätze in den Mitgliedstaaten verantwortlich (Art. 25 III lit. g) der Frontex-VO). Bei der Durchführung dieser Einsatzpläne hat er gleichzeitig sicherzustellen, dass dies im Einklang mit den Menschenrechten erfolgt.[1138]

In der Wahrnehmung seiner Aufgaben ist er völlig unabhängig (Art. 25 I der Frontex-VO) und nur gegenüber dem Verwaltungsrat für seine Tätigkeit verantwortlich (Art. 25 IV der Frontex-VO). Seit 1. Januar 2015 ist Fabrice Leggeri der Exekutivdirektor von Frontex.[1139]

1135 *Fischer-Lescano/Tohidipur,* Europäisches Grenzkontrollregime. Rechtsrahmen der europäischen Grenzschutzagentur FRONTEX, ZaöRV 2007, 1229.

1136 *Carrera/den Hertog*, Whose Mare? Rule of law challenges in the Field of European border surveillance in the Mediterranean, CEPS Paper No. 79, January 2015, 6, online verfügbar unter <http://www.ceps.eu/system/files/LSE_79.pdf> Zugriff am 30.04.2015.

1137 Frontex, Work Programme 2015, Annex 1, online verfügbar unter <http://frontex.europa.eu/assets/About_Frontex/Governance_documents/Work_programme/2015/PoW_2015_EN.pdf> Zugriff am 24.04.2015.

1138 *Pascouau/Schumacher*, Frontex and the respect of fundamental rights: from better protection to full responsibility, Policy Brief 3 June 2014, S. 3, online verfügbar unter <http://www.epc.eu/documents/uploads/pub_4512_frontext_and_the_respect_of_fundamental_rights.pdf> Zugriff am 27.04.2015.

1139 *Pascouau/Schumacher*, Frontex and the respect of fundamental rights: from better protection to full responsibility, Policy Brief 3 June 2014, S. 3.

Frontex soll gemäß Art. 13 der Frontex-VO mit den anderen Europäischen Agenturen, wie Europol und EASO, zusammenarbeiten. Zu diesem Zweck schloss Frontex Arbeitsübereinkommen mit der EASO und mit der FRA. Die Zusammenarbeit mit der FRA begann bereits im Jahre 2010.[1140] Die EASO und FRA beraten Frontex auch im „Konsultativforum für Grundrechtsfragen“ (vgl. Art. 26a II Frontex-VO).

Seit der Gründung der Agentur ist ihr Budget stetig gestiegen. Frontex begann ihre Arbeit im Jahre 2005 mit einem Budget von knapp 6,280 Mio. EUR.[1141] Zehn Jahre später stehen der Agentur insgesamt 114,053 Mio. EUR und 313 Mitarbeiter zur Verfügung.[1142]

Wie bereits beschrieben, wurden die von Frontex im Mittelmeerraum durchgeführten Einsätze von Menschenrechtsorganisationen heftig kritisiert.[1143] Diese Kritik konzentrierte sich insbesondere auf die Praxis von *Push-Backs* von Flüchtlingen auf Hoher See. Der damalige Exekutivdirektor Ilkka Laitinen gab 2013 zu, dass Frontex sich an *Push-Back* Operationen beteiligt hat.[1144]

Bereits im Jahre 2010 schlug die Kommission eine Änderung der Frontex-VO vor, auch mit dem Ziel, die Verankerung der Grundrechte in dem Rechtswerk zu stärken.[1145] So wurde in Art. 9 der Frontex-VO die Agentur verpflichtet, einen

---

1140 Cooperation Arrangement between Frontex and FRA dated May 26, 2010, online verfügbar unter <http://fra.europa.eu/sites/default/files/fra_uploads/891-Cooperation-Agreement-FRA-Frontex_en.pdf. > Zugriff am 21.06.2015.

1141 Frontex, Budget 2005, online verfügbar unter <http://frontex.europa.eu/assets/About_Frontex/Governance_documents/Budget/Budget_2005.pdf> Zugriff am 23.04.2015.

1142 Frontex, Budget 2015 und Work Programme 2015, Annex 1, online verfügbar unter <http://frontex.europa.eu/assets/About_Frontex/Governance_documents/Budget/Budget_2015.pdf> und<http://frontex.europa.eu/assets/About_Frontex/Governance_documents/Work_programme/2015/PoW_2015_EN.pdf> Zugriff am 23.04.2015.

1143 ProAsyl, Bericht „pushed back - systematic human rights violations against refugees in the aegean sea and at the greek-turkish land border“ vom 7.11.2013 <http://www.proasyl.de/fileadmin/fm-dam/l_EU_Fluechtlingspolitik/proasyl_pushed_back_24.01.14_a4.pdf>; Amnesty International, Frontier Europe: Human rights abuses on Greece’s border with Turkey, July 2013; United Nations, General Assembly, Report of the Special Rapporteur on the human rights of migrants, François Crépeau: “Regional study: management of the external borders of the European Union and its impact on the human rights of migrants”, Doc. A/HRC/23/46, 24 April 2013, <http://www.ohchr.org/Documents/HRBodies/HRCouncil/RegularSession/Session23/A.HRC.23.46_en.pdf> Zugriff am 20.10.2014.

1144 Monitor, Video und Manuskript des Beitrages: Festung Europa, Die Schuld der EU-Grenzwächter, <http://www.wdr.de/tv/monitor//sendungen/2013/1017/europa.php5> Zugriff am 29.10.2014.

1145 Europäische Kommission, Vorschlag für eine Verordnung des Europäischen Parlaments und des Rates vom 24.02.2014 zur Änderung der Verordnung (EG) Nr. 2007/2004 des Rates zur Errichtung einer Europäischen Agentur für die

Verhaltenskodex für gemeinsame Rückführungsaktionen anzunehmen, der auch die Einhaltung der Grundrechte vorsieht.

Weiterhin sieht Art. 14 Frontex-VO vor, dass die Zusammenarbeit mit Drittstaaten der Förderung europäischer Grenzschutznormen, auch was die Achtung der Grundrechte und der Menschenwürde betrifft, dienen soll.

Hinsichtlich gemeinsamer Einsätze zum Schutze der Außengrenzen wurde ein neuer Art. 3b IV eingefügt ist, der folgenden Wortlaut hat:

> *„Die Mitglieder der europäischen Grenzschutzteams üben ihre Aufgaben und Befugnisse unter uneingeschränkter Achtung der Grundrechte, darunter Zugang zu Asylverfahren, und der Menschenwürde aus. Die bei der Wahrnehmung ihrer Aufgaben und Befugnisse getroffenen Maßnahmen müssen, gemessen an den damit verfolgten Zielen, verhältnismäßig sein. Bei der Wahrnehmung ihrer Aufgaben und Befugnisse dürfen sie Personen nicht aus Gründen des Geschlechts, der Rasse oder der ethnischen Herkunft, der Religion oder der Weltanschauung, einer Behinderung, des Alters oder der sexuellen Ausrichtung diskriminieren."*

Das primäre Ziel der Änderungen war es jedoch, das Mandat von Frontex zu stärken. Insbesondere galt es, die Verfügbarkeit von Grenzschutzbeamten bei gemeinsamen Operationen, die im Allgemeinen als besonders erfolgreich gewertet wurden, zu verbessern.[1146] Frontex sollte nunmehr eine leitende Rolle bei der Umsetzung der gemeinsamen Operationen einnehmen. Daneben erhielt Frontex die Aufgabe, die operativen Risiken und die Erfordernisse zum Schutze der Außengrenzen in den Mitgliedstaaten zu analysieren (vgl Art. 4 IV Frontex-VO).[1147]

Das Mandat der Agentur für die Zusammenarbeit mit Drittstaaten im Bereich Grenzverwaltung wurde ebenfalls erweitert. Art. 14 II der Frontex-VO ermöglichte es nunmehr, Verbindungsbeamte in Drittstaaten einzusetzen. Die Mitgliedstaaten wurden verpflichtet, in ihren bilateralen Abkommen mit Drittstaaten erforderlichenfalls die Rolle der Agentur zu klären (Art. 14 V der Frontex-VO).

Eine wichtige Änderung spiegelt auch Art. 11 der Frontex -VO wider. Frontex kann demnach personenbezogene Daten weiterverarbeiten, die im Rahmen von gemeinsamen Rückführungsaktionen oder auch von gemeinsamen Einsätzen, Pilotprojekten und Soforteinsätzen erfasst wurden.

NGOs kritisierten, dass hauptsächlich das Mandat der Agentur erweitert wurde, ohne hierbei den menschenrechtlichen Verpflichtungen genügend Ausdruck zu verleihen.[1148] Der UNHCR wünschte sich eine stärkere Berücksichtigung des *non*

---

operative Zusammenarbeit an den Außengrenzen der Mitgliedstaaten der Europäischen Union (FRONTEX), KOM(2010) 61 endgültig.

1146 KOM(2010) 61 endgültig, S. 3f.

1147 Ebenda, S. 4.

1148 ProAsyl, Zu den Änderungsvorschlägen der Frontex-Verordnung, 6. Juni 2011, online verfügbar unter <http://www.proasyl.de/fileadmin/proasyl/fm_redakteure/Asyl_in_Europa/Aktion_Ausverkauf_der_Fluechtlingsrechte/Kurzsstellungnahme_zur_Frontex-Mandatserweiterung.pdf> Zugriff am 25.04.2015.

refoulement-Grundsatzes zum Schutze von Flüchtlingen bei der Umsetzung des Frontex Mandates an den Grenzen Europas.[1149]

Die neue Verordnung wurde am 25. Oktober 2011 beschlossen und trat am 12. Dezember 2011 in Kraft.[1150] Darin wird erstmals festgehalten, dass die Arbeit von Frontex im Einklang mit den Grundrechten und Grundsätzen der GrCh, dem einschlägigen Völkerrecht, einschließlich der GFK, und insbesondere mit den Verpflichtungen, die sich aus dem Grundsatz der Nichtzurückweisung ergeben, erfolgen soll (vgl. Erwägungsgrund Nr. 7, Art. 1 II Ua.2 und Art. 2 I lit. a) der Frontex-VO). Des Weiteren statuiert Art. 3b IV 1 der Frontex-VO die Pflicht der Einsatzkräfte gemeinsamer Grenzschutzteams „ihre Aufgaben und Befugnisse unter uneingeschränkter Achtung der Grundrechte, darunter Zugang zu Asylverfahren, und der Menschenwürde" auszuüben. Nach Art. 3b IV 1 der Frontex-VO müssen sie bei der Wahrnehmung ihrer Einsätze auch das Gebot der Verhältnismäßigkeit und den Grundsatz der Nichtdiskriminierung wahren.

Art. 10 Abs. 2 der Frontex-VO bestimmt ergänzend, dass die abgestellten Gastbeamten „das Unionsrecht und das Völkerrecht sowie die Grundrechte und das nationale Recht des Einsatzmitgliedstaats" einhalten müssen.[1151]

Die wesentlichen Aufgaben von Frontex sind in Art. 2 der Frontex-VO umschrieben. Zu diesen gehört unter anderem die Schulung von Grenzschutzbeamten, die Erstellung von Risikoanalysen in Bezug auf Migrationsbewegungen an den Außengrenzen und die logistische Unterstützung bei Rückführungen von Drittstaatsangehörigen, die sich unrechtmäßig in der EU aufhalten (Art. 2 Frontex-VO).

Im Folgenden soll ein Überblick über die Tätigkeiten von Frontex gegeben werden.

1. Schulungen von Grenzschutzbeamten

Frontex bietet Schulungen für Grenzschutzbeamte und deren nationale Ausbilder sowie Fortbildungen und Seminare über die Kontrolle und Überwachung der Außengrenzen und die Abschiebung von Drittstaatsangehörigen, die sich unrechtmässig in

---

1149 UNHCR, UNHCR's observations on the European Commission's proposal for a Regulation of the European Parliament and the Council amending Council Regulation (EC) No 2007/2004 establishing a European Agency for the Management of Operational Cooperation at the External Borders of the Member States of the European Union (FRONTEX), KOM(2010) 61 endgültig <http://www.unhcr.org/4cb567319.html> Zugriff am 27.04.2015.

1150 Verordnung (EU) Nr. 1168/2011 des Europäischen Parlaments und des Rates vom 25.10.2011 zur Änderung der Verordnung (EG) Nr. 2007/2004 des Rates zur Errichtung einer Europäischen Agentur für die operative Zusammenarbeit an den Außengrenzen der Mitgliedstaaten der Europäischen Union, ABl. EU 2011 Nr. L 304/1, S. 1–17.

1151 *Neumann*, Ein neues Mind-set der Europäischen Grenzschutzagentur? Zur Internalisierung menschenrechtlicher Vorgaben durch Frontex, MenschenRechtsMagazin, 2013, 21.

den Mitgliedstaaten aufhalten (vgl. Erwägungsgrund Nr. 7 und Art. 5 der Frontex-VO). Frontex entwickelt hierbei gemeinsame zentrale Lehrpläne (so genanntes *Common Core Curriculum* – CCC) für die Grenzschutzbeamten der Mitgliedstaaten. Frontex bietet den Grenzschutzbeamten auch ein Austauschprogramm an, das es ihnen ermöglicht, bei der Arbeit mit Grenzschutzbeamten in anderen Mitgliedstaaten Erfahrungen und Praktiken auszutauschen und neues Wissen zu erwerben (Art. 5 VII der Frontex-VO).

2. *Risikoanalyse*

Die Risikoanalyse ist eine der Hauptaufgaben der Agentur.[1152] Frontex sammelt hierzu Informationen und Einschätzungen über die Situation an den Außengrenzen.[1153] Dabei wird insbesondere untersucht, wie viele Menschen beim unrechtmäßigen Grenzübertritt aufgegriffen und registriert worden sind und inwieweit bestimmte Grenzabschnitte gegen unerlaubte Grenzübertritte geschützt sind. Die nationalen Grenzschutzbehörden übermitteln ihre Daten und Frontex wertet sie dann aus.[1154]

2011 wurde diese Risikoanalyse um einen Mechanismus erweitert, welcher die Bewertung der Kapazitäten der Mitgliedstaaten zur „Bewältigung anstehender Herausforderungen, einschließlich gegenwärtiger und künftiger Bedrohungen und Belastungen an den Außengrenzen" ermöglichen soll. Dabei bewertet Frontex die Ausrüstung und die Ressourcen der Mitgliedstaaten im Bereich des Grenzschutzes. Im Ergebnis stützt sich die Bewertung dann „auf von den betroffenen Mitgliedstaaten erteilten Informationen sowie auf die Berichte und Ergebnisse von gemeinsamen Aktionen, Pilotprojekten, Soforteinsätzen und anderen Tätigkeiten der Agentur" (Art. 4 IV Frontex-VO). Auf Grundlage der erstellten Analysen entstehen Handlungsempfehlungen, die Frontex vorzugsweise für die Einsatzkonzepte der Mitgliedstaaten gibt.[1155]

1152 Europäische Kommission, Mitteilung der Kommission an den Rat vom 30.11.2006 - Ausbau von Grenzschutz und -verwaltung an den südlichen Seegrenzen der Europäischen Union, KOM(2006) 733 endgültig, S. 5.

1153 *Haarhuis,* Menschenrechtliche Herausforderungen an Frontex, ASYLMAGAZIN 1–2/2013, 11.

1154 Vgl. Frontex, FRAN Quarterly, Quarter 4 – October – December 2014, S. 24, online verfügbar unter: <http://frontex.europa.eu/assets/Publications/Risk_Analysis/FRAN_Q4_2014.pdf> Zugriff am 23.04.2015.

1155 Deutscher Bundestag, Innenausschuss, Stellungnahme zur Anhörung des Innenausschusses im Deutschen Bundestag am 2. Juli 2014 (Ausschussdrucksache 18(4)106B), S. 3, online verfügbar unter <http://www.bundestag.de/blob/285502/d1003a2adec49d3aaad38c8faa820063/stellungnahme_02-data.pdf> Zugriff am 27.04.2015.

3. *Gemeinsame Einsätze an den Außengrenzen*

Den Schwerpunkt der Tätigkeit von Frontex bildet die Koordinierung und Organisation der gemeinsamen Einsätze an den Außengrenzen, an denen Grenzschutzbeamte aus allen Mitgliedstaaten teilnehmen. Gemäß Art. 3 I der Frontex-VO billigt und koordiniert Frontex die Vorschläge der Mitgliedstaaten für gemeinsame Aktionen an den Außengrenzen der EU. Diese operativen Einsätze können von Frontex selbst, auf Grundlage ihrer Risikoanalysen, oder auf Anfrage eines Mitgliedstaates angeleitet werden.

So sieht beispielsweise Art. 8 I 1 der Frontex-VO vor, dass Mitgliedstaaten, die mit der Wahrnehmung ihrer Pflichten zur Sicherung ihrer Außengrenzen überfordert sind, die Unterstützung von Frontex ersuchen können. Die Lage in dem Mitgliedstaat muss hierbei „eine verstärkte technische und operative Unterstützung an den Außengrenzen" erfordern (Art. 8 I 2 der Frontex-VO).

Zum Zwecke gemeinsamer Einsätze hat Frontex auch einen Pool aus Grenzschutzbeamten eingerichtet. Die so genannten europäischen Grenzschutzteams werden aus nationalen Beamten zusammengesetzt, die von den Mitgliedstaaten entsprechend der benötigten Anforderungsprofile benannt worden sind (Art. 3b I Frontex-VO). Die nationalen Grenzschutzbeamten sollen dann für einen möglichen Einsatz im Rahmen von gemeinsamen Aktionen und Pilotprojekten regelmäßig bereitstehen (Art. 3b II Frontex-VO). Zurzeit verwaltet Frontex einen Pool mit ca. 2000 Grenzschutzkräften unterschiedlicher Anforderungsprofile aus verschiedenen Mitgliedstaaten.[1156]

Die Agentur verfügt auch über ein eigenes *Technical Equipment Pool* (TEP), welches über technisches Ausrüstungsmaterial wie hochseetaugliche Patrouillenboote, Küstenwachschiffe oder Fahrzeuge verfügt (Art. 7 I, II der Frontex-VO).[1157] Diese Ausrüstungsgegenstände werden zur Unterstützung der gemeinsamen Operationen von europäischen Grenzschutzteams zur Verfügung gestellt (vgl. Art. 3 I 3). Sie befinden sich im Eigentum der Mitgliedstaaten. Frontex kann ebenfalls eigene technische Gerätschaften erwerben oder leasen (Art. 7 I, III Frontex-VO).

Frontex handelt als europäische Agentur mit eigener Rechtspersönlichkeit rechtsverbindlich in eigenem Namen (Art. 15 Frontex-VO).[1158] Für die operativen Einsätze unter der Führung von Frontex gilt jedoch immer das Recht desjenigen Staates, auf dessen Hoheitsgebiet der Einsatz stattfindet. Art. 3c der Frontex-VO

1156 Ausschussdrucksache 18(4)106B (Fn. 1155), S. 4.

1157 Vgl. zu dem Bestand des TEP: Frontex, Annual Information on the Commitments of the Member States to the European Border Guard Teams and the Technical Equipment Pool, 2014, S. 14, online verfügbar unter <http://www.statewatch.org/news/2014/mar/eu-frontex-rep-ep-msd.pdf> Zugriff am 24.04.2015.

1158 Zur Rechtspersönlichkeit von Frontex, vgl. ausführlich: Tohidipur, FRONTEX - Der Europäische Grenzschutz und seine Agentur, in: Wissenschaft & Frieden 2007, Band 4, online verfügbar unter <http://www.wissenschaft-und-frieden.de/seite.php?artikelID=0538> Zugriff am 23.04.2015.

bestimmt diesbezüglich, dass die europäischen Grenzschutzteams im Einsatz den Anweisungen des Einsatzmitgliedstaates folgen.

Hinsichtlich der Verantwortung für das Handeln der Grenzbeamten in einem von Frontex geführten Einsatz bestimmt Art. 3c IV der Frontex-VO, dass die Mitglieder der europäischen Grenzschutzteams bei der Wahrnehmung ihrer Aufgaben und Befugnisse den Disziplinarmaßnahmen ihres Herkunftsmitgliedstaats unterworfen bleiben.

Die ersten Einsätze unter der Beteiligung von Frontex fanden in den Jahren 2006 und 2007 im Mittelmeerraum unter dem Namen „Hera" (im Gebiet der Kanaren, der Kapverden und vor dem Senegal), „Jason" (vor der Küste Griechenlands) und „Nautilus" (auf Anfrage von Malta) statt.[1159] Seit ihrem Bestehen hat die Agentur bereits jeweils 59 Einsätze zum Schutz der Land- und See- und ca. 40 Einsätze an den Flughäfen der Mitgliedstaaten zum Schutze der Luftgrenzen geleitet.[1160]

Die Einsätze im Mittelmeerraum werden mit dem Ziel geführt, die Schiffe mit Menschen, die unrechtmäßig in die EU einzuwandern versuchen, abzufangen. Diese Einsätze dienen auch der Abschreckung, damit sich möglichst überhaupt keine Schiffe oder Boote auf den Weg nach Europa machen.[1161]

Art. 2 I lit. a) der Frontex-VO bestimmt das „keine Person unter Verstoß gegen den Grundsatz der Nichtzurückweisung ausgeschifft oder auf andere Weise den Behörden eines anderen Landes überstellt werden" darf, „in dem die Gefahr der Ausweisung oder Rückführung in ein anderes Land unter Verstoß gegen diesen Grundsatz besteht". Damit wird dem Verbot der Nichtzurückweisung aus Art. 33 GFK Rechnung getragen, der auch das so genannte Kettenrefoulement umfasst.[1162]

Das Abfangen der Schiffe soll gleichzeitig auch „zur Rettung von Leben auf See" beitragen. Nach Schätzungen des UNHCR starben alleine in den ersten vier Monaten des Jahres 2015 mindestens 1.800 Menschen bei dem Versuch, Europa über das Mittelmeer zu erreichen.[1163]

Am 3. Oktober 2013 ereignete sich vor Lampedusa das größte Schiffsunglück, das bis dahin im Mittelmeer verzeichnet worden war. Das Boot war mit 500 Menschen in Libyen gestartet und einige hundert Meter vor der Insel Lampedusa in Brand geraten. Mehr als 360 Menschen ertranken.[1164]

1159 *Fischer-Lescano/Tohidipur* (Fn. 1135), S. 1238.

1160 Auf der Homepage von Frontex sind alle Einsätze unter „Archive of Operations" aufgeführt <http://frontex.europa.eu/operations/archive-of-operations/> Zugriff am 24.04.2015.

1161 KOM(2006) 733 endgültig, S. 7.

1162 *Neumann* (Fn. 1151), 21.

1163 UNHCR, UNHCR zu EU-Maßnahmen auf dem Mittelmeer, 24.04.2015, <http://www.unhcr.de/home/artikel/d3540b9f666c52a13f80e793a4c7a09f/unhcr-zu-eu-massnahmen-im-mittelmeer.html> Zugriff am 30.04.2015.

1164 UNHCR, UNHCR geschockt über Bootstragödie vor Lampedusa, 04.10.2013, <http://www.unhcr.de/no_cache/detail/artikel/artikel//unhcr-geschockt-ueber-bootstragoedie-vor-lampedusa.html> Zugriff am 30.04.2015.

Italiens Reaktion auf das Schiffsunglück vor der Insel Lampedusa im Jahre 2013 war die Schaffung der Rettungsmission „Mare Nostrum", einer Operation der italienischen Marine, die nach Angaben von ECRE zwischen Oktober 2013 und November 2014 mehr als 100 000 in Seenot geratene Menschen im gesamten Mittelmeerraum rettete.[1165] Die Mission „Mare Nostrum" kostete Italien etwa 110 Mio. Euro für den einjährigen Einsatzzeitraum. Italien stellte die Mission Ende 2014 wieder ein, weil die anderen EU-Mitgliedstaaten sich weigerten, diese Kosten mitzutragen.[1166]

Als Nachfolgemission von „Mare Nostrum" wurde am 1. November 2014 ein von Frontex geführter gemeinsamer Grenzschutzeinsatz „Triton" beschlossen.[1167]

Das primäre Ziel des Einsatzes ist die Steuerung von irregulären Migrationsbewegungen in Richtung der EU und die Bekämpfung von grenzüberschreitender Kriminalität.[1168] Die Früherkennung von in Seenot geratenen Schiffen und Booten könne zudem einen zusätzlichen Beitrag zu den nationalen Verpflichtungen zur Rettung von Menschen in Seenot darstellen. Die Seenotrettung soll jedoch im Zuständigkeitsbereich der Mitgliedstaaten bleiben. Die Bereitstellung der Einsatzmittel von Triton könne nur als Ergänzung hierzu dienen. Triton soll natürlich nicht verhindern, dass die Mitgliedstaaten weitergehende Bemühungen ergreifen, um in Seenot geratene Menschen zu retten.[1169]

Das Einsatzgebiet soll gleichbleibend zum Vorläufer „Hermes" sein und die küstennahen Bereiche (Meeresstreifen von etwa 30 Seemeilen) der Mittelmeeranrainerstaaten Italien und Malta umfassen. „Hermes" war im Jahre 2011 auf Anfrage von Italien nach den revolutionären Umstürzen in Tunesien, Ägypten und Libyen

---

1165 ECRE, ECRE & UNHCR concerned over ending of Mare Nostrum without European rescue initiative to replace it, online verfügbar unter <http://ecre.org/component/content/article/70-weekly-bulletin-articles/864-ecre-a-unhcr-concerned-over-ending-of-mare-nostrum-without-european-rescue-initiative-to-replace-it.html> Zugriff am 29.04.2015.

1166 ProAsyl, Europas Schande: „Triton" und „Mare Nostrum" im Vergleich, 17.10.2014, online verfügbar unter <http://www.proasyl.de/de/news/detail/news/europas_schande_triton_und_mare_nostrum_im_vergleich/> Zugriff am 29.04.2015; *Kuzmany*, Gipfel zur Flüchtlingspolitik: Europa spielt Schiffe versenken, in: Spiegel Online, 23.04.2015, online verfügbar unter <http://www.spiegel.de/politik/ausland/fluechtlinge-eu-sondergipfel-wird-keine-hilfe-bringen-kommentar-a-1030049.html> Zugriff am 29.04.2015.

1167 Frontex, Concept of reinforced joint operation tackling the migratory flows towards Italy: JO EPN-Triton to better control irregular migration and contribute to SAR in the Mediterranean Sea, 28.08.2014, S. 10, online verfügbar unter <http://www.proasyl.de/fileadmin/fmdam/q_PUBLIKATIONEN/2014/JOU_Concept_on_EPN-TRITON__2_.pdf> Zugriff am 29.04.2015 (JO EPN-Triton).

1168 JO EPN-Triton (Fn. 1167), S. 10.

1169 Ebenda.

koordiniert worden.[1170] Im Jahre 2011 sind nach Angaben von UNHCR 2.000 Menschen beim Versuch, über das Mittelmeer nach Europa zu gelangen, ertrunken.[1171]

Der Einsatzradius von „Triton" ist im Vergleich zu dem von „Mare Nostrum" viel kleiner. Die italienischen Marineschiffe waren bis 15 Kilometer vor der libyschen Küste im Einsatz, von wo aus die meisten seeuntüchtigen Boote in Richtung Italien starten.[1172]

„Triton" begann mit einem monatlichen Budget von 2,9 Millionen Euro, welches nur einem Drittel des monatlichen Budgets von „Mare Nostrum" entsprach.[1173]

Dem Einsatz stehen zwei Flugzeuge, zwei Helikopter und sechs Schiffe zur Verfügung. Innerhalb der ersten zwei Monate des Einsatzes konnten 11.400 Menschen beim „Triton"-Einsatz gerettet werden.[1174] Bis Anfang April 2015 konnten weitere 5.000 Menschen gerettet werden.[1175]

In der Nacht vom 18. zum 19. April 2015 ereignete sich dann erneut eine Tragödie im Mittelmeer, bei dem ein Schiff etwa 130 Kilometer vor der libyschen Küste kenterte.

Mehr als 800 Menschen ertranken.[1176] Nach Angaben der 28 Überlebenden legte das Schiff in Tripolis mit ca. 850 Menschen an Bord ab. Darunter befanden sich etwa 350 Menschen aus Eritrea und viele Bürgerkriegsflüchtlinge aus Syrien und Somalia.[1177]

Die Außen- und Innenminister der Mitgliedstaaten beschlossen in einer außerordentlichen Tagung des Europäischen Rates vom 23.04.2015 in Luxemburg, auf

---

1170 Frontex, Hermes 2011 starts tomorrow in Lampedusa, 19.02.2011, online verfügbar unter <http://frontex.europa.eu/news/hermes-2011-starts-tomorrow-in-lampedusa-X4XZcr> Zugriff am 30.04.2015.

1171 UNHCR, Global Appeal 2012–2013, S. 90, online verfügbar unter <http://www.unhcr.org/4ec230f30.html> Zugriff am 15.05.2015.

1172 *von Boemcken/Vollmer,* Tote an der Außengrenze, Entwicklung und Zusammenarbeit, 27.02.2015, online verfügbar unter <http://www.dandc.eu/de/article/wegender-rigorosen-abschottung-der-grenzen-europas-verlieren-viele-fluechtlinge-ihrleben> Zugriff am 29.04.2015.

1173 JO EPN-Triton (Fn. 1167), S. 11.

1174 Frontex, Operation Triton - Winter Developments, 24.12.2014, online verfügbar unter <http://frontex.europa.eu/feature-stories/operation-triton-winter-developments-qXDamY> Zugriff am 29.04.2015.

1175 Frontex, 2 400 migrants rescued off Libyan coast before Easter, 08.04.2015, online verfügbar unter <http://frontex.europa.eu/news/2-400-migrants-rescued-off-libyan-coast-before-easter-8k1Cj9> Zugriff am 29.04.2015.

1176 Tagesschau.de, Unglück vor libyscher Küste. Noch mehr tote Flüchtlinge befürchtet, 20.04.2015, online verfügbar unter <http://www.tagesschau.de/ausland/fluechtlinge-mittelmeer-127.html> Zugriff am 29.04.2015.

1177 UNHCR, UNHCR welcomes EU Mediterranean plans, but says more needs to be done, 21.04.2015, online verfügbar unter <http://www.unhcr.org/553623109.html> Zugriff am 29.04.2015.

diese Katastrophe mit der Verstärkung der Präsenz auf See zu reagieren.[1178] Es sei die unmittelbare Priorität zu verhindern, dass noch mehr Menschen auf See ums Leben kommen. Daher gelte es gegen die Schlepper vorzugehen, irreguläre Migrationsströme zu unterbinden und die interne Solidarität und Verantwortung zu stärken.[1179]

Einem Zehn-Punkte-Aktionsplan der Kommission folgend beschloss der Europäische Rat, das Budget der gemeinsamen Einsätze „Triton" und „Poseidon" in den Jahren 2015 und 2016 mindestens zu verdreifachen und die sonstigen Mittel zahlenmäßig aufzustocken, damit die Such- und Rettungsmöglichkeiten im Rahmen der Tätigkeiten von Frontex verbessert werden können.[1180] Das Mandat von Triton sowie von Poseidon soll jedoch unverändert auf die Grenzüberwachung und nicht auf die Seenotrettung gerichtet sein.

4. *Soforteinsatzteams für Grenzsicherungszwecke*

Frontex kann auf Anfrage eines Mitgliedstaats den Einsatz von Soforteinsatzteams (*Rapid Border Intervention Team - Rabit*) zu Grenzsicherungszwecken nach der Rabit-VO[1181] koordinieren.

Art. 8a der Frontex-VO bestimmt hierzu, dass die Agentur auf Ersuchen eines Mitgliedstaats, der plötzlich einem Zustrom einer großen Anzahl von Drittstaatsangehörigen an bestimmten Stellen der Außengrenzen ausgesetzt ist, gemäß Art. 4 der Rabit-VO zeitlich befristet ein oder mehrere europäische Grenzschutzteams ins Hoheitsgebiet dieses Mitgliedstaats für einen angemessenen Zeitraum entsenden kann. Die Soforteinsatzteams werden innerhalb von fünf Tagen zusammengestellt (Art. 8b I der Frontex-VO). Frontex und der ersuchende Mitgliedstaat bereiten einen Einsatzplan vor, der die genauen Bedingungen des Einsatzes festlegt (Art. 8e I der Frontex-VO).

Frontex obliegt es, Schulungen für die Einsatzkräfte zu organisieren. Die Soforteinsatzteams sollen beispielsweise bei Seeeinsätzen spezifische Informationen zur Anwendung des Völkerrechts und der Rechtsvorschriften der Union im Zusammenhang mit dem Aufbringen von Schiffen, Rettungen auf See und Ausschiffungen erhalten (Art. 8e der Frontex-VO).

1178 Europäischer Rat, Außerordentliche Tagung des Europäischen Rates vom 23.04.2015 – Erklärung, online verfügbar unter <http://www.consilium.europa.eu/de/press/press-releases/2015/04/23-special-euco-statement/> Zugriff am 29.04.2015.

1179 Europäischer Rat, Außerordentliche Tagung des Europäischen Rates vom 23.04.2015 – Erklärung.

1180 Ebenda.

1181 Verordnung (EG) Nr. 863/2007 des Europäischen Parlaments und des Rates vom 11. Juli 2007 über einen Mechanismus zur Bildung von Soforteinsatzteams für Grenzsicherungszwecke und zur Änderung der Verordnung (EG) Nr. 2007/2004 des Rates hinsichtlich dieses Mechanismus und der Regelung der Aufgaben und Befugnisse von abgestellten Beamten, ABl. EG 2007 Nr. L 199 (Rabit-VO).

Gemäß Art. 10 I der Frontex-VO müssen die entsandten Beamten alle Aufgaben und Befugnisse für Grenzübertrittkontrollen oder Grenzüberwachung, wie im Schengener Grenzkodex[1182] vorgesehen, wahrnehmen können. Damit dürfen sie Personenkontrollen an den Außengrenzen vornehmen (Art. 7 Schengener-Grenzkodex) und die Grenzen überwachen, um insbesondere den unbefugten Grenzübertritt zu verhindern (Art. 12 Schengener-Grenzkodex). Damit verfügen die entsandten Grenzschutzbeamten für den Einsatzzeitraum über hoheitliche Befugnisse.[1183]

Die Gastbeamten sind gemäß Art. 10 II der Frontex-VO verpflichtet, das Unionsrecht, das Völkerrecht sowie die Grundrechte und das nationale Recht des Einsatzmitgliedstaats einzuhalten. Sie dürfen ihre Aufgaben „nur unter den Anweisungen und grundsätzlich nur in Gegenwart von Grenzschutzbeamten des Einsatzmitgliedstaats (...) wahrnehmen".

Bei der Ausführung ihrer Aufgaben dürfen sie ihre Dienstwaffen und Munition mit sich führen, die sie auch nach nationalem Recht einsetzen können (Art. 10 VI, VII).

Die zivilrechtliche Haftung für die während des Einsatzes entstandenen Schäden trägt grundsätzlich der Mitgliedstaat, auf dessen Hoheitsgebiet der Einsatz erfolgt (Art. 10b der Frontex-VO). Die strafrechtliche Verantwortlichkeit der Grenzschutzbeamten richtet sich ebenfalls nach dem Recht des Einsatzmitgliedstaates (Art. 10c der Frontex-VO).

Der erste Einsatz eines Soforteinsatzteams mit 175 Grenzschutzbeamten erfolgte im Jahre 2010 in Griechenland an der griechisch-türkischen Landesgrenze.[1184]

5. *Gemeinsame Rückführungsaktionen*

Frontex leistet auch Unterstützung bei der Rückführung von Drittstaatsangehörigen, die sich unrechtmäßig in den Mitgliedstaaten aufhalten (Art. 9 I Frontex-VO). Die Unterstützung kann z.B. durch das Chartern von Flugzeugen für den Zweck von Rückführungsaktionen erfolgen. Die Finanzierung solcher Aktionen kann ebenfalls ganz oder anteilig von der Agentur übernommen werden (Art. 9 I 2 Frontex-VO). Die Achtung der GrCH soll als Bedingung für eine Finanzhilfevereinbarung mit dem die Rückführung planenden Staat gelten (Art. 9 I 3 Frontex-VO).

1182 Verordnung (EG) Nr. 562/2006 des Europäischen Parlaments und des Rates vom 15. März 2006 über einen Gemeinschaftskodex für das Überschreiten der Grenzen durch Personen, ABl. EG Nr. L 105/1 (Schengener Grenzkodex).

1183 *Fischer-Lescano/Tohidipur* (Fn. 1135), S. 1239.

1184 Frontex, News: Frontex deploys Rapid Border Intervention Teams to Greece, 25.10.2010, online verfügbar unter <http://frontex.europa.eu/news/frontex-deploys-rapid-border-intervention-teams-to-greece-PWDQKZ> Zugriff am 24.04.2015.

Am 20. November 2013 veröffentlichte Frontex den Verhaltenskodex für gemeinsame Rückführungsmaßnahmen.[1185] Art. 4 dieses Verhaltenskodex bestimmt, dass Rückführungen im Einklang mit der GrCH, den Grundrechten und anderen Menschenrechten, insbesondere mit dem Recht auf Leben, dem Grundsatz der Nichtzurückweisung, dem Recht auf Asyl und dem Recht, keine Folter oder unmenschliche Behandlung zu erfahren, zu erfolgen hat. Rückführungen sollen weiterhin diskriminierungsfrei durchgeführt werden.

Zwangsmaßnahmen sollen nur in den äußersten Fällen angewendet werden (Art. 6 des Verhaltenskodex). Zur wirksamen Überwachung der Einhaltung der Menschenrechte während einer zwangsweise durchgeführten Rückkehraktion soll ein unabhängiger externer Beobachter (häufig ein Vertreter einer NGO) im Vorfeld der Rückführung alle erforderlichen Informationen zu der geplanten Maßnahme erhalten und am Rückführungsprozess beteiligt werden. Dieser soll Zugang zu allen Informationen und zu jedem Ort, den er kontrollieren möchte, erhalten (Art. 13 und 14 des Verhaltenskodex). Es ist jedoch bisher nicht vorgesehen, dass der externe Beobachter bei jeder gemeinsamen Rückführungsmaßnahme bis zum Ende anwesend ist. Dies wurde von der Europäischen Kommission in ihrer Mitteilung zur Rückkehrpolitik der EU kritisiert.[1186]

Die Kommission ist der Meinung, „dass angesichts der Sichtbarkeit und der Sensibilität dieser Operationen bei jeder gemeinsamen Rückführungsmaßnahme eine unabhängige Überwachungsinstanz anwesend sein sollte".[1187]

Zwischen 2006 und Mai 2015 hat Frontex 267 gemeinsame Rückführungsmaßnahmen geleitet, bei denen insgesamt 13.000 Personen zurückgeführt wurden.[1188]

6. *Grundrechtsstrategie*

Die Arbeit von Frontex soll im Einklang mit den Grundrechten und Grundsätzen der GrCh, dem einschlägigen Völkerrecht, einschließlich der GFK, und insbesondere mit den Verpflichtungen, die sich aus dem Grundsatz der Nichtzurückweisung ergeben, erfolgen (vgl. Erwägungsgrund Nr. 7 der Frontex-VO und Art. 1 II Ua.2).

1185 Frontex, Code of Conduct for Joint Return Operations Coordinated by Frontex, online verfügbar unter <http://frontex.europa.eu/assets/Publications/General/Code_of_Conduct_for_Joint_Return_Operations.pdf> Zugriff am 27.04.2015.

1186 Europäische Kommission, Mitteilung der Kommission an den Rat und das Europäische Parlament vom 28.03.2014 zur Rückkehrpolitik der EU, KOM(2014) 199 endgültig, S. 7.

1187 KOM(2014) 199 endgültig (Fn. 1186), S. 7.

1188 Europäische Ombudsfrau, Wie Frontex sicherstellen kann, dass bei Abschiebungen die Grundrechte von Migranten respektiert werden, Pressemitteilung Nr. 7/2015, 6. Mai 2015, online verfügbar unter <http://www.ombudsman.europa.eu/en/press/release.faces/de/59744/html.bookmark;jsessionid=8A863BDA26F4C7C0E0A8BCD3BD93AF83> Zugriff am 19.05.2015.

Seit 2011 sieht die Frontex-VO in Art. 26a) die Entwicklung einer Grundrechtsstrategie vor. So soll ein Mechanismus eingeführt werden, „mit dem die Einhaltung der Grundrechte bei allen Tätigkeiten der Agentur überwacht wird“ (Art. 26 a I). Daneben verlangt Art. 26a III der Frontex-VO die Ernennung eines Grundrechtsbeauftragten durch den Verwaltungsrat von Frontex.

a) Inhalt

Der Verwaltungsrat verabschiedete am 31.03.2011 eine Grundrechtestrategie für Frontex.[1189] Sie ist in die Bereiche *gemeinsame Einsätze*, *Kapazitätsaufbau*, *Außenbeziehungen* und *Regeln zur Berufsausübung* untergliedert. Für alle Bereiche wird zunächst allgemein erklärt, dass die GFK und alle sekundärrechtlichen Normen zum Schutze von Flüchtlingen volle Beachtung finden müssen (Ziffer 9 und 10). Des Weiteren sind die EMRK und weitere menschenrechtliche Abkommen der UN, die die Mitgliedstaaten ratifiziert haben, sowie die seerechtlich relevanten Abkommen zur Rettung von Menschen in Seenot anwendbar (Ziffer 11 und 12).

Ziffer 13 der Grundrechtestrategie bekräftigt den Grundsatz, dass der Einsatzmitgliedstaat die Verantwortung für die Beachtung der Menschenrechte während des gemeinsamen Einsatzes an seinen Außengrenzen trägt. Die Agentur trage allerdings die Verantwortung als Koordinatorin des Einsatzes im Rahmen ihres Mandates. Dies beinhalte die Pflicht von Frontex, die Bedingungen für die Wahrung der Menschenrechte während des Einsatzes zu schaffen. Frontex kann demnach sowohl für ihren Beitrag bei Einsätzen als auch für eventuelle Planungsfehler im Einsatzplan haftbar gemacht werden.[1190]

Für die *gemeinsamen Einsätze* an den Außengrenzen eines Mitgliedstaates gilt, dass die Risikoanalysen, die einem gemeinsamen Einsatz zum Schutze der Außengrenzen in einem Mitgliedstaat regelmäßig zu Grunde liegen, auch die besondere Situation von Schutzsuchenden berücksichtigen muss (Ziffer 14). Die Einsatzpläne sollen ebenfalls im Einklang mit den Flüchtlingsrechten erstellt werden. In den Fällen, in denen ein Verstoß gegen die Menschenrechte festgestellt wird, soll der Mitgliedstaat, in dem der Einsatz ausgeführt wird, die Möglichkeit erhalten, die erforderlichen Maßnahmen zu ergreifen (Randnummer 15). Gemeinsame Rückführungsaktionen sollen regelmäßig auch von externen Fachkräften überwacht werden (Randnummer 18). Die Mitarbeiter sollen Verstöße gegen Grundrechte an Frontex melden. Die Agentur wird dann gemeinsam mit dem Mitgliedstaat die Aufarbeitung begleiten (Randnummer 19).

Im Bereich *Kapazitätsaufbau* sollen die Frontex-Lehrpläne auch Schulungen in den Bereichen Grundrechte und internationaler Schutz sowie Leitlinien für die Identifizierung schutzsuchender Personen und deren Zuleitung zu geeigneten

1189 Frontex, Fundamental Rights Strategy, 31.03.2011, online verfügbar unter <http://frontex.europa.eu/assets/Publications/General/Frontex_Fundamental_Rights_Strategy.pdf> Zugriff am 27.04.2015.

1190 *Neumann* (Fn. 1151), 26.

Einrichtungen enthalten. In Zusammenarbeit mit der FRA und UNHCR gilt es, die Mitarbeiter in dem Bereich Menschenrechte fortzubilden.

Das Prinzip der Achtung der Menschenrechte soll die Zusammenarbeit von Frontex mit Drittstaaten, die ein Teil der *Außenbeziehungen* der EU darstellt, leiten.

Die *Regeln zur Berufsausübung* werden in dem Verhaltenskodex für alle Personen, die sich an Frontex-Einsätzen beteiligen, spezifiziert. Sie sind in allen Einsatzbereichen der Agentur zu berücksichtigen (Randnummer 31). Diese Regeln stellen *soft law* dar, d.h. sie sind nicht durchsetzbar. Die nationalen Behörden werden jedoch angehalten, festgestellte Verstöße im Rahmen ihrer nationalen Rechtsordnung zu ahnden (Randnummer 32).

Nach Art. 2a der Frontex-VO soll die Tätigkeit von Frontex von einem Verhaltenskodex geleitet werden, der Verfahren zur Gewährleistung des Rechtsstaatsprinzips und zur Achtung der Grundrechte festgelegt. Der Umgang mit „unbegleiteten Minderjährigen, schutzbedürftigen Menschen sowie Personen, die um internationalen Schutz nachsuchen" soll hierbei eine besondere Beachtung erfahren.

Frontex verabschiedete am 21. März 2011 einen solchen Verhaltenskodex, der für alle Mitarbeiter der Agentur und für alle Personen, die sich an von Frontex geführten Operationen beteiligen, verbindlich sein soll.[1191] Artikel 5 a) dieses Verhaltenskodexes sieht vor, dass alle Einsatzkräfte, die an den gemeinsamen Operationen teilnehmen, das *non-refoulement* Gebot zu berücksichtigen haben. Schutzsuchende sollen über ihre Rechte informiert werden und es soll ihnen ermöglicht werden, ein Asylbegehren bei der jeweils zuständigen nationalen Stelle vorzutragen. Artikel 5 b) bestimmt weiterhin, dass Asylsuchenden der Zugang zu medizinischen Hilfseinrichtungen eröffnet werden muss. Besonders schutzbedürftige Personen wie Frauen, unbegleitete Minderjährige, Menschen mit Behinderungen oder mutmaßliche Opfer sexueller Ausbeutung bzw. des Menschenhandels sollen außerdem eine besondere Behandlung erfahren.

Art. 22 des Verhaltenskodex bestimmt, dass Grenzschutzbeamte, die Zeugen von Verletzungen des Verhaltenskodex (und damit auch von Menschenrechtsverletzungen) werden, verpflichtet sind, diese Verstöße an Frontex zu melden.

Die Implementierung der Grundrechtsstrategie soll durch einen Grundrechte-Aktionsplan gewährleistet werden (Randnummer 36). Dieser wurde am 29.09.2011 aufgestellt.[1192] Er sieht 21 Maßnahmen vor, unter anderem auch die Einführung eines Mechanismus zur Überwachung von Menschenrechtsverstößen, ohne jedoch konkrete Sanktionsmöglichkeiten zu benennen.[1193] Kritisiert wird zudem, dass der

---

1191 Frontex, Frontex Code of Conduct for all Persons participating in Frontex Activities, online verfügbar unter <http://frontex.europa.eu/assets/Publications/General/Frontex_Code_of_Conduct.pdf> Zugriff am 23.04.2015.

1192 Frontex, Annexes to Frontex Response to the European Ombudsman, Annex 3 – Fundamental Rights Action Plan (*Action Plan*), online verfügbar unter <http://frontex.europa.eu/assets/Images_News/Annexes.pdf> Zugriff am 28.04.2015.

1193 *Action Plan*, Rdnr. 17 und 18.

Aktionsplan nur die Aufgabenstellung aus der Grundrechtestrategie wiederhole und als Arbeitsauftrag formuliere, ohne konkretisierte Pflichten aufzustellen.[1194]

b) Konsultationsforum

Gemäß Art. 26a II der Frontex-VO soll ein Konsultationsforum eingerichtet werden, das den Exekutivdirektor und den Verwaltungsrat in Grundrechtsfragen unterstützt. Dieses wurde im Oktober 2012 eingerichtet mit Vertretern von zwei europäischen Agenturen (FRA und EASO), von internationalen Organisationen, wie UNHCR und IOM, sowie von NGOs, wie Amnesty International und Caritas.[1195] Die erste Sitzung des Konsultationsforums fand am 16. Oktober 2012 in Warschau statt. Aydan Iyigüngör, ein Vertreter der FRA, wurde zum Vorsitzenden des Konsultationsforums gewählt.[1196]

Das Konsultationsforum veröffentlichte am 28. Juli 2014 seinen ersten Jahresbericht, der einen Überblick über die Tätigkeiten im Jahre 2013 gibt.[1197] Demnach kann das Konsultationsforum als Beobachter an von Frontex geleiteten gemeinsamen Einsätzen teilnehmen, wenn Frontex dies wünscht und der betroffene Mitgliedstaat zustimmt. Ein Recht zur Teilnahme gibt es nicht.[1198]

Das Konsultationsforum kann auch keine Individualbeschwerden über Menschenrechtsverstöße überprüfen oder eine systematische Prüfung der Frontex-Aktivitäten auf mögliche Menschenrechtsverstöße vornehmen.[1199]

Es kann jedoch dem Verwaltungsrat von Frontex Empfehlungen geben. Dies wurde auch vorgenommen. So empfahl das Konsultationsforum, den Schutz der Grundrechte zur obersten Priorität der Tätigkeiten von Frontex zu erheben und diesen auch als einen festen Bestandteil des zentralen Ausbildungsplans für Grenzschutzbeamte zu machen. Diesen Empfehlungen wurde nicht Folge geleistet.[1200] Weiterhin wurde Frontex empfohlen, nicht mehr generalisierend von „illegaler" Migration zu sprechen, weil damit auch impliziert wird, dass das Recht auf Asyl

---

1194 *Neumann* (Fn. 1151), 28.

1195 Frontex Consultative Forum on Fundamental Rights, Annual Report 2013, S. 5, online verfügbar unter <http://frontex.europa.eu/assets/Partners/Consultative_Forum_files/Frontex_Consultative_Forum_annual_report_2013.pdf> Zugriff am 23.04.2015.

1196 FRA, Aktuelles – FRA in den Vorsitz des Frontex-Konsultationsforums gewählt, 29.10.2012, online verfügbar unter <http://fra.europa.eu/de/news/2012/fra-den-vorsitz-des-frontex-konsultationsforums-gewhlt> Zugriff am 27.04.2015.

1197 Frontex, Frontex Consultative Forum on Fundamental Rights – Annual Report 2013, online Verfügbar unter <http://frontex.europa.eu/assets/Partners/Consultative_Forum_files/Frontex_Consultative_Forum_annual_report_2013.pdf> Zugriff am 28.04.2015.

1198 Frontex, Frontex Consultative Forum on Fundamental Rights – Annual Report 2013, S. 13.

1199 Ebenda, S. 14.

1200 Ebenda, S. 20.

regelmäßig für den Zugang zu den Asylsystemen der EU missbraucht wird. Auch diese Empfehlung wurde nicht berücksichtigt.[1201]

Das Konsultationsforum kritisierte, dass der Verhaltenskodex keine Möglichkeit für Betroffene von gemeinsamen Rückkehraktionen bietet, eine Beschwerde über bestimmte Maßnahmen geltend zu machen. Weiterhin sollen externe Abschiebebeobachter bei allen Rückführungen beteiligt werden. Dies ist von Frontex bisher nicht umgesetzt worden.[1202] In nur 48 % der Fälle begleiten externe Abschiebebeobachter von Frontex organisierte Massenabschiebungen.[1203]

Zusammenfassend stellte das Konsultationsforum fest, dass trotz aller Änderungen der Frontex-VO und der getroffenen Maßnahmen zur Umsetzung der Grundrechtestrategie die Frage offen bleibt, wie die Grundrechte wirksam in die tägliche Praxis gemeinsamer Einsätze und Verfahren einbezogen werden können. Hier gibt es nach der Auffassung des Konsultationsforums noch Lücken, die eventuell durch eine Stärkung des Mandates des Grundrechtsbeauftragten geschlossen werden könnten.

c) Grundrechtsbeauftragte

Der Grundrechtsbeauftragte soll bei der Wahrnehmung seiner Aufgaben unabhängig sein und dem Verwaltungsrat und dem Exekutivdirektor direkt Bericht erstatten (Art. 26a II). Das Konsultationsforum und der Grundrechtsbeauftragte sollen freien Zugang zu allen „Informationen, die sich im Zusammenhang mit den Tätigkeiten der Agentur auf die Achtung der Grundrechte beziehen" haben (Art. 26a III der Frontex-VO).

Nach Ansicht der Kommission gehört es zu den Aufgaben des Frontex-Grundrechtsbeauftragten, „den Schutz und die Gewährleistung der Grundrechte bei allen Frontex-Maßnahmen, einschließlich gemeinsamer Rückführungsoperationen, zu überwachen, zu bewerten und ggf. Empfehlungen zur Verbesserung abzugeben".[1204]

Am 27. September 2012 wurde Inmaculada Arnaez zur ersten Grundrechtsbeauftragten von Frontex ernannt.[1205] Sie sieht ihre Mission in der „Sensibilisierung der Grenzschutzbeamten für die menschlichen Fragen ihrer Arbeit". Dafür reist sie häufig an den seit Jahren starkfrequentierten Migrationsrouten an den Außengrenzen

---

1201 Ebenda.

1202 Frontex, Frontex Consultative Forum on Fundamental Rights – Annual Report 2013, S. 24.

1203 Ebenda, S. 27.

1204 KOM(2014) 199 endgültig, S. 7.

1205 Frontex, News - 27.09.2012, Management Board designates Fundamental Rights Officer, online verfügbar unter <http://frontex.europa.eu/news/management-board-designates-fundamental-rights-officer-8IK8lm> Zugriff am 27.04.2015.

Europas. Mit ihrer Arbeit möchte sie „dafür sorgen, dass die Menschen mit Würde und Respekt behandelt werden, mit so wenig Zwang wie möglich".[1206]

Sowohl das Konsultationsforum als auch die Grundrechtsbeauftragte können nur Empfehlungen hinsichtlich der Umsetzung der Grundrechtestrategie von Frontex abgeben.[1207]

d) *Zusammenarbeit mit Drittstaaten*

Gemäß Art. 14 I der Frontex-VO ist es Aufgabe der Agentur, die Zusammenarbeit der Mitgliedstaaten mit Drittstaaten in den in ihren Tätigkeitsbereich fallenden Fragen zu erleichtern. Die Zusammenarbeit von Frontex mit Drittstaaten soll der Förderung europäischer Grenzschutznormen dienen, auch im Hinblick auf die Achtung der Grundrechte und der Menschenwürde.

Art. 14 II der Frontex -VO ermöglicht auch den Abschluss von Arbeitsvereinbarungen mit Drittstaaten zum Zwecke der Durchführung der operativen Zusammenarbeit.

Des Weiteren kann Frontex auch Verbindungsbeamte in die Drittstaaten entsenden, deren Grenzschutzmethoden Mindestmenschenrechtsstandards genügen. Solche Entsendungen sollen vorrangig in diejenigen Drittstaaten erfolgen, die der Risikoanalyse zufolge ein Ursprungs- oder Durchgangsland für illegale Einwanderung sind (Art. 14 III der Frontex-VO). Die Verbindungsbeamten sollen Kontakte zu den zuständigen Behörden des Drittstaats herstellen und pflegen, um einen Beitrag zur Prävention und Bekämpfung illegaler Einwanderung und zur Rückführung unrechtmäßig aufhältiger Einwanderer zu leisten (Art. 14 IV der Frontex-VO).

Die Zusammenarbeit mit den Behörden vor Ort erfolgt hierbei auch, „um bewährte Praktiken für die Beschaffung von Reisedokumenten und die Rückführung von illegal anwesenden Drittstaatsangehörigen zu ermitteln" (vgl. Art. 9 II der Frontex-VO).

II. Grenzüberwachungssystem Eurosur

Das Europäische Grenzüberwachungssytem (*European border surveillance system – Eurosur*) wurde mit dem Ziel errichtet, einen gemeinsamen Rahmen für den Informationsaustausch und die operative Zusammenarbeit zwischen den nationalen Grenzschutzbehörden der Mitgliedstaaten sowie mit Frontex einzurichten (Art. 1 der Eurosur-VO).[1208] Eurosur soll die Infrastruktur und die Instrumente zur Verfügung

---

1206 *Bärnthaler/Herwig*, An ihnen führt kein Weg vorbei, Süddeutsche Zeitung Magazin, Heft 27, 2014, 2, online verfügbar unter <http://sz-magazin.sueddeutsche.de/texte/anzeigen/41999/2/1> Zugriff am 27.04.2015.

1207 *Pascouau/Schumacher* (Fn. 24), S. 2.

1208 Verordnung (EU) Nr. 1052/2013 des Europäischen Parlaments und des Rates vom 22. Oktober 2013 zur Errichtung eines Europäischen Grenzüberwachungssystems (Eurosur), ABl. EU Nr. L 295/11, S. 11–26.

stellen, die gebraucht werden, um das Situationsbewusstsein über die Lage und die Reaktionsfähigkeit an den Außengrenzen zu verbessern (Erwägungsgrund Nr. 1 der Eurosur-VO).

Der Zweck des Überwachungssystems ist die Aufdeckung, Prävention und Bekämpfung von illegaler Einwanderung und grenzüberschreitender Kriminalität. Durch Eurosur gilt es, die Anzahl der irregulären Migrationsbewegungen zu verringern. Gleichzeitig soll damit auch ein Beitrag zur gebotenen Rettung von Menschenleben geleistet werden, weil damit Flüchtlingsboote schneller geortet werden könnten (Art. 1 der Eurosur-VO).[1209]

Das Europäische Parlament billigte am 10.10.2013, eine Woche nach dem Schiffsunglück vor der Insel Lampedusa, bei dem mindestens 360 Menschen ertranken[1210], Eurosur nur mit der Maßgabe, „es solle nicht nur der Erkennung, Vermeidung und Bekämpfung der illegalen Einwanderung dienen, sondern auch dem Schutz der Menschenrechte und damit der Rettung von Zuwanderern in Gefahr".[1211] Im Anschluss an den Anhang zur EurosurVO findet sich eine Erklärung des Rates, die folgenden Inhalt hat:

> *„EUROSUR wird zu einem besseren Schutz und zur Rettung der Leben von Migranten beitragen. Der Rat weist darauf hin, dass Suche und Rettung auf See eine Zuständigkeit der Mitgliedstaaten ist, die sie im Rahmen internationaler Übereinkommen ausüben".*

Die Pläne für die Einrichtung von Eurosur begannen jedoch viel früher. Frontex wies bereits in ihrer Durchführbarkeitsstudie über die Einrichtung eines Küstenpatrouillennetzes für das Mittelmeer „Medsea" vom 14. Juli 2006 auf die Notwendigkeit eines festen Küstenpatrouillennetzes an den südlichen Seeaußengrenzen hin.[1212] In der Folge schlug die Kommission vor, ein europäisches Grenzüberwachungssystem zur Verbesserung der Überwachung der südlichen Seeaußengrenzen zu schaffen.[1213] Im Jahre 2008 empfahl die Kommission dem Rat und dem Parlament einen Entwurf der Systemarchitektur eines integrierten Netzes von Melde- und Überwachungssystemen

1209 Vgl. auch Ausschussdrucksache 18(4)106B (Fn. 1155), S. 5.

1210 *Schlamp*, Flüchtlingsdrama vor Lampedusa: Europas Versagen, Spiegel Online, 03.10.2013, online verfügbar unter <http://www.spiegel.de/politik/ausland/lampedusa-mehr-als-hundert-fluechtlinge-sterben-schiffsunglueck-a-925999.html> Zugriff am 29.04.2015.

1211 *Frenz* (Fn. 888), 5; EurActiv.de, Parlament sagt ja zu Überwachungssystem EUROSUR, 10.10.2013, online verfügbar unter <http://www.euractiv.de/soziales-europa/artikel/parlament-sagt-ja-zu-ueberwachungssystem-eurosur-008106> Zugriff am 28.04.2015.

1212 Frontex, Feasibility Study on Mediterranean Costal Patrols Network, MEDSEA, 14.07.2006, S. 11f. Online verfügbar unter <http://register.consilium.europa.eu/doc/srv?l=EN&f=ST%2012049%202006%20EXT%201> Zugriff am 29.04.2015.

1213 Europäische Kommission, Mitteilung der Kommission an den Rat vom 30.11.2006 – Ausbau von Grenzschutz und Verwaltung an den südlichen Seegrenzen der Europäischen Union, KOM(2006) 733 endgültig, S. 9.

für das Mittelmeer, den südlichen Atlantik (Kanarische Inseln) und das Schwarz Meer vorlegen zu dürfen.[1214] Der Vorschlag für den Verordnungsentwurf zur Errichtung von Eurosur erfolgte dann im Jahre 2011.[1215]

Eurosur wird als Teil des europäischen Modells zur integrierten Grenzverwaltung an den Außengrenzen und der Strategie der inneren Sicherheit der EU verstanden (Erwägungsgrund Nr. 7).[1216] Es dient der Verknüpfung von nationalen Überwachungssystemen der Mitgliedstaaten sowie als eine Plattform zum effizienten Austausch von Informationen, indem es einen bereichsübergreifenden Informationsaustausch zwischen Behörden in der Union ermöglicht.[1217]

Die Mitgliedstaaten sollen nationale Koordinierungszentren einrichten, die für den Datenaustausch mit Frontex zuständig sind (Art. 5 I der Eurosur-VO). Die Daten werden mittels hochspezialisierter Technik wie Radaraufzeichnungen, Satellitenbildern, Schiffsmeldesystemen und Sensoren, die auf Fahrzeugen, Schiffen oder anderen Wasserfahrzeugen montiert sind, gesammelt (Art. 12 III).

Die Rolle von Frontex besteht in der Verwaltung und Koordinierung des Informationsaustausches und der Überwachungsinstrumente. Frontex errichtet und pflegt ein Kommunikationsnetz, um die Bereitstellung und den Austausch zwischen den mitgliedstaatlichen Behörden zu ermöglichen (Art. 6 I lit. a) i.V.m. Art. 7 I Eurosur-VO). Zudem erstellt und betreut es europäische Lagebilder und das gemeinsame Informationsbild für die Außengrenzen und im Grenzvorbereich (Art. 6 I lit. b) und c) i.V.m. Art. 10, 11 Eurosur-VO). Anhand dieser Lagebilder erstellt Frontex Risikoanalysen und stuft die einzelnen Abschnitte der Landes- oder Seegrenzen der Mitgliedstaaten als Regionen mit geringem, mittleren oder hohem Risiko für die Grenzsicherheit des jeweiligen Mitgliedstaates ein (Art. 15 der Eurosur-VO). Die Mitgliedstaaten müssen dann nach Art. 16 I der Eurosur-VO versichern, dass sie Überwachungsmaßnahmen treffen, die der von Frontex durchgeführten Einstufung gerecht werden.

Die Eurosur-VO erkennt an, „dass die Migrationsrouten auch von Personen, die internationalen Schutz benötigen, genutzt werden" (Erwägungsgrund Nr. 3). Die Grundrechtsbeauftragte und das Konsultationsforum von Frontex sollen daher Zugang zu allen Informationen haben, die sich im Zusammenhang mit der Tätigkeit der Agentur im Rahmen von Eurosur auf die Achtung der Grundrechte beziehen (Erwägungsgrund Nr. 12 der Eurosur-VO).

1214 Europäische Kommission, Mitteilung der Kommission an das Europäische Parlament, den Rat, den Europäischen Wirtschafts- und Sozialausschuss und den Ausschuss der Regionen vom 13.02.2008- Prüfung der Schaffung eines Europäischen Grenzkontrollsystems (EUROSUR), KOM(2008) 68 endgültig.

1215 Europäische Kommission, Vorschlag für eine Verordnung des Europäischen Parlaments und des Rates vom 12.12.2011 zur Errichtung eines Europäischen Grenzüberwachungssystems (EUROSUR), KOM(2011) 873 endgültig.

1216 Vgl. auch KOM(2011) 873 endgültig, S. 1.

1217 Ausschussdrucksache 18(4)106 B (Fn. 1155), S. 5; vgl. Erwägungsgrund Nr. 7 der Eurosur-VO.

Die Anwendung der Eurosur-VO soll nur unter vollständiger Einhaltung der Grundrechte, insbesondere dem Grundsatz der Nichtzurückweisung und der Achtung der Würde des Menschen sowie der Datenschutzerfordernisse erfolgen (Erwägungsgrund Nr. 15 und Art. 2 IV der Eurosur-VO).

Problematisch erscheint, dass die Eurosur-VO nicht regelt, wie diese Rettung koordiniert werden soll und wie mit Geretteten vorzugehen ist.[1218] Art. 2 III der Eurosur-VO schließt explizit „rechtliche oder administrative Maßnahmen jeglicher Art, die ergriffen werden, sobald die zuständigen Behörden eines Mitgliedstaats grenzüberschreitende kriminelle Aktivitäten oder ein unbefugtes Überschreiten der Außengrenzen im Rahmen von Abfangmaßnahmen aufgespürt haben", aus dem Anwendungsbereich der Eurosur-VO aus. Des Weiteren hat die Kommission in ihrer Folgenabschätzung zur Einrichtung von Eurosur ebenfalls die Suche und die Rettung von Menschen aus dem Anwendungsbereich der Eurosur-VO ausgeschlossen.[1219]

Eurosur ermöglicht es zwar, schnell herauszufinden wie viele Menschen auf dem Weg nach Europa in Lebensgefahr sind, stellt jedoch die Rettung dieser Menschen in den Ermessensspielraum der Mitgliedstaaten. Die Mitgliedstaaten werden nur angehalten „den besonderen Bedürfnissen von Kindern, unbegleiteten Minderjährigen, Opfern des Menschenhandels, Personen, die dringend medizinische Versorgung benötigen, Personen, die internationalen Schutz benötigen, Personen in Seenot und anderen Personen, die sich in einer besonders schwierigen Situation befinden", Vorrang einzuräumen.

Bei Auffinden von in Seenot geratenen Schiffen oder Booten sind die Mitgliedstaaten verpflichtet, die nationalen Such- und Rettungsbehörden zu informieren (Art. 5 III lit. b) der Eurosur-VO). Eine Verpflichtung zur Rettung der in Not geratenen Menschen wird nicht aufgestellt. Daher erscheint es fragwürdig, ob Eurosur zur Rettung von Menschenleben auf dem Mittelmeer beitragen wird.[1220]

III. Seeaußengrenzen-VO

Die Seeaußengrenzen-VO[1221] wurde im Mai 2014 verabschiedet und trat am 17. Juli 2014 in Kraft. Die gemeinsamen Einsätze an den Seeaußengrenzen unter

1218 *Hayes/Vermeulen:* Borderline. The EU's New Border Surveillance Initiatives. Accessing the Costs and the Fundamental Rights Implications of EUROSUR and the „Smart Border" Proposals, Juni 2012, S. 46, online verfügbar unter <http://www.boell.de/sites/default/files/DRV_120523_BORDERLINE_-_Border_Surveillance.pdf> Zugriff am 28.04.2015.

1219 European Commission, Commission Staff Working Paper dated 12.12.2011 - Impact Assessment accompanying the Proposal for a Regulationof the European Parliament and of the Council establishing the European Border Surveillance System (EUROSUR), SEC(2011) 1538 final, S. 24.

1220 *Hayes/Vermeulen* (Fn. 1218), S. 45f.

1221 Verordnung (EU) Nr. 656/2014 zur Festlegung von Regelungen für die Überwachung der Seeaußengrenzen im Rahmen der von der Europäischen Agentur für

der Leitung von Frontex fallen nunmehr in ihren Anwendungsbereich (Art. 1 Seeaußengrenzen-VO).

Ihr liegt das Verständnis zu Grunde, dass die Grenzüberwachung sich nicht auf die Aufdeckung irregulärer Einreiseversuche beschränkt, sondern auch Schritte wie das Abfangen von Schiffen umfasst.[1222] Bei allen Maßnahmen ist jedoch die Sicherheit der abgefangenen oder geretteten Personen und der Seeeinsatzkräfte stets zu gewährleisten (Art. 3 der Seeaußengrenzen-VO).

Die Seeaußengrenzen-VO ersetzt den Beschluss des Rates vom 26. April 2010[1223], der als Ergänzung zum Schengener–Grenzkodex ebenfalls Regelungen für die Überwachung der Seeaußengrenzen im Rahmen von gemeinsamen Einsätzen unter Frontex aufstellte. Dieser Beschluss wurde vom EuGH auf Antrag des Europäischen Parlaments im Jahre 2012 für nichtig erklärt, weil das Europäische Parlament nicht hinreichend an der Gesetzgebung beteiligt worden war, obwohl der Beschluss Bestimmungen über Maßnahmen des Abfangens und Aufgreifens, die Rettung und die Ausschiffung enthielt, die wesentliche Aspekte des Schengener Grenzkodex darstellten.[1224]

Art. 4 der Seeaußengrenzen-VO stellt die zentrale Norm zum Schutz der Grundrechte dar. Sie soll die *Hirsi*-Rechtsprechung des EGMR umsetzen.[1225]

Gemäß Art. 4 I der Seeaußengrenzen-VO dürfen keine Personen

> *„unter Verstoß gegen den Grundsatz der Nichtzurückweisung in ein Land, in dem für sie unter anderem das ernsthafte Risiko der Todesstrafe, der Folter, der Verfolgung oder einer anderen unmenschlichen oder erniedrigenden Strafe oder Behandlung besteht oder in dem ihr Leben oder ihre Freiheit wegen ihrer Rasse, Religion, Staatsangehörigkeit, sexuellen Ausrichtung, Zugehörigkeit zu einer bestimmten sozialen Gruppe oder aufgrund ihrer politischen Überzeugung gefährdet wäre oder in dem für sie eine ernsthafte Gefahr der Ausweisung, Abschiebung oder Auslieferung in ein anderes Land unter Verstoß gegen den Grundsatz der Nichtzurückweisung besteht, ausgeschifft, einzureisen gezwungen oder verbracht werden oder auf andere Weise den Behörden eines solchen Landes überstellt werden."*

---

die operative Zusammenarbeit an den Außengrenzen der Mitgliedstaaten der Europäischen Union koordinierten operativen Zusammenarbeit, Abl. 2014 Nr. L 189, S. 93.

1222 Europäische Kommission, Vorschlag für eine Verordnung des Europäischen Parlaments und des Rates zur Festlegung von Regelungen für die Überwachung der Seeaußengrenzen im Rahmen der von der Europäischen Agentur für die operative Zusammenarbeit an den Außengrenzen der Mitgliedstaaten der Europäischen Union koordinierten operativen Zusammenarbeit, COM(2013) 197 final, S. 4.

1223 Rat der Europäischen Union, Beschluss des Rates 2010/252/EU vom 26. April 2010 zur Ergänzung des Schengener Grenzkodex hinsichtlich der Überwachung der Seeaußengrenzen im Rahmen der von der Europäischen Agentur für die operative Zusammenarbeit an den Außengrenzen der Mitgliedstaaten der Europäischen Union koordinierten operativen Zusammenarbeit, ABl EU Nr. L 111/20, S. 20–26.

1224 Urteil *Parlament/Rat*, C-355/10, EU:C:2012:516.

1225 *Carrera/Den Hertog* (Fn. 1136), S. 10; KOM(2013)197 endgültig, S. 5.

Die Norm verankert den Grundsatz der Nichtzurückweisung an den Verfolgerstaat und auch das Verbot des so genannten Kettenrefoulements für das gemeinsame Handeln der Mitgliedstaaten im Anwendungsbereich der Seeaußengrenzen-VO.

Die Möglichkeit der Ausschiffung in einem Drittstaat soll nur in Betracht gezogen werden, wenn vorher die allgemeine Lage in diesem Drittstaat bewertet worden ist. Dabei soll auch berücksichtigt werden, ob zwischen dem Drittstaat und der EU Vereinbarungen und Projekte im Bereich Migration und Asyl bestehen, die im Einklang mit dem Unionsrecht und mit Mitteln der Union durchgeführt werden (Art. 4 II der Seeaußengrenzen-VO).

Des Weiteren bestimmt Art. 4 II Ua 3, dass abgefangene oder gerettete Personen nicht in einen Drittstaat verbracht oder auf sonstige Weise den Behörden eines Drittstaats überstellt werden dürfen,

> „*wenn dem Einsatzmitgliedstaat oder den beteiligten Mitgliedstaaten bekannt ist oder bekannt sein müsste, dass dieser Drittstaat sich an den in Absatz 1 genannten Praktiken beteiligt*".

Bevor die abgefangenen oder geretteten Personen während eines Seeeinsatzes in einen Drittstaat verbracht werden, gilt es, sie über ihren Zielort zu informieren und ihnen Gelegenheit zu bieten,

> „*etwaige Gründe vorzubringen, aufgrund derer sie annehmen, dass die Ausschiffung an dem vorgeschlagenen Ort gegen den Grundsatz der Nichtzurückweisung verstoßen würde*" (Art. 4 III der Seeaußengrenzen-VO).

Die Kommission ist der Ansicht, dass damit gewährleistet ist, „dass die Migranten über ihre Situation und den vorgeschlagenen Ausschiffungsort informiert werden und Einwände äußern können".[1226]

Den beteiligten Einsatzkräften soll „mindestens eine Person mit einer Grundausbildung in Erster Hilfe angehören". Kritisiert wird oft das Fehlen von Dolmetschern und Rechtsberatern auf den Einsatzschiffen.[1227]

Die Einsatzkräfte werden aufgefordert, während eines gesamten Seeeinsatzes den besonderen Bedürfnissen von Menschen, die eines besonderen Schutzes bedürfen und die sich in einer besonders schwierigen Situation befinden, Rechnung zu tragen (Art. 4 IV der Seeaußengrenzen-VO) und ihre Aufgaben unter uneingeschränkter Achtung der Menschenwürde durchzuführen (Art. 4 VI der Seeaußengrenzen-VO).

Frontex soll sicherstellen, dass die an einem Seeeinsatz beteiligten Grenzschutzbeamten im Hinblick auf die einschlägigen Bestimmungen der Grundrechte, des

---

1226 KOM(2013) 197 endgültig, S. 6.

1227 *Carrera/Den Hertog* (Fn. 1136) S. 11; ProAsyl, EU-Parlament stimmt über Regelungen für Frontex an den Seeaußengrenzen ab, 15.04.2014, online verfügbar unter <http://www.proasyl.de/en/news/news-english/news/eu_parlament_stimmt_ueber_regelungen_fuer_frontex_an_den_seeaussengrenzen_ab-1/> Zugriff am 30.04.2015.

Flüchtlingsrechts und des internationalen Rechtsrahmens für die Suche und Rettung geschult werden (Art. 4 VIII der Seeaußengrenzen-VO).

1. Abfangen

Schiffe im Küstenmeer eines Mitgliedstaates oder auf Hoher See (vorbehaltlich der Genehmigung durch den Flaggenstaat) dürfen nur abgefangen werden, wenn ein begründeter Verdacht besteht, dass sie für die Schleusung von Migranten benutzt werden (Art. 6 und 7 der Seeaußengrenzen-VO).[1228]

Die auf Hoher See abgefangenen Schiffe dürfen, wenn sich der Verdacht des Menschenschmuggels bestätigt hat, auch an einen Drittstaat befördert oder an die Behörden eines Drittstaates überstellt werden (Art. 7 II lit. c) der Seeaußengrenzen-VO).

Frontex soll die Mitgliedstaaten unterstützen, in Seenot befindlichen Personen zu helfen.[1229] Art. 9 I der Seeaußengrenzen-VO stellt klar, dass die Mitgliedstaaten ihrer Pflicht nachkommen müssen, jedem Schiff und jeder Person in Seenot Hilfe zu leisten und zwar im Einklang mit dem Völkerrecht und unter Achtung der Grundrechte und ohne Rücksicht auf die Staatsangehörigkeit oder den Status einer solchen Person oder den Umständen, unter denen die Person aufgefunden wird.

Art. 9 II lit. a) der Seeaußengrenzen-VO bestimmt, dass wenn „im Verlauf eines Seeeinsatzes die beteiligten Einsatzkräfte Grund zu der Annahme haben, dass in Bezug auf ein Schiff oder eine an Bord befindliche Person eine Ungewissheits-, Bereitschafts- oder Notsituation vorliegt, sie der für den Such- und Rettungsbereich zuständigen Rettungsleitstelle unverzüglich alle verfügbaren Lageinformationen übermitteln und sich selbst dieser Rettungsleitstelle zur Verfügung stellen.[1230]

Art. 9 II lit. c) bis e) legen die Kriterien fest, nach denen die Einsatzkräfte die Lage beurteilen sollen. Eine Notsituation ist beispielsweise gegeben, wenn sich „eine Person oder ein Schiff in Gefahr befindet und sofortiger Hilfe bedarf" oder wenn „die Betriebstüchtigkeit eines Schiffs in einem Ausmaß beeinträchtigt ist, dass eine Notlage wahrscheinlich ist".

Die Einsatzkräfte sind nach der Meldung der jeweiligen Notsituation abhängig von weiteren Anweisungen durch zuständige Rettungsleitstellen (Art. 9 II lit. h) der Seeaußengrenzen-VO). In jedem Fall müssen sie die Sicherheit der in Not geratenen Menschen gewährleisten (Art. 9 II lit. g) der Seeaußengrenzen-VO).

1228 KOM(2013)197 endgültig, S. 6.

1229 Ebenda, S. 5.

1230 KOM(2013) 197 endgültig, S. 6; vgl. auch Internationales Übereinkommens von 1979 über den Such- und Rettungsdienst auf See und das IAMSAR-Handbuch (International Aeronautical and Maritime Search and Rescue Manual) für Einzelheiten zu den in Art. 9 II lit. a) der Seeaußengrenzen-VO genannten Notsituationen.

2. *Ausschiffen*

Art. 10 regelt die Modalitäten für die Ausschiffung der bei einem Seeeinsatz abgefangenen oder geretteten Personen. Unter Ausschiffung ist das Von-Bord-Bringen von Personen zu verstehen.[1231] Nach Art. 10 lit a) der Seeaußengrenzen-VO erfolgt die Ausschiffung eines im Küstenmeer oder in der Anschlusszone abgefangenen Schiffes im Küstenmitgliedstaat.

Bei einem Abfangen auf Hoher See kann die Ausschiffung in einen Drittstaat erfolgen, von dem aus das Schiff mutmaßlich ausgelaufen ist. Ist dies nicht möglich, erfolgt die Ausschiffung im Aufnahmemitgliedstaat (Art. 10 lit. b) der Seeaußengrenzen-VO).

Bei Ausschiffungen im Anschluss an eine Rettungsmaßnahme bestimmt Art. 10 I lit. c) der Seeaußengrenzen-VO, dass der Einsatzmitgliedstaat mit der zuständigen Rettungsleitstelle zusammenarbeitet, um einen sicheren Ort zu finden. Die zuständige Rettungsleitstelle, die auch der Jurisdiktion eines Drittstaates unterliegen kann, bestimmt grundsätzlich, wohin die Geretteten ausgeschifft werden. Allerdings ist auch eine Ausschiffung in einen Aufnahmemitgliedstaat möglich, wenn die Einsatzkräfte nicht von ihrer Pflicht befreit werden können, Personen in Seenot so schnell wie nach vernünftigem Ermessen möglich Hilfe zu leisten (Art. 10 I Ua 1 der Seeaußengrenzen-VO).

3. *Solidaritätsmechanismen für Mitgliedstaaten*

Art. 12 der Seeaußengrenzen-VO sieht Solidarmechanismen vor für Mitgliedstaaten, die einem plötzlichen und außergewöhnlichen Druck an ihren Außengrenzen ausgesetzt sind.

Zu diesen gehören der Einsatz von europäischen Grenzschutzteams gemäß Artikel 8a der Frontex-VO, technische und operative Unterstützung durch Frontex und die Beantragung einer Soforthilfe aus der Verordnung (EU) Nr. 515/2014.

Art. 12 II bestimmt für Mitgliedstaaten, deren Aufnahmeeinrichtungen und Asylsysteme stark beansprucht werden, dass sie die EASO um Entsendung eines Asylunterstützungsteams ersuchen können, „damit Fachwissen, wie etwa über Dolmetscherdienste, Informationen über Herkunftsländer und Kenntnisse über die Bearbeitung und Verwaltung von Asylvorgängen bereitgestellt werden können". Des Weiteren steht es ihnen ebenfalls zu, eine finanzielle Soforthilfe aus der Verordnung (EU) Nr. 515/2014 zu beantragen.

4. *Berichterstattung*

Nach Art. 13 I der Seeaußengrenzen-VO muss Frontex dem Parlament, dem Rat und der Kommission jährlich über die praktische Anwendung der Seeaußengrenzen-VO berichten. Der Bericht soll alle Maßnahmen zur Einhaltung der Grundrechte und die

---

1231 *Neumann* (Fn. 1151), 21.

Auswirkungen auf diese Rechte beinhalten (Art. 4 III Ua.2 der Seeaußengrenzen-VO). Frontex ist auch verpflichtet, über Ausschiffungen in Drittstaaten und über Vorfälle, die die Grundrechte berühren, zu berichten (Art. 13 II der Seeaußengrenzen-VO).

IV. Ergebnis zum Gemeinsamen Grenzschutz

Die Zusammenarbeit der Mitgliedstaaten zum Schutze der gemeinsamen Grenzen ist bereits sehr ausgeprägt. Spätestens seit der Einführung der Seeaußengrenzen-VO beschränkt sich Grenzüberwachung nicht nur auf die Aufdeckung irregulärer Einreiseversuche, sondern umfasst auch das Abfangen und Ausschiffen von Booten, die für den Menschenschmuggel missbraucht werden.

Der gemeinsame Außengrenzschutz bezweckt die Kompensation des Abbaus der Binnengrenzen und die Förderung der inneren Sicherheit der EU. Das Ziel ist die Einführung eines integrierten Grenzschutzsystems zur Koordinierung und Unterstützung der nationalen Grenzkontrollen. Die Mitgliedstaaten an den Außengrenzen der EU tragen die Hauptlast der Sicherung und der Kontrollen der Außengrenzen.

Die Koordinierung dieser Zusammenarbeit obliegt Frontex. Seit der Gründung der Agentur hat sich das Aufgabenfeld von Frontex in den letzten zehn Jahren stetig erweitert. Frontex hat weitreichende Befugnisse bei gemeinsamen Aktionen zur Überwachung der Grenzen und auch bei der Rückführung von abgelehnten Asylbewerbern. Zur Verrichtung dieser Tätigkeiten verfügt die Agentur mittlerweile über das fast Zwanzigfache des Startbudgets.

Die Einsätze unter der Führung von Frontex sollen im Einklang mit den Grundrechten und Grundsätzen der GrCh, dem einschlägigen Völkerrecht, einschließlich der GFK, und insbesondere mit den Verpflichtungen, die sich aus dem Grundsatz der Nichtzurückweisung ergeben, erfolgen. Art. 3b IV 1 der Frontex-VO statuiert die Pflicht der Einsatzkräfte gemeinsamer Grenzschutzteams „ihre Aufgaben und Befugnisse unter uneingeschränkter Achtung der Grundrechte, darunter Zugang zu Asylverfahren, und der Menschenwürde“ auszuüben. Art. 10 Abs. 2 der Frontex-VO bestimmt ergänzend, dass die abgestellten Gastbeamten „das Unionsrecht und das Völkerrecht sowie die Grundrechte und das nationale Recht des Einsatzmitgliedstaats“ einhalten müssen. Bisher ist jedoch kein Mechanismus zur Überwachung der Einhaltung der Grundrechte bei allen Tätigkeiten der Agentur eingeführt worden. Das Konsultationsforum und die Grundrechtsbeauftragte können bisher nur Empfehlungen zur Umsetzung der von der Frontex-VO vorgegebenen Grundrechtsstrategie abgeben.

Dem integrierten Grenzschutzsystem liegt der Gedanke zugrunde, dass Migration ein Sicherheitsproblem darstellt, dem es mittels technischer Grenzschutzmaßnahmen zu begegnen gilt. Der so genannten „illegalen“ Migration wird ein besonderes Gefahrenpotential für die Sicherheit der Mitgliedstaaten zugesprochen, weil sie sich staatlicher Kontrollinstrumente entzieht und in direkten Zusammenhang mit der globalen Terrorgefahr gebracht wird.[1232] Mittels Grenzschutzes soll

---

1232 *Mrozek* (Fn. 1115), 396.

die Trennung zwischen „legaler" und „illegaler" Migration durchgesetzt werden.[1233] Sowohl die zivilrechtliche als auch die strafrechtliche Haftung für das Handeln der Grenzschutzbeamten im Rahmen von Frontex-Einsätzen richtet sich nach der Rechtsordnung des Einsatzstaates.

Alleine in den ersten vier Monaten des Jahres 2015 starben mindestens 1.800 Menschen bei dem Versuch, Europa über das Mittelmeer zu erreichen. In den letzten Jahren hat die EU den Anschein erweckt, der Rettung der vielen in Seenot geratenen Menschen nur eine nachrangige Bedeutung beizumessen.[1234] Seit der letzten Schiffstragödie im April 2015 scheint ein grundlegendes Umdenken eingesetzt zu haben. Das Budget der gemeinsamen Einsätze „Triton" und „Poseidon" soll für die Jahre 2015 und 2016 verdreifacht werden. Das Mandat von Triton sowie von Poseidon soll hingegen unverändert primär auf die Grenzüberwachung gerichtet sein.

Eurosur ermöglicht es zwar schnell herauszufinden, wie viele Menschen auf dem Weg nach Europa in Lebensgefahr sind, stellt jedoch die Rettung dieser Menschen in den Ermessensspielraum der Mitgliedstaaten. Die Eurosur-VO regelt leider auch nicht, wie diese Rettung koordiniert werden soll und wie mit Geretteten vorzugehen ist.[1235] Art. 2 III der Eurosur-VO schließt explizit „rechtliche oder administrative Maßnahmen jeglicher Art, die ergriffen werden, sobald die zuständigen Behörden eines Mitgliedstaats grenzüberschreitende kriminelle Aktivitäten oder ein unbefugtes Überschreiten der Außengrenzen im Rahmen von Abfangmaßnahmen aufgespürt haben", aus dem Anwendungsbereich der Eurosur-VO aus.

Positiv zu bewerten ist, dass Art. 9 I der Seeaußengrenzen-VO klarstellt, dass die Mitgliedstaaten verpflichtet sind, jedem Schiff und jeder Person in Seenot Hilfe zu leisten und zwar im Einklang mit dem Völkerrecht und unter Achtung der Grundrechte und ohne Rücksicht auf die Staatsangehörigkeit oder den Status einer solchen Person oder die Umstände, unter denen die Person aufgefunden wird.

1233 Ebenda, S. 399.

1234 Ebenda.

1235 *Hayes/Vermeulen:* Borderline. The EU's New Border Surveillance Initiatives. Accessing the Costs and the Fundamental Rights Implications of EUROSUR and the „Smart Border" Proposals, Juni 2012, S. 46, online verfügbar unter <http://www.boell.de/sites/default/files/DRV_120523_BORDERLINE_-_Border_Surveillance.pdf> Zugriff am 28.04.2015.

4. Kapitel: Vereinbarkeit der vorhandenen Regelungen mit menschenrechtlichen Vorgaben und dem Grundsatz der Solidarität

In diesem Kapitel wird die oben dargestellte Zusammenarbeit der Mitgliedstaaten im Rahmen des GEAS auf ihre Vereinbarkeit mit den menschenrechtlichen Vorgaben zum Schutze von Flüchtlingen, die im 2. Kapitel herausgearbeitet wurden, überprüft. Mitgliedstaatliche Maßnahmen, die geeignet sind die Rechte von Flüchtlingen zu verletzen, sind insbesondere die Inhaftierung, Ingewahrsamnahme und Rückführung in Staaten, in denen schutzsuchenden Menschen erniedrigende oder unmenschliche Behandlungen drohen.[1236] Staaten neigen in der Regel dazu, diese Maßnahmen mit Rückgriff auf Normen des Schengener Besitzstandes zum Schutz der EU-Außengrenzen sowie der europarechtlichen Primär- und Sekundärbestimmungen zu Einreise, Aufenthaltserlaubnis, Asylverfahren und Rückführung, also wiederum anhand der einwanderungsrechtlichen Bestimmungen zu rechtfertigen.[1237]

Aus staatlicher Sicht handelt es sich hierbei um Maßnahmen, die dem einzelstaatlichen Recht auf Migrationssteuerung zur Wirkung verhelfen. Gleichzeitig entsteht dadurch ein Spannungsverhältnis zwischen dem legitimen Interesse der Mitgliedstaaten an Migrationssteuerung und den völkerrechtlichen Bestimmungen zum Schutze von Flüchtlingen. Aus diesem Spannungsverhältnis können Verstöße gegen die geltenden Menschenrechte resultieren.

Daneben wird die Vereinbarkeit der vorhandenen gemeinsamen Regelungen mit dem Grundsatz der Solidarität untersucht. Das Solidaritätsprinzip aus Art. 80 AEUV dient als Leitlinie für die Zuordnung von Flüchtlingsverantwortung.[1238]

A. Zuständigkeitszuweisung nach der Dublin-III-VO

Die Bestimmungen der alten Dublin-II-VO sind in den letzten Jahren verstärkt kritisiert worden, auch mit dem Hinweis, sie würden den menschenrechtlichen Vorgaben nicht gerecht werden.[1239] Der zentrale Kritikpunkt an der Dublin-II-VO konzentrierte sich auf das Risiko der Rückschiebung von Flüchtlingen an Verfolgerstaaten. Manche

1236 *Dreyer* (Fn. 788), 359.
1237 Ebenda.
1238 *Lübbe,* (Fn. 811), 127.
1239 UNHCR: The Dublin II Regulation – A UNHCR Discussion Paper, April 2006; ECRE: Sharing Responsibility for Refugee Protection in Europe: Dublin Reconsidered, März 2008; Europäische Kommission, Bericht der Kommission zur Bewertung des Dublin-Systems, KOM(2007) 299 endgültig.

Mitgliedstaaten führten bei Wiederaufnahme von Asylsuchenden überhaupt kein Asylverfahren durch.[1240] Dies führte dazu, dass die überstellten Asylsuchenden in ihre Herkunftsländer abschoben wurden und damit der Gefahr der Verfolgung wieder ausgesetzt waren. Hinzu kam, dass Familien auseinandergerissen wurden, weil der Anwendungsbereich der Dublin-II-VO für Familienmitglieder, die subsidiären Schutz beantragten, verschlossen war.[1241]

Die Dublin-II-VO stand auch einer Ingewahrsamnahme von Asylsuchenden nicht entgegen, die sogar länger als sechs Monate dauern und ganze Familien sowie unbegleitete Minderjährige betreffen konnte.[1242] Die Mitgliedstaaten inhaftierten Personen, gegen die ein Überstellungsbeschluss ergangen war, um zu verhindern, dass die betreffenden Personen vor Durchführung der Überstellung untertauchen.[1243]

Im Folgenden gilt es, die Bestimmungen der aktuellen Dublin-III-VO auf ihre Vereinbarkeit mit den menschenrechtlichen Vorgaben zu prüfen.

Wie bereits festgestellt, dient Art. 80 AEUV als Orientierungs- und Kontrollmaßstab für das EU-Sekundärrecht.[1244] Die Zuständigkeitsbestimmungen der Dublin-III-VO werden daher auch auf ihre Vereinbarkeit mit Art. 80 AEUV untersucht.

I. Vereinbarkeit mit menschenrechtlichen Vorgaben

Zunächst ist festzuhalten, dass die Änderungen in der Dublin-III-VO den Schutz von unbegleiteten Minderjährigen und Familienangehörigen verstärken und die Ermessensklauseln für die Mitgliedstaaten ausweiten.[1245] Das Verfahren zur Bestimmung der Zuständigkeit ist ebenfalls transparenter gestaltet und Mitwirkungsrechte der Flüchtlinge im Verfahren werden gestärkt. So gewährt Art. 27 der Dublin-III-VO das „Recht auf ein wirksames Rechtsmittel gegen eine Überstellungsentscheidung in Form einer auf Sach- und Rechtsfragen gerichteten Überprüfung durch ein Gericht".

Als Beispiel sei hier auch nochmals auf Art. 28 I der Dublin-III-VO verwiesen, der die Inhaftnahme zwecks Überstellung in einen anderen Mitgliedstaat regelt. Demnach darf eine Inhaftierung nur erfolgen, wenn eine „erhebliche Fluchtgefahr" besteht und wenn keine weniger einschneidenden wirksamen Maßnahmen zur Verfügung stehen.[1246]

Insgesamt stärken die Neuregelungen der Dublin-III-VO die Rechte der Asylsuchenden, wenn es um die Bestimmung des für das Asylverfahren zuständigen Mitgliedstaates geht.[1247]

1240 KOM(2007) 299 endgültig, S. 6.
1241 Ebenda.
1242 *Bendel* (Fn. 540), S. 27;
1243 KOM(2007) 299 endgültig, S. 9.
1244 *Bast* (Fn. 317), S. 20.
1245 *Marx* (Fn. 959), 5.
1246 *Huber* (Fn. 956), 554.
1247 *Maiani/Hruschka* (Fn. 954), 69.

Das Zuständigkeitskriterium der unbefugten Einreise, das auch am heftigsten kritisiert wird, bleibt allerdings von der Dublin-III-VO unangetastet:[1248] Art. 13 der Dublin-III-VO (entspricht Art. 10 der Dublin-II-VO) erklärt den Mitgliedstaat für die Prüfung eines Asylgesuchs zuständig, der die Einreise des Antragstellers in die EU zugelassen hat.

Die Entscheidungen des EGMR in *M.S.S.* und des EuGH in *N.S.* zeigten auf, welchen menschenrechtlichen Grenzen das Verfahren zur Bestimmung der Erstzuständigkeit nach der Dublin-II-VO unterliegt.

Im Kern ging es bei *N.S.* um die Ausübung des Selbsteintrittsrechts nach Art. 3 II der Dublin-II-VO (entspricht Art. 17 I der Dublin-III-VO).[1249] Nach Art. 17 I der Dublin-III-VO steht es den Mitgliedstaaten frei zu entscheiden, ob und unter welchen Umständen sie dieses Recht wahrnehmen möchten. Hinzukommt, dass Erwägungsgrund Nr. 3 der Dublin-III-VO bestimmt, dass die Mitgliedstaaten, „als sichere Staaten für Drittstaatsangehörige“ gelten.

Der EuGH ist der Überzeugung, dass sich das GEAS auf das gegenseitige Vertrauen und der Vermutung der Beachtung der Grundrechte durch die Mitgliedstaaten stützt.[1250] Das Unionsrecht stehe jedoch gleichzeitig der Geltung einer unwiderlegbaren Vermutung entgegen, dass alle Mitgliedstaaten die Grundrechte achten.[1251]

Der EuGH stellte in *N.S.* fest, dass „eine Anwendung der Verordnung (EG) Nr. 343/2003 auf der Grundlage einer unwiderleglichen Vermutung, dass die Grundrechte des Asylbewerbers in dem für die Entscheidung über seinen Antrag normalerweise zuständigen Mitgliedstaat beachtet werden, (...) mit der Pflicht der Mitgliedstaaten zur grundrechtskonformen Auslegung und Anwendung der Verordnung Nr. 343/2003 unvereinbar“ ist.[1252] In *Puid* bestätigte der EuGH, dass eine Überstellung in einen Mitgliedstaat, in welchem systemische Mängel im Asylsystem vorherrschen, einen Verstoß gegen die grundrechtlichen Verpflichtungen aus Art. 4 GrCh darstellt.[1253] In *Abdullahi* bekräftigte der EuGH, dass nicht jede Zuwiderhandlung gegen einzelne Bestimmungen des Asylsystems und nicht jede Grundrechtsverletzung das Prinzip des gegenseitigen Vertrauens außer Kraft setzt.

Die Grundrechte engen dennoch den Ermessensspielraum der Mitgliedstaaten ein, auch für die Bestimmung des zuständigen Mitgliedstaates.[1254] Flüchtlinge können nunmehr „systemische Mängel“ des Asylverfahrens oder der Aufnahmebedingungen, die eine unmenschliche oder erniedrigende Behandlung im Sinne des Art. 4 GrCh mit sich bringen, gegen eine Überstellungsentscheidung geltend machen (vgl. Art. 3 II Ua. 2 Dublin-III-VO).

1248 *Bender/Bethke* (Fn. 961), 359.
1249 *Thym/Hailbronner* (Fn. 784), 406.
1250 *N.S.* (Fn. 779), Rdnr. 83.
1251 Ebenda, Rdnr. 105.
1252 Ebenda, Rdn. 99 ff.
1253 Ebenda, Rdnr. 30.
1254 *Marx* (Fn. 792), 410.

Der EuGH hat den Begriff des „systemischen Mangels" nicht definiert. Offen bleibt daher, ob er darunter nur „griechische Verhältnisse" oder alle „vorhersehbaren Gefährdungen" der Schutzgüter von Art. 4 GrCh versteht.[1255]

Nach Ansicht der Verfasserin lassen sich systemische Mängel als alle im Asyl- und Aufnahmesystem angelegten Mängel, von denen alle Asylbewerber oder bestimmte Gruppen von Asylbewerbern vorhersehbar und regelhaft betroffen sind, definieren.

Jeder systemimmanente Mangel kann demnach eine Rechtsverletzung nach Art. 4 GrCh bewirken, solange er vorhersehbar ist und der Betroffene von dem Mangel im Fall der Überstellung mit hinreichender Wahrscheinlichkeit betroffen sein wird.

Die Mitgliedstaaten sollen gemäß Art. 3 II Uabs. 2 Dublin-III-VO das Vorliegen von systemischen Mängeln bei ihren Überstellungsentscheidungen berücksichtigen. Die Dublin-III-VO sieht jedoch keine Regelung vor, die es erlaubt, Überstellungen in einen bestimmten Mitgliedstaat generell, sei es auch für einen gewissen Zeitraum, auszusetzen.[1256]

Daraus folgt, dass Betroffene gegen Überstellungsentscheidungen z.B. nach Ungarn, Malta oder Italien, also in Mitgliedstaaten, die wegen ihres schlechten Umgangs mit Flüchtlingen und mangelhaften Asylbedingungen in die Kritik geraten sind, nur systemische Mängel (welche eine hohe Hürde für die Beweislast setzen) geltend machen können. Einen europaweiten kollektiven Schutz vor einem mangelhaften Aufnahme- oder Asylsystem in einem Mitgliedstaat gibt es weiterhin nicht.[1257]

Damit verstößt die Dublin-III-VO nicht gegen die in Kapitel 2 herausgearbeiteten Menschenrechte zum Schutze von Flüchtlingen. Ein Aussetzungsmechanismus, wie es auch von der Kommission am Anfang der Verhandlungen zur Änderung der Dublin-II-VO vorgeschlagen wurde[1258], könnte aber den Rechten zum Schutze von Flüchtlingen ohne Zweifel mehr Wirkung im GEAS verleihen.[1259]

II. Vereinbarkeit mit dem Solidaritätsgrundsatz

Art. 80 AEUV hat die wechselseitigen Beistandspflichten im Bereich der Asyl- und Einwanderungspolitik und der Grenzkontrollen zum Gegenstand.[1260] Die Norm fordert, dass die Verteilung der Verantwortlichkeiten gerecht erfolgt. „Gerecht" im Sinne des Art. 80 AEUV bedeutet, dass die Interessen aller Beteiligten in Einklang gebracht werden müssen. Insbesondere muss die Verteilung der Verantwortlichkeiten gegenüber Drittstaatsangehörigen angemessen sein, d.h. sie muss deren Grundrechte achten. Eine gerechte Verteilung setzt zudem vergleichbare Schutzstandards und einheitliche Asylentscheidungen EU-weit voraus.

1255 *Bergmann,* Das Dublin-Asylsystem, ZAR 2015, 86.
1256 *Bender/Bethke* (Fn. 961), 366.
1257 Ebenda.
1258 KOM(2008) 820 endgültig, Art. 31.
1259 *Roßkopf* (Fn. 982), 75.
1260 *Kotzur* (Fn. 286), Rdnr. 1.

Die Dublin-III-VO dient ihrer Absicht nach schon nicht als ein Instrument zur Aufteilung von Verantwortlichkeiten.[1261] Sie regelt lediglich die Verteilung der Flüchtlinge zwischen den Mitgliedstaaten.[1262] Die Zuständigkeitsabgrenzung nach den festgelegten Kriterien kann sogar diejenigen Mitgliedstaaten, deren Schutzkapazitäten begrenzt sind und die gleichzeitig einen hohen Migrationsdruck erfahren, zusätzlich belasten.[1263] Der EuGH berücksichtigte in seiner Entscheidung in *N.S.*, dass im Jahr 2010 etwa 90% der irregulären Einwanderung über Griechenland in die EU erfolgte.[1264] Die griechischen Behörden seien mit der Prüfung der überproportional hohen Anzahl an Schutzgesuchen überfordert gewesen.[1265]

Die meisten Drittstaatsangehörigen, die sich derzeit in der EU unrechtmäßig aufhalten, reisen über die internationalen Flughäfen ein und waren ursprünglich im Besitz gültiger Reisedokumente und eines Visums. In der Regel sind sie nach Ablauf des Visums einfach dageblieben.[1266] Seit 2008 ist die „Eastern Mediterranean Route“ die zweitgrößte Einwanderungsroute in die EU, über die etwa 40% der Drittstaatsangehörigen in die EU einreisen.[1267] Größtenteils handelt es sich bei ihnen um syrische, afghanische und somalische Flüchtlinge, die als erstes Etappenziel die Türkei zu erreichen versuchen.[1268]

Ein Zweig dieser Route verläuft unter Umgehung Griechenlands auf dem Seeweg an die italienische Küste.[1269]

Eine weitere wichtige Einwanderungsroute ist die „Central Mediterranean Route“, die überwiegend in Libyen startet.[1270] In 2014 kamen mehr als 170.000 Menschen über diese Mittelmeer-Route in Italien an. Die meisten von ihnen waren aus Syrien

---

1261 *Hermann*, in: Hailbronner (Hrsg.): EU Immigration and Asylum Law. Commentary on EU Regulations and Directives (2010), Chapter IV, 5. Council Regulation (EC) No. 343/2003 of 18 February 2003, S. 1381; Europäische Kommission: Mitteilung der Kommission vom 17.6.2008. Künftige Asylstrategie: Ein integriertes Konzept für EU-weiten Schutz, KOM(2008) 360 endgültig, S. 10.

1262 *Frenz* (Fn. 1211), 5.

1263 *Pelzer* (Fn. 838), 263; *Mallia,* The Re-thinking of the Dublin II Regulation, Refugee Survey Quarterly 2011, 115.

1264 *N.S.* (Fn. 779), Rdnr. 87.

1265 Ebenda.

1266 Frontex, Migratory Routes Map, online verfügbar unter: <http://frontex.europa.eu/trends-and-routes/migratory-routes-map/> Zugriff am 10.05.2015.

1267 Frontex, Trends and Routes, Eastern Mediterrian Route, online verfügbar unter <http://frontex.europa.eu/trends-and-routes/eastern-mediterranean-route/> Zugriff am 10.05.2015.

1268 Ebenda.

1269 Bundeskriminalamt Österreich, Schlepperei 2014, S. 15, online verfügbar unter <http://www.bmi.gv.at/cms/BK/presse/files/2042015_Schlepperbericht_2014_Web.pdf> Zugriff am 10.05.2015.

1270 Frontex, Trends and Routes, Central Mediterranean route, online verfügbar unter <http://frontex.europa.eu/trends-and-routes/central-mediterranean-route/> Zugriff am 10.05.2015.

und Eritrea.[1271] Dies verdeutlicht, dass Länder wie Griechenland und Italien immer noch stark von Migrationsbewegungen betroffen und damit auch häufig die Ersteinreisestaaten sind.

Die Dublin-III-VO ist ohne einen Mechanismus für eine zwischenstaatliche Lastenteilung konzipiert.[1272] Der innereuropäische Solidaritätsgedanke wird dennoch im Erwägungsgrund Nr. 8 der Dublin-III-VO betont: Mit Hilfe der EASO soll den Mitgliedstaaten angemessene Unterstützung geleistet werden.

Weiterhin heißt es:

> *„Insbesondere sollte das EASO für Solidaritätsmaßnahmen wie den Asyl–Einsatzpool mit Asyl-Unterstützungsteams Sorge tragen, die diejenigen Mitgliedstaaten unterstützen, die sich einem besonderen Druck gegenübersehen und den Personen, die internationalen Schutz beantragen (im Folgenden „Antragsteller"), keine angemessenen Bedingungen insbesondere hinsichtlich der Aufnahme und des Schutzes bieten können."*

Damit wird klar, dass Ausgleichsmaßnahmen außerhalb des Dublin-Systems gesucht werden sollen. Die EASO ist dazu beauftragt die Mitgliedstaaten zu unterstützen, die von den Zuständigkeitsbestimmungen der Dublin-III-VO wegen ihrer geographischen Lage benachteiligt werden.

Entscheidend ist indes, dass das in der Praxis zumeist relevante Zuständigkeitskriterium der illegalen Ersteinreise (Art. 13 I der Dublin-III-VO) die grenznahen Mitgliedstaaten benachteiligt.[1273] Das Festhalten an diesem Zuständigkeitskriterium trägt jedenfalls nicht zur Entzerrung der Belastung einzelner Mitgliedstaaten bei.[1274] Im Gegenteil bewirkt es, dass das GEAS dadurch in eine Schieflage gerät.[1275] Denn obwohl das Dublin-System zu einer asymmetrischen Lastenverteilung innerhalb der EU führen kann, entbindet es die zuständigen Mitgliedstaaten nicht von der Verantwortung für die Durchführung von Asylverfahren.[1276] Die Außengrenzstaaten versuchen sich dieser Verantwortung zu entziehen, indem sie die Asylsuchenden und deren Fingerabdrücke nicht registrieren. Österreich wirft aktuell der italienischen Regierung ein solches Verhalten vor.[1277]

Die *Push-Back*-Aktionen auf Hoher See können auch als Reaktion dieser Länder auf die ungleiche Verteilung der Asylzuständigkeit betrachtet werden.[1278]

1271 Ebenda.

1272 *Thym*, Migrationsverwaltungsrecht, 2010, S. 365; *Bast* (Fn. 317), S. 25.

1273 *Marx* (Fn. 792), 409; *Progin-Theuerkauf* (Fn. 308), Art. 78, Rdnr. 28.

1274 *Dreyer* (Fn. 788), 364.

1275 *Langford* (Fn. 961), 219; *Marx* (Fn. 792), 409.

1276 *Thym* (Fn. 45), Art. 78 Rdnr. 28.

1277 Spiegel Online, EU-Flüchtlingsgipfel: Österreich macht dicht, 20.07.2015, online abrufbar unter <http://www.spiegel.de/politik/ausland/fluechtlinge-eu-innenminister-beraten-ueber-verteilung-oesterreich-macht-dicht-a-1044414.html> Zugriff am 20.0.7.2015.

1278 *Langford* (Fn. 961), 218.

Aus der Perspektive der Flüchtlinge ist diese Schieflage von großer Bedeutung, da es immer noch gravierende Unterschiede sowohl bei den Aufnahmebedingungen als auch im Verfahren zwischen den Mitgliedstaaten gibt.[1279] Es wird daher auch von der „Dublin Lotterie" in der EU gesprochen.[1280]

Die aktuellen Schutzquoten bestätigen, dass die Zuerkennung des internationalen Schutzes von Mitgliedstaat zu Mitgliedstaat stark zu variieren vermag.[1281] Insgesamt waren im Jahr 2014 in der EU (es wurden die Daten von 27 Mitgliedstaaten berücksichtigt) 45% der Entscheidungen in erster Instanz über Asylanträge positiv. Flüchtlinge aus Syrien waren die größte Gruppe, denen im Jahr 2014 in der EU der Schutzstatus zuerkannt wurde. Während in Spanien nur 27 % der Syrer eine positive Entscheidung über ihr Schutzgesuch erhielten, lag die Schutzquote für Syrer in Dänemark bei 73 % und in Deutschland bei 59 %. Ähnliche Unterschiede lassen sich auch bezüglich Schutzsuchenden aus Afghanistan nachweisen.[1282] Für Asylsuchende ist es daher nicht unerheblich, welcher Mitgliedstaat ihr Schutzgesuch prüft.

Ein Ausgleich der Zuständigkeitsverantwortung der Außengrenzstaaten lässt sich auch nicht durch den neu in Art. 33 der Dublin-III-VO eingeführten Frühwarn- und Krisenbewältigungsmechanismus herbeiführen. Denn dieser sieht im Wesentlichen eine Amtshilfe durch EASO in den betroffenen Mitgliedstaaten vor. Die Funktionsweise des Dublin-Systems soll damit nicht korrigiert, sondern effektiver gestaltet werden. Im Grunde geht es bei diesem System nicht um Solidarität zwischen den Mitgliedstaaten und auch nicht um Solidarität mit Flüchtlingen.[1283]

Das Selbsteintrittsrecht (Art. 17 I der Dublin-III-VO) vermag es auch nicht, einen angemessenen Ausgleich zu schaffen, denn es ist den Staaten selbst überlassen, über seine Anwendung zu entscheiden.[1284] Eine Pflicht zum Selbsteintritt hat der EuGH in *Puid* unmissverständlich abgelehnt. Dem Selbsteintrittsrecht käme grundsätzlich auch keine drittschützende Wirkung zu, so dass Asylsuchende auch keinen Anspruch darauf haben, dass ihr Asylgesuch in einem bestimmten Mitgliedstaat geprüft wird.[1285]

1279 *Markard* (Fn. 1066), 60.

1280 *Bergmann* (Fn. 1255), 87; ECRE, Sharing Responsibility for Refugee Protection in Europe: Dublin Reconsidered, March 2008, S. 14.

1281 Eurostat, Pressemitteilung 20. März 2015, Asyl in der EU, Zahl der Asylbewerber in der EU im Jahr 2014 sprunghaft auf mehr als 625 000 gestiegen, 20% waren Syrer - Entscheidungen in erster Instanz, 2014, online verfügbar unter <http://ec.europa.eu/eurostat/documents/2995521/6751783/3-20032015-BP-DE.pdf/23ee1e9b-19e3-4453-9b2a-f810c03c4a22> Zugriff am 10.05.2015.

1282 Eurostat, Pressemitteilung 20. März 2015, Asyl in der EU, Zahl der Asylbewerber in der EU im Jahr 2014 sprunghaft auf mehr als 625 000 gestiegen, 20% waren Syrer - Entscheidungen in erster Instanz, 2014.

1283 *Bast* (Fn. 317), S. 27; *Roßkopf* (Fn. 982), 76.

1284 *Mallia* (Fn. 1263), 126.

1285 *Puid* (Fn. 970), Rdnr. 37.

Die Dublin-III-VO verstößt nicht gegen Art. 80 AEUV. Die EU hat sich jedoch selbst das Ziel gesetzt, die Verantwortlichkeiten in Asylsachen solidarisch und gerecht zu verteilen. Dies bedeutet auch, dass sie die erforderlichen Maßnahmen zur solidarischen Korrektur bzw. Kompensation der aus Dublin folgenden Ungleichheiten treffen muss, um in Einklang mit Art. 80 AEUV zu sein.[1286]

III. Ergebnis

Die hauptsächliche Verantwortung zur Prüfung von Schutzgesuchen bürdet die Dublin-III-VO den Mitgliedstaaten an den süd- und osteuropäischen Außengrenzen auf, ohne die geografischen, demografischen und ökonomischen Bedingungen der Mitgliedstaaten ausreichend zu berücksichtigen.[1287] Hinzukommen die gravierenden Unterschiede in den Mitgliedstaaten, sowohl was die Aufnahmebedingungen als auch das Asylverfahren betrifft.[1288]

Die daraus entstehenden Benachteiligungen werden nicht durch den Frühwarn- und Krisenbewältigungsmechanismus bewältigt werden können. Sie können auch nicht von nationalen Gerichten und auch nicht vom EuGH durch Einzelfallentscheidungen behoben werden.[1289]

B. Richtlinie über die Gewährung vorübergehenden Schutzes

Die Richtlinie über die Gewährung vorübergehenden Schutzes sieht ein *ad hoc*-Ausnahmeverfahren vor, das Vertriebenen aus Ländern, in denen ein Bürgerkrieg oder bürgerkriegsähnliche Zustände vorherrschen, sofortigen und vorübergehenden Schutz garantieren soll. Bisher ist diese Richtlinie noch nie zur Anwendung gelangt und diese Tatsache erschwert eine Beurteilung oder Überprüfung der in ihr vorgesehenen Solidaritätsmaßnahmen. Im Folgenden werden ihre Bestimmungen dennoch auf ihre Vereinbarkeit mit den Menschenrechten und mit dem Solidaritätsgrundsatz i.S.d. Art. 80 AEVU untersucht.

I. Vereinbarkeit mit menschenrechtlichen Vorgaben

Die Richtlinie über die Gewährung vorübergehenden Schutzes sieht ein *ad hoc*-Ausnahmeverfahren vor, das Vertriebenen aus Ländern, in denen ein Bürgerkrieg oder bürgerkriegsähnliche Zustände vorherrschen, sofortigen und vorübergehenden Schutz garantiert, insbesondere wenn die Gefahr besteht, dass das Asylsystem eines

1286 *Bast* (Fn. 240), S. 25.
1287 *Langford* (Fn. 961), 218; *Dreyer* (Fn. 788), 365.
1288 *Markard* (Fn. 1066), 60.
1289 *Roßkopf* (Fn. 982), 76.

oder von mehreren Mitgliedstaaten einem Massenzustrom nicht ohne Beeinträchtigung der Bearbeitung der Anträge standhalten kann.[1290]

Der vorübergehende Schutz wird hierbei unabhängig von der Zuerkennung der Flüchtlingseigenschaft i.S.d. GFK gewährt. Art. 17 I sichert den Betroffenen ausdrücklich den Zugang zum Asylverfahren. Dieses Recht muss auch bei einer Anwendung der Richtlinie unbedingt gewährleistet werden. Die Gewährung vorübergehenden Schutzes entbindet die Mitgliedstaaten nicht von ihrer Pflicht, Flüchtlingen Schutz vor Zurückschiebung in Verfolgerstaaten zu bieten. Aus dem Grundsatz der Nichtzurückschiebung folgt auch, dass die Mitgliedstaaten Schutzsuchenden zumindest vorübergehend Zugang zum Staatsgebiet gewähren müssen.[1291]

Sie dürfen die Prüfung der Flüchtlingseigenschaft auch nicht unangemessen hinauszögern, da der Schutz, den ein anerkannter Flüchtling genießt, wesentlich weiter gefasst ist als der vorübergehende Schutz i.S.d. der Richtlinie.[1292]

Das Verfahren zur Gewährung des vorübergehenden Schutzes setzt drei Schritte voraus: Den Antrag eines Mitgliedstaates, den Vorschlag der Kommission und den Beschluss des Rates. Eine Verteilung nach Quoten ist nicht vorgesehen. Der Ratsbeschluss begründet auch keine Pflicht zur Aufnahme, selbst wenn die Mitgliedstaaten tatsächlich ihre Aufnahmequoten angeben.[1293]

Zu beachten gilt es, dass nur die Mitgliedstaaten beantragen können, dass betroffenen Personen vorübergehender Schutz zukommt. Sie selbst können es nicht. Die Richtlinie will kein neues Recht auf vorübergehenden Schutz schaffen.[1294]

Als Solidaritätsmaßnahme kommt auch die Überstellung von Betroffenen von einem Mitgliedstaat zu einem anderen in Betracht. Auch hier ist keine Verpflichtung zur Aufnahme vorgesehen. Die Überstellung ist zum einen abhängig von der Zustimmung des Flüchtlings und zum anderen auch von der Zustimmung des neu aufnehmenden Staates.[1295]

Leider werden keine Vorgaben zu den spezifischen Bedürfnissen der Betroffenen gemacht. Jede Entscheidung zur Umverteilung sollte jedoch den Grundsatz der Familieneinheit, das Kindeswohl und humanitäre Gesichtspunkte berücksichtigen.[1296]

Daraus folgt, dass die konkrete Wirksamkeit der vorgesehenen Solidaritätsmaßnahmen auf Freiwilligkeit basiert und abhängig vom politischen Willen der Mitgliedstaaten ist.[1297] Zudem liegt die Schwäche dieser Maßnahmen auch darin, dass

---

1290 EASO (Jahresbericht 2011), S. 39.

1291 UNHCR (Fn. 1002), S. 3.

1292 *Peers/Rogers*, EU Immigration and Asylum Law: Text and Commentary (Immigration and Asylum Law and Policy in Europe, 3. Auflage 2015, S. 587.

1293 *Fröhlich* (Fn. 35), S. 271.

1294 *Arenas* (Fn. 1000), 438.

1295 *Fröhlich* (Fn. 35), S. 271.

1296 UNHCR (Fn. 1002), S. 4.

1297 *Fröhlich* (Fn. 35), S. 271.

sie nur eingeleitet werden können, nachdem der Rat beschlossen hat, dass der Fall eines Massenzustroms vorliegt.[1298]

Aus der Perspektive von Schutzbedürftigen fällt positiv auf, dass die Richtlinie einen neuen Status des vorübergehenden Schutzes manifestiert, welcher als pragmatische Lösung im Krisenfall angewendet werden kann.[1299] Denkbar ist auch, dass der Rat den Anwendungsbereich der Richtlinie auch auf andere Fluchtursachen, wie Umweltkatastrophen, erstreckt.[1300] Dies wäre ebenfalls eine Innovation im Bereich des Menschenrechtsschutzes.

Zu bemängeln ist, dass die Richtlinie keine Rechtsmittel gegen die Verweigerung des vorübergehenden Schutzes für eine Person oder Personengruppen vorsieht.[1301] Dies ist mit Art. 13 EMRK und Art. 47 GrCh nicht zu vereinbaren, sofern diesen Personen bei einer Rückkehr in ihre Herkunftsländer eine Verletzung ihrer Rechte aus Art. 3 EMRK, bzw. Art. 4 oder Art. 19 II GrCh droht.[1302] Negativ fällt außerdem auf, dass die zwangsweise Rückführung von Personen, die vorübergehenden Schutz genossen haben, nicht ausreichend geregelt worden ist. Außer dass die Mitgliedstaaten hierbei die Menschenwürde der Betroffenen zu achten haben, regelt die Norm weder das Rückführungsverfahren noch die Rechte der Betroffenen im Verfahren.[1303] Hinzu kommt, dass nicht einmal die *Rückführungsrichtlinie,* die zumindest „rechtliche Mindestgarantien" im Interesse der Betroffenen sichert, auf Rückkehrentscheidungen betreffend vorübergehend Geschützter anwendbar ist, weil das Kriterium des unrechtmäßigen Aufenthalts in der Regel nicht gegeben ist.[1304]

Die Mitgliedstaaten sind verpflichtet, die Menschenrechte von Flüchtlingen, denen nur vorübergehender Schutz gewährt wurde, unabhängig von ihrer Anzahl zu achten.[1305]

II. Vereinbarkeit mit dem Solidaritätsgrundsatz

Die Richtlinie möchte für den Ausnahmefall eines außergewöhnlichen Massenzustroms von Flüchtlingen einen Lastenausgleich für die betroffenen Mitgliedstaaten in finanzieller und personeller Hinsicht fördern. Ihre Anwendung hängt vom Vorliegen einer Krise von außergewöhnlicher Schwere ab, die nur dann vorliegt, wenn die Befürchtung besteht, dass die Funktionsfähigkeit der nationalen Asylsysteme

1298 *Arenas* (Fn. 1000), 438.
1299 Ebenda, S. 445.
1300 Ebenda, S. 446.
1301 ECRE, Observations of the European Council on Refugees and Exiles on the European Commission's draft directive on temporary protection and responsibility sharing, January 2001, S. 3.
1302 *Peers/Rogers* (Fn. 1292), S. 597.
1303 *Durieux/Hurwitz,* African and European Responses to Mass Influxes of Refugees, 47 GYIL 2004, 155.
1304 *Peers/Rogers* (Fn. 1292), S. 585.
1305 *Durieux/Hurwitz* (Fn. 1303), 159.

gefährdet ist.[1306] Dabei muss die Krise ein solches Ausmaß angenommen haben, das ein gemeinsames Handeln aller Mitgliedstaaten erforderlich macht.[1307] Nicht geregelt ist, nach welchen Kriterien das Vorliegen eines Massenzustroms bestimmt werden kann. Es wird auch keine Mindestanzahl von Personen genannt, die als Voraussetzung für die Bestimmbarkeit des Begriffs helfen könnte.[1308]

Die Kommission versteht unter einem Massenzustrom, „das Eintreffen einer großen Anzahl von Vertriebenen aus einem bestimmten Land oder einem bestimmten Gebiet im Hoheitsgebiet der Union (...), gleichgültig, ob ihre Ankunft in der Union spontan oder unterstützt erfolgt, z.B. mithilfe eines Evakuierungsprogramms."[1309]

Dem UNHCR zufolge sollte das Vorliegen eines „Massenzustroms" nicht von einer bestimmten, festgelegten Zahl von Schutzsuchenden abhängen, sondern von den Aufnahmekapazitäten der Mitgliedstaaten. Es ginge hierbei um Situationen, bei denen innerhalb eines kurzen Zeitraums eine erhebliche Zahl von Personen aus demselben Herkunftsland in ein Land einreist.[1310]

Der Mechanismus des vorübergehenden Schutzes ist nicht im Hinblick auf den Ausgleich der überlasteten Asylstrukturen konzipiert.[1311] Die Kommission erklärte in ihrer Mitteilung über praktische Zusammenarbeit von 2006, dass das Ausnahmeverfahren nach der Richtlinie wegen der hohen Anforderungen für ihre Anwendung keine adäquate Antwort auf den besonderen Druck, unter denen die Asylbehörden und die Aufnahmekapazitäten der Mitgliedstaaten häufiger stehen, darstellt.[1312] Die Belastung der nationalen Asylsysteme einzelner Mitgliedstaaten entstehe, „wenn mehrere hundert Personen unterschiedlicher Staatsangehörigkeit an bestimmten Stellen der EU-Außengrenzen eintreffen und mit unterschiedlicher Begründung um Zulassung und manchmal um Schutz bitten."

Dagegen sei im Anwendungsbereich der Richtlinie „die Belastung systemischer Art" und umfasse Fälle, in denen die Zahl der Asylanträge in einzelnen Mitgliedstaaten stark zunimmt und deren Ressourcen für die fristgerechte Bearbeitung der Asylanträge und für die Bereitstellung angemessener Aufnahmeeinrichtungen überstrapaziert.[1313]

Diese Unterscheidung überzeugt nicht, weil beide Belastungen systemischer Natur sein können und eine Schwächung der nationalen Aufnahmekapazitäten bewirken kann. Dies wirkt sich auch negativ auf die Situation der Schutzsuchenden in den Mitgliedstaaten aus, die nicht in den Genuss des Status einer vorübergehend geschützten Person kommen.

1306 *Arenas* (Fn. 1000), 439.
1307 Ebenda, S. 440.
1308 *Peers/Rogers* (Fn. 1292), 1. Auflage 2006, S. 463.
1309 KOM(2011) 835, S. 11.
1310 UNHCR (Fn. 1002), S. 2.
1311 Ebenda, S. 443.
1312 KOM(2006) 67 endgültig, S. 6.
1313 KOM(2006) 67 endgültig, S. 6.

Die Richtlinie kam bisher noch nie zur Anwendung, obwohl sich zahlreiche Krisen in den letzten Jahren ereignet haben, wie z.B. in Afghanistan, Irak und Libyen, die eine Massenflucht von Menschen nach sich zog, deren Leben in ihren Heimatländern gefährdet war.

Die Kommission behauptet, dass sich die EU „seit der Flüchtlingskrise im Kosovo im Jahr 1999 nicht in der Situation eines Massenzustroms Vertriebener befunden hat."[1314] Auch die Fluchtbewegungen im Zuge der Revolutionen in Nordafrika in 2011 hätten nicht zu einem vergleichbaren Zustrom von Menschen in die EU geführt.[1315]

Es fällt schwer zu glauben, dass der politische Wille in der EU überhaupt da ist, Flüchtlingen aus Krisenländern aller Welt in der EU vorübergehenden Schutz zu gewähren. Der Fall des Kosovo-Krieges war dahingehend speziell, weil er sich vor den eigenen Toren ereignete.

III. Ergebnis

Der EuGH hat zutreffend in *N.S.* festgestellt, dass die Richtlinie 2001/55 ein Beispiel für die Solidarität i.S.d. Art. 80 AEUV ist.[1316] Ihr Anwendungsbereich erfasst jedoch nur „ganz außergewöhnliche Situationen" und eignet sich mithin nicht als Instrument zum Ausgleich der ungerechten Verteilung von Verantwortlichkeiten im GEAS.

Zusammenfassend lässt sich feststellen, dass die Solidaritätsmechanismen der Richtlinie wegen der hohen Anforderungen an ihre Anwendbarkeit nicht geeignet sind, dem Solidaritätsgrundsatz ausreichend Wirkung zu verleihen. Sie vermögen es nicht, eine gerechtere Verteilung der Verantwortlichkeiten im GEAS zu bewirken.

C. Neuansiedlungsprogramme

EUREMA war das Pilot-Projekt der EU für ein gemeinsames Modell der Umsiedlung von Flüchtlingen innerhalb der EU. Nachfolgend wird EUREMA und deren Umsetzung auf ihre Vereinbarkeit mit den Rechten der von der Umsiedlung betroffenen Flüchtlinge und mit dem Solidaritätsgrundsatz untersucht.

I. Vereinbarkeit mit menschenrechtlichen Vorgaben

Im Rahmen von EUREMA wurden anerkannte Flüchtlinge, subsidiär geschützte Personen und Asylsuchende von Malta in andere Mitgliedstaaten umgesiedelt. Den teilnehmenden Mitgliedstaaten oblag es nach Prüfung der Einzelfälle zu entscheiden, ob und

---

1314 KOM(2011) 835, S. 11.
1315 Ebenda.
1316 *N.S.* (Fn. 779), Rdnr. 93.

wie viele Menschen sie bereit waren aufzunehmen.[1317] Die Aufnahme der Flüchtlinge erfolgte somit auf freiwilliger Basis.

Die Auswahlkriterien wurden von den Aufnahmestaaten festgelegt. Sie berücksichtigten bei ihrer Auswahl unter anderem das Vorhandensein von Familienangehörigen oder Gemeinschaften der gleichen Volksgruppe im Inland, die Sprachkenntnisse, die Anerkennung der Flüchtlingseigenschaft durch Malta oder UNHCR, die Feststellung einer besonderen Schutzbedürftigkeit und die Ausbildung und Berufserfahrung der Betroffenen.[1318]

Die EASO stellte fest, dass viele Mitgliedstaaten bei ihrer Auswahlentscheidung besonderen Wert auf das Integrationspotential der vorgeschlagenen Kandidaten legten. Andere waren nur bereit, Familien zu akzeptieren.[1319] Insgesamt lässt sich jedoch feststellen, dass insbesondere Personengruppen ausgewählt wurden, von denen die Staaten ausgingen, dass sie nach ihrer Umsiedlung am wenigsten von nationalen Sozialhilfesystemen abhängig sein würden.[1320]

Die teilnehmenden Personen wurden in der Regel von einem Mitgliedstaat zur Wahl gestellt, ob sie einer Umsiedlung zustimmten. Den im Rahmen der Studie befragten Teilnehmern (zwei Personen) war es wichtig, diese Wahl gehabt zu haben.[1321] Die Studie enthält insgesamt wenige Informationen über den Zufriedenheitsgrad der umgesiedelten Personen mit dem EUREMA-Programm.[1322]

Die Aufnahme- und Unterbringungsbedingungen für die Flüchtlinge unterschieden sich von Mitgliedstaat zu Mitgliedstaat. Die teilnehmenden Staaten garantierten den Umgesiedelten auch einen unterschiedlichen aufenthaltsrechtlichen Status in ihrem Hoheitsgebiet.[1323] Manche gewährten ihnen den Flüchtlingsstatus, andere nur einen zeitlich begrenzten Aufenthaltstitel.[1324]

Nach dem Bericht der EASO waren sich alle Beteiligten einig, dass eine Harmonisierung der Umsiedlungsbedingungen, wie die Aufnahme- und Unterbringungsbedingungen, der Status und die Integration der Flüchtlinge, in den verschiedenen

---

1317 EASO, fact finding report on intra-EU relocation activities from Malta, Juli 2012, S. 8, online verfügbar unter <http://easo.europa.eu/wp-content/uploads/EUREMA-fact-finding-report-EASO1.pdf> Zugriff am 14.04.2015.

1318 EASO, fact finding report on intra-EU relocation activities from Malta, Juli 2012, S. 10.

1319 Ebenda.

1320 *Gerard*, The Securitization of Migration and Refugee Women, 2014, S. 174.

1321 Ebenda, S. 13.

1322 *Rapopport/Moraga*, Tradable Refugee-admission Quotas: a Policy Proposal to Reform the EU Asylum Policy, Robert Schuman Centre for Advanced Studies Migration Policy Centre RSCAS 2014/101, S. 16.

1323 EASO, fact finding report on intra-EU relocation activities from Malta, Juli 2012, S. 13.

1324 Ebenda.

Mitgliedstaaten essentiell für die weitere Etablierung einer gemeinsamen Umsiedlungspraxis ist.[1325]

Gleichzeitig konnten es sich die Mitgliedstaaten nur unter der Voraussetzung der Freiwilligkeit vorstellen, an weiteren ad-hoc Umsiedlungsprogrammen teilzunehmen.[1326]

Ein Vorschlag für ein dauerhaftes System für die EU-interne Umsiedlung von anerkannten Flüchtlingen liegt noch nicht vor.[1327]

Das Pilotprojekt EUREMA verstieß nicht gegen die Menschenrechte der betroffenen Flüchtlinge. Erkennbar ist jedoch, dass die herangezogenen Auswahlkriterien nicht die Schutzbedürftigkeit der Personengruppen widerspiegelten, sondern die Interessen der Mitgliedstaaten. Hier ist ein bedeutender Unterschied zu den Resettlement-Programmen des UNHCR zu erkennen, welche in erster Linie eine Neuansiedlung von besonders schutzwürdigen Flüchtlingen anstreben.

Die unterschiedlichen Lebensbedingungen für die Flüchtlinge in den teilnehmenden Mitgliedstaaten und der ihnen gewährte Status laufen ebenfalls dem Interesse der Flüchtlinge an einem umfassenden Schutz entgegen.

Sollte es innerhalb der EU gelingen, ein dauerhaftes internes Umsiedlungsprogamm zu schaffen, dann muss dieses auf gemeinsamen Auswahlkriterien und vereinheitlichten Aufnahme- und Unterbringungsbedingungen in den verschiedenen Mitgliedstaaten basieren. Der Status der umgesiedelten Personen sollte ebenfalls für alle Mitgliedstaaten einheitlich geregelt werden. Neben den Kritikpunkten am EUREMA-Projekt selbst gilt es zu beachten, dass manche der teilnehmenden Staaten ihre Aufnahmeplätze für die Neuansiedlung von Flüchtlingen aus Drittstaaten für die Umsiedlung von Flüchtlingen aus Malta besetzten.[1328]

Die EU-interne Umsiedlung und das gemeinsame Neuansiedlungsprogramm für Flüchtlinge aus Drittstaaten sind zwei potentiell konkurrierende Solidaritätsinstrumente, die parallel zur Anwendung gelangen und mit den Mitteln des AMIF finanziert werden können.

Aus dem EASO-Bericht geht hervor, dass die Studienteilnehmer in Sorge waren, dass die EU-interne Umsiedlung von Flüchtlingen einen negativen Einfluss auf die

---

1325 Ebenda, S. 17.

1326 EASO, fact finding report on intra-EU relocation activities from Malta, Juli 2012, S. 17.

1327 Europäische Kommission: Mitteilung der Kommission an das Europäische Parlament und an den Rat vom 22.05.2014, Fünfter Jahresbericht über Einwanderung und Asyl (2013), KOM(2014) 288 endg., S. 8.

1328 Zu diesen Mitgliedstaaten gehören Irland, Slowakei, Portugal und Spanien: vgl. *Perrine/McNamara,* Refugee Resettlement in the EU: Between Shared Standards and Diversity in Legal and Policy Frames, in: European University Institute Robert Schuman Centre for Advanced Studies (Hrsg.): KNOW RESET Research Report 2012/03, 2013, S. 37, online verfügbar unter <http://www.migrationpolicycentre.eu/docs/Know-Reset-RR-2013-03.pdf> Zugriff am 13.04.2015.

Neuansiedlungsquoten der Mitgliedstaaten für Flüchtlinge aus Drittstaaten haben könnte.[1329]

Ein Umsiedlungsprogramm der EU könnte bewirken, dass die Solidarität mit den anderen Mitgliedstaaten höher bewertet wird als mit Drittstaaten, die eine wesentlich höhere Anzahl an Flüchtlingen aufnehmen und damit auch einen größeren Bedarf an Neuansiedlungsplätzen haben.[1330]

Dieser Nebeneffekt schadet auch den Flüchtlingen, die in überfüllten Aufnahmelagern, z.B. im Libanon oder in Kenia, auf einen Aufnahmeplatz in einem Mitgliedstaat der EU warten.

Es besteht die Gefahr, dass bei der Durchführung von internen Umsiedlungen von Flüchtlingen der Fokus der Mitgliedstaaten sich vom Schutz für Flüchtlinge zur Solidarität mit den anderen Mitgliedstaaten verschiebt. Der Schutz steht nicht mehr an erster Stelle, sondern die interne zwischenstaatliche Solidarität.[1331]

Die Priorität der Mitgliedstaaten sollte daher bei der Neuansiedlung von Flüchtlingen aus Drittstaaten liegen.[1332] Umso wichtiger ist es, dass dem gemeinsamen Neuansiedlungsprogramm der EU wirksam Geltung verschafft wird.

II. Vereinbarkeit mit dem Solidaritätsgrundsatz

Von 2009 bis 2011 wurden im Rahmen von EUREMA nur 228 Personen aus Malta umgesiedelt. In der zweiten Phase von EUREMA boten nur sieben Mitgliedstaaten 91 Aufnahmeplätze an, während acht Staaten 265 Flüchtlinge über bilaterale Abkommen mit Malta aufnahmen.[1333] Der UNHCR hatte allein in der ersten Projektphase 482 Personen für eine Umsiedlung vorgeschlagen.[1334] Diese Zahlen zeigen, dass die Bereitschaft der Mitgliedstaaten für Aufnahmen aus Malta sehr gering war.[1335]

1329 EASO, fact finding report on Intra-EU relocation activities from Malta, June 2012, S. 16.

1330 *Perrine/McNamara* (Fn. 1328), S. 36.

1331 *Perrine/McNamara* (Fn. 1328), S. 36.

1332 Ebenda, S. 38.

1333 European Resettlement Network, http://www.resettlement.eu/page/intra-eu-relocation.

1334 Government of Malta, Home Affairs, EUREMA I: Pilot Project for Intra-EU re-allocation from Malta <https://homeaffairs.gov.mt/en/MHAS-Information/EUREMA/Pages/EUREMA-I.aspx> Zugriff am 14.05.2015.

1335 Öffentliche Anhörung des Innenausschusses des Deutschen Bundestages zum Antrag der Abgeordneten Ulla Jelpke, Jan Korte, Katrin Kunert, weiterer Abgeordneter und der Fraktion DIE LINKE: „Das Massensterben an den EU-Außengrenzen beenden – Für eine offene, solidarische und humane Flüchtlingspolitik in der Europäischen Union“ (BT-Drucksache 18/288) am 2. Juli 2014 - Stellungnahme von PRO ASYL, Bundesweite Arbeitsgemeinschaft für Flüchtlinge, vertreten durch Günter Burkhardt, Geschäftsführer 26. Juni 2014, S. 24, online verfügbar unter <http://www.proasyl.de/fileadmin/fm-dam/q_PUBLIKATIONEN/2014/Stellungnahme_EU-Fluechtlingspolitik.pdf> Zugriff am 13.05.2015.

Zehn Staaten nahmen überhaupt nicht an dem Projekt teil. Sie schlossen auch keine bilateralen Abkommen mit Malta ab.[1336]

Die Staaten, die im Rahmen von bilateralen Abkommen Flüchtlinge aus Malta übernommen hatten erklärten, dass die bilaterale Vereinbarung für sie den einfachsten und effizienteren Weg geboten habe, um Malta in der Notlage zu helfen.[1337] Des Weiteren seien die administrativen Hürden der Projektfinanzierung zu hoch gewesen, um sie als Anreiz für eine Teilnahme am Projekt heranzuziehen. Das Auswahlverfahren ist ebenfalls als zu aufwendig empfunden worden.[1338]

III. Ergebnis

Das Pilotprojekt EUREMA war wegen der geringen Beteiligung nicht von Erfolg gekrönt.[1339] Für Malta war die Hilfe nur ein Tropfen auf den heißen Stein. Es hätte eine größere Anzahl Schutzbedürftiger umgesiedelt werden müssen, um das maltesische Asylsystem tatsächlich zu entlasten.[1340]

D. EASO

Die EASO soll die Mitgliedstaaten dabei unterstützen, die Schutzstandards in ihren nationalen Asylsystemen zu erhöhen, damit Flüchtlinge in allen Mitgliedstaaten gerecht behandelt werden können.[1341] Anhand einer kohärenten Umsetzung des GEAS und harmonisierter Vorgehensweisen soll eine Angleichung der Asylentscheidungen erreicht werden.[1342]

Das EASO ist nicht befugt, auf die Entscheidungen der nationalen Asylbehörden über Asylanträge Einfluss zu nehmen, in Notfällen zu intervenieren oder gar Anweisungen zur Rechtsanwendung an die Mitgliedstaaten zu erteilen. Ein direkter Vollzug des Asylrechts durch die EASO würde eine Vertragsänderung erfordern.[1343]

Die Unterstützungstätigkeit der EASO umfasst die Umsetzung des GEAS, die praktische Zusammenarbeit der Mitgliedstaaten und operative Maßnahmen zugunsten

1336 EASO, fact finding report on intra-EU relocation activities from Malta, Juli 2012, S. 1.

1337 Ebenda, S. 8.

1338 Ebenda, S. 14.

1339 *Parusel* (Fn. 994), S. 126.

1340 *Langford* (Fn. 961), 239.

1341 Europäisches Parlament, Plenartagung 17.-23. Mai 2010, Interview mit Jean Lambert: Grünes Licht für neues EU-Asylbüro, S. 14, online verfügbar unter <http://www.europarl.europa.eu/sides/getDoc.do?pubRef=-//EP//NONSGML+IM-PRESS+20100507FCS74267+0+DOC+PDF+V0//DE&language=DE> Zugriff am 15.04.2015.

1342 EASO, Arbeitsprogramm 2015, September 2014, S. 5, online verfügbar unter <file:///C:/Users/Sony/Downloads/BZAC14001DEN_002.pdf> Zugriff am 14.04.2015.

1343 BeckOK AuslR/Thym AEUV Art. 78 Rn. 24.

von Mitgliedstaaten, deren Asyl- und Aufnahmesysteme besonderem Druck ausgesetzt sind.

Im nächsten Abschnitt werden die bisherigen Aktivitäten der EASO auf ihre Vereinbarkeit mit den Menschenrechten und dem Solidaritätsgrundsatz überprüft.

I. Vereinbarkeit mit menschenrechtlichen Vorgaben

Eine große Relevanz für die Menschenrechte hat der Einsatz der EASO in den Mitgliedstaaten, deren Asylsysteme überlastet sind oder besondere Funktionsschwächen aufweisen.

Der Einsatz in Griechenland war der erste und der am längsten laufende Einsatz der EASO. Er nimmt daher eine besondere Stellung ein und soll exemplarisch für die anderen Einsätze näher untersucht werden. Im Jahre 2010 haben 90 % der unrechtmäßig in die EU eingereisten Einwanderer die griechisch–türkische Grenze am Fluss Evros überquert.[1344] Nach Angaben von Frontex erreichte die Anzahl der unrechtmäßigen Grenzübertritte im Oktober 2010 ihren Höhepunkt, als täglich etwa 300 Menschen über die Grenze in der Nähe von Orestiada nach Griechenland gelangten.[1345] Bei den meisten von ihnen handelte es sich um Flüchtlinge aus Afghanistan und Irak.[1346] Griechenland verfügte zu diesem Zeitpunkt über 1.000 Aufnahmeplätze für Flüchtlinge und erhielt allein im Jahr 2010 gleichzeitig 10.000 Asylgesuche.[1347] Obwohl es für Schutzsuchende fast unmöglich war in Griechenland einen Asylantrag zu stellen, stieg der Rückstau an anhängigen Verfahren bis Ende 2010 auf 47.000 Fälle.[1348]

Die EASO ist seit 2011 in Griechenland im Einsatz. Soweit ersichtlich, liegt keine unabhängige Evaluation dieses Einsatzes vor. Obwohl die Ergebnisse einer unabhängigen Evaluation zielführender für die Untersuchung gewesen wären, lohnt es sich dennoch, auch einige Ergebnisse der internen EASO-Evaluation näher zu betrachten.

Das Ergebnis der internen Evaluation ist, dass insgesamt große Schritte auf dem Weg zu einem modernen Asylsystem in Griechenland unternommen worden sind.[1349] Mit der Hilfe der EASO-Experten sei es bereits Mitte 2013 gelungen, ein

---

1344 *N.S.* (Fn. 779), Rdnr. 87.

1345 Frontex, Trends and Routes, Eastern Mediterrian Route <http://frontex.europa.eu/trends-and-routes/eastern-mediterranean-route/> Zugriff am 14.05.2015.

1346 Ebenda.

1347 *McDonough/Tsourdi,* Putting solidarity to the test: assessing Europe's response to the asylum crisis in Greece, Research Paper No. 231, UNHCR Policy Development and Evaluation Service, January 2012, S. 3, <http://www.unhcr.org/4f269d5f9.pdf> Zugriff am 14.05.2015.

1348 *McDonough/Tsourdi* (Fn. 1347), S. 4.

1349 EASO, Operating Plan for Greece, Interim Assessment of Implementation, 28.07.2014, S. 1.

neues und funktionierendes Aufnahme- und Berufungsverfahren aufzubauen.[1350] Das größte Erstaufnahmezentrum in Nordgriechenland sei wieder voll funktionstüchtig. Zudem sei eine neue Asylverfahrensrichtlinie verabschiedet worden.[1351]

Der Rückstau an anhängigen Verfahren sei bis Mai 2014 auf eine Anzahl von 41.216 Fällen reduziert worden. Das Ziel sei es, diese Fälle bis Ende 2017 aufzuarbeiten.[1352]

Gleichzeitig wird zugegeben, dass der Rückstau von Asylverfahren noch nicht in dem Maße beseitigt worden ist, wie es die menschenrechtlichen Verpflichtungen der EU und Griechenlands gebieten.[1353] Der Kapazitätsaufbau stehe immer noch im Mittelpunkt der Tätigkeit der EASO-Experten.[1354]

Der Evaluationsbericht enthält nur wenige Hinweise auf die Lebensbedingungen der Asylsuchenden in den Aufnahmeeinrichtungen und Abschiebezentren. Des Weiteren wird auch nicht viel zur Praxis der Ingewahrsamnahme beim unrechtmäßigen Grenzübertritt gesagt. Es wird immerhin festgestellt, dass die Aufnahmebedingungen in den offenen Aufnahmezentren nicht den Vorgaben der Aufnahmerichtlinie entsprechen.[1355]

Hinsichtlich der Abschiebezentren wird lediglich die griechische Rechtslage und das Verfahren bei Aufgreifen von unrechtmässig aufhältigen Drittstaatsangehören wie folgt wiedergegeben: Wenn die Behörden auf Grundlage allgemeiner Umstände vermuten, dass Fluchtgefahr besteht oder die aufgegriffenen Personen eine Gefahr für die öffentliche Ordnung oder Sicherheit darstellen, dann wird ihre vorübergehende Festnahme von der griechischen Polizei oder der Küstenwache angeordnet. Gleiches gilt, wenn die Gefahr gegeben ist, dass die Person eine Abschiebung zu verhindern beabsichtigt. Eine Rückführungsentscheidung soll dann innerhalb von drei Tagen ergehen.[1356] Ist dies der Fall, dann kann die Abschiebehaft bis zur Vollziehung der Rückführungsentscheidung und maximal bis zu sechs Monaten fortgeführt werden.[1357] Inhaftierte Asylantragsteller sollen in der Regel von der Polizei oder der Küstenwache in ein Erstaufnahmezentrum verbracht werden. Dort soll dann innerhalb von 15 Tagen entschieden werden, ob sie weiterhin in Abschiebehaft verbleiben sollen.[1358]

Die Frage, welche Behandlung Flüchtlinge in Griechenland erfahren, bleibt bei der internen Evaluation völlig außen vor. In den Fällen *M.S.S.* und *N.S.* wurde Griechenland jedoch wegen der unmenschlichen Behandlung von Schutzsuchenden vom

---

1350 Ebenda, S. 2.
1351 Ebenda, S. 2.
1352 Ebenda, S. 10.
1353 Ebenda, S. 15.
1354 Ebenda.
1355 EASO, Operating Plan for Greece, Interim Assessment of Implementation, 28.07.2014, S. 13.
1356 Ebenda, S. 13.
1357 Ebenda.
1358 Ebenda.

EGMR verurteilt. Deswegen hat der EuGH auch Überstellungen von Flüchtlingen nach Griechenland für unrechtmäßig erklärt.

Das Europäische Komitee zur Verhütung von Folter und unmenschlicher oder erniedrigender Behandlung oder Strafe stellte bei seinem Besuch vom 4.–16. April 2013 fest, dass in einigen griechischen Haftanstalten unveränderlich seit dem letzten Besuch des Komitees im Januar 2011 inakzeptable Lebensbedingungen vorherrschen.[1359] Vor allem minderjährige und kranke Flüchtlinge würden in diesen Einrichtungen eine unangemessene Behandlung erfahren.[1360]

In verschiedenen Regionen des Landes werden in Polizei- und Grenzschutzstationen immer noch unrechtmässig eingereiste Einwanderer zusammen mit Strafgefangenen monatelang eingesperrt. Die Bedingungen, unter denen die meisten dieser Personen untergebracht sind würden den Grad einer unmenschlichen Behandlung erreichen.[1361] Darunter habe man auch viele Syrer angetroffen, die seit Monaten in Haft lebten, trotz der Tatsache dass sie internationalen Schutzes bedürften.[1362]

Zu der Situation der Syrer heißt es im EASO-Bericht, dass sie eine Aufenthaltsgenehmigung für Griechenland für sechs Monate erhalten, die so lange verlängert wird, bis sie wieder nach Syrien zurückkehren können.[1363] Syrer würden in der Regel nicht Asyl beantragen. Die Anerkennungsrate für Asylanträge von Syrern läge aber bei 99,5%.

Insgesamt ergibt sich aus der internen Evaluation der EASO, dass der Einsatz der Asylexperten in den letzten drei Jahren sich im Wesentlichen auf den Aufbau von Behördenstrukturen in Griechenland fokussiert hat. Es ist zu begrüßen, dass das griechische Asylsystem mit Hilfe der EASO langsam aufgebaut wird. Der Fokus sollte jedoch viel mehr auf Verhinderung der immer noch stattfindenden Menschenrechtsverletzungen liegen. Die EASO trägt dafür nicht die direkte Verantwortung, aber die Legitimation der Unterstützungstätigkeit der Agentur leidet darunter erheblich.

Die Aufnahme- und Unterbringungsbedingungen für Flüchtlinge in Griechenland haben sich nicht verbessert.[1364] Flüchtlinge werden überwiegend in geschlossenen Einrichtungen unter unwürdigen Bedingungen festgehalten. Die Praxis der monatelangen Inhaftierungen wird weiter fortgeführt. Die Menschen werden vor allem in den Polizei- und Grenzschutzstationen einer unmenschlichen Behandlung ausgesetzt.

1359 European Committee for the Prevention of Torture and Inhuman or Degrading Treatment or Punishment, Report to the Greek Government, 16.10.2014, S. 10.

1360 Ebenda, S. 10f.

1361 European Committee for the Prevention of Torture and Inhuman or Degrading Treatment or Punishment, Report to the Greek Government, 16.10.2014, S. 24.

1362 Ebenda, S. 36.

1363 EASO, Operating Plan for Greece, Interim Assessment of Implementation, 28.07.2014, S. 5.

1364 *Langford* (Fn. 961), 242.

Es ist deswegen auch nicht verwunderlich, dass Deutschland den Überstellungsstopp nach Griechenland bis zum 12. Januar 2016 verlängert hat.[1365]

Der Einsatz von Asylunterstützungsteams soll nach dem Zehn-Punkte-Plan der Kommission weiter ausgebaut werden. Die EASO soll Unterstützungsteams nach Italien und Griechenland senden, damit sie vor Ort beschleunigte Asylverfahren durchführen. Es ist noch unklar, wie dieses Asylverfahren aussehen wird. Es sollte dabei jedenfalls nicht nur um Schnelligkeit gehen, sondern auch um die Einhaltung hoher Schutzstandards.[1366] Fraglich ist auch, wie eine Qualitätskontrolle der Entscheidungen gewährleistet werden kann.

Die EASO sollte in Zusammenarbeit mit der FRA Frontex dabei helfen, die Mechanismen zum Schutz der Grundrechte im Rahmen von Frontex-Einsätzen zu stärken und Aspekte des internationalen Schutzes in die Arbeit von Frontex zu integrieren. Die Agentur hatte dazu Gelegenheit im Rahmen der Arbeit für das Konsultationsforum von Frontex. Das Konsultationsforum unterbreitete viele wichtige Verbesserungsvorschläge, wie z.B. die Integration von internationalem Schutz von Menschenrechten und Asylrecht als festen Bestandteil des zentralen Ausbildungsplans für Grenzschutzbeamte. Frontex hat sich gegen die Umsetzung der meisten Empfehlungen entschieden. Die Arbeit der EASO war in dieser Hinsicht bisher nicht von Erfolg gekrönt.

II. Vereinbarkeit mit dem Solidaritätsgrundsatz

Die Tätigkeit der EASO zur Förderung einer kohärenten Umsetzung des GEAS ist positiv zu bewerten. Der Informationsaustausch über die Lage in den Herkunftsländern kann bei der Angleichung der Rechtspraxis bei der Bewertung des Schutzbedürfnisses von Asylsuchenden helfen. Asylentscheidungen beruhen auf COI. Die EASO sollte hierbei die Rolle eines Clearing-Hauses einnehmen, die nationalen Behörden Informationen über Herkunftsländer liefert.[1367] Dies würde zu einheitlicheren Asylentscheidungen in den Mitgliedstaaten führen.[1368]

Des Weiteren können Berichte und Studien, wie die EASO-Studie zur Praxis der Altersbestimmung von Jugendlichen, zu einer Verbesserung des Asylverfahrens in Mitgliedstaaten mit wenigen Erfahrungen im Asylbereich bewirken.

Die EASO fördert auch die praktische Zusammenarbeit zwischen den Mitgliedstaaten, indem sie in Schulungen und Trainings den Austausch der nationalen

---

1365 BAMF, Entscheiderbrief 1/2015, S. 7, online verfügbar unter <https://www.bamf.de/SharedDocs/Anlagen/DE/Publikationen/Entscheiderbrief/2015/entscheiderbrief-01-2015.pdf?__blob=publicationFile> Zugriff am 15.05.2015.

1366 ProAsyl, Flüchtlingssterben auf dem Mittelmeer: Kommt der politische Richtungswechsel?, online verfügbar unter <http://www.proasyl.de/de/news/detail/news/fluechtlingssterben_auf_dem_mittelmeer_kommt_der_politische_richtungswechsel/> Zugriff am 14.05.2015.

1367 KOM(2015) 240 endgültig, S. 12.

1368 KOM(2015) 240 endgültig, S. 12.

Beamten ermöglicht. Die operativen Maßnahmen in den bisherigen Einsatzländern haben ebenfalls zur Verbesserung der zwischenstaatlichen Solidarität geführt. Die EASO unterstützt damit eine Umsetzung des Solidaritätsgrundsatzes bei der Rechtsanwendung der Mitgliedstaaten.

III. Ergebnis

Es wundert nicht, dass die Bemühungen der EASO in Griechenland nicht von Erfolg gekrönt waren, da Griechenland zu wenige politische und wirtschaftliche Anreize zur Verbesserung der Lage der Flüchtlinge hat. Zudem erschwert die eigene wirtschaftliche Lage des Landes die Reformen des Asylsystems.[1369] Der EASO fehlt auch das Mandat, um die Einhaltung von asylrechtlichen Vorgaben bei ihren Einsätzen in den Mitgliedstaaten zu forcieren oder Verstöße dagegen zu ahnden.[1370] Die entsendeten Beamten dürfen auch bei Menschenrechtsverletzungen nicht intervenieren.[1371]

Grundsätzlich lässt sich feststellen, dass die EU mit einer operativen Unterstützungsagentur wie der EASO, die den Einsatz von Asylunterstützungsteams in Mitgliedstaaten koordiniert und leitet, in der Rechtspraxis sich nur noch einen kleinen Schritt entfernt von der Einrichtung einer EU-Asylbehörde befindet.[1372] Diese Entwicklung ist positiv zu bewerten, weil sie zu einer einheitlicheren Anwendung der hohen Schutzstandards, die im GEAS gelten, zu führen vermag.

E. Finanzielle Zusammenarbeit

Durch die Kofinanzierung von nationalen Maßnahmen bietet die EU finanzielle Anreize für eine effektivere Umsetzung des GEAS. Zudem können Mitgliedstaaten, deren Asylsysteme Strukturschwächen aufweisen oder noch im Aufbau sind, mit den Mitteln des AMIF und ISF eine Verbesserung des Status Quo fördern.

Die ISF-Grenze-VO ermöglicht den Außengrenzstaaten, Maßnahmen zur Instandhaltung, Wartung und Aufrüstung ihrer Grenzanlagen anteilig finanzieren zu lassen, um so ihren Verpflichtungen aus dem Schengener Grenzkodex gerecht zu werden.

ECRE begrüßt es, dass aus den Mitteln des AMIF breit gefächerte Maßnahmen finanziert werden können.[1373] Den Mitgliedstaaten würde es jedoch nicht gelingen, die zur Verfügung gestellten Mittel ausreichend in Anspruch zu nehmen, um eine

---

1369 Vgl. *Langford* (Fn. 961), 262, die ein solches Ergebnis für den Einsatz der EASO bereits 2013 annahm.

1370 Ebenda, S. 262.

1371 Ebenda.

1372 *Thym* (Fn. 45), Art. 78 AEUV Rdnr. 24.

1373 ECRE, Information Note on the Regulation (EU) No 2014/516 of the European Parliament and the Council of 16 April 2014 establishing the Asylum, Migration and Integration Fund, online verfügbar unter <http://ecre.org/component/content/article/70-weekly-bulletin-articles/1064-ecre-publish-note-on-the-asylum-migration-and-integration-fund.html> Zugriff am 23.07.2015.

Verbesserung der Lage der Flüchtlinge in ihren Aufnahmezentren und Unterbringungsmöglichkeiten zu bewirken.[1374]

I. Vereinbarkeit mit menschenrechtlichen Vorgaben

1. AMIF

Art. 3 I 2 der AMIF-VO stellt klar, dass bei allen nationalen Förderungsmaßnahmen die in der GrCh verankerten Grundrechte und Grundsätze in vollem Umfang gewahrt werden müssen. Des Weiteren bestimmt Art. 19 II der AMIF-VO, dass die Mitgliedstaaten dafür Sorge tragen, „dass bei der Durchführung aller aus diesem Fonds unterstützten Maßnahmen die Menschenrechte und die Menschenwürde uneingeschränkt gewahrt werden."

Wie die Einhaltung der Grundrechte der GrCh gewährleistet und überprüft werden soll, regelt die AMIF-VO nicht.

Positiv zu bewerten ist, dass der AMIF Mittel für die materielle Hilfe, einschließlich der „Hilfe an der Grenze, Bildung, Ausbildung, Unterstützungsleistungen, gesundheitliche und psychologische Betreuung" von Flüchtlingen vorsieht (Artikel 5 I Ua 2 lit. a) der AMIF-VO). Gefördert werden können auch Dolmetscherdienste und andere sprachliche Unterstützungsleistungen (Artikel 5 I Ua. 2 lit. b) der AMIF-VO).

Mit den Mitteln des AMIF können die Einführung und der Ausbau nationaler Neuansiedlungsprogramme und anderer humanitärer Aufnahmeprogramme kofinanziert werden (Art. 7 I lit. a) und b) der AMIF-VO). Flüchtlinge, die neu angesiedelt oder innerhalb der EU umgesiedelt werden, können ebenfalls Unterstützung, einschließlich der Bereitstellung eines Dolmetschers, erhalten (Art. 7 I lit. f), II der AMIF-VO).

Gefördert werden kann auch die Entwicklung von Alternativen zum Freiheitsentzug, der soziale Beistand und die Bereitstellung von Beratungs- und Prozesskostenhilfe (Artikel 5 I Ua. 2 lit. d), e) und g) der AMIF-VO).

Lobenswert ist auch, dass die AMIF-VO Maßnahmen zur Förderung einer „freiwilligen Rückkehr" Vorrang vor einer zwangsweisen Rückführung einräumt. Damit befindet sich die AMIF-VO im Einklang mit der Rückführungsrichtlinie, die der freiwilligen Rückkehr ebenfalls Vorrang einräumt.

2. ISF-Grenze-VO

Art. 3 IV der ISF-Grenze-VO bestimmt, dass die förderfähigen Maßnahmen in vollständigem Einklang mit den Grundrechten und unter Achtung der Menschenwürde durchzuführen sind. Diese Maßnahmen müssen insbesondere im Einklang mit den Bestimmungen der GrCh, dem Datenschutzrecht der Union, der EMRK,

---

1374 ECRE, Information Note on the Regulation (EU) No 2014/516 of the European Parliament and the Council of 16 April 2014 establishing the Asylum, Migration and Integration Fund.

dem Grundsatz der fairen Behandlung von Drittstaatsangehörigen, dem Recht auf Asyl und internationalen Schutz, dem Grundsatz der Nichtzurückweisung und den weiteren Verpflichtungen aus der GFK umgesetzt werden.

Die Mitgliedstaaten sollen sich hierbei auch „der Identifizierung schutzbedürftiger Personen, insbesondere Kinder und unbegleiteter Minderjähriger, ihrer unmittelbaren Unterstützung und ihrer Zuweisung in Schutzeinrichtungen“ widmen (Art. 3 IV der ISF-Grenze-VO).

Die nationale zuständige Behörde führt bei den Projektträgern stichprobenartige Vor-Ort-Kontrollen durch. Es sollen die ordnungsgemäße Umsetzung des Projekts sowie die Ausgaben und Verwendungsnachweise überprüft werden (Art. 27 I der ISF-Grenze-VO). Problematisch erweist sich hierbei die Überprüfung der Einhaltung der menschenrechtlichen Verpflichtungen durch die Grenzschutzbeamten bei der Durchführung der Grenzkontrollen. Dies lässt sich bei stichprobenartigen Kontrollen nicht gewährleisten.

Die ISF-Grenze-VO sieht zumindest die Schulung des Grenzschutzpersonals im Hinblick auf die Wahrnehmung ihrer Überwachungs-, Beratungs- und Kontrollaufgaben im Einklang mit den internationalen Menschenrechtsnormen als förderfähige Maßnahme vor (Art. 4 I lit. e)).

II. Vereinbarkeit mit dem Solidaritätsgrundsatz

1. AMIF

Der AMIF soll der Solidarität durch finanzielle Unterstützung für die Mitgliedstaaten Ausdruck verleihen. Das Ziel ist die „Stärkung der Solidarität und der Aufteilung der Verantwortung unter den Mitgliedstaaten, insbesondere gegenüber den von den Migrations- und Asylströmen am meisten betroffenen Mitgliedstaaten, unter anderem durch praktische Zusammenarbeit“ (Art. 3II lit. d) der AMIF-VO).

Zu den förderfähigen Maßnahmen gehören z.B. die Verbesserung der Frühwarnung, Vorsorge und Krisenbewältigung, sowie die Sammlung und der Austausch von Herkunftslandinformationen.

Der AMIF sieht auch einen Soforthilfemechanismus vor, mit dem schnell auf Migrationsdruck in Mitgliedstaaten reagiert werden kann.[1375] Art. 21 der AMIF-VO regelt die Möglichkeit einer finanziellen Unterstützung eines Mitgliedstaates in einer Notlage.

Der AMIF ist mit einem Budget von 3,137 Mio. EUR ausgestattet. Etwa 2,752 Mio. EUR werden für nationalstaatliche Programme bereitgestellt. Mindestens 40% der Mittel sollen in die Verbesserung der Unterbringungskapazitäten und der Verwaltungsstrukturen fließen. Hierbei soll ein Schwerpunkt die Verbesserung der Beratung und Erstorientierung von Flüchtlingen bilden. Zudem gilt es, die Identifizierung und Betreuung von besonders schutzbedürftigen Flüchtlingen zu stärken (vgl. 5 II lit. a) – g) der AMIF-VO).

1375 KOM(2014) 288 endgültig, S. 21.

Was das Verhältnis von den zur Verfügung stehenden Mitteln und dem Bedarf für nationale Projekte betrifft, lässt sich zumindest für Deutschland feststellen, dass ausnahmslos alle Maßnahmenbereiche und spezifischen Ziele jeweils um ein Vielfaches überzeichnet sind. Nur ein bestimmter Teil der beantragten Projekte kann mit Mitteln der EU aus dem AMIF gefördert werden.[1376]

Des Weiteren haben die Mitgliedstaaten im Rahmen der Evaluation von EUREMA die finanziellen Anreize für Neuansiedlungs- und Umsiedlungsprogramme als sehr gering eingestuft.

Daraus lässt sich entnehmen, dass der Bedarf an finanzieller Unterstützung im Bereich Asyl noch längst nicht mit den Mitteln des AMIF befriedigt worden ist.

2. *ISF-Grenze-VO*

Im Rahmen der Grenzüberwachung stehen den Mitgliedstaaten Mittel für den Aufbau von „Infrastrukturen sowie Gebäude und Systeme, die an Grenzübergangsstellen und zur Überwachung zwischen Grenzübergangsstellen erforderlich sind, um unbefugte Grenzübertritte, die illegale Einwanderung und die grenzüberschreitende Kriminalität zu bekämpfen und einen reibungslosen Reiseverkehr sicherzustellen", zur Verfügung (Art. 4 I lit. a) der ISF-Grenze-VO). Des Weiteren können „Betriebsausrüstung, Transportmittel und Kommunikationssysteme, die für wirksame und sichere Grenzkontrollen und das Aufspüren von Personen benötigt werden" gefördert werden (Art. 4 I lit. b) der ISF-Grenze-VO).

Vorgesehen ist auch eine Soforthilfe für in eine Notlage geratene Mitgliedstaaten (Art. 14 i.V.m. Art. 2 lit f) der ISF-Grenze-VO).

Sowohl der AMIF als auch der ISF-Grenze sind neue Finanzinstrumente, die noch keiner Evaluation zugänglich waren. Die vorherigen Fonds wie der EFF oder der Außengrenzenfonds wurden von der Kommission und vom Europäischen Rechnungshof evaluiert.

Der Europäische Rechnungshof veröffentlichte im Jahr 2014 einen Sonderbericht zum Europäischen Außengrenzfonds, in welchem er den EU-Mehrwert dieses Finanzinstruments für die Mitgliedstaaten (Griechenland, Spanien, Italien und in den ersten Förderjahren auch Malta) untersuchte.[1377] Geprüft wurde vor allem, ob diese Mitgliedstaaten durch eine Stärkung ihrer Kapazitäten besser in die Lage versetzt werden, ihren Aufgaben und Verpflichtungen zur Sicherung einheitlicher, wirksamer und effizienter Kontrollen an den Außengrenzen der Mitgliedstaaten der Europäischen Union bei Anwendung des Schengen Besitzstandes gerecht zu werden.

1376 BAMF, EU-Fonds Infobrief 01/2015, 30. März 2015, S. 5, online verfügbar unter <http://www.bamf.de/SharedDocs/Anlagen/DE/Publikationen/EUFondsInfobrief/2015/eu-fonds-infobrief-2015-01.pdf?__blob=publicationFile> Zugriff am 18.05.2015.

1377 Europäischer Rechnungshof, Sonderbericht 2014, online verfügbar unter <http://www.eca.europa.eu/Lists/ECADocuments/SR14_15/QJAB14015DEC.pdf> Zugriff am 18.05.2015.

Das Ergebnis der Studie war, dass der Außengrenzenfonds zu mehr finanzieller Solidarität beitrug.[1378] Der Mehrwert für die Mitgliedstaaten war jedoch aufgrund von Schwächen bei der Überwachung durch die zuständigen Behörden und gravierenden Schwächen bei der Verwaltung des Fonds begrenzt. Die Wirksamkeit des Fonds wurde durch niedrige Durchführungsquoten beeinträchtigt. Der tatsächliche Bedarf der Mitgliedstaaten an Maßnahmen war nicht ausreichend gedeckt.[1379]

Das Budget für die Förderung von Maßnahmen zum Grenzschutz ist mit 2,760 Mio. EUR höher bemessen als beim Außengrenzenfonds. Dafür müssen die Mitgliedstaaten Eurosur mit den erforderlichen Finanzmitteln aus ihrem Anteil am ISF-Fonds ausstatten, um sein ordnungsgemäßes Funktionieren sicherzustellen.

Es bleibt abzuwarten, ob die Umsetzung der Vorgaben der ISF-Grenze-VO besser gelingt und der Mehrwert für die Außengrenzstaaten sichtbar wird.

F. Gemeinsamer Grenzschutz

Gerade im Rahmen der Sicherung der europäischen Außengrenzen gewinnt die Funktion der Menschenrechte als Maßstab und Grenze des EU-Sekundärrechts an enormer Bedeutung, weil es im Zweifel um die Frage des Zugangs von Flüchtlingen zu Schutz im Hoheitsgebiet der EU geht.[1380] In den letzten Jahren ist die Zusammenarbeit der Mitgliedstaaten im Bereich des gemeinsamen Schutzes der Außengrenzen besonders in die Kritik geraten.[1381] Das Bild „Festung Europa" ist vor allem durch die gemeinsamen operativen Einsätze von Grenzschutzbeamten an den Außengrenzen der EU geprägt.[1382] Die Situation an den Seegrenzen der Mittelmeeranrainerstaaten hat sich in den letzten Jahren zusätzlich verschlimmert. Nach Angaben des UNHCR sind alleine im Jahr 2015 bei dem Versuch, die Küste der EU zu erreichen, mindestens 1.800 Menschen ertrunken.[1383] Etwa 65.000 Menschen haben diese gefährliche Überfahrt auf überfüllten und kaum seetauglichen Booten riskiert.[1384]

Der Grundsatz der Nichtzurückweisung steht der Grenzsicherung und Grenzüberwachung nicht generell entgegen.[1385] Die Mitgliedstaaten müssen bei der

---

1378 Europäischer Rechnungshof, Sonderbericht 2014, S. 6.

1379 Ebenda.

1380 *Klein/Frei*, Migration und Menschenrechte: Menschenrechte als Grenze und die Grenzen der Menschenrechte im Migrationsrecht, NVwZ 2015, 565.

1381 Statt vieler: Memorandum Flüchtlingsaufnahme in der Europäischen Union: Für ein gerechtes und solidarisches System der Verantwortlichkeit, hrsg. von Deutscher Anwaltsverein u.a., 2013, S. 3, 11ff.

1382 *Mrozek* (Fn. 1115), 394.

1383 UNHCR, UNHCR begrüßt Vorschläge der EU-Kommission, 15.05.2015, online verfügbar unter <http://www.unhcr.de/presse/nachrichten/artikel/e68855da619278e96ea0c3a9650c7f73/unhcr-begruesst-vorschlaege-der-eu-kommission.html> Zugriff am 18.05.2015.

1384 UNHCR, UNHCR begrüßt Vorschläge der EU-Kommission, 15.05.2015.

1385 *Thym* (Fn. 45), Art. 77 AEUV Rdnr. 9.

Durchführung von Grenzkontrollen aber darauf achten, dass sie nicht gegen diesen Grundsatz verstoßen.

In den folgenden Ausführungen wird die Vereinbarkeit der bestehenden mitgliedstaatlichen Maßnahmen zum Schutze der gemeinsamen Grenzen mit den Grundrechten der Betroffenen geprüft.

I. Vereinbarkeit mit menschenrechtlichen Vorgaben

Die Grenze der Zusammenarbeit im Bereich des Grenzschutzes ist überschritten, wenn Grundrechte oder das internationale Flüchtlingsrecht durch gemeinsame Maßnahmen verletzt werden.[1386] Dies gilt für Grenzkontrollen auf dem gesamten Hoheitsgebiet der EU und damit auch auf Hoher See.[1387] Der EGMR hat in *Hirsi* betont, dass die Konventionsstaaten sich ihrer Verpflichtung, effektiven Schutz vor *Refoulement* zu gewähren, nicht dadurch entziehen dürfen, dass sie Schutzsuchenden den Zugang zum eigenen Territorium verweigern.[1388]

1. Die Aktivitäten von Frontex

Im Schrifttum wird vor allem die Praxis von *push-backs* bei der Durchführung von gemeinsamen Einsätzen kritisiert.[1389] Des Weiteren erweise sich die Zuordnung von Verantwortlichkeiten für die im Rahmen gemeinsamer Einsätze erfolgten Menschenrechtsverletzungen als sehr problematisch.[1390] Frontex hat sich in der Vergangenheit an *push-backs* beteiligt. Die Agentur ist jedoch seit ihrer Reform 2011 bemüht, ihr Image aufzubessern und menschenrechtliche Standards in ihre Arbeit aufzunehmen. Seit 2011 sieht die Frontex-VO in Art. 26 auch die Entwicklung einer Grundrechtestrategie vor. So soll ein Mechanismus eingeführt werden, „mit dem die Einhaltung der Grundrechte bei allen Tätigkeiten der Agentur überwacht wird“ (Art. 26a I 2 der Frontex-VO). Inzwischen hat die Agentur eine Grundrechtestrategie entwickelt, ein Konsultationsforum eingerichtet und eine Grundrechtsbeauftragte ernannt.

a) Durchsetzung der Rechtspflichten/Rechtsschutzmechanismen

Entscheidend für die Prüfung der Vereinbarkeit der Aktivitäten von Frontex mit menschenrechtlichen Vorgaben ist die Frage nach der Durchsetzung der Rechtspflichten zur Achtung des internationalen Flüchtlingsrechts.[1391] Eine rechtliche Verantwortung der Agentur ist nur begründet, wenn ihr Wirken eine verbindliche

1386 Ebenda.

1387 *Thym* (Fn. 45), Art. 77 AEUV Rdnr. 9; *Fischer-Lescano/Tohidipur,* Europäisches Grenzkontrollregime. Rechtsrahmen der europäischen Grenzschutzagentur FRONTEX, ZaöRV 2007, 1248.

1388 *Hirsi* (Fn. 487), Rdnr. 122.

1389 *Haarhuis* (Fn. 1153), 12.

1390 *Fischer-Lescano/Tohidipur* (Fn. 1387), 1263f.

1391 *Fischer-Lescano/Tohidipur* (Fn. 1387), 1257.

Rechtswirkung entfaltet und subjektiv geschützte Rechtspositionen von Betroffenen tangiert.[1392]

Regelmäßig wird die Erstellung von Risikoanalysen oder die Ausführung allgemeiner Kooperationen keine Rechtswirkung entfalten. Frontex ist auch im Schwerpunkt für die Koordinierung und Organisation der gemeinsamen Einsätze an den Außengrenzen der EU zuständig.

Etwas anderes gilt aber, wenn die Agentur den Einsatz von Soforteinsatzteams leitet, die auch über Exekutivbefugnisse in den Einsatzländern verfügen. Gerade wenn die Migrationsbewegungen an den Außengrenzen zunehmen, gewinnt der Einsatz von Soforteinsatzteams zu Grenzsicherungszwecken an Bedeutung. Der erste Einsatz eines Soforteinsatzteams unter der Führung von Frontex erfolgte im Jahre 2010 in Griechenland.[1393] Während zahlreiche Mitgliedstaaten die Überstellung von Asylbewerbern nach Griechenland nach dem Urteil des EGMR in *M.S.S.* aussetzten, sandten sie gleichzeitig nationale Polizeieinheiten für den Rabit-Einsatz nach Griechenland.[1394]

Nach einem Bericht von *Human Rights Watch* wurden bei diesem Einsatz, der von Frontex selbst als voller Erfolg eingestuft wurde, Flüchtlinge beim Übertreten der Evros-Grenze von Rabit-Einsatzkräften aufgegriffen und den griechischen Behörden übergeben, die sie dann vier Monate lang unmenschlichen und erniedrigenden Haftbedingungen aussetzten.[1395] Die Rabit-Einsatzkräfte hätten die Flüchtlinge in die Haftlager transportiert und sie dort der unmenschlichen und erniedrigenden Behandlung ausgesetzt.[1396] Es wurde auch von Fällen berichtet, in denen Menschen mit Schüssen daran gehindert wurden, sich der griechischen Grenze zu nähern.[1397]

Die FRA behauptete dagegen in ihrem Bericht über die Lage an den Landesgrenzen Griechenlands, dass der Einsatz der Soforteinsatzteams das Risiko von *push-backs* in die Türkei verringert und zur Verbesserung der Identifizierung von schutzbedürftigen Personen unter den unrechtmäßig eingereisten Personen geführt habe.[1398] Gleichzeitig bemängelt die FRA die unmenschlichen Bedingungen, unter

---

1392 Ebenda, S. 1265.

1393 Frontex, News: Frontex deploys Rapid Border Intervention Teams to Greece, 25.10.2010, online verfügbar unter <http://frontex.europa.eu/news/frontex-deploys-rapid-border-intervention-teams-to-greece-PWDQKZ> Zugriff am 24.04.2015.

1394 *Troller,* An den Grenzen des Rechts. Deutsche Polizisten sollten nicht länger dabei helfen, Asylbewerber in griechische Gefängnisse zu schaffen, Süddeutsche Zeitung vom 8. Februar 2011.

1395 Human Rights Watch, The EU's Dirty Hands. Frontex Involvement in Ill-Treatment of Migrant Detainees in Greece, September 21, 2011, S. 2, online verfügbar unter <http://www.hrw.org/node/101671/section/1> Zugriff am 25.04.2015.

1396 Ebenda.

1397 *Von Boemcken/Vollmer* (Fn. 1172).

1398 FRA, Coping with a fundamental rights emergency. The situation of persons crossing the Greek land border in an irregular manner, 2011, S. 20 und 24.

denen Schutzsuchende in Griechenland untergebracht werden.[1399] Frontex trage jedoch in dieser Hinsicht keine Verantwortung, da ihr Mandat von Frontex nicht ein Einwirken auf die Aufnahmebedingungen in Griechenland umfasse.[1400]

Die Frontex-VO verortet die rechtliche Verantwortlichkeit für die Maßnahmen von Einsatzbeamten bei dem jeweiligen Einsatzmitgliedstaat (Art. 10b und 10c der Frontex-VO). Gleichzeitig bestimmt Art. 1 II Ua. 2 der Frontex-VO, dass die Arbeit der Agentur im Einklang mit den Grundrechten und den menschenrechtlichen Verpflichtungen zum Schutze von Flüchtlingen zu erfolgen hat.

Im März 2012 leitete der damalige Europäische Ombudsmann, P. Nikiforos Diamandouros, eine Initiativuntersuchung zur Prüfung der Frage ein, inwieweit Frontex die Bestimmungen der Frontex-VO zur Erfüllung seiner Verpflichtungen nach der GrCh erfolgreich umsetzt.[1401]

Die Rechtsschutzfunktion des Europäischen Ombudsmann oder Ombudsfrau ist für den Tätigkeitsbereich von Frontex in Art. 28 V der Frontex-VO festgehalten.[1402] Unionsbürgern ist in Art 43 GrCh die Möglichkeit eines außergerichtlichen Beschwerderechts beim Europäischen Ombudsmann oder der Ombudsfrau garantiert. Gegenstand einer Beschwerde kann gemäß Art. 228 AEUV, Art. 43 GrCh jede Rechtsverletzung durch ein Organ der EU oder durch eine ausführende Verwaltungsstelle der EU sein. Die Untersuchung des damaligen Bürgerbeauftragten im Jahr 2012, die aufgrund von zahlreichen Beschwerden initiiert wurde, ergab, dass „innerhalb von Frontex kein Verfahren vorgesehen ist, um Einzelfälle von Verstößen gegen die Grundrechte zu behandeln, die mutmaßlich im Rahmen der Arbeit der Agentur begangen wurden." Betroffenen sei es daher nicht möglich, sich mit ihren Beschwerden direkt an Frontex zu wenden.[1403]

In seiner Empfehlungsentscheidung vom 09.04.2013 setzte sich der Bürgerbeauftragte dafür ein, dass die Grundrechtsbeauftragte von Frontex die möglichen Beschwerden über Verletzungen der Grundrechte im Rahmen aller Tätigkeiten von Frontex prüft.[1404]

1399 Ebenda, S. 25.

1400 Ebenda, S. 9.

1401 Der Europäische Bürgerbeauftragte, Zusammenfassung der Entscheidung in der Initiativuntersuchung OI/5/2012/BEH-MHZ betreffend die Europäische Agentur für die operative Zusammenarbeit an den Außengrenzen der Mitgliedstaaten der Europäischen Union (Frontex), Entscheidung vom 12.11.2013, online verfügbar unter <http://www.ombudsman.europa.eu/de/cases/summary.faces/de/52496/html.bookmark> Zugriff am 27.04.2015.

1402 *Lehnert,* Frontex und operative Maßnahmen an den Europäischen Außengrenzen, 2014, S. 480.

1403 Ebenda.

1404 European Ombudsman, Letter from the European Ombudsman to the Frontex concerning his draft recommendation – OI/5/2012/BEH-MHZ, online verfügbar unter <http://www.ombudsman.europa.eu/de/cases/correspondence.faces/de/49848/html.bookmark> Zugriff am 27.04.2015.

Dieser Empfehlung kam Frontex nicht nach. Die Grundrechtsbeauftragte sei nicht befugt, über externe Individualbeschwerden zu befinden. Für individuelle Beschwerden seien letztlich die Mitgliedstaaten verantwortlich, auf deren Hoheitsgebiet sich der Vorfall ereigne.[1405]

Daraufhin beschloss der Bürgerbeauftragte, einen Sonderbericht für das Europäische Parlament zu erstellen, um über die Nichtberücksichtigung der Empfehlung zu informieren. Das Europäische Parlament soll Frontex davon überzeugen, der Empfehlung nachzukommen und ein eigenes Beschwerdeverfahren einzurichten.[1406] Das Europäische Parlament hat noch keine Stellungnahme zu diesem Sonderbericht abgegeben.[1407]

Die Ansicht des Bürgerbeauftragten wurde von der Parlamentarischen Versammlung des Europarates in ihrer Resolution mit dem Titel *„Frontex: human rights responsibilities“* bestätigt.[1408] Frontex müsse bei ihrer Tätigkeit sicherstellen, dass Personen, die internationalen Schutzes bedürfen, einschließlich Opfern von Menschenhandel und unbegleiteten Minderjährigen und anderen besonders schutzbedürftigen Personen, identifiziert werden, und dass diesen Personen eine angemessene Unterstützung, wie Zugang zu Asyl und andere Formen des Schutzes bereitgestellt wird.[1409] Gemeinsame Aktionen sollten ausgesetzt oder abgebrochen werden, wenn Verstöße gegen Menschenrechte bekannt werden. Frontex müsse anerkennen, dass sie zumindest Mitverantwortung für die von ihr koordinierten Einsätze trägt.[1410] Die Parlamentarische Versammlung forderte die EU auf, die Verantwortlichkeit von Frontex klarzustellen und ein Beschwerdeverfahren für Einzelpersonen einrichten, die der Auffassung sind, dass ihre Rechte durch Frontex verletzt wurden.[1411] Die Durchsetzung der Rechtspflichten während der gemeinsamen Einsätze soll Frontex zu Folge nur nach dem Recht des Einsatzmitgliedstaates gewährleistet werden. Es wird bezweifelt, dass dies in der Realität gelingt, denn es

1405 Der Europäische Bürgerbeauftragte, Sonderbericht der Europäischen Bürgerbeauftragten zur Initiativuntersuchung OI/5/2012/BEH-MHZ betreffend Frontex, Rdnr. 17, online verfügbar unter <http://www.ombudsman.europa.eu/de/cases/specialreport.faces/de/52465/html.bookmark> Zugriff am 19.05.2015.

1406 Europäischer Bürgerbeauftragter, Sonderbericht der Europäischen Bürgerbeauftragten zur Initiativuntersuchung OI/5/2012/BEH-MHZ betreffend Frontex vom 07.11.2013, online verfügbar unter <http://www.ombudsman.europa.eu/de/cases/specialreport.faces/de/52465/html.bookmark> Zugriff am 27.04.2015.

1407 Auf der Homepage des Europäischen Parlaments heißt es „Awaiting committee decision“ <http://www.europarl.europa.eu/oeil/popups/ficheprocedure.do?lang=&reference=2014/2215%28INI%29#technicalInformation> Zugriff am 27.04.2015.

1408 Parliamentary Assembly, Resolution 1932 (2013), final version, online verfügbar unter <http://assembly.coe.int/nw/xml/XRef/Xref-XML2HTML-en.asp?fileid=19719&lang=en> Zugriff am 18.05.2015.

1409 Resolution 1932 (2013), Ziffer 7.1.

1410 Resolution 1932 (2013), Ziffer 7.4 und 8.2.

1411 Resolution 1932 (2013), Ziffer 9.3 und 9.5.

sind zu viele Fälle von Rechtsverstößen an den Außengrenzen der EU vorgefallen und bekannt geworden. Nur wenige Fälle, wie etwa *Hirsi*, fanden ihren Weg zum EGMR oder EuGH.

Für das Handeln von Frontex fehlt es an einem effektiven Mechanismus, durch welchen auf mitgliedstaatlicher Ebene die Einhaltung der Menschenrechte forciert werden kann.[1412] Das Fehlen eines Beschwerdeverfahrens ist mit Art. 13 EMRK und Art. 47 GrCh nicht zu vereinbaren, sofern Betroffenen eine Verletzung ihrer Rechte aus Art. 3 EMRK, bzw. Art. 4 oder Art. 19 II GrCh droht.

Sollte die EU der EMRK demnächst beitreten, wird Frontex zudem der Gerichtsbarkeit des EGMR unterstellt.[1413]

b) Rechtsschutz bei gemeinsamen Rückführungsaktionen

Auch bei gemeinsamen Rückführungsaktionen kann es zu Verstößen gegen menschenrechtliche Verpflichtungen zum Schutze der Betroffenen kommen. Nach Angaben der Europäischen Bürgerbeauftragten sind seit 1991 bei Rückführungen mindestens 15 Menschen während der Zwangsmaßnahmen an den Folgen von Gewaltanwendung gestorben.[1414]

Die jetzige Europäische Ombudsfrau, Emily O'Reilly, leitete im Oktober 2014 eine Untersuchung ein um die Frage zu klären wie Frontex sicherstellt, dass die Grundrechte von Migranten geachtet werden, die bei gemeinsamen Rückführungsaktionen in ihre Herkunftsländer abgeschoben werden.[1415] Insbesondere sollte untersucht werden, wer die Verantwortung für das Wohlergehen der Rückkehrer während der Flüge trägt und wie eine unabhängige Überwachung während der Rückführungsaktionen gewährleistet werden kann.[1416]

Frontex Antwort war, dass es bisher keine Beschwerden von Seiten der zurückgeführten Personen gab und dass es nur drei Fälle gegeben hätte, bei denen es zu einer Gewaltanwendung kam.[1417] Hinsichtlich der Abschiebebeobachtung gab Frontex zu,

---

1412 *Langford* (Fn. 961), 250.

1413 Ebenda, S. 229.

1414 Europäische Ombudsfrau, Decision of the European Ombudsman closing her own-initiative inquiry OI/9/2014/MHZ concerning the European Agency for the Management of Operational Cooperation at the External Borders of the Member States of the European Union (Frontex), Rdnr. 28, online verfügbar unter <http://www.ombudsman.europa.eu/cases/decision.faces/en/59740/html.bookmark> Zugriff am 19.05.2015.

1415 European Ombudsman, Grundrechte und Abschiebung: Ombudsfrau startet Untersuchung, Pressemitteilung vom 22.10.2014 (*Untersuchung der Europäischen Ombudsfrau*), <http://www.ombudsman.europa.eu/en/press/release.faces/de/58136/html.bookmark;jsessionid=405842E4F2A05166009A02A32D16ED20> Zugriff am 30.04.2015.

1416 *Untersuchung der Europäischen Ombudsfrau*, Pressemitteilung vom 22.10.2014.

1417 Europäische Ombudsfrau, Decision of the European Ombudsman closing her own-initiative inquiry OI/9/2014/MHZ concerning the European Agency for the

dass in vielen Mitgliedstaaten keine unabhängigen Abschiebebeobachter während der Rückführungsaktion physisch anwesend sind, dies jedoch nicht zur Folge habe, dass keine Überwachung der Aktionen vorgenommen wird. Die Überwachung der Rückführungsaktionen erfolge nach dem Recht des Mitgliedstaates, der für die Abschiebung zuständig ist.[1418]

Die Ombudsfrau stellte zunächst fest, dass es gemeinsame Rückführungsaktionen gab, an denen weder Vertreter von Frontex noch unabhängige Abschiebebeobachter physisch zugegen waren.[1419] Sie empfahl die Hinzuziehung von unabhängigen Abschiebebeobachtern bei jeder gemeinsamen Rückführungsaktion.[1420]

Des Weiteren ließe es der Frontex Verhaltenskodex für gemeinsame Rückführungsaktionen offen, wie Frontex-Mitarbeiter bei Feststellung einer Menschenrechtsverletzung während einer gemeinsamen Rückführungsaktion zu reagieren haben.[1421] Die Mitarbeiter müssten daher eindeutige Vorgaben zur Vorgehensweise bei Feststellung von Grundrechtsverstößen erhalten.[1422]

Des Weiteren wird Frontex empfohlen, einen Mechanismus für die Bearbeitung von Beschwerden über Verstöße gegen die Grundrechte bei gemeinsamen Rückführungen einzurichten. Die Europäische Ombudsfrau bedaure es sehr, dass Frontex den Empfehlungen des vorherigen Europäischen Ombudsmanns zur Einrichtung eines wirksamen Beschwerdemechanismus für alle Frontex Aktivitäten nicht gefolgt ist.[1423]

Es müsse sichergestellt werden, dass Menschenrechtsverletzungen, die während gemeinsamer Rückführungen stattfinden, zumindest auf mitgliedstaatlicher Ebene verfolgt und geahndet werden. Daher sei es notwendig, dass Frontex ein *follow-up* Verfahren etabliert und regelmäßig Rechenschaft von den zuständigen nationalen Behörden einfordert.[1424]

c) Ergebnis

Durch das klare Bekenntnis der Frontex-VO zu menschen- und flüchtlingsrechtlichen Standards wird deutlich, dass die Agentur die Beachtung fundamentaler Rechte als integralen Teil der Grenzsicherung begreift.[1425]

Management of Operational Cooperation at the External Borders of the Member States of the European Union (Frontex), Rdnr. 12.

1418 Europäische Ombudsfrau, Decision of the European Ombudsman closing her own-initiative inquiry OI/9/2014/MHZ concerning the European Agency for the Management of Operational Cooperation at the External Borders of the Member States of the European Union (Frontex), Rdnr. 14.

1419 Ebenda, Rdnr. 27.

1420 Ebenda, Rdnr. 57 E.

1421 Ebenda, Rdnr. 29.

1422 Ebenda, Rdnr. 30.

1423 Ebenda, Rdnr. 33.

1424 Ebenda, Rdnr. 57 H.

1425 *Neumann* (Fn. 1151), 32.

Problematisch ist dennoch, dass es Frontex an einem Mechanismus, durch welchen auf mitgliedstaatlicher Ebene die Einhaltung Menschenrechte forciert werden kann, fehlt.[1426] Es ist das selbsterklärte Ziel der Agentur, einen solchen Mechanismus einzuführen, „mit dem die Einhaltung der Grundrechte bei allen Tätigkeiten der Agentur überwacht wird" (Art. 26a I 2 der Frontex-VO).

Des Weiteren gilt es, einen Mechanismus für die Bearbeitung von Beschwerden über Verstöße gegen die Grundrechte bei gemeinsamen Rückführungen einzurichten. Die Europäische Ombudsfrau hat zutreffend festgestellt, dass sichergestellt werden muss, dass Menschenrechtsverletzungen, die während gemeinsamer Rückführungen stattfinden, zumindest auf mitgliedstaatlicher Ebene verfolgt und geahndet werden.[1427] Die Frage nach der Zurechnung von Verhalten während gemeinsamer Einsätze unter der Leitung von Frontex ist auch weiterhin nicht ausreichend geklärt. Sie bedarf der Klärung, weil davon auch der Zugang Betroffener zu Rechtsschutz abhängt.[1428] In Ziffer 13 der Grundrechtestrategie heißt es zwar, Frontex trage im Einsatz die Verantwortung als Koordinatorin im Rahmen ihres Mandates. Diese Positionierung in der eigenen Grundrechtsstrategie ist jedoch nicht ausreichend, weil es sich dabei nur um eine allgemeine Zielvorgabe handelt, die der Bedeutung der rechtlichen Haftung nicht gerecht wird.[1429]

Die Grundrechtebeauftragte hat zu wenige Kompetenzen, um eine effektive Umsetzung der menschenrechtlichen Vorgaben bei den Aktivitäten von Frontex zu kontrollieren. Ihre Rolle beschränkt sich auf Monitoring und Berichterstattung an den Verwaltungsrat.[1430] Sie sollte daher wie vom Europäischen Ombudsmann vorgeschlagen, die Funktion einer Beschwerdeinstanz erfüllen, um die Einhaltung der Menschenrechte bei gemeinsamen Einsätzen besser durchsetzen zu können.[1431]

Frontex ist befugt, eine gemeinsame Aktion abzubrechen, wenn währenddessen Menschenrechtsverletzungen stattfinden. Diese Möglichkeit sollte ausgeschöpft werden, weil damit auch Druck auf die Mitgliedstaaten zur Einhaltung der Menschenrechte ausgeübt werden kann.

Zusammenfassend lässt sich feststellen, dass der Daseinsgrund der Agentur immer noch die Sicherung der Außengrenzen ist.[1432] Der Schutz der Menschenrechte ist nicht vom Mandat der Agentur umfasst. Frontex kann aber eine wichtige Rolle bei der Durchsetzung der Menschenrechte im Rahmen gemeinsamer Maßnahmen zum Schutze der Außengrenzen übernehmen. Gemäß Art. 5 Ua. 2 der Frontex-VO ist die

---

1426 *Langford* (Fn. 961), 250.

1427 Europäische Ombudsfrau, Decision of the European Ombudsman closing her own-initiative inquiry OI/9/2014/MHZ concerning the European Agency for the Management of Operational Cooperation at the External Borders of the Member States of the European Union (Frontex), Rdnr. 57 H.

1428 *Neumann* (Fn. 1151), 32.

1429 Ebenda, 27.

1430 *Langford* (Fn. 961), 260.

1431 *Neumann* (Fn. 1151), 32.

1432 *Langford* (Fn. 961), 262.

Agentur für die Schulung von Grenzschutzteams vor der Teilnahme an operativen Maßnahmen verantwortlich. Diese Schulungen sollen auch Inhalte zur Wahrung der Grundrechte und des internationalen Schutzes vermitteln. Damit eröffnet sich für Frontex die Möglichkeit, auf die Einsatzsituationen abgestimmtes Lehrmaterial zu entwickeln, welches auch die materiellen Pflichten zum Schutze von Flüchtlingsrechten an die teilnehmenden Grenzschutzbeamten vermittelt.[1433]

2. *Eurosur*

Der Zweck des Überwachungssystems Eurosur ist die Aufdeckung, Prävention und Bekämpfung von illegaler Einwanderung und grenzüberschreitender Kriminalität. Das Überwachungssystem soll nur unter vollständiger Einhaltung der Grundrechte, insbesondere dem Grundsatz der Nichtzurückweisung und der Achtung der Würde des Menschen sowie der Datenschutzerfordernisse angewendet werden (Erwägungsgrund Nr. 1 und Art. 2 IV der Eurosur-VO).

Anhand von Eurosur sollen Flüchtlingsboote auch schneller geortet und Menschen in Seenot gerettet werden können (Art. 1 der Eurosur-VO). Wie die Rettung von in Not geratenen Personen koordiniert werden soll und wie mit Geretteten vorzugehen ist, regelt die Eurosur-VO nicht.[1434] Art. 2 III der Eurosur-VO schließt „rechtliche oder administrative Maßnahmen jeglicher Art im Rahmen von Abfangmaßnahmen aus. Die Suche und die Rettung von Menschen sind aus dem Anwendungsbereich der Eurosur-VO ausgeschlossen.[1435]

Die Eurosur-VO gibt den Mitgliedstaaten nur vor, „den besonderen Bedürfnissen von Kindern, unbegleiteten Minderjährigen, Opfern des Menschenhandels, Personen, die dringend medizinische Versorgung benötigen, Personen, die internationalen Schutz benötigen, Personen in Seenot und anderen Personen, die sich in einer besonders schwierigen Situation befinden", Vorrang einzuräumen (Art. 2 IV der Eurosur-VO).

Nach Art. 5 III lit. b) der Eurosur-VO sind die Mitgliedstaaten bei Auffinden von in Seenot geratenen Schiffen verpflichtet, die nationalen Such- und Rettungsbehörden zu informieren. Eine Verpflichtung zur Rettung der in Not geratenen Menschen wird nicht aufgestellt.

Die Suche und Rettung auf See verbleibt damit in der Zuständigkeit der Mitgliedstaaten, während der Beitrag von Eurosur zur Rettung von Menschenleben auf dem Mittelmeer auf eine mögliche Früherkennung von Booten in Notsituationen beschränkt bleiben wird.[1436]

1433 *Neumann* (Fn. 1151), 22.

1434 *Hayes/Vermeulen* (Fn. 1235), S. 46.

1435 European Commission, Commission Staff Working Paper dated 12.12.2011 - Impact Assessment accompanying the Proposal for a Regulationof the European Parliament and of the Council establishing the European Border Surveillance System (EUROSUR), SEC(2011) 1538 final, S. 24.

1436 *Hayes/Vermeulen* (Fn. 1235), S. 45f.

3. Seeaußengrenzen-VO

Wie bereits festgestellt, sind die Rechte aus der GFK, der EMRK und der Grundrechtecharta auch bei Einsätzen im extraterritorialen Bereich zu achten, soweit die Mitgliedstaaten hierbei Hoheitsgewalt ausüben. In *Hirsi* bejahte der EGMR zum ersten Mal auch die extraterritoriale Anwendbarkeit von Art. 4 Prot. Nr. 4 EMRK.[1437]

Die EU hat mit der Verabschiedung der Seeaußengrenzen-VO einen normativ legitimierenden Rahmen für Einsätze auf Hoher See geschaffen.[1438]

Ihr liegt das Verständnis zu Grunde, dass die Grenzüberwachung sich nicht auf die Aufdeckung irregulärer Einreiseversuche beschränkt, sondern auch Schritte wie das Abfangen von Schiffen umfasst.[1439] Bei allen Maßnahmen ist jedoch die Sicherheit der abgefangenen oder geretteten Personen und der Seeeinsatzkräfte stets zu gewährleisten (Art. 3 der Seeaußengrenzen-VO).

Fraglich ist, ob die Vorgaben, die der EGMR in *Hirsi* gemacht hat, tatsächlich in der Seeaußengrenzen-VO wirksam umgesetzt worden sind. Der EGMR befand in *Hirsi*, dass die Überführung der Schutzsuchenden nach Libyen in Kenntnis der dort vorherrschenden menschenrechtswidrigen Haft- und Lebensbedingungen für Asylbewerber eine eigenständige Verletzung von Art. 3 EMRK begründe.[1440] Wie bereits bei *M.S.S.* und *Saadi* betont der EGMR auch in *Hirsi*, dass die bloße Ratifizierung von internationalen Abkommen zum Schutze von Menschenrechten nicht ausreichend ist, um einen Verstoß gegen Art. 3 EMRK abzuwenden.[1441]

Der Abschiebeschutz von Art. 3 EMRK sei absolut und setze auch nicht voraus, dass Schutzbedürftige auf Hoher See explizit einen Antrag auf Asyl stellen.[1442] Die italienischen Behörden hätten sich angesichts der systematischen Menschenrechtsverletzungen, die den Flüchtlingen in Libyen drohten, über die Behandlung vergewissern müssen, der die Flüchtlinge nach ihrer Rückführung ausgesetzt sein würden.[1443]

Art. 4 der Seeaußengrenzen-VO stellt die zentrale Norm zum Schutz der Grundrechte dar. Sie soll die *Hirsi*-Rechtsprechung des EGMR umsetzen.[1444] Sie bestimmt, dass bei allen Maßnahmen, die die Mitgliedstaaten nach der Seeaußengrenzen-VO vornehmen dürfen, sie immer auch den Grundsatz der Nichtzurückweisung und das Verbot der Folter oder einer anderen unmenschlichen oder erniedrigenden Strafe oder

1437 *Hirsi* (Fn. 487), Rdnr. 169.

1438 *Mrozek* (Fn. 1115), 398.

1439 Europäische Kommission, Vorschlag für eine Verordnung des Europäischen Parlaments und des Rates zur Festlegung von Regelungen für die Überwachung der Seeaußengrenzen im Rahmen der von der Europäischen Agentur für die operative Zusammenarbeit an den Außengrenzen der Mitgliedstaaten der Europäischen Union koordinierten operativen Zusammenarbeit, KOM(2013) 197 endgültig, S. 4.

1440 *Hirsi* (Fn. 487), Rdnr. 125.

1441 Ebenda, Rdnr. 128–130.

1442 Ebenda, Rdnr. 133.

1443 Ebenda.

1444 *Carrera/Den Hertog* (Fn. 1136), S. 10; KOM(2013) 197 endgültig, S. 5.

Behandlung beachten müssen. Personen dürfen nicht in ein Land ausgeschifft, einzureisen gezwungen oder verbracht werden, wenn für sie in diesem Drittstaat die ernsthafte Gefahr für einen Verstoß ihrer Rechte aus der GFK, EMRK und GrCh besteht.

Des Weiteren bejahte der EGMR in *Hirsi* einen Verstoß gegen Art. 4 Prot. 4 EMRK, weil die italienischen Grenzschützer keine individuelle Prüfung von Anträgen oder Identifizierung von Personen vor der Rückführungsentscheidung vorgenommen haben.[1445] Kollektive Ausweisungsentscheidungen seien nur dann mit Art. 4 Prot. 4 EMRK vereinbar, wenn jeder Betroffene vor den zuständigen Behörden individuell die Argumente vortragen konnte, die gegen seine Ausweisung sprechen.[1446]

Dem EGMR genügte festzustellen, dass die Grenzschützer nicht „darin ausgebildet waren, individuelle Gespräche zu führen, und ihnen weder Dolmetscher noch Rechtsberater zur Seite standen", um davon überzeugt zu sein, „dass es keine ausreichende Garantie einer wirksamen und differenzierten Prüfung der individuellen Lage eines jeden Betroffenen gegeben hat".[1447]

Jede Rückführungsentscheidung bedarf somit einer individuellen Prüfung der Schutzbedürftigkeit der betroffenen Person, unabhängig davon, ob sie im Hoheitsgebiet eines Konventionsstaates oder auf Hoher See erfolgt.[1448]

Das Verfahren zur Prüfung der Schutzbedürftigkeit ist auch an gewisse Mindeststandards gebunden. Erforderlich ist ein individuelles Gespräch durch geschultes Personal und die Möglichkeit der Heranziehung eines Dolmetschers und Rechtsberaters.[1449] Des Weiteren muss den Betroffenen auch die Möglichkeit der Beschwerde gegen die Versagung des Schutzes eröffnet werden (Art. 13 EMRK i.V.m. Art. 3 EMRK).

Bei diesen hohen Anforderungen an das Verfahren zur Identifizierung der Schutzbedürftigkeit erscheint es sehr fragwürdig, dass sie überhaupt an Bord eines Schiffes erfüllt werden können. Manche Autoren sind daher der Ansicht, dass Flüchtlinge, die sich an Bord eines abgefangenen Schiffes oder Bootes befinden, „grundsätzlich nicht in den Ausgangshafen, sondern in den nächstgelegenen europäischen Hafen gebracht werden müssen".[1450] Dies stelle die einzige Option für die Einsatzkräfte gemeinsamer Operationen dar, ihrer Verpflichtung nachzukommen, jedem Menschen unter allen Umständen einen Asylantrag zu ermöglichen.[1451]

Nach der Seeaußengrenzen-VO dürfen Schiffe im Küstenmeer eines Mitgliedstaates oder auf Hoher See (vorbehaltlich der Genehmigung durch den Flaggenstaat) nur abgefangen werden, wenn ein begründeter Verdacht besteht, dass sie für die Schleusung von Menschen benutzt werden (Art. 6 und 7 der Seeaußengrenzen-VO).[1452] Ist

---

1445 *Weber* (Fn. 659), 268.

1446 *Hirsi* (Fn. 487), Rdnr. 184.

1447 Ebenda, Rdnr. 185.

1448 *Reinhardt* (Fn. 759), 343.

1449 *Hirsi* (Fn. 487), Rdnr. 184; *Reinhardt* (Fn. 759), 343.

1450 *Reinhardt* (Fn. 759), 344; *Moreno-Lax, Hirsi Jaama and Others v. Italy of the Strasbourg Court versus Extraterritorial Migration Control?*, HRLR, 2012, 590ff.

1451 Ebenda.

1452 KOM(2013) 197 endgültig, S. 6.

der Beweis erbracht, dass das Schiff zur Schleusung verwendet wird, dann erlaubt Art. 7 lit. c) Seeaußengrenzen-VO als Maßnahme auch die Beförderung des Schiffes und der in ihm befindlichen Menschen an einen Drittstaat oder die Überstellung des Schiffes an die Behörden eines Drittstaates.

Wird ein Schiff dagegen auf Hoher See abgefangen, so kann die Ausschiffung grundsätzlich in einen Drittstaat erfolgen, von dem aus das Schiff mutmaßlich ausgelaufen ist. Ist dies nicht möglich, z.B. weil in dem Drittstaat eine Art. 4 GrCh missachtende Behandlung für die an Bord befindlichen Menschen droht, dann soll die Ausschiffung in den naheliegenden Mitgliedstaat erfolgen (Art. 10 lit. b) der Seeaußengrenzen-VO).

Art. 4 II der Seeaußengrenzen-VO bestimmt, dass eine Ausschiffung in einen Drittstaat nur erfolgen darf, wenn der Einsatzmitgliedstaat im Rahmen der Planung eines Seeeinsatzes die allgemeine Lage in diesem Drittstaat berücksichtigt hat. Dabei soll die allgemeine Lage anhand von „Informationen aus einer großen Bandbreite von Quellen, zu denen andere Mitgliedstaaten, die Einrichtungen, Ämter und Agenturen der Union und einschlägige internationale Organisationen gehören können" beurteilt werden. Für die Beurteilung der allgemeinen Lage sollen auch bestehende bilaterale Vereinbarungen und Projekte im Bereich Migration und Asyl mit dem Drittstaat berücksichtigt werden.

Zu dem Verfahren zur Identifizierung der Schutzbedürftigkeit bestimmt Art. 4 III der Seeaußengrenzen-VO, dass die Einsatzkräfte „die Identität der abgefangenen oder geretteten Personen" feststellen, „ihre persönliche Situation" bewerten und sie „über ihren Zielort in einer Weise informieren, die die betreffenden Personen verstehen oder bei der vernünftigerweise davon ausgegangen werden kann, dass sie sie verstehen". Den Betroffenen muss zudem Gelegenheit geboten werden, ihre Einwände gegen die Ausschiffung hervorzubringen.

Es dürfte nicht schwer fallen den Betroffenen verständlich zu machen, in welches Land sie verbracht werden sollen (z.B. durch Aufzeigen der geografischen Lage des Landes auf einer Karte). Fraglich ist, wie die Einsatzkräfte sicherstellen wollen, dass diese Personen ihre Einwände gegen die Verbringung in einem Drittstaat verständlich und effektiv vorbringen können.[1453] In solchen Schiffen werden sich regelmäßig Menschen verschiedener Nationalitäten, die unterschiedliche Sprachen sprechen und verstehen, befinden. Die Seeaußengrenzen-VO lässt die Möglichkeit der Heranziehung von Dolmetschern und Rechtsberatern im Ermessensspielraum von Frontex (Art. 4 III Ua.2 der Seeaußengrenzen-VO).

Daher wird der Mangel an Dolmetschern und Rechtsberatern auf den Einsatzschiffen kritisiert.[1454] Es sei unklar, wie die Verständigung mit den an Bord befindlichen Personen gelingen soll.[1455] Die Übersetzung oder Rechtsberatung sei nur über

1453 *Reinhardt* (Fn. 759), 346.
1454 *Carrera/Den Hertog* (Fn. 1136), S. 11; *Reinhardt* (Fn. 759), 346.
1455 *Reinhardt* (Fn. 759), 346.

Funk sichergestellt.[1456] Unter diesen Voraussetzungen sei eine individuelle Prüfung der Schutzbedürftigkeit an Bord nicht möglich.[1457]

Dieser Ansicht ist insoweit zuzustimmen, als die Seeaußengrenzen-VO nur unzureichende Vorgaben zur Verständigung mit und den juristischen Beistand von schutzbedürftigen Personen macht. Eine individuelle Prüfung der Einwände über Funk erfüllt nicht die hohen Anforderungen des EGMR an Verfahrensgarantien, die eine verbotene Kollektivausweisung nach Art. 4 Prot. 4 EMRK ausschließen lassen.

Die Einsatzkräfte müssen geschult werden, um auf den Booten erkennen zu können, welche Personen internationalen Schutzes bedürfen. Diese Aufgabe soll gemäß Art. 4 VIII der Seeaußengrenzen-VO Frontex übernehmen. Die beteiligten Grenzschutzbeamten müssen in Kenntnis der einschlägigen Bestimmungen der Grundrechte, des Flüchtlingsrechts und des internationalen Rechtsrahmens für die Suche und Rettung von in Seenot geratenen Personen handeln. Angesichts der Verständigungsbarrieren kann es jedoch für die Grenzschützer im Einsatz sehr schwierig werden, die Theorie in die Praxis umzusetzen. Eine Zusammenarbeit mit Dolmetschern und Rechtsberatern erscheint hierbei unentbehrlich.[1458]

Die Außengrenzen-VO soll im Einklang mit dem Recht auf einen wirksamen Rechtsbehelf angewendet werden (Erwägungsgrund Nr. 19 der Außengrenzen-VO). Ein wirksamer Rechtsbehelf mit aufschiebender Wirkung gegen die Ausschiffung in einen Drittstaat ist nicht in der Seeaußengrenzen-VO vorgesehen.[1459] Wegen Art. 13 EMRK und Art. 47 GrCh sind die Mitgliedstaaten jedoch verpflichtet, den Betroffenen auch die Möglichkeit der Beschwerde gegen die Verbringung in einen Drittstaat zu eröffnen.

Positiv zu bewerten ist, dass Art. 9 I der Seeaußengrenzen-VO klarstellt, dass die Mitgliedstaaten jedem Schiff und jeder Person in Seenot Hilfe leisten müssen und zwar im Einklang mit dem Völkerrecht und unter Achtung der Grundrechte und ohne Rücksicht auf die Staatsangehörigkeit oder den Status einer solchen Person oder die Umstände, unter denen die Person aufgefunden wird. Den beteiligten Einsatzkräften soll „mindestens eine Person mit einer Grundausbildung in Erster Hilfe angehören". Die Einsatzkräfte sind verpflichtet, der für den Such- und Rettungsbereich zuständigen Rettungsleitstelle unverzüglich alle verfügbaren Lageinformationen zu übermitteln und stellen sich selbst dieser Rettungsleitstelle zur Verfügung.[1460]

Bei Ausschiffungen im Anschluss an eine Rettungsmaßnahme bestimmt Art. 10 I lit c) der Seeaußengrenzen-VO, dass der Einsatzmitgliedstaat mit der zuständigen Rettungsleitstelle zusammenarbeitet, um einen sicheren Ort zu finden. Als „sicheren

1456 Ebenda.
1457 Ebenda.
1458 *Carrera/Den Hertog* (Fn. 1136), S. 11.
1459 *Reinhardt* (Fn. 759), 346.
1460 KOM(2013) 197 endgültig, S. 6; vgl. auch Internationales Übereinkommen von 1979 über den Such- und Rettungsdienst auf See und das IAMSAR-Handbuch (International Aeronautical and Maritime Search and Rescue Manual) für Einzelheiten zu den in Art. 9 II lit. a) der Seeaußengrenzen-VO genannten Notsituationen.

Ort“ bezeichnet die Seeaußengrenzen-VO, „einen Ort, an dem Rettungseinsätze als beendet angesehen werden und an dem die Sicherheit des Lebens der Geretteten nicht bedroht ist, an dem ihre menschlichen Grundbedürfnisse erfüllt und von dem aus Vorkehrungen für die Beförderung der Geretteten an den nächsten oder den endgültigen Bestimmungsort unter Berücksichtigung des Schutzes ihrer Grundrechte im Einklang mit dem Grundsatz der Nichtzurückweisung getroffen werden können“.

Grundsätzlich bestimmt die zuständige Rettungsleitstelle, die auch der Jurisdiktion eines Drittstaates unterliegen kann, wohin die Geretteten ausgeschifft werden. Dies wirft die Frage auf, inwieweit es den Grenzschützern gelingen kann zu bestimmen, ob der von der zuständigen Rettungsleitstelle anvisierte Rettungsort auch ein „sicherer Ort“ im Sinne der Seeaußengrenzen-VO ist und falls nicht, ob sie etwas gegen die Ausschiffung der geretteten Personen unternehmen können. Diese Fragen lässt die Seeaußengrenzen-VO offen.

Der Grundsatz der Zuständigkeit der lokalen Rettungsdienststelle darf auch nicht dazu führen, dass der Einsatzmitgliedstaat, der die in Seenot geratenen Personen auffindet, diese im Vertrauen auf das Eingreifen der Rettungsdienststelle im Stich lässt.[1461]

Für den Schutz der Betroffenen entstehen somit Lücken, die mit den menschenrechtlichen Vorgaben nicht zu vereinbaren sind. Daher wird die Ansicht geteilt, wonach die Verbringung von abgefangenen oder geretteten Personen an den nächstgelegenen europäischen Hafen die einzige Möglichkeit für den Einsatzmitgliedstaat darstellt, den Verpflichtungen aus der EMRK und der GrCh gerecht zu werden.[1462]

II. Vereinbarkeit mit dem Solidaritätsgrundsatz

In einem nächsten Schritt gilt es zu untersuchen, ob der gemeinsame Grenzschutz dem Solidaritätsgrundsatz zur Wirksamkeit verhilft. Das Konzept der gemeinsamen Grenzüberwachung basiert bereits auf dem Grundsatz der Solidarität i.S.d. Art. 80 AEUV.[1463] Das Gebot der Solidarität bedingt die Teilnahme der Mitgliedstaaten an dem gemeinsamen Grenzschutz nicht nur in finanzieller, sondern auch personeller und sachlicher Form.[1464]

1. Frontex

Das Ziel der Arbeit von Frontex ist es, die Solidarität zwischen den Mitgliedstaaten bei der Überwachung der gemeinsamen Grenzen zu stärken und insbesondere diejenigen Mitgliedstaaten zu unterstützen, die besonderem und unverhältnismäßigem Druck ausgesetzt sind (vgl. Erwägungsgrund Nr. 2 und Art. 1 III der Frontex-VO). In

1461 *Carrera/Den Hertog* (Fn. 1136), S. 11.
1462 *Reinhardt* (Fn. 759), 344; *Moreno-Lax* (Fn. 1450), 590ff.
1463 *Mrozek*, Grenzschutz als supranationale Aufgabe, Baden-Baden 2013, S. 288.
1464 Ebenda.

Erwägungsgrund Nr. 5 der Gründungsverordnung von 2004 heißt es, die Errichtung der Agentur stelle einen wichtigen Schritt zur Förderung der Solidarität zwischen den Mitgliedstaaten dar.

Die Agentur hat seit ihrem Entstehen die Zusammenarbeit der Mitgliedstaaten im Bereich des Grenzschutzes enorm ausgebaut. Im Rahmen des gemeinsamen Schulungs- und Austauschprogramms wird es den Grenzschutzbeamten ermöglicht, Erfahrungen und Praktiken ihrer Arbeit auszutauschen und neues Wissen zu erwerben. Damit fördert die Tätigkeit von Frontex auch die Etablierung von bewährten Praktiken bei der Umsetzung der GEAS Vorgaben und auch im Umgang mit Flüchtlingen. Gemeinsame Ausbildungsprogramme und gemeinsame Operationen helfen auch, ein gemeinsames Verständnis der völkerrechtlichen Vorgaben zu entwickeln.[1465]

Daneben haben die Risikoanalysen, deren Erstellung eine der Hauptaufgaben der Agentur ist, zur besseren Einschätzung der Lage an den Außengrenzen der EU geführt. Anhand der Risikoanalysen können auch die Kapazitäten der Mitgliedstaaten zur „Bewältigung anstehender Herausforderungen" besser bewertet werden. Damit könnte sich auch die Lage der Flüchtlinge an den Außengrenzen verbessern.

Es ist daher wünschenswert, dass die Agentur ihre Tätigkeit auf diesen Bereichen ausbaut, denn diese Tätigkeiten bewirken eine einheitlichere Umsetzung der Vorgaben des GEAS und damit auch eine wirksamere Umsetzung des Solidaritätsgrundsatzes in der EU.

Gemeinsame Operationen an den Außengrenzen führen ebenfalls zu mehr Solidarität zwischen den Mitgliedstaaten, solange sie im Einklang mit den Rechten der Asylsuchenden stattfinden. Die Zusammenarbeit beim Grenzschutz könnte auch eine Verbesserung der Verfahren zur Identifizierung von schutzbedürftigen Personen bewirken, wenn sich der Fokus dieser Einsätze nicht nur auf die Verhinderung von Migration richtet.

2. Seeaußengrenzen-VO

Auch die Seeaußengrenzen-VO sieht Solidaritätsmaßnahmen für Mitgliedstaaten vor, die einem plötzlichen und außergewöhnlichen Druck an ihren Außengrenzen ausgesetzt sind. Hierbei können je nach Bedarf des Mitgliedstaats entweder europäische Grenzschutzteams oder Asylunterstützungsteams zum Einsatz kommen (Art. 12 I lit. a), II lit. a) der Seeaußengrenzen-VO).

Daneben können diese Länder eine finanzielle Unterstützung aus dem ISF-Grenze oder AMIF beantragen (Art. 12 I lit. c), II lit. b) der Seeaußengrenzen-VO).

Diese Solidaritätsmechanismen stärken die Zusammenarbeit und das Vertrauen der Mitgliedstaaten am gemeinsamen Grenzschutz, soweit sie in der Zukunft von den Mitgliedstaaten auch wahrgenommen werden.

1465 *Langford* (Fn. 961), 251.

G. Schlussfolgerungen - Vereinbarkeit des Status Quo mit Menschenrechten und dem Grundsatz der Solidarität

I. Dublin-III-VO

Die Zuständigkeitsbestimmungen der Dublin-III-VO bürden die hauptsächliche Verantwortung zur Prüfung von Schutzgesuchen den süd- und osteuropäischen Außengrenzen auf, ohne die geografischen, demografischen und ökonomischen Bedingungen der Mitgliedstaaten ausreichend zu berücksichtigen.[1466] Für die Flüchtlinge im GEAS spielen insbesondere die gravierenden Unterschiede in den Mitgliedstaaten, sowohl was die Aufnahmebedingungen als auch das Asylverfahren betrifft, eine gewichtige Rolle.[1467] Die daraus entstehenden Benachteiligungen sowohl für die Mitgliedstaaten als auch für die Flüchtlinge werden nicht durch die geltenden Regelungen aufgefangen. In Krisensituationen sind die Mitgliedstaaten schwerpunktmäßig alleine dafür verantwortlich, die erforderlichen Maßnahmen zu treffen, um die Mängel in ihren Asylsystemen zu beheben. Der in Art. 33 Dublin-III-VO verankerte Frühwarn- und Krisenbewältigungsmechanismus und die darin vorgesehenen Maßnahmen richten sich primär an den Mitgliedstaat, der zu dem Beurteilungszeitpunkt eine Krise erfährt. Dieser Mechanismus dient somit nicht als Solidaritätsmaßnahme.

II. Richtlinie zum vorübergehenden Schutz

Hinsichtlich der Richtlinie zum vorübergehenden Schutz ist zu bemängeln ist, dass sie keine Rechtsmittel gegen die Verweigerung des vorübergehenden Schutzes für eine Person oder Personengruppen vorsieht.[1468] Dies ist mit Art. 13 EMRK und Art. 47 GrCh nicht zu vereinbaren, sofern diesen Personen bei einer Rückkehr in ihre Herkunftsländer eine Verletzung ihrer Rechte aus Art. 3 EMRK, bzw. Art. 4 oder Art. 19 II GrCh droht.[1469]

Die zwangsweise Rückführung von Personen, die vorübergehenden Schutz genossen haben, weist ebenfalls erhebliche Defizite bei der Ausgestaltung des Verfahrens auf. Hinzu kommt, dass nicht einmal die *Rückführungsrichtlinie,* die zumindest „rechtliche Mindestgarantien“ im Interesse der Betroffenen sichert, auf Rückkehrentscheidungen betreffend vorübergehend Geschützter anwendbar ist, weil das Kriterium des unrechtmäßigen Aufenthalts in der Regel nicht gegeben ist.[1470]

1466 *Langford* (Fn. 961), 218; *Dreyer* (Fn. 788), 365.

1467 *Markard* (Fn. 1066), 60.

1468 ECRE, Observations of the European Council on Refugees and Exiles on the European Commission's draft directive on temporary protection and responsibility sharing, January 2001, S. 3.

1469 *Peers/Rogers* (Fn. 1292), S. 597.

1470 *Peers/Rogers* (Fn. 1292), S. 585.

Zudem sind die Solidaritätsmechanismen der Richtlinie wegen der hohen Anforderungen an ihre Anwendbarkeit nicht geeignet, dem Solidaritätsgrundsatz aus Art. 80 AEUV ausreichend Wirkung zu verleihen.

III. Das Pilotprojekt EUREMA - Umsiedlung von Flüchtlingen im GEAS

Die Auswahlkriterien des Pilotprojekts EUREMA spiegeln nicht die Schutzbedürftigkeit der Personengruppen wider, weil EUREMA nicht die Umsiedlung von besonders schutzwürdigen Flüchtlingen anstrebt.

Nur wenige Mitgliedstaaten beteiligten sich an EUREMA, weil die administrativen Hürden der Projektfinanzierung zu hoch waren, um sie als Anreiz für eine Teilnahme am Projekt heranzuziehen. Ebenso wurde das Auswahlverfahren als zu aufwendig erachtet.

IV. EASO

Das griechische Asylsystem wird mit Hilfe der EASO langsam aufgebaut. Das Ziel der Zusammenarbeit mit Griechenland sollte die Verhinderung der immer noch stattfindenden Menschenrechtsverletzungen sein. Erschwerend kommt hinzu, dass es der EASO an einem Mandat fehlt, um die Einhaltung von asylrechtlichen Vorgaben bei ihren Einsätzen in den Mitgliedstaaten zu forcieren oder Verstöße dagegen zu ahnden.[1471] Die entsendeten Beamten dürfen auch bei Menschenrechtsverletzungen nicht intervenieren.[1472]

Im Hinblick auf die Zusammenarbeit mit Frontex hat die EASO im Konsultationsforum viele wichtige Verbesserungsvorschläge, wie z.B. die Integration von internationalem Schutz von Menschenrechten und Asylrecht als festen Bestandteil des zentralen Ausbildungsplans für Grenzschutzbeamte unterbreitet. Leider hat sich Frontex gegen die Umsetzung der meisten Empfehlungen entschieden.

V. Frontex

Die Frage nach der Zurechnung von Verhalten während gemeinsamer Einsätze unter der Leitung von Frontex ist auch weiterhin nicht ausreichend geklärt. Die Erwähnung der Verantwortung als Koordinatorin für mögliche Pflichtverstöße in der eigenen Grundrechtsstrategie ist nicht ausreichend, weil es sich dabei nur um eine allgemeine Zielvorgabe handelt, die der Bedeutung der rechtlichen Haftung nicht gerecht wird.[1473]

Des Weiteren gilt es einen Mechanismus für die Bearbeitung von Beschwerden über Verstöße gegen die Grundrechte bei gemeinsamen Rückführungen einzurichten.

1471 *Langford* (Fn. 961), 262.
1472 Ebenda.
1473 *Neumann* (Fn. 1151), 27.

Menschenrechtsverletzungen, die während gemeinsamer Rückführungen stattfinden, müssen zumindest auf mitgliedstaatlicher Ebene verfolgt und geahndet werden können.[1474]

Die Grundrechtebeauftragte hat zu wenige Kompetenzen, um eine effektive Umsetzung der menschenrechtlichen Vorgaben bei den Aktivitäten von Frontex zu kontrollieren. Sie sollte die Funktion einer Beschwerdeinstanz erfüllen, um die Einhaltung der Menschenrechte bei gemeinsamen Einsätzen besser durchsetzen zu können.[1475]

VI. Seeaußengrenzen-VO

Die Seeaußengrenzen-VO regelt nicht das Verfahren zur Qualifikation eines anvisierten Rettungsortes als einen „sicheren Ort" im Sinne der Seeaußengrenzen-VO. Sie lässt ebenfalls offen, ob die Einsatzkräfte von gemeinsamen Seeüberwachungsaktionen etwas gegen die Ausschiffung der geretteten Personen unternehmen können.

Des Weiteren besteht die Gefahr, dass der Grundsatz der Zuständigkeit der lokalen Rettungsdienststelle dazu führen kann, dass der Einsatzmitgliedstaat, der die in Seenot geratenen Personen auffindet, diese im Vertrauen auf das Eingreifen der Rettungsdienststelle im Stich lässt.[1476]

Die Seeaußengrenzen-VO weist somit Lücken für den Schutz der Betroffenen auf, die mit den menschenrechtlichen Vorgaben nicht zu vereinbaren sind. Die Verbringung von abgefangenen oder geretteten Personen an den nächstgelegenen europäischen Hafen stellt die einzige Möglichkeit für den Einsatzmitgliedstaat dar, den Verpflichtungen aus der EMRK und der GrCh gerecht zu werden.

1474 Europäische Ombudsfrau, Decision of the European Ombudsman closing her own-initiative inquiry OI/9/2014/MHZ concerning the European Agency for the Management of Operational Cooperation at the External Borders of the Member States of the European Union (Frontex), Rdnr. 57 H.

1475 *Neumann* (Fn. 1151), 32.

1476 *Carrera/Den Hertog* (Fn. 1136), S. 11.

5. Kapitel: Zukunftsgerechte Verteilungsmodelle und Regelungsoptionen für das GEAS nach der neuen Migrationsagenda der EU

A. Die neue Migrationsagenda

Als Reaktion auf das Schiffsunglück vom 18. April 2015 vor der libyschen Küste fand am 23. April eine außerordentliche Tagung des Rates statt, an der nach Lösungen für die Vermeidung von weiteren menschlichen Tragödien im Mittelmeer gesucht wurde. Der Rat verfasste eine Erklärung[1477], die unter anderem folgende Vorschläge für die Weiterentwicklung des GEAS unterbreitete:

Die Präsenz auf See soll verstärkt werden, indem die Finanzmittel für die gemeinsamen Einsätze „Triton“ und „Poseidon“ in den Jahren 2015 und 2016 mindestens verdreifacht und die sonstigen Mittel zahlenmäßig aufgestockt werden (Ziffer 3 lit. a) der Erklärung).

Potentielle Schiffe sollen ausgemacht, beschlagnahmt und zerstört werden, bevor sie von Schleppern für die gefährlichen Überfahrten nach Europa eingesetzt werden können (Ziffer 3 lit. b) und c) der Erklärung).

In Zusammenarbeit mit Drittstaaten und Herkunftsländern soll die irreguläre Migration verhindert werden. Zu diesem Zweck sollen auch Rückübernahmeabkommen für irreguläre Wirtschaftsmigranten mit den Herkunftsländern getroffen werden. Zudem soll ein neues Rückkehrprogramm für die Rückführung von Migranten an den Außengrenzen der EU aufgelegt werden, das von Frontex koordiniert werden soll (Ziffer 3 lit. f) bis m) der Erklärung).

Zur Verstärkung der internen Solidarität soll die Nothilfe für die Mitgliedstaaten an den Außengrenzen aufgestockt und Optionen für eine Notfall-Umverteilung auf freiwilliger Basis unter allen Mitgliedstaaten geprüft werden (Ziffer 3 lit. o).

Die EASO soll Unterstützungsteams zur gemeinsamen Bearbeitung von Asylanträgen entsenden (lit. p)). Weiterhin soll ein freiwilliges Pilotprojekt für Neuansiedlung in der gesamten EU eingeleitet werden, mit dem Personen, die Anrecht auf Schutz haben, Plätze angeboten werden sollen (Ziffer 3 lit. q)).

1477 Europäischer Rat, Außerordentliche Tagung des Europäischen Rates vom 23.04.2015 – Erklärung, online verfügbar unter <http://www.consilium.europa.eu/de/press/press-releases/2015/04/23-special-euco-statement/> Zugriff am 29.04.2015.

In dieser Erklärung bat der Rat die Kommission, eine Mitteilung über eine Europäische Agenda für Migration zu verfassen, mit dem Ziel "ein systematischeres und geografisch umfassendes Konzept für Migration" zu entwickeln.[1478]

Die Kommission veröffentlichte daraufhin am 13. Mai 2015 die neue Migrationsagenda für die EU.[1479] In dieser Migrationsagenda sind Maßnahmen aufgeführt, die den Zehn-Punkte-Plan der Kommission zur Migration vom 20. April 2015[1480] konkretisieren sollen.[1481]

Das erklärte Ziel ist es, das Vertrauen in das GEAS wiederherzustellen und ein „neues, stärker europäisch ausgerichtetes Konzept" zu entwickeln. Dazu gelte es, die „internationalen und moralischen Verpflichtungen" zum Schutze von Flüchtlingen zu erfüllen und „im Einklang mit den Grundsätzen der Solidarität und der geteilten Verantwortung effektiv zusammenzuarbeiten".[1482] Dabei wird anerkannt, dass das Problem zunehmender Migrationsströme nicht von einzelnen Staaten verantwortet werden kann. Der Grundsatz der Solidarität zwischen den Mitgliedstaaten spiegelt sich in der gesamten neuen Migrationsagenda der Kommission wider.[1483]

I. Sofortmaßnahmen

Auf EU-Ebene herrscht ein breiter Konsens über die Notwendigkeit raschen Handelns zur Rettung von Menschenleben und zur Stärkung der EU-Maßnahmen.[1484] Die Migrationsagenda sieht daher zunächst Sofortmaßnahmen vor, die als Reaktion auf die Tragödie vom April 2015 zu verstehen sind.[1485]

1478 Europäischer Rat, Außerordentliche Tagung des Europäischen Rates vom 23.04.2015 – Erklärung, Ziffer 4.

1479 Europäische Kommission, Mitteilung der Kommission an das Europäische Parlament, den Rat, den Europäischen Wirtschafts- und Sozialausschuss und den Ausschusch der Regionen vom 13.5.2015. Die Europäische Migrationsagenda, KOM(2015) 240 endgültig.

1480 Europäische Kommission, Gemeinsame Tagung des Rates „Auswärtige Angelegenheiten" und des Rates „Justiz und Inneres": Zehn-Punkte-Plan zur Migration <http://europa.eu/rapid/press-release_IP-15-4813_de.htm>. Es handelte sich hierbei um einen „Fahrplan", den die Kommission als Folgemaßnahme zur Erklärung des Europäischen Rates vom 23. April erstellte.

1481 KOM(2015) 240 endgültig, S. 4.

1482 KOM(2015) 240 endgültig, S. 3.

1483 UNHCR, UNHCR begrüßt Vorschläge der EU-Kommission, 15. Mai 2015 <http://www.unhcr.de/home/artikel/85a42e714b7ff7790b366313a2921460/unhcr-begruesst-vorschlaege-der-eu-kommission.html> Zugriff am 27.05.2015.

1484 Siehe auch Entschließung des Europäischen Parlaments vom 29. April 2015 zu den jüngsten Tragödien im Mittelmeer und zur Migrations- und Asylpolitik der EU (2015/2660(RSP)), <http://www.europarl.europa.eu/sides/getDoc.do?pubRef=-//EP//TEXT+TA+P8-TA-2015-0176+0+DOC+XML+V0//DE> Zugriff am 26.05.2015.

1485 KOM(2015) 240 endgültig, S. 4.

1. *Rettung auf See*

Das Budget von „Triton“ und „Poseidon“ wurde für das Jahr 2015 verdreifacht. Die Kommission legte bereits einen Berichtigungshaushalt für 2015 vor. Für 2016 ist ebenfalls geplant, die verdreifachte Mittelausstattung aufrecht zu erhalten.

Es sollen jedoch nicht nur die finanziellen Kapazitäten für diese Operationen aufgestockt, sondern auch „die von ihnen abgedeckten geografischen Gebiete ausgedehnt“ werden. Der neue Einsatzplan für „Triton“ wurde am 26. Mai 2015 vom Exekutivdirektor von Frontex angenommen.[1486] Demnach wird das Einsatzgebiet von „Triton“ auf 138 Seemeilen südlich von Sizilien deutlich erweitert und entspricht jetzt damit dem Einsatzgebiet der ehemaligen italienischen Operation „Mare Nostrum“.[1487]

Parallel zu der Aufstockung des Budgets werden von mehreren Mitgliedstaaten Schiffe und Flugzeuge für die Einsätze bereitgestellt. Während der Hochsaison im Sommer sollen im Rahmen von „Triton“ drei Flugzeuge, sechs Küstenschiffe, zwölf Patrouillenboote, zwei Hubschrauber, neun Auswertungs- und sechs Früherkennungsteams im Einsatz sein.[1488]

2. *Bekämpfung krimineller Schleusernetze*

Die EU beabsichtigt, kriminelle Schleusernetze zu bekämpfen. Hierbei sollen Schleuserschiffe systematisch aufgespürt und vernichtet werden.[1489] Fraglich ist bei diesen Maßnahmen, ob es der EU gelingt, ihre völkerrechtliche Grundlage zu sichern. Dazu müsste sie entweder die Zustimmung der Länder, unter deren Flagge die Schlepperschiffe auslaufen, einholen oder ein Mandat des UN-Sicherheitsrates für Militäreinsätze gegen Schleuserbanden erwirken. Beide Optionen scheinen im Moment auf wenig Zustimmung in der internationalen Gemeinschaft zu stoßen.[1490]

Die Kommission hat am 27.05.2015 ebenfalls einen Aktionsplan gegen Schlepper beschlossen.[1491] Neben dem Aufspüren und Vernichten von Schiffen sollen auch die

---

1486 Frontex, News: Frontex expands its Joint Operation Triton, 26.05.2015 <http://frontex.europa.eu/news/frontex-expands-its-joint-operation-triton-udpbHP> Zugriff am 27.05.2015.

1487 Europäische Kommission, Erste Vorschläge zur Umsetzung der Migrations-Agenda, 27.05.2015 <http://ec.europa.eu/news/2015/05/20150527_de.htm> Zugriff am 28.05.2015.

1488 Frontex, News: Frontex expands its Joint Operation Triton, 26.05.2015.

1489 KOM(2015) 240 endgültig, S. 5.

1490 *Sabine Siebold* und *Tom Körkemeier*: EU ringt mit dem Kampf gegen die Schlepperbanden, Reuters Deutschland, 17.05.2015 <http://de.reuters.com/article/worldNews/idDEKBN0O20DU20150517> Zugriff am 27.05.2015.

1491 Europäische Kommission, Communication from the Commission to the European Parliament, the Council, the European Economic and Social Committe and the Committe of the Regions, EU Action Plan against migrant smuggling (2015–2020), KOM(2015) 285 endgültig <http://ec.europa.eu/dgs/home-affairs/e-library/

geltenden Bestimmungen zur Bekämpfung von Schleppern in 2016 komplett überarbeitet werden, um die Strafen für die Schlepper zu erhöhen.[1492] Die Mitgliedstaaten sollen Kontaktstellen aufbauen, die die operative Zusammenarbeit im Kampf gegen Schmuggler koordinieren und Informationsaustausch betreiben sollen.[1493]

Frontex soll im Rahmen von gemeinsamen Aktionen mehr Befugnisse zur Rückführung von Schleppern bekommen.[1494]

Die Zusammenarbeit mit Herkunftsstaaten soll verstärkt werden. Als Maßnahme ist auch der Abschluss von Rückübernahmeabkommen mit Ländern südlich der Sahara vorgesehen.[1495]

Insgesamt lässt sich feststellen, dass die Maßnahmen, die in diesem Aktionsplan vorgesehen sind, nicht nur die Bekämpfung von Schleusernetzen zum Ziel haben, sondern sich allgemein gegen eine irreguläre Einwanderung von Drittstaatsangehörigen richten.[1496]

Die erste Phase der Mission EUNAVFOR ist von den Außenministern der EU am 22. Juni 2015 beschlossen worden.[1497] Die Mission hat zunächst das Ziel, mit dem Einsatz von Schiffen, Flugzeugen und Drohnen an der libyschen Küste Informationen über den Schmuggel von Flüchtlingen zu beschaffen.[1498] Deutschland beteiligt sich ebenfalls an diesem Aufklärungseinsatz mit der Fregatte „Schleswig-Holstein" und dem Tender „Werra".[1499]

3. *Umsiedlung/Relocation*

Als weitere Maßnahme ist eine verbindliche Umsiedlung von Flüchtlingen geplant, die sich bereits in der EU befinden.[1500] Von dieser Maßnahme sollen vor allem die Mittelmeeranrainerstaaten wie Italien und Griechenland profitieren.[1501]

---

documents/policies/asylum/general/docs/eu_action_plan_against_migrant_smuggling_en.pdf > KZugriff am 31.05.2015.

1492 OM(2015) 285 endgültig, S. 3.

1493 Ebenda.

1494 Ebenda, S. 7.

1495 Ebenda, S. 8.

1496 *Peers,* The new EU Migration Agenda takes shape: analysis of the first new measures, 28.05.2015 <http://eulawanalysis.blogspot.co.uk/2015/05/the-new-eu-migration-agenda-takes-shape.html> Zugriff am 31.05.2015.

1497 Europäischer Rat, Schlussfolgerungen zur Tagung des Europäischen Rates vom 25. und 26. Juni 2015, online verfügbar unter <http://data.consilium.europa.eu/doc/document/ST-22-2015-INIT/de/pdf> Zugriff am 25.07.2015.

1498 Spiegel Online, Erste Phase der Militärmission: EU lässt Schlepper jetzt ausspähen, 22.06.2015, online verfügbar unter <http://www.spiegel.de/politik/ausland/fluechtlinge-eu-billigt-einsatz-gegen-schleuser-vor-libyen-a-1040063.html > Zugriff am 25.07.2015.

1499 Ebenda.

1500 KOM(2015) 240 endgültig, S. 5.

1501 Ebenda.

So stieg die Anzahl der irregulären Grenzübertritte in Italien im Jahr 2014 um 277% und die Anzahl der Asylgesuche um 143% im Vergleich zum Vorjahr.[1502] In Griechenland betrug die Anzahl der irregulären Grenzübertritte in den ersten vier Monaten von 2015 etwa die Hälfte der Gesamtanzahl in 2014, während die Anzahl der Asylgesuche nur um 15% anstieg.[1503] Griechenland und Italien stoßen zunehmend mit den vorhandenen Aufnahmekapazitäten an ihre Grenzen.[1504] Es sei auch nicht zu erwarten, dass der Zustrom von schutzbedürftigen Personen in nächster Zeit abreißen wird.[1505] Die Situation in diesen Ländern sei einzigartig in der EU und bedürfe des solidarischen Zusammenwirkens aller Mitgliedstaaten, um für die Schutzsuchenden angemessene Aufnahmebedingungen und Integrationsperspektiven gewährleisten zu können.[1506]

Um die Lage im Mittelmeerraum zu entspannen und eine faire und ausgewogene Beteiligung aller Mitgliedstaaten zu gewährleisten, hat die Kommission auf ihrer wöchentlichen Sitzung vom 27.05.2015 die Aktivierung der Notfallklausel nach Art. 78 III AEUV beschlossen.[1507]

Art. 78 III AEUV bestimmt für Fälle, in denen sich ein oder mehrere Mitgliedstaaten „aufgrund eines plötzlichen Zustroms von Drittstaatsangehörigen in einer Notlage“ befinden, dass der Rat auf Vorschlag der Kommission vorläufige Maßnahmen zugunsten der betreffenden Mitgliedstaaten erlassen“ kann. Diese Notfallklausel kam bisher nicht zur Anwendung. Sie soll nur besonders dringliche Ausnahmefälle erfassen, wenn z.B. Statistiken belegen, „dass das Asylsystem eines bestimmten Mitgliedstaats durch einen anhaltend hohen Zustrom von Migranten in sein Hoheitsgebiet, insbesondere von Migranten, die eindeutig internationalen Schutz benötigen, gefährdet ist“.[1508]

Der Vorschlag der Kommission sieht die zeitlich befristete Umverteilung (zunächst für 2 Jahre) von 40.000 Personen, die eindeutig internationalen Schutz benötigen und

---

1502 Europäische Kommission, Factsheet - Erste Maßnahmen auf der Grundlage der Europäischen Migrationsagenda: Fragen und Antworten, 27.05.2015 <http://europa.eu/rapid/press-release_MEMO-15-5038_de.htm> Zugriff am 28.05.2015.

1503 Europäische Kommission, Proposal for a Council Decision establishing provisional measures in the area of international protection for the benefit of Italy and Greece, 27.05.2015, KOM(2015) 286 endgültig, S. 3.

1504 KOM(2015) 240 endgültig, S. 5.

1505 Europäische Kommission, Factsheet - Erste Maßnahmen auf der Grundlage der Europäischen Migrationsagenda: Fragen und Antworten, 27.05.2015.

1506 KOM(2015) 286 endgültig, S. 3.

1507 Europäische Kommission, Erste Vorschläge zur Umsetzung der Migrations-Agenda, 27.05.2015 <http://europa.eu/rapid/press-release_IP-15-5039_de.htm> Zugriff am. 28.05.2015.

1508 Europäische Kommission, Factsheet - Erste Maßnahmen auf der Grundlage der Europäischen Migrationsagenda: Fragen und Antworten, 27.05.2015.

sich in Italien (24.000) und Griechenland (16.000) befinden, als eine vorläufige Maßnahme i.S.d. Art. 78 III AEUV vor.[1509]

Die Zuständigkeitszuweisung für die Prüfung der Schutzbedürftigkeit nach der Dublin-III-VO soll insgesamt auch während der vorläufigen Umsiedlungsmaßnahme Anwendung finden (zumindest relevant für Italien). Der Vorschlag der Kommission sieht nur eine begrenzte und vorübergehende Aussetzung von Art. 13 der Dublin-III-VO (Kriterium der illegalen Einreise) für Drittstaatsangehörige, die über Italien und Griechenland einreisen, vor.[1510]

Auch andere Länder wie Malta sollen ebenfalls von dem Umsiedlungsmechanismus im Falle eines plötzlichen Massenzustroms profitieren, da es der geographischen Lage Italiens und Griechenlands ähnelt.[1511] Die Umverteilungsmaßnahme für Italien und Griechenland soll der erste Schritt zu einem auf Dauer angelegten System sein.[1512]

Die Kommission möchte bis Ende 2015 einen „Legislativvorschlag für die Einführung eines verbindlichen, automatisch aktivierten Umsiedlungsmechanismus vorlegen, der es ermöglichen soll, bei einem Massenzustrom die Personen, die eindeutig internationalen Schutz benötigen, auf die EU-Mitgliedstaaten zu verteilen".

a) Anwendungsbereich

Die vorläufige Maßnahme soll zugunsten von Italien und Griechenland greifen, um ihnen den Umgang mit der aktuellen Notsituation, die sich durch einen Massenzustrom von Drittstaatsangehörigen auszeichnet, zu erleichtern (Art. 1).

Umgesiedelt werden sollen Personen, die „eindeutig internationalen Schutz benötigen" und für die Italien oder Griechenland nach den Kriterien der Dublin-III-VO zur Prüfung ihres Schutzbegehrens grundsätzlich zuständig sind (Art. 3 I). Nach Art. 3 II kommen dafür alle Drittstaatsangehörige aus Ländern in Betracht, bei denen die durchschnittliche Anerkennungsquote in der EU nach den neuesten verfügbaren Eurostat-Daten 75% oder mehr betrug. Dieses Kriterium erfüllen bisher nur syrische und eritreische Flüchtlinge. Daher sollen nur Syrer und Eritreer, die nach dem 15. April 2015 bzw. nach Aktivierung der Notfallklausel in Italien oder in Griechenland ankommen, in andere Mitgliedstaaten umgesiedelt werden.[1513]

Vom persönlichen Anwendungsbereich der Norm werden auch Staatenlose umfasst, wobei hier die Anerkennungsquote des Landes berücksichtigt wird, in denen sie ihren gewöhnlichen Wohnsitz hatten (Art. 3 II 2).

1509 Europäische Kommission, Proposal for a Council Decision establishing provisional measures in the area of international protection for the benefit of Italy and Greece, 27.05.2015, KOM(2015) 286 endgültig, S. 4.

1510 KOM(2015) 286 endgültig, S. 4.

1511 Ebenda, S. 3.

1512 Ebenda, S. 5.

1513 Europäische Kommission, Factsheet - Erste Maßnahmen auf der Grundlage der Europäischen Migrationsagenda: Fragen und Antworten, 27.05.2015.

Mit der Festlegung auf eine Anerkennungsquote von 75% soll sichergestellt werden, dass „alle Antragsteller, die eindeutig Schutz benötigen, so schnell wie möglich in den Genuss ihrer Schutzrechte kommen". Weiterhin soll verhindert werden, dass Asylsuchende, bei denen unwahrscheinlich ist, dass ihr Antrag Erfolg haben wird, wegen der Umsiedlung „ihren Aufenthalt in der EU über Gebühr verlängern".[1514]

b) Verteilungsschlüssel

Die betroffenen Flüchtlinge sollen nach einem von der Kommission bereits festgelegten Basisverteilungsschlüssel in die Mitgliedstaaten umgesiedelt werden.[1515]

Dieser Verteilungsschlüssel soll auf objektiven, quantifizierbaren und überprüfbaren Kriterien wie dem BIP, der Bevölkerungszahl, der Arbeitslosenquote und der bisherigen Zahl von Asylbewerbern und neu angesiedelten Flüchtlingen beruhen. Er wurde als Anhang in die Migrationsagenda aufgenommen.[1516]

Der Basisverteilungsschlüssel wurde auf der Grundlage folgender Kriterien erstellt:

- Bevölkerungsgröße (Gewichtung von 40%)
- Gesamt-BIP (Gewichtung von 40%)
- durchschnittliche Zahl der spontanen Asylanträge und Zahl der neu angesiedelten Flüchtlinge je 1 Million Einwohner im Zeitraum 2010–2014 (Gewichtung von 10%)
- Arbeitslosenquote (Gewichtung von 10%)[1517]

Die Bevölkerungsgröße soll die Fähigkeit eines Mitgliedstaates zur Aufnahme einer bestimmten Anzahl von Flüchtlingen widerspiegeln.[1518] Je größer die Bevölkerung, desto leichter sei es für die Mitgliedstaaten, Flüchtlinge aufzunehmen und zu integrieren.[1519]

Der BIP repräsentiere den absoluten Wohlstand eines Landes und eigene sich somit als Indikator für die Fähigkeit einer Volkswirtschaft zur Aufnahme und Integration von Flüchtlingen. Zusätzlich wurden die bisherigen Anstrengungen der Mitgliedstaaten und deren Arbeitslosenquote als Berichtigungsfaktoren mit einer Gewichtung von jeweils 10% bei der Ermittlung der Quoten berücksichtigt.[1520] Die Arbeitslosenquote sei ein Indikator für die Fähigkeit zur Integration von Flüchtlingen.[1521] Je höher die

1514 Europäische Kommission, Factsheet - Erste Maßnahmen auf der Grundlage der Europäischen Migrationsagenda: Fragen und Antworten, 27.05.2015.

1515 KOM(2015) 240 endgültig, S. 5.

1516 Ebenda.

1517 KOM(2015) 240 endgültig, Anhang, S. 23.

1518 Ebenda.

1519 Europäische Kommission, Factsheet - Erste Maßnahmen auf der Grundlage der Europäischen Migrationsagenda: Fragen und Antworten, 27.05.2015.

1520 Ebenda.

1521 KOM(2015) 240 endgültig, Anhang, S. 23.

Zahl der Asylanträge und je höher die Arbeitslosenquote, desto weniger Personen müsse ein Mitgliedstaat aufnehmen.[1522] Die Daten, auf denen der Verteilungsschlüssel beruht, werden von Eurostat geliefert, basierend auf den eigenen Angaben der Mitgliedstaaten.[1523]

Der prozentuale Beteiligungsanteil und die tatsächliche Anzahl der aufzunehmenden Flüchtlinge finden sich in tabellarischer Form in Annex 1 und Annex 2 zum Kommissionsvorschlag für die vorläufige Umsiedlungsmaßnahme wieder (vgl. auch Art. 4 I und II). Demnach sollen Deutschland, Frankreich und Spanien die meisten Flüchtlinge aufnehmen. Die Basisquote für Deutschland beträgt 21,91%. In tatsächlichen Zahlen soll Deutschland 5.258 Flüchtlinge aus Italien und 3.505 Flüchtlinge aus Griechenland aufnehmen. Frankreich soll hingegen eine Quote von 16,88% erfüllen und 4.051 Flüchtlinge aus Italien und 2.701 Flüchtlinge aus Griechenland aufnehmen.[1524]

Die Mitgliedstaaten, aus denen die Umsiedlung stattfindet, sind vom Verteilungsschlüssel ausgenommen worden.[1525] Des Weiteren sind das Vereinigte Königreich Großbritanniens, Irland und Dänemark beim Verteilungsschlüssel nicht mitberücksichtigt worden. Das Vereinigte Königreich Großbritanniens und Irland haben nach Protokoll Nr. 21 zum AEUV ein „Opt-in"-Recht, d. h. sie können sich freiwillig an der Maßnahme beteiligen. Dänemark hat dagegen nach Protokoll Nr. 22 zum AEUV ein vertragliches „Opt-out"-Recht.[1526]

Die dem Dublin-System assoziierten Staaten (Lichtenstein, Schweiz, Island und Norwegen) können sich ebenfalls der vorläufigen Umsiedlungsmaßnahme freiwillig anschließen.[1527]

c) *Verfahren*

Das Umsiedlungsverfahren ist in Art. 5 des Kommissionsvorschlags geregelt. Die Mitgliedstaaten müssen dafür nationale Kontaktstellen einrichten, die für den Informationsaustausch mit Italien und Griechenland sowie mit der EASO zuständig sind (Art. 5 I).

Italien und Griechenland sind für die Bestimmung der für die Umsiedlung in Frage kommenden Personen zuständig (Art. 5 II). Die EASO soll die italienischen

---

1522 Europäische Kommission, Factsheet - Erste Maßnahmen auf der Grundlage der Europäischen Migrationsagenda: Fragen und Antworten, 27.05.2015.

1523 Ebenda.

1524 KOM(2015) 240 fendgültig, Anhang, S. 23; Zu dem fast gleichen Ergebnis bezüglich der Berechnung und der Zuweisung der Aufnahmequoten an die Mitgliedstaaten kommen auch *Thym, Beverungen* und *Gies* in ihrem Beitrag zum Verfassungsblog „Ein „Königsteiner Schlüssel" für die EU-Flüchtlingspolitik" vom 11.10.2013, online verfügbar unter <http://www.verfassungsblog.de/koenigsteiner-schluessel-fuer-eu-fluechtlingspolitik/#.Vb-7eRCIehR> Zugriff am 03.08.2015.

1525 KOM(2015) 240 endgültig, Anhang, S. 23.

1526 KOM(2015) 286 endgültig, S. 7.

1527 Ebenda.

und griechischen Behörden bei der Erkennung und Bestimmung dieser Personen unterstützen.[1528] Bei der Auswahl sollen besonders schutzbedürftige Flüchtlinge i.S.v. Art. 22 der Aufnahmerichtlinie Vorrang genießen (Art. 5 II). Nach Art. 22 III i.V.m. Art. 21 der Aufnahmerichtlinie handelt es sich hierbei insbesondere um „Personen wie Minderjährige, unbegleitete Minderjährige, Behinderte, ältere Menschen, Schwangere, Alleinerziehende mit minderjährigen Kindern, Opfer des Menschenhandels, Personen mit schweren körperlichen Erkrankungen, Personen mit psychischen Störungen und Personen, die Folter, Vergewaltigung oder sonstige schwere Formen psychischer, physischer oder sexueller Gewalt erlitten haben, wie z.B. Opfer der Verstümmelung weiblicher Genitalien".

Italien und Griechenland müssen die nationalen Kontaktstellen der Mitgliedstaaten über ihre Entscheidung informieren. Diese sind dann wiederum verpflichtet, den beiden Staaten so bald wie möglich mitzuteilen, wie viele Antragsteller sie sofort aufnehmen können. Die Gesamtanzahl der aufzunehmenden Flüchtlinge ergibt sich für die jeweiligen Mitgliedstaaten aus dem bereits bestehenden Verteilungsschlüssel nach Annex 1 und Annex 2 des vorläufigen Ratsbeschlusses (Art. 5 III).

Die Betroffenen sind dann auch über die Umsiedlungsentscheidung zu informieren. Ihre Teilnahme an der Maßnahme hängt davon ab, dass sie zuvor ihre Fingerabdrücke, wie in Art. 9 der Eurodac-VO vorgesehen, registrieren lassen (Art. 5 IV, V).

Die Mitgliedstaaten dürfen die Aufnahme der ihnen zugewiesenen Flüchtlinge nur abweisen, wenn deren Aufnahme eine Gefahr für die innere Sicherheit oder Ordnung darstellen würde (Art. 5 VII).

Das gesamte Verfahren inklusive Transfer soll ab dem Zeitpunkt der Identifizierung durch Italien oder Griechenland nicht länger als einen Monat andauern (Art. 5 IX).

Über die Zuerkennung des internationalen Schutzes in welcher Form auch immer entscheidet aber der Mitgliedstaat, in den der Antragsteller umgesiedelt wird.[1529]

d) Rechte der Betroffenen

Die Kommission erklärt, dass die Grundrechte der Betroffenen aus der GrCh bei der Umsiedlungsentscheidung gewahrt werden sollen.[1530]

Die Rechte der umzusiedelnden Personen sind in Art. 6 des vorgeschlagenen Ratsbeschlusses geregelt. Art. 6 I bestimmt, dass das Kindeswohl bei der Auswahlentscheidung primär zu berücksichtigen ist. Insbesondere bei unbegleiteten Minderjährigen müssen sowohl Italien und Griechenland als auch die Umsiedlungsmitgliedstaaten darauf achten, dass die Umsiedlungsentscheidung mit dem Kindeswohl vereinbar ist.[1531]

1528 KOM(2015) 240 endgültig, Anhang, S. 23.
1529 KOM(2015) 240 endgültig, Anhang, S. 23.
1530 KOM(2015) 286 endgültig, S. 8.
1531 KOM(2015) 286 endgültig, S. 6.

Es gilt auch der Grundsatz der Familieneinheit. Familienmitglieder sollen zusammen in einen Mitgliedstaat umgesiedelt werden (Art. 6 II).

Vor der Umsiedlungsentscheidung sollen Betroffene über das Vorhaben in einer Sprache informiert werden, die sie verstehen oder von der ausgegangen werden kann, dass sie sie verstehen (Art. 6 IV).

Der Umsiedlungsbeschluss und das Land, in welches die Betroffenen transferiert werden sollen, muss ihnen vor der eigentlichen Durchführung schriftlich bekannt gegeben werden. Eine Zustimmung der Betroffenen zur Umsiedlung ist nicht erforderlich.

Die Verfahrensgarantien der Dublin-III-VO bleiben für die von der Umsiedlung betroffenen Flüchtlinge erhalten.[1532] Damit ist auch klar, dass sie gegen die Umsiedlungsentscheidung nur geltend machen können, dass ihnen in dem Land, welches für sie ausgewählt wurde, systemische Menschenrechtsverletzungen drohen. Die betroffenen Flüchtlinge können somit weder über die Umsiedlung noch über die Auswahl des Umsiedlungslandes frei entscheiden.

Flüchtlinge, die nicht für eine Umsiedlung aus Italien oder Griechenland ausgewählt wurden können nur geltend machen, dass es sich bei ihnen um besonders schutzbedürftige Personen handelt und Italien oder Griechenland ihrer Pflicht nicht nachgekommen sind, sie als solche auszuwählen.[1533]

Falls eine umgesiedelte Person das neue Aufnahmeland verlässt und in einen anderen Mitgliedstaat weiterreist, so wird sie auf der Grundlage der Dublin-III-VO an den Umsiedlungsmitgliedstaat rücküberstellt. Der Umsiedlungsmitgliedstaat muss sie auch zurücknehmen (Art. 6 V).

e) Operationelle Unterstützung

Italien und Griechenland sollen während des ganzen operationellen Prozesses zur Umsetzung der Umsiedlungsmaßnahme von den anderen Mitgliedstaaten unterstützt werden (Art. 7). Insbesondere können die Mitgliedstaaten nationale Experten in diese Länder entsenden, die bei der Identifikation und Registrierung der Drittstaatsangehörigen behilflich sein können (Art. 7 lit. a) bis c)). Zudem sollen die Mitgliedstaaten auch bei dem eigentlichen Transfer der Flüchtlinge in die jeweiligen Länder mitwirken (Art. 7 lit. d)).

f) Pflichten von Italien und Griechenland

Italien und Griechenland sind jeweils verpflichtet, der Kommission innerhalb eines Monats ab Inkrafttreten des Beschlusses einen Fahrplan vorzulegen, in welchem Maßnahmen zur Verbesserung der eigenen Asylsysteme und zur Umsetzung des

---

1532 Ebenda, S. 4.

1533 *Peers,* The new EU Migration Agenda takes shape: analysis of the first new measures, 28.05.2015 <http://eulawanalysis.blogspot.co.uk/2015/05/the-new-eu-migration-agenda-takes-shape.html> Zugriff am 31.05.2015.

Umsiedlungsverfahrens enthalten sind (Art. 8 I). Falls die Mitgliedstaaten dieser Pflicht nicht nachkommen, so kann die Kommission die Aussetzung des Umsiedlungsmechanismus für einen Zeitraum bis zu drei Monaten beschließen (Art. 8 II).

Des Weiteren müssen diese Länder dem Rat und der Kommission alle drei Monate über die Durchführung der Umsiedlungen Bericht erstatten (Art. 11).

g) Kosten

Die Kosten für die vorläufige Umsiedlung trägt die EU. Zu diesem Zweck wurden 240 Mio. EUR aus dem EU-Haushalt zusätzlich bereitgestellt.[1534] Die Mitgliedstaaten erhalten 6.000 EUR pro aufgenommenen Flüchtling, wie es auch in Art. 18 AMIF vorgesehen ist.[1535]

h) Bewertung

Der vorgeschlagene Ratsbeschluss zur vorläufigen Umsiedlung Schutzsuchender aus Italien und Griechenland zielt darauf ab, das Recht auf Asyl aus Art. 18 GrCh und den Grundsatz der Nichtzurückweisung aus Art. 19 GrCh zu schützen.[1536] Durch die Umsiedlung der Schutzsuchenden in Mitgliedstaaten die es vermögen, ihnen angemessene Aufnahmebedingungen und Unterbringungsmöglichkeiten zur Verfügung zu stellen, wird der Garantie der Menschenwürde nach Art. 1 GrCh und dem Verbot der Folter und unmenschlicher oder erniedrigender Behandlung oder Strafe nach Art. 4 GrCh Rechnung getragen.[1537] Dies stellt einen großen Schritt in Richtung einer humaneren und solidarischen Flüchtlingspolitik in der EU dar, falls es den Mitgliedstaaten gelingen sollte, sich auf ein solches Umsiedlungskonzept zu einigen.

Darüber hinaus zielt die geplante Umsiedlungsmaßnahme auch darauf ab, die Rechte des Kindes im Einklang mit Art. 24 GrCh und das Recht auf Einheit der Familie im Einklang mit Art. 7 GrCh zu schützen.[1538] Die Kommission muss sicherstellen, dass die Rechte des Kindes und die Einheit der Familie bei der Umsiedlung der Flüchtlinge tatsächlich als Kriterium bei der Wahl des neuen Mitgliedstaates gewichtet werden und ausreichend Berücksichtigung finden. Es bleibt unklar, wie dies sichergestellt werden soll. Positiv zu bewerten ist, dass das in der Dublin-III-VO verankerte Recht auf Familienzusammenführung im selben Mitgliedstaat sowie Erwägungen des Kindeswohls einer Umsiedlungsmaßnahme vorgehen.[1539] Die Verfahrensgarantien der Dublin-III-VO bleiben für die von der Umsiedlung betroffenen Flüchtlinge erhalten.[1540]

1534 Europäische Kommission, Factsheet - Erste Maßnahmen auf der Grundlage der Europäischen Migrationsagenda: Fragen und Antworten, 27.05.2015.

1535 KOM(2015) 286 endgültig, S. 12 Erwägungsgrund Nr. 22.

1536 Ebenda.

1537 KOM(2015) 286 endgültig, S. 12 Erwägungsgrund Nr. 22.

1538 KOM(2015) 286 endgültig, S. 8.

1539 Europäische Kommission, Factsheet - Erste Maßnahmen auf der Grundlage der Europäischen Migrationsagenda: Fragen und Antworten, 27.05.2015.

1540 KOM(2015) 286 endgültig, S. 4.

Des Weiteren regelt der Vorschlag der Kommission auch nicht die Kriterien, nach denen bestimmt werden soll, welcher Flüchtling in welchem Land untergebracht wird, wenn keine Familienangehörigen oder Sprachkenntnisse vorhanden sind.

Dies ist insbesondere problematisch, weil die Umsiedlung ohne die Zustimmung der Betroffenen erfolgen soll. Die Betroffenen haben kein Mitspracherecht bei der Auswahl des Landes, in welches sie umgesiedelt werden. Die Mitgliedstaaten sollen dagegen auch Wünsche äußern können, wenn sie Bedarf an bestimmten Berufsgruppen haben.[1541]

Flüchtlingsrechtsorganisationen kritisieren dies mit Blick auf die vorhandenen strukturellen Unterschiede in den Asylsystemen der Mitgliedstaaten betreffend den Aufnahmebedingungen und Integrationsperspektiven.[1542] Bevor eine solche verbindliche Umsiedlung der Flüchtlinge erfolgen könne, bedürfe es einer Angleichung der Aufnahme- und Schutzbedingungen auf ähnlich hohe Standards in allen Mitgliedstaaten der EU.[1543]

Flüchtlinge zur Umsiedlung von einem Mitgliedstaat in einen anderen zu zwingen bedeutet auch die Weiterführung der bereits unter dem Dublin-System höchst umstrittenen Praxis der Zwangsüberstellungen.[1544]

Da die Umsiedlung ohne Zustimmung der Flüchtlinge erfolgen soll, bedarf es eines wirksamen Rechtsmittels gegen die Umsiedlungsentscheidung. Aus der Sicht der umzusiedelnden Flüchtlinge ist es auch von großer Bedeutung, wie die individuellen Rechtswege und -mittel gegen einen Umsiedlungsbeschluss ausgestaltet werden. Zusätzlich bedarf es an Klarheit wie sichergestellt werden kann, dass die umgesiedelten Flüchtlinge auch in dem ihnen zugewiesenen Mitgliedstaat bleiben können.[1545]

Ein weiterer Kritikpunkt ist, dass nur Flüchtlinge umgesiedelt werden sollen, die jetzt nach Italien und Griechenland einreisen. Der Grund, warum Flüchtlinge,

---

1541 ZeitOnline, Migration: Bundesregierung befürwortet Quoten-Plan der EU-Kommission, 27.05.2015 <http://www.zeit.de/politik/ausland/2015-05/migration-agenda-fluechtlinge-europaeische-kommission> Zugriff am 29.05.2015.

1542 ECRE, ECRE Weekly Bulletin, Commission's Relocation Plan: first step to show concrete solidarity but fundamental questions remain, 29.05.2015 <http://ecre.org/component/content/article/70-weekly-bulletin-articles/1072-commissions-relocation-planfirst-step-to-show-concrete-solidarity-but-fundamental-questions-remain.html> Zugriff am 31.05.2015.

1543 Amnesty International, European Union moves towards closing search and rescue gap in the Mediterranean, 27.05.2015 <http://www.amnesty.eu/en/news/press-releases/all/european-union-moves-towards-closing-search-and-rescue-gap-in-mediterranean-0900/#.VWrk-8_tmkp> Zugriff am 31.05.2015.

1544 *Peers* (Fn. 1533).

1545 *Vitorino/Pascouau,* Die Migrationsstrategie der EU: Begrüßenswerte neue Impulse, 19.05.2015, S. 1, <http://www.delorsinstitut.de/wp/wp-content/uploads/2015/05/20150519_EUMigrationStrategie-Vitorino-Pascouau-JDIB-EPC-Mai15.pdf> Zugriff am 26.05.2015.

die schon in diesen Ländern sind, von dieser Maßnahme ausgeschlossen werden, erschließt sich nicht.

Aus der Sicht der Flüchtlinge ist es jedenfalls lobenswert, dass Art. 8 des vorgeschlagenen Ratsbeschlusses Italien und Griechenland verpflichtet, ihre Asylsysteme im Hinblick auf die Aufnahmebedingungen und Unterbringungsmöglichkeiten zu verbessern.[1546]

4. Neuansiedlung/Resettlement

Die neue Migrationsagenda sieht vor, dass sich die EU stärker an der Neuansiedlung von Flüchtlingen beteiligt. Das Ziel sei es, schutzbedürftige Menschen nicht kriminellen Netzen von Schleppern und Menschenhändlern zu überlassen. Daher sei es notwendig „sichere und legale Wege" zu schaffen, auf denen diese Menschen in die EU gelangen können.[1547] Derzeit verfügen nur 15 EU-Mitgliedstaaten über Neuansiedlungssysteme und drei weitere Mitgliedstaaten nehmen Flüchtlinge auf Ad-hoc-Basis auf.[1548]

Der UNHCR möchte das Ziel von jährlich 20.000 Neuansiedlungsplätzen in der EU bis zum Jahr 2020 erreichen.[1549] Dieser UNHCR-Vorgabe folgend hat die Kommission am 27.05.2015 eine Empfehlung für ein EU-weites Neuansiedlungssystem vorgelegt, wonach Plätze für 20.000 Menschen geschaffen werden sollen.[1550]

Das neue Neuansiedlungssystem soll alle Mitgliedstaaten einbeziehen und die Flüchtlinge auf der Grundlage des gleichen Verteilungsschlüssels wie im Falle der Umsiedlung in den Mitgliedstaaten ansiedeln.[1551] Die Berechnung der Quoten ist ebenfalls anhand der gleichen Kriterien wie im Falle der Umsiedlung erfolgt.[1552] Der prozentuale Beteiligungsanteil und die tatsächliche Anzahl der aufzunehmenden Flüchtlinge finden sich als Anhang (Tabelle 2) zur neuen Migrationsagenda.[1553]

Falls erforderlich, wird der Empfehlung ein Vorschlag für verbindliche legislative Schritte über 2016 hinaus folgen.[1554]

1546 Vgl. auch ECRE, ECRE Weekly Bulletin, Commission's Relocation Plan: first step to show concrete solidarity but fundamental questions remain, 29.05.2015.

1547 KOM(2015) 240 endgültig, S. 6.

1548 Ebenda, Erwägungsgrund Nr. 3.

1549 Ebenda.

1550 Europäische Kommission, Commission Recommendation of (...) on a European ressettlement scheme (provisional version), C(2015) 3560/2, <http://ec.europa.eu/dgs/home-affairs/e-library/documents/policies/asylum/general/docs/recommendation_on_a_european_resettlement_scheme_en.pdf> Zugriff am 31.05.2015, Erwägungsgrund Nr. 7.

1551 Ebenda, Erwägungsgrund Nr. 9.

1552 Ebenda.

1553 KOM(2015) 240 endgültig, Anhang, Tabelle 2, S. 26.

1554 KOM(2015) 240 endgültig, S. 6.

a) Anwendungsbereich

Neu angesiedelt werden sollen auf Vorschlag des UNHCR und mit Zustimmung des aufnehmenden Mitgliedstaates (Ziffer 1 der Empfehlung)Vertriebene aus Drittstaaten, „die eindeutig internationalen Schutz benötigen". Vorrangig für die Neuansiedlung sollen Einwohner aus Regionen Nordafrikas, dem Nahen und Mittleren Osten und dem Horn von Afrika in Betracht kommen.[1555] Der Schwerpunkt der Auswahl wird sich auf die Länder beschränken, in denen derzeit regionale Entwicklungs- und Schutzprogramme umgesetzt werden.[1556]

Das EU-weite Neuansiedlungsprogramm ist zunächst für die Dauer von zwei Jahren ab der Annahme der Kommissionsempfehlung angelegt.

b) Verfahren

Der UNHCR soll Schutzbedürftige identifizieren und für die Neuansiedlung vorschlagen. Mit Zustimmung des Mitgliedstaates der Neuansiedlung sollen dann die in der Auswahl stehenden Flüchtlinge aus einem Drittstaat umgesiedelt werden.

Der Mitgliedstaat ist alleine für die einzelnen Aufnahmeentscheidungen zuständig (Ziffer 7 der Empfehlung). Entscheidet sich der Mitgliedstaat für die Aufnahme von Flüchtlingen, so muss er ein Asylverfahren durchführen und dafür sorgen, dass die Flüchtlinge ordnungsgemäß samt ihrer Fingerabdrücke registriert werden (Ziffer 8 der Empfehlung).

c) Rechte der neu angesiedelten Personen

Der Neuansiedlungsstaat hat den aufgenommenen Flüchtlingen ein Recht auf Aufenthalt und sonstige Rechte zu gewähren, die mit den Rechten einer Person, die internationalen Schutz aus der QRL genießt, vergleichbar sind. Die Neuansiedlung ist an die Bedingung geknüpft, dass die Betroffenen während eines Zeitraums von mindestens 5 Jahren in dem Neuansiedlungsmitgliedstaat bleiben müssen (Ziffer 9 der Empfehlung).

Die für eine Neuansiedlung in Frage kommenden Personen sollen über ihre Rechte und Pflichten bei einer Neuansiedlung informiert werden. Vor ihrer Neuansiedlung werden sie ebenfalls über die geltenden Asylrechtsvorschriften der EU, die Konsequenzen einer Weiterreise innerhalb der EU und die Tatsache aufgeklärt werden, dass sie in einem anderen Mitgliedstaat keinen Rechtsstatus erlangen und keinen Zugang zu sozialen Rechten erwerben können (Ziffer 10 der Empfehlung).[1557]

d) Kosten

Die Kosten für das Neuansiedlungsprogramm trägt die EU. Zu diesem Zweck wurden 50 Mio. EUR aus dem EU-Haushalt zusätzlich bereitgestellt (Ziffer 13). Die

1555 KOM(2015) 240 endgültig, Anhang, S. 24.
1556 Ebenda.
1557 Ebenda.

Mitgliedstaaten erhalten davon 6.000 EUR pro aufgenommenen Flüchtling (vgl. Art. 17 AMIF).

e) Bewertung

Das geplante Neuansiedlungsprogramm bietet im Ergebnis zu wenig finanziellen Anreiz für die Mitgliedstaaten, so viele Menschen aus Drittstaaten in der EU anzusiedeln. Dies verdeutlicht sich auch im Vergleich zur Umsiedlung von Flüchtlingen, die sich bereits innerhalb der EU befinden. Dennoch sollte die Neuansiedlung von Flüchtlingen aus Drittstaaten Priorität haben, vor allem vor dem aktuellen Hintergrund des Bürgerkrieges in Syrien. Länder wie die Türkei, die bereits die meisten syrischen Flüchtlinge aufgenommen haben, sind auf die Solidarität der EU-Mitgliedstaaten (sei es auch nur in finanzieller Hinsicht) angewiesen.

Zudem klärt der Kommissionsvorschlag nicht, wie das Neuansiedlungsverfahren den Interessen der Betroffenen gerecht werden soll. Daher ist es auch als gut zu bewerten, dass die Neuansiedlung freiwillig erfolgen soll. Wie bei der Umsiedlung von Flüchtlingen von einem Mitgliedstaat in einen anderen, muss auch bei der Neuansiedlung von Flüchtlingen der Grundsatz der Familieneinheit gewahrt und dem Kindeswohl Vorrang eingeräumt werden.

Gleichzeitig müssen für die Betroffenen auch angemessene Rechtsschutzmöglichkeiten geschaffen werden.

5. Zusammenarbeit mit Drittstaaten

Die Migrationsagenda sieht die Ausweitung der Zusammenarbeit mit Drittstaaten vor, um die Migration bereits an der Quelle anzugehen. Zu diesem Zweck soll auch ein multifunktionales Zentrum als Pilotprojekt in Niger bis Ende 2015 eingerichtet werden.[1558] Dieses Zentrum soll schutzbedürftigen Personen in Zusammenarbeit mit der IOM und dem UNHCR Informationen bereitstellen, Schutz vor Ort bieten und Neuansiedlungsmöglichkeiten schaffen.[1559] Derartige Zentren sollen in vielen weiteren Herkunfts- und Transitländern aufgebaut werden.[1560]

Menschenrechtsorganisationen kritisieren seit Jahren den Aufbau solcher Zentren, weil sie der Ansicht sind, dass die Wahrung der grundlegenden Menschenrechte in den Transitländern nicht gewährleistet werden kann. Die EU schiebe mit der Errichtung solcher Zentren ihre Verantwortung für Schutzsuchende von sich ab.

In Transitländern Schutz zu bieten ist äußerst schwierig, weil es an Kontrollmechanismen mangelt. Die EU müsste, falls sie solche Einrichtungen verwaltet, auch die Verantwortung für Menschenrechtsverletzungen übernehmen.

Das Ergebnis dieser Zusammenarbeit darf auch nicht zum so genannten *burden shifting* führen. Seit Jahren weisen die Statistiken des UNHCR darauf hin, dass die

---

1558 KOM(2015) 240 endgültig, S. 7.
1559 Ebenda.
1560 Ebenda.

meisten Flüchtlinge in ihre Herkunftsregion fliehen. Die Türkei hat nach Angaben des UNCHR die meisten Flüchtlinge aus Syrien aufgenommen und hat Pakistan von dem ersten Platz der Aufnahmeländer mit der weltweit größten Flüchtlingspopulation abgelöst.[1561]

II. Steuerung der Migration

Neben den Sofortmaßnahmen, die das Sterben im Mittelmeer verhindern und die Solidarität zwischen den Mitgliedstaaten stärken sollen, möchte die Migrationsagenda auch neue Impulse zur Steuerung der Migration in der EU geben. Zur Steuerung der Migration bedürfe es „klarer und gut umgesetzter Regeln für die legale Einreise in die EU“, damit die „Push-Faktoren für irreguläre Einreise und Aufenthalt“ abgeschwächt werden.[1562] Die Schritte, die zur Vereinfachung der legalen Einreise in die EU unternommen werden sollen, lässt die Migrationsagenda außen vor.

Gleichzeitig sollen abgelehnte Asylbewerber oder Personen, die die Gültigkeit ihres Visums überziehen und Migranten, die sich dauerhaft illegal in der EU aufhalten, effizienter zurückgeführt werden.[1563] Nur 39,2% der im Jahr 2013 EU-weit gefassten Rückführungsentscheidungen wurden tatsächlich vollstreckt. Die Vollstreckungsquote müsse auf die Dauer erhöht werden.[1564]

Die EU müsse mit allen zur Verfügung stehenden Mitteln und Anreizen dafür sorgen, dass Drittstaaten ihrer internationalen Verpflichtung zur Rückübernahme ihrer eigenen Staatsangehörigen, die sich irregulär in Europa aufhalten, nachkommen. So sollen beispielsweise der Aufbau von Kapazitäten für das Rückführungsmanagement gefördert und Informations- und Sensibilisierungskampagnen sowie Wiedereingliederungsmaßnahmen unterstützt werden.[1565]

Rückkehr-Pilotprojekte, wie sie für Pakistan und Bangladesch bereits existieren, sollen beispielhaft für das weitere Vorgehen der EU dienen. Das Ziel sei es, den Herkunftsstaaten zu helfen, damit sie ihren Verpflichtungen zur Rückübernahme ihrer Staatsangehörigen nachkommen. Die Kommission wird sich dabei vorrangig auf die wichtigsten Herkunftsländer konzentrieren.[1566]

Die Rolle von Frontex soll bei gemeinsamen Rückführungsaktionen gestärkt werden.[1567] Frontex soll nicht nur koordinieren, sondern auch Rückführungsoperationen initiieren dürfen. Die Kommission beabsichtigt einen Vorschlag zur Änderung der Frontex-VO vorzulegen, um die Rolle der Agentur in dieser Hinsicht zu erweitern.[1568] Falls Frontex tatsächlich in der Zukunft eigene Rückführungsaktionen initiieren

1561 *Global Trends,* 2014, S. 2.
1562 KOM(2015) 240 endgültig, S. 8.
1563 Ebenda, S. 9.
1564 Ebenda, S. 12.
1565 KOM(2015) 240 endgültig, S. 12.
1566 Ebenda.
1567 Ebenda, S. 13.
1568 Ebenda.

darf, dann muss gleichzeitig sichergestellt werden, dass die Agentur die von der Europäischen Ombudsfrau vorgeschlagenen Verbesserungsmaßnahmen wirksam umsetzt. Die Rechte der Betroffenen müssen gewahrt werden. Dies kann am besten durch den durchgehenden Einsatz von unabhängigen Abschiebebeobachtern bei den EU-weiten Einsätzen gewährleistet werden.

III. Grenzmanagement

Die neue Migrationsagenda sieht zur gegenseitigen Unterstützung und Solidarität bei der Überwachung und Verwaltung der gemeinsamen Grenzen die Stärkung der Kompetenzen von Frontex und die Einführung neuer Formen der mitgliedstaatlichen Zusammenarbeit vor.[1569] Die Einsatzregeln für die „Triton“-Operationen sollen als Vorbild für künftige Maßnahmen an der gesamten Land- und Seeaußengrenze gelten.

Des Weiteren ist eine Zusammenarbeit der Küstenwachen der Mitgliedstaaten geplant. In Betracht kommt auch die Zusammenlegung bestimmter Küstenwache-Funktionen auf EU-Ebene.[1570]

Eurosur soll von allen für die Überwachung der Seegrenzen zuständigen nationalen Behörden umfassend genutzt werden, damit die zuständigen EU-Agenturen ein aussagekräftiges Lagebild entwickeln und Risikotrends ermitteln können. Diese Schritte seien für die wirksame Vorbereitung von gemeinsamen Einsätzen unverzichtbar.[1571]

Die Initiative „Intelligente Grenzen“ sieht vor, durch die Nutzung neuer Technologien eine effizientere Abfertigung bei den Grenzkontrollen zu ermöglichen und die Grenzüberschreitungen von Drittstaatsangehörigen vollständig zu erfassen. Sie dient der Bekämpfung der unbefugten Grenzübertritte. Gleichzeitig soll die Registrierung der Migrationsbewegungen dem so genannten Phänomen des „*overstaying*“ von legal eingereisten Ausländern entgegenwirken.[1572]

Bis 2016 soll ein EU-weiter Standard für das Grenzmanagement entwickelt werden, der alle die EU-Außengrenzen betreffenden Aspekte einschließt.[1573]

Gleichzeitig schlägt die Kommission vor, die Interventions- und Rettungskapazitäten der Länder in Nordafrika zu stärken, um Migranten in Not zu helfen.[1574]

IV. Schutzauftrag und gemeinsame Asylpolitik

Die Kommission erklärt in ihrer Migrationsagenda, dass die Aufnahme schutzbedürftiger Menschen die oberste Pflicht bei der gemeinsamen Asylpolitik darstelle.[1575]

1569 KOM(2015) 240 endgültig, S. 13.
1570 Ebenda.
1571 Ebenda.
1572 Ebenda, S. 14.
1573 Ebenda.
1574 Ebenda.
1575 KOM(2015) 240 endgültig, S. 15.

Das Ziel sei es, einen neuen systematischen Kontrollmechanismus zu schaffen, mit dem die Umsetzung und Anwendung der Asylvorschriften überwacht werden soll. Nur so könne es gelingen, das gegenseitige Vertrauen der Mitgliedsstaaten in die nationalen Asylsysteme wieder herzustellen.[1576]

In Zusammenarbeit mit den Mitgliedstaaten und der EASO sollen weitere Leitlinien zur Verbesserung der Bestimmungen für die Aufnahmebedingungen und das Asylverfahren ausgearbeitet werden, „um den Mitgliedstaaten klar definierte und einfache Qualitätsindikatoren an die Hand zu geben und den Schutz der Grundrechte von Asylbewerbern zu stärken".[1577] Die Umsetzung und die praktische Anwendung der Asylvorschriften soll auch bei der Einleitung von Vertragsverletzungsverfahren in Erwägung gezogen werden.[1578]

Die EASO soll die Rolle eines Clearing-Hauses einnehmen, das nationalen Behörden Informationen über Herkunftsländer liefert.[1579] Einheitliche COI würden auch zu einheitlicheren Asylentscheidungen in den Mitgliedstaaten führen. Des Weiteren soll die Agentur die beruflichen Schulungen für die nationalen Zielgruppen wie Entscheider und Juristen ausbauen.[1580]

Die Kommission beabsichtigt ein neues Netz von Aufnahmebehörden zu schaffen, das die Grundlage für die Zusammenlegung von Aufnahmezentren in Notsituationen bilden könnte.[1581]

Das Prinzip des sicheren Herkunftsstaats soll in der Asylverfahrensrichtlinie gestärkt werden, damit Asylanträge aus bestimmten Herkunftsländern zügiger bearbeitet werden können.[1582]

Die Kommission ist der Ansicht, dass das Dublin-System trotz Überarbeitung in 2014 nicht so funktioniert wie es sollte. Die Folge davon sei, dass im Jahr 2014 72% aller Asylanträge, die in der EU gestellt wurden, von fünf Mitgliedstaaten bearbeitet worden sind.[1583] Die Mitgliedstaaten hätten es versäumt, die Bestimmungen der Dublin-III-VO effektiv umzusetzen. Die EASO soll die Mitgliedstaaten hierbei durch die Einrichtung eines speziellen Netzes nationaler Dublin-Stellen unterstützen.[1584]

Die Vorschriften über die Abnahme von Fingerabdrücken an den Grenzen der Eurodac-VO müssten in vollem Umfang angewendet werden.[1585] Die Kommission hat am 27. Mai 2015 Leitlinien zur Erleichterung der systematischen Abnahme von

1576 Ebenda.
1577 Ebenda, S. 15.
1578 Ebenda.
1579 Ebenda.
1580 Ebenda.
1581 Ebenda.
1582 KOM(2015) 240 endgültig, S. 16.
1583 Ebenda.
1584 Ebenda.
1585 Ebenda.

Fingerabdrücken vorgelegt.[1586] Diese Leitlinien sollen auf bewährten unionsweiten Praktiken basieren und es den Mitgliedstaaten erleichtern, ihre Verpflichtungen aus der Eurodac-VO zu erfüllen.[1587] Nach den Leitlinien sollen Ausländer, die eine Abnahme ihrer Fingerabdrücke verweigern, auch inhaftiert und zurückgeführt werden können.[1588] Betroffene, denen keine Fingerabdrücke abgenommen werden können, weil sie ihre Fingerkuppen zu diesem Zweck verletzt haben, sollen ebenfalls bis zur Regeneration der Fingerkuppen inhaftiert werden.[1589] Die EU beabsichtigt Aufnahme- und Erstaufnahmeeinrichtungen in den Mitgliedstaaten an den Außengrenzen (so genannte „Hotspots") zu errichten, um die rasche Identifizierung und Registrierung der Migranten und die Abnahme ihrer Fingerabdrücke sicherzustellen.[1590]

In der Zukunft sollen auch mehr biometrische Identifikatoren wie etwa die Nutzung von Gesichtserkennungstechniken durch digitale Fotos über das Eurodac-System verwenden werden können.[1591]

Das Deutsche Institut für Menschenrechte kritisiert das Eurodac-Verfahren, weil es Flüchtlinge wie Straftäter behandele und entsprechend stigmatisiere.[1592] Des Weiteren stelle dieses Verfahren einen unverhältnismäßigen Eingriff in die Datenschutzrechte der Betroffenen dar, welchem im Kontext der Bekämpfung von Schleuserkriminalität und „ausländischen Kämpfern" keine wirksamen Rechtsschutzmöglichkeiten gegenüberstehen. Bei den derzeitigen massiven Sicherheitsmaßnahmen der EU drohe ein Datenabgleich durch Sicherheitsbehörden zur Regel zu werden.[1593]

1586 Europäische Kommission, Commission Staff Working Document on Implementation of the Eurodac Regulation as regards the obligation to take fingerprints, 27.05.2015, SWD(2015) 150 final <http://ec.europa.eu/dgs/home-affairs/e-library/documents/policies/asylum/general/docs/guidelines_on_the_implementation_of_eu_rules_on_the_obligation_to_take_fingerprints_en.pdf> Zugriff am 04.06.2015.

1587 SWD(2015) 150 endgültig, S. 2.

1588 Ebenda, S. 3.

1589 Ebenda, S. 5.

1590 Europäischer Rat, Schlussfolgerungen zur Tagung des Europäischen Rates vom 25. und 26. Juni 2015.

1591 KOM(2015) 240 endgültig, S. 16.

1592 Deutsches Institut für Menschenrechte, Schutzsuchende unter Generalverdacht? Eurodac und die biometrische Erfassung von Asylsuchenden und irregulären Migranten, Hintergrundpapier zum Pressegespräch mit Eric Töpfer (Wissenschaftlicher Mitarbeiter), 13.07.2015, online verfügbar unter <http://www.institut-fuer-menschenrechte.de/fileadmin/user_upload/PDF-Dateien/Ergebnispapiere_Zusammenfassungen_Hintergrundpapiere/Hintergrundpapier_Eurodac_2015.pdf> Zugriff am 25.07.2015;

1593 Deutsches Institut für Menschenrechte, Schutzsuchende unter Generalverdacht? Eurodac und die biometrische Erfassung von Asylsuchenden und irregulären Migranten, Hintergrundpapier zum Pressegespräch mit Eric Töpfer (Wissenschaftlicher Mitarbeiter), 13.07.2015.

Die Einschätzung des Deutschen Instituts für Menschenrechte wird im Hinblick auf den Eingriff in die Datenschutzrechte der Betroffenen geteilt. Hinzukommt, dass die Leitlinien der Kommission bei Verweigerung der Abnahme der Fingerabdrücke die Anwendung von unmittelbarem Zwang erlaubt. Dies stellt einen unverhältnismäßigen Umgang mit Flüchtlingen dar, welcher sich nicht mit Sicherheitsbedenken rechtfertigen lässt.

V. Evaluation von Dublin

Eine Evaluation des Dublin-Systems auch im Hinblick auf eine Verbesserung der Aufteilung der Verantwortlichkeiten soll 2016 erfolgen.[1594] Dabei soll auch auf die Erfahrungen mit den Umsiedlungs- und Neuansiedlungsmechanismen zurückgegriffen werden. Auf dieser Grundlage erhofft sich die Kommission entscheiden zu können, ob die Dublin-III-VO überarbeitet werden muss, um die Asylsuchenden gerechter auf die Mitgliedstaaten zu verteilen.[1595]

VI. Längerfristige Pläne

Die Vollendung des GEAS soll mit einem einheitlichen Asylstatus gelingen.[1596] In der Zukunft sollen Themen wie ein gemeinsamer Asylkodex und die gegenseitige Anerkennung von Asylentscheidungen im Fokus stehen. Längerfristig soll auch die Schaffung eines einheitlichen Asylverfahrens, das unionsweit die Gleichbehandlung der Asylbewerber gewährleistet, angestrebt werden.[1597]

Das gemeinsame Grenzmanagement soll um ein neues Konzept für die Küstenwachen erweitert werden, welches die „gemeinsame Nutzung von Ausrüstung und Ressourcen sowie gemeinsame Übungen“ umfassen soll. Der Übergang zu einer europäischen Küstenwache ist ebenfalls denkbar.[1598]

VII. Fazit

Die Einführung eines freiwilligen Neuansiedlungsprogramms für die EU ist der einzige Vorschlag, welcher eine legale Einwanderung von Flüchtlingen in die EU ermöglichen könnte. Alle anderen Punkte beziehen sich im Schwerpunkt auf die Verhinderung der irregulären Migrationsbewegungen und auf die Bekämpfung von Schleppern. Bei dem Treffen des Rates am 26. Juni 2015 fand sich bedauerlicherweise nicht die nötige Mehrheit für den verpflichtenden Umsiedlungsvorschlag der Kommission betreffend 40.000 Flüchtlinge aus Italien und Griechenland nach

---

1594 KOM(2015) 240 endgültig, S. 16.
1595 KOM(2015) 240 endgültig, S. 17.
1596 Ebenda, S. 21.
1597 Ebenda.
1598 Ebenda.

Quoten.[1599] Die Regierungen einigten sich nur auf die freiwillige Umsiedlung von Flüchtlingen in den nächsten zwei Jahren nach Quoten, die sie selbst bis Ende Juli 201 einvernehmlich bestimmen wollen.[1600]

Der italienische Ministerpräsident Mario Renzi drückte seinen Unmut über die gescheiterten Verhandlungen mit den Worten aus: „Wenn dies eure Idee von Europa ist, dann könnt ihr sie behalten. Zeigt entweder Solidarität, oder verschwendet nicht unsere Zeit."[1601] Frankreich und Deutschland hatten bereits am Anfang der Diskussionen in einer gemeinsamen Erklärung ihren Widerstand gegen den Kommissionsvorschlag angekündigt.[1602] Sie waren der Ansicht, dass der Vorschlag die bereits unternommenen Anstrengungen der beiden Länder zur Aufnahme von Flüchtlingen nur unzureichend beachte.[1603] Des Weiteren wehrten sie sich gegen eine Verweichlichung des Dublin-Systems. Dies gelte insbesondere für das Zuständigkeitskriterium der ersten Einreise in die EU.[1604] Gescheitert ist der Kommissionsvorschlag allerdings an der Gegenwehr vieler osteuropäischer Mitgliedstaaten wie Litauen, Estland, Polen, Tschechien und Ungarn, die in der Debatte vehement die Einführung verbindlicher Quoten ablehnten.[1605] Spanien hat ebenfalls Kritik an dem vorgeschlagenen Verteilungsschlüssel geäußert. Dieser müsste die Arbeitslosenquote der Länder mit einer höheren Gewichtung berücksichtigen.[1606]

Auch am 20. Juli 2015 gelang es den Mitgliedstaaten nicht, die freiwillige Umsiedlung von 40.000 Flüchtlingen, die sich in Italien und Griechenland befinden, zu beschließen und zu organisieren.[1607] Sie einigten sich nur auf die Umverteilung

---

1599 *Barigazzi*, EU migration plan flops on quota opposition, in: Politico.com, 26.06.2015, online verfügbar unter <http://www.politico.eu/article/eu-migration-plan-asylum-refugees-eu-tusk-juncker-summit/> Zugriff am 25.07.2015.

1600 Europäischer Rat, Schlussfolgerungen zur Tagung des Europäischen Rates vom 25. und 26. Juni 2015.

1601 Spiegel Online, EU-Streit über Flüchtlinge: „Ihr verdient es nicht Europa genannt zu werden", 26.06.2015, online verfügbar unter <http://www.spiegel.de/politik/ausland/fluechtlinge-in-der-eu-matteo-renzi-kritisiert-eu-kollegen-scharf-a-1040750.html> Zugriff am 25.07.2015.

1602 EurActiv.com, Germany and France urge Commission to revise immigration plan, 02.06.2015 <http://www.euractiv.com/sections/justice-home-affairs/germany-and-france-urge-commission-revise-immigration-plan-315040> Zugriff am 04.06.2015.

1603 Ebenda.

1604 *Von der Burchard/Barigazzi,* Germany and France demand changes to migration plan. Berlin and Paris reject distribution formula for the relocation of refugees, in: Politico.eu, 02.06.205, online verfügbar unter <http://www.politico.eu/article/germany-and-france-demand-revision-of-migration-agenda/> Zugriff am 04.06.2015.

1605 Tagesschau, Widerstand gegen EU-Flüchtlingsquote. Wer war dafür und wer dagegen?, 26.06.2015, online verfügbar unter <http://www.tagesschau.de/ausland/fluechtlinge-eu-quoten-103.html> Zugriff am 25.07.2015.

1606 Ebenda.

1607 *Sander/Kim,* EU misses migration target. Ministers had hoped to agree on how to relocate 40.000 migrants, in: Politico.eu, 20.07.2015, online verfügbar unter

von 32.256 Menschen. Die restlichen 7.744 Flüchtlinge sollen bis Ende des Jahres ebenfalls einen Umsiedlungsplatz in der EU erhalten.[1608]

Das erwartete Scheitern der EU bei der Festlegung verbindlicher Quoten zur Verteilung der Verantwortung für Schutzsuchende verstößt im Endeffekt gegen das selbstgesetzte Ziel der EU, eine gemeinsame Asylpolitik zu entwickeln, die eine gerechte Behandlung von Flüchtlingen gewährleistet. Der Grundsatz der Solidarität und der gerechten Verteilung der Verantwortlichkeiten für Flüchtlinge gebietet ebenfalls eine ausgewogenere Verteilung der Flüchtlingspopulationen zwischen den Mitgliedstaaten der EU, unter umfassender Wahrung der Grundrechte der betroffenen Flüchtlinge.

Die Umverteilung auf freiwilliger Basis soll im Oktober 2015 beginnen. Es bleibt abzuwarten, welche Länder sich tatsächlich an Umsiedlungs- oder Neuansiedlungsmaßnahmen beteiligen werden, weil die Teilnahme nur freiwillig ist und die Staaten die eigenen wirtschaftlichen Interessen dem gemeinsamen Interesse an einer ausgewogenen Verteilung der Verantwortung für Flüchtlinge vorziehen.

B. Zusammenstellung der wesentlichen Forschungsergebnisse

Die Untersuchung wurde von den folgenden Fragen angeleitet:

Welche Bedeutung haben die Grundsätze der Solidarität und der gerechten Verteilung der Verantwortlichkeiten im GEAS? Welche völkerrechtlichen Vorgaben müssen die Mitgliedstaaten bei der Umsetzung des GEAS beachten? Wie wird die Verantwortung für Flüchtlinge innerhalb der EU verteilt? Führen die herrschenden Regelungen zu einem Ungleichgewicht bei der Verteilung von Flüchtlingspopulationen? Haben die Mitgliedstaaten an den Außengrenzen der EU eine größere Verantwortung für die gemeinsame EU-Asylpolitik zu tragen als andere Mitgliedstaaten wie Deutschland oder Frankreich? Wenn ja, warum? Ist dieses Ergebnis solidarisch und gerecht i.S.v. Art. 80 AEUV? Die Beantwortung dieser Fragen wird im Folgenden anhand der Forschungsergebnisse der einzelnen Kapitel der Arbeit wiedergegeben.

I. Der Grundsatz der Solidarität und der gerechten Verteilung der Verantwortlichkeiten im GEAS

Der Grundsatz der Solidarität und der gerechten Verteilung der Verantwortlichkeiten stellt ein grundlegendes Prinzip der europäischen Migrationspolitik dar. Er

---

<http://www.politico.eu/article/eu-misses-migration-target-quota/> Zugriff am 25.07.2015.

1608 European Commission, Remarks of Commissioner Avramopoulos after the Justice and Home Affairs Council on 20 July 2015, online verfügbar unter <http://europa.eu/rapid/press-release_SPEECH-15-5421_en.htm> Zugriff am 25.07.2015.

erschöpft sich nicht allein auf zwischenstaatlicher Ebene. In das gemeinsame Solidarsystem ist zwingend auch die Perspektive der Flüchtlinge einzubeziehen. Die Solidarität gegenüber Flüchtlingen, die sich auf den Schutz von Menschenrechten stützen können, darf bei der Umsetzung von Solidaritätsmaßnahmen i.S.v. Art. 80 AEUV nicht unbeachtet bleiben. Art. 80 AEUV hat das Konzept des *burden sharing* zum *responsibility sharing* weiterentwickelt.

Inhaltlich erschöpfen sich die in Art. 80 AEUV verankerten Grundsätze nicht in der Verteilung der finanziellen Belastungen, die sich aus dem mitgliedstaatlichen Engagement im Bereich Grenzverwaltung und Asyl ergeben. Sie bezwecken vielmehr eine Gleichstellung in der Verteilung der Verantwortung und der finanziellen Lasten zwischen den Mitgliedstaaten sowie die Verwirklichung einheitlicher Schutzstandards für Flüchtlinge.

II. Die menschenrechtlichen Vorgaben für das GEAS

Die menschenrechtlichen Vorgaben für das GEAS ergeben sich überwiegend aus der GFK, EMRK und der GrCh.

1. GFK

In der GFK sind die maßgeblichen Rechte zum Schutze von Flüchtlingen in Art. 31 und Art. 33 GFK normiert.

a) Art. 31 GFK

Art. 31 I GFK verbietet das strafrechtliche Belangen von Flüchtlingen wegen unrechtmäßiger Einreise und Aufenthalt. Flüchtlinge dürfen wegen einer unrechtmäßigen Einreise nicht inhaftiert und in den Verfolgerstaat zurückgebracht werden. Falls sie zu Zwecken der Identitätsermittlung oder Weitervermittlung an einen anderen Staat festgehalten werden, so muss dies unter Beachtung ihrer Menschenrechte erfolgen.

Der Schutz von Art. 31 GFK erstreckt sich auch auf typische Begleitdelikte, wie z.B. auf die Verwendung falscher Ausweispapiere. Flüchtlinge dürfen nicht wegen Urkundenfälschung oder ähnlichen Delikten strafrechtlich im Aufnahmeland belangt werden.

Das Verbot des strafrechtlichen Belangens aus Art. 31 I GFK greift auch ein, wenn sich Flüchtlinge bei der Einreise eines Schleusers bedient haben. Art. 31 I GFK verbietet die Bestrafung der unrechtmässigen Einreise oder des Aufenthaltes von Flüchtlingen unabhängig von der Rechtmäßigkeit des Verhaltens von Fluchthelfern.

b) Art. 33 GFK

Art. 33 GFK verbietet jede staatliche Maßnahme, die eine zwangsweise Ausweisung, Auslieferung oder Zurückweisung in einen Verfolgerstaat zur Folge hätte. Eine Zurückweisung an der Grenze darf ebenfalls nicht vorgenommen werden, wenn der Flüchtling deswegen der reellen Gefahr der Verfolgung ausgesetzt wäre. Die Norm verbietet alle staatlichen Maßnahmen, die dazu führen können, dass ein Flüchtling wieder Verfolgung erfährt. Gleichzeitig beinhaltet sie keine ausdrückliche Verpflichtung, Flüchtlinge aufzunehmen.

Der Schutz des Art. 33 GFK erstreckt sich auf das gesamte Hoheitsgebiet eines Staates inklusive seiner Grenzen, auf Hoher See oder sogar auf das Staatsgebiet eines anderen Staates, wenn dieser dort souveräne Rechte ausübt.

Art. 33 I GFK gebietet die vorübergehende Aufnahme von Schutzsuchenden, sofern sie nicht von einem sicheren Drittstaat Schutz gewährt bekommen. Die Norm verpflichtet im Ergebnis die Vertragsstaaten, Flüchtlingen ein vorläufiges Bleiberecht zu gewähren oder sie in einen anderen zur Aufnahme bereiten Vertragsstaat der GFK, in welchem ihnen nicht die reelle Gefahr der Zurückführung in den Verfolgerstaat droht, zu verbringen. Dadurch verpflichtet Art. 33 GFK implizit zur Durchführung eines staatlichen Asylverfahrens zur Prüfung der Flüchtlingseigenschaft eines Asylbewerbers.

Das Refoulementverbot aus Art. 31 I GFK ist gemäß Art. 33 II GFK ausgeschlossen, wenn ein Flüchtling aus schwerwiegenden Gründen als Gefahr für die Sicherheit des Aufnahmestaates anzusehen ist oder wegen eines besonders schweren Deliktes rechtskräftig verurteilt worden ist und deshalb eine Bedrohung für dessen Gemeinschaft darstellt.

2. *EMRK*

Die EMRK enthält keine spezifischen Asylgrundrechte. Ihr Wirkungsbereich ist jedoch bei Fragen der Abschiebung und Auslieferung von Ausländern regelmäßig betroffen. Jede Zurückweisung setzt eine individuelle Prüfung der Schutzbedürftigkeit nach der EMRK voraus. Dies gilt sowohl innerhalb als auch außerhalb der Grenzen eines Mitgliedstaates, wenn dieser durch die Rückführungsmaßnahmen Hoheitsgewalt ausübt.

a) Art. 5 EMRK

Art. 5 I lit. f) EMRK ermöglicht die Freiheitsentziehung zur Verhinderung der illegalen Einreise und zum Zwecke der Auslieferung oder Abschiebung, vorausgesetzt die Freiheitsentziehung erfolgt nicht willkürlich. Das Art. 5 EMRK insgesamt zugrundeliegende Willkürverbot gebietet es, dass die Entscheidung zur Festnahme von einer Behörde getroffen wird und auf einer Rechtsgrundlage basiert. Der EGMR qualifiziert eine Freiheitsentziehung als willkürlich, wenn die Behörden trotz formell rechtmäßig ergangener Entscheidung im bösen Glauben und mit Täuschungsabsicht gehandelt haben. Das Willkürverbot gebietet es ebenfalls, dass die Freiheitsentziehung nicht von unangemessener Dauer ist. Die Haft darf nur so lange andauern, wie sie zur Verhinderung der illegalen Einreise notwendig ist.

Das Recht der Staaten zur Festnahme von Personen aus den in Art. 5 I f) ERMK genannten Gründen darf nur in Übereinstimmung mit den anderen Rechten aus der

EMRK ausgeübt werden. In beiden Fällen des Art. 5 I f) EMRK können Art. 3 und 8 EMRK besondere Schranken darstellen. Eine Festnahme nach Art. 5 I f) EMRK darf vor allem nicht dem Recht, effektiven Schutz vor Verfolgung zu erlangen, entgegenstehen. Etwas Anderes gilt nur, wenn der Anwendungsbereich der Notstandsklausel des Art. 15 I EMRK eröffnet ist.

b) Art. 3 EMRK

Der Abschiebungsschutz nach Art. 3 EMRK greift ein, wenn für die Betroffenen bei einer Rückkehr in den Zielstaat mit erheblicher Wahrscheinlichkeit das reale Risiko einer nach Art. 3 EMRK verbotenen Misshandlung im Zielstaat gegeben ist. Die Konventionsstaaten verletzen ihre Pflichten aus Art. 3 EMRK nicht nur, wenn sie selbst verbotene Handlungen wie Folter vornehmen, sondern auch, wenn sie einen Ausländer an einen Staat ausliefern, in welchem diesem eine mit Art. 3 EMRK unvereinbare Behandlung droht. Art. 3 EMRK gewährt kein Recht auf dauerhaften Aufenthalt in einem Vertragsstaat. Wenn die Voraussetzungen für ein Refoulementverbot jedoch vorliegen, dann ist die Vertragspartei verpflichtet, von Maßnahmen zur Beendigung oder Verhinderung eines Aufenthaltes und damit auch der Rückführung einer Person abzusehen, solange die tatsächliche Gefahr der Folter oder unmenschlicher oder erniedrigender Behandlung oder Strafe im Zielland gegeben ist.

Das Refoulementverbot gebietet es, auf Hoher See nicht nur das Leben der Flüchtlinge zu retten, sondern diese auch vor der Abschiebung in die Verfolgerstaaten zu schützen. Wenn die Gefahr einer Weiterschiebung besteht, dann müssen die Flüchtlinge in die nächstgelegenen europäischen Häfen gebracht werden. Damit verbunden ist auch die Aufnahme, Versorgung und Ausstattung der Menschen vor Ort. Ihnen muss es auch ermöglicht werden, ein Asylgesuch zu stellen.

Bei jeder Rückführungsmaßnahme müssen die Konventionsstaaten sicherstellen, dass den Betroffenen keine dem Art. 3 EMRK zuwiderlaufende Behandlung im Zielstaat droht. Etwas Anderes darf auch nicht gelten, nur weil es sich bei der verletzenden Handlung um eine Überstellung nach dem Dublin-System handelt.

Das Rückführungsverbot nach Art. 3 EMRK ist absolut. Auch in einem Notstandsfall im Sinne des Art. 15 I EMRK darf gemäß Art. 15 II EMRK nicht von Art. 3 EMRK abgewichen werden. Die Pflichten aus Art. 3 EMRK gehen demnach über diejenigen des Art. 33 I GFK hinaus, der den Einschränkungen des Art. 1 F und Art. 33 II GFK unterliegt.

c) Art. 4 Prot. 4 zur EMRK

Gemäß Art. 4 des 4. Prot. zur EMRK sind Kollektivausweisungen ausländischer Personen verboten. Eine Kollektivausweisung darf nur nach einer vernünftigen und objektiven Prüfung der besonderen Fälle jedes einzelnen Ausländers der Gruppe erfolgen und ist nur dann mit Art. 4 des 4. Prot. zur EMRK vereinbar, wenn sie die persönlichen Umstände jedes einzelnen Betroffenen tatsächlich und individuell berücksichtigt. Die Norm gebietet somit eine individuelle Prüfung jeder Rückführungsentscheidung und begründet dadurch ein Individualgrundrecht, das als Gruppenrecht ausgeübt wird.

Die extraterritoriale Anwendbarkeit dieses Individualgrundrechts auf Hoher See ist seit *Hirsi* immer dann zu bejahen, wenn keine individuelle Prüfung von Anträgen oder Identifizierung von Personen vor der Rückführungsentscheidung erfolgt ist. Kollektivausweisungen können auch nicht auf das Dublin-System gestützt werden. Der für die Rückführung verantwortliche Mitgliedstaat muss gewährleisten, dass das Zielland ausreichend Sicherheit für die Durchführung eines Asylverfahrens bietet und dass die Personen vor einer Rückkehr in ihre Herkunftsstaaten geschützt sind.

d) Art. 8 EMRK

Das Recht eines Konventionsstaates, über die Einreise oder den Aufenthalt eines Ausländers zu entscheiden, wird auch durch das Gebot des Schutzes des Privat- und Familienlebens aus Art. 8 EMRK eingeschränkt. Ausländer genießen in Abschiebungs- oder Ausweisungsfällen einen besonderen Schutz, wenn sie in einem Konventionsstaat aufgewachsen oder geboren sind und keine Verbindung zu ihrem Herkunftsstaat mehr haben.

3. GrCh

Bis auf spezifische Unionsbürgerrechte (z.B. Bürgerrechte nach Titel V der Charta) gilt die GrCh auch für Drittstaatsangehörige, unabhängig von ihrem Aufenthaltsstatus. Von besonderer Bedeutung für Drittstaatsangehörige sind die Art. 4, 18, 19 und 47 GrCh. Die GrCh enthält als einziges Vertragswerk zum Schutze der Menschenrechte ein Recht auf Asyl, das ein subjektives Recht auf Nichtzurückweisung in den Verfolgerstaat verankert.

a) Art. 4 GrCh

Art. 4 GrCh verankert ein einklagbares subjektives Recht auf Schutz vor Folter oder unmenschlicher oder erniedrigender Strafe oder Behandlung. Dieses Recht wird vorbehalts- und schrankenlos gewährt und ist auch in Übereinstimmung mit Art. 15 II EMRK notstandsfest.

Der absolute Abschiebungsschutz nach Art. 4 GrCh ist bei Überstellungen nach der Dublin-III-VO weiterhin bindend. Nach dem EuGH ist eine Überstellung jedenfalls dann mit Art. 4 GrCh unvereinbar, wenn ernsthaft zu befürchten wäre, dass Asylverfahren und Aufnahmebedingungen in dem betreffenden Staat systemische Mängel aufweisen.

Systemische Mängel sind alle im Asyl- und Aufnahmesystem angelegten Mängel, von denen alle Asylbewerber oder bestimmte Gruppen von Asylbewerbern vorhersehbar und regelhaft betroffen sind. Jeder systemimmanente Mangel kann eine Rechtsverletzung nach Art. 4 GrCh bewirken, solange er vorhersehbar ist und der Betroffene von dem Mangel im Fall der Überstellung mit hinreichender Wahrscheinlichkeit betroffen sein wird.

b) Art. 18 GrCh

Art. 18 GrCh gewährt ein Recht auf Asyl, welches nicht nur das Recht Schutz zu suchen, sondern auch das Recht auf die Anerkennung des Flüchtlingsstatus umfasst.

Die Norm weist einen eigenständigen Regelungsgehalt auf, der nicht mit dem Sekundärrecht oder mit den Vorgaben der GFK gleichbedeutend ist. Kernelement des Art. 18 GrCh ist das Gebot der Nichtzurückweisung aus Art. 33 GFK und aus Art. 4 und 19 II GrCh.

c) Art. 19 GrCh

Das Verbot von Kollektivausweisungen nach Art. 19 I GrCh hat die gleiche Bedeutung und Tragweite wie das in Art. 4 Prot. Nr. 4 zur EMRK verankerte Rückführungsverbot. Art. 19 I GrCh ist auch auf Hoher See anwendbar.

Der Schutz von Art. 19 II GrCh erweitert das Refoulementverbot aus Art. 3 EMRK um den Fall einer Gefahr auf die Verhängung der Todesstrafe. Es sind grundsätzlich alle aufenthaltsbeendenden Maßnahmen verboten, die Menschen der ernsthaften Gefahr aussetzen, eine nach Art. 19 II GrCh verbotenen Behandlung zu erfahren. Die Gefahr muss ernsthaft und erheblich sein und kann von staatlichen und nichtstaatlichen Akteuren ausgehen.

Art. 19 II GrCh schützt auch Personen, die an der Grenze abgewiesen werden, wenn für sie als Folge der Abweisung die ernsthafte Gefahr besteht, eine unmenschliche Behandlung zu erfahren. Der Schutz des Art. 19 II GrCh erstreckt sich ebenfalls auf Abschiebe- oder Rückführungsmaßnahmen auf Hoher See.

d) Art. 47 GrCh

Art. 47 GrCh verankert das Recht auf einen wirksamen Rechtsbehelf und ein unparteiisches Gericht. Das Recht aus Art. 47 GrCh geht über das in Art. 13 EMRK gewährte Recht hinaus, weil es eine Überprüfung vor Gericht und nicht nur durch irgendeine innerstaatliche Instanz verlangt. Des Weiteren ist Art. 47 GrCh auch auf Asylrechtsfälle ausgeweitet, die keine zivilrechtlichen und strafrechtlichen Fragen beinhalten.

Daneben gewährt Art. 47 III das Recht auf Prozesskostenhilfe, die immer dann zu gewähren ist, wenn mangels einer solchen Hilfe die Einlegung eines wirksamen Rechtsbehelfs nicht gewährleistet wäre.

Gemeinsam haben Art. 47 GrCh und Art. 13 EMRK ihre akzessorische Natur, die ihre Anwendbarkeit von der behaupteten Verletzung einer anderen materiellen Bestimmung des EU-Rechts bzw. der EMRK oder eines Zusatzprotokolls abhängig macht.

III. Status Quo

1. Bestimmung der Erstzuständigkeit nach der Dublin-III-VO

Die Dublin-III-VO regelt die innereuropäische Zuweisung der Zuständigkeit für die Prüfung der Schutzbedürftigkeit und die Durchführung eines Asylverfahrens. Eines der Grundprinzipien dieser Verordnung ist es zu verhindern, dass Asylsuchende das Aufnahmeland bzw. das Land, in welchem sie Schutz beantragen möchten, frei wählen. Art. 3 I der Dublin-III-VO bestimmt, dass jedes Schutzgesuch zu prüfen ist. Flüchtlinge sollen nicht zwischen den Staaten hin- und hergeschoben werden, die sich nicht für die Prüfung des Schutzbegehrens zuständig erklären.

Die Dublin-III-VO gesteht auch neue Verfahrensgarantien zu. Jeder unbegleitete Minderjährige soll bei allen Verfahren einen rechtlichen Vertreter erhalten. Des Weiteren garantiert Art. 4 Dublin-III-VO das Recht auf Information und Art. 5 Dublin-III-VO das Recht auf rechtliches Gehör.

Der für das Asylverfahren zuständige Mitgliedstaat wird nach den in der Dublin-III-VO abschließend aufgeführten Kriterien und deren festgelegter Rangfolge ermittelt. Die Interessen von Minderjährigen und Familienangehörigen sollen vorrangig bei der Prüfung der Zuständigkeit berücksichtigt werden. Anträge von Familienangehörigen sollen gemeinsam „durch ein und denselben Mitgliedstaat" durchgeführt werden.

In Fällen, in denen die Schutzsuchenden keine unbegleiteten Minderjährigen sind und sie auch keine familiären Bindungen zu anderen Mitgliedstaaten haben, ist derjenige Mitgliedstaat für die Prüfung ihres Asylantrages zuständig, in dem der Antrag zuerst gestellt wurde (vgl. Art. 3 II der Dublin-III-VO).

In den häufigsten Fällen ist jedoch der Mitgliedstaat zuständig, der die unrechtmäßige Einreise in das EU-Gebiet zugelassen hat (vgl. Art. 13 I Dublin-III-VO). Daraus folgt, dass Asylsuchende in der Regel ihr Schutzgesuch gegenüber dem Mitgliedstaat geltend machen müssen, in welchem sie zuerst europäisches Hoheitsgebiet betreten haben. Eine Wahlfreiheit haben sie nicht.

In diesen Fällen wird der zuständige Mitgliedstaat meistens durch einen Fingerabdrucksabgleich ermittelt. In der Regel werden Ausländern bei Aufgreifen an der Grenze oder bei Registrierung zum Asylverfahren die Fingerabdrücke abgenommen und in die Eurodac-Datenbank eingespeist. Die zuständigen Behörden aller Mitgliedstaaten haben dann Zugriff auf die Eurodac- Datenbank und können Fingerabdrücke abgleichen (Art. 15 II der Eurodac-VO).

Für den Fall, dass sich ein Asylbewerber in einem anderen Staat aufhält und Asyl beantragt als dem Zuständigen, bestimmt Art. 21 I der Dublin-III-VO, dass der Aufenthaltsstaat an den zuständigen Staat einen Antrag auf Übernahme stellen kann. Art. 3 II 1 der Dublin-III-VO bestimmt, dass in Fällen, in denen es „wesentliche Gründe für die Annahme gibt, dass das Asylverfahren und die Aufnahmebedingungen für Antragsteller in einem Mitgliedstaat systemische Schwachstellen aufweisen, die eine Gefahr einer unmenschlichen oder entwürdigenden Behandlung" i.S.d. Art. 4 GrCh bewirken, der die Zuständigkeit prüfende Mitgliedstaat die Prüfung nach den vorgegebenen Kriterien fortsetzen muss, „um festzustellen, ob ein anderer Mitgliedstaat als zuständig bestimmt werden kann". Ist diese Prüfung erfolglos, so bestimmt Art. 3 II 2 der Dublin-III-VO, dass der prüfende Mitgliedstaat dann selbst zuständig ist. Eine Pflicht zum Selbsteintritt besteht nicht. Die Dublin-III-VO sieht auch keinen Mechanismus vor, wonach Überstellungen in einen bestimmten Mitgliedstaat ausgesetzt werden können.

Art. 33 der Dublin-III-VO führt einen Frühwarnmechanismus ein, der es in Zukunft ermöglichen soll, Krisensituationen an den Grenzen der EU zu vermeiden.

2. Lastenverteilung in Ausnahmesituationen

a) Richtlinie über die Gewährung vorübergehenden Schutzes

Die Richtlinie sieht Mindestnormen vor, deren Umsetzung einen vorübergehenden Schutz im Falle eines Massenzustroms von Vertriebenen unabhängig von der Zuerkennung der Flüchtlingseingenschaft bieten soll. In ihren Anwendungsbereich fallen potentielle Flüchtlinge i.S.d. GFK und Personen, in deren Heimatländern ein bewaffneter Konflikt ausgetragen wird, Opfer von Menschenrechtsverletzungen oder die ernsthaft von systematischen Menschenrechtsverletzungen bedroht sind. Der vorübergehende Schutz wird zunächst für ein Jahr gewährt und kann auf zwei Jahre verlängert werden (vgl. Art. 4 I).

Die Richtlinie sieht ein Ausnahmeverfahren vor, das sofortigen Schutz im Krisenfall ermöglicht. Der Rat stellt das Vorliegen eines Massenzustroms durch einen Beschluss fest. Zuvor muss die Kommission dem Rat einen Vorschlag unterbreiten, nachdem sie zuvor alle Anträge der Mitgliedstaaten geprüft hat (Art. 5 I 2). In dem Beschluss des Rates werden die Aufnahmeplätze der jeweiligen Länder aufgeführt. Eine Verteilung nach Länderquoten ist nicht vorgesehen.

Die Richtlinie zum vorübergehenden Schutz kam noch nie zur Anwendung, weil ihr Schutz für Vertriebene nur unter der sehr vagen Voraussetzung des Vorliegens eines Massenzustroms zum Tragen kommt.

b) Joint EU Resettlement Programme

Die Kommission hat am 27.05.2015 eine konkrete Empfehlung für das EU-weite Neuansiedlungssystem vorgelegt, wonach Plätze für 20.000 Menschen geschaffen werden sollen. Derzeit diskutieren die Mitgliedstaaten mehr über die Umsiedlung von Flüchtlingen, die sich bereits in der EU befinden, als dass sie die Neuansiedlung von Flüchtlingen aus Drittstaaten in Erwägung ziehen. Die Etablierung des gemeinsamen Neuansiedlungsprogramms der EU könnte das globale Ungleichgewicht beim Schutz von Flüchtlingen positiv verändern. Daher wäre es begrüßenswert, wenn die Mitgliedstaaten tatsächlich mehr Flüchtlinge aus Drittstaaten, basierend auf einem gemeinsamen System, aufnehmen würden.

c) EUREMA-Umsiedlung von Flüchtlingen im GEAS

An dem Pilotprojekt EUREMA zur Unterstützung von Malta haben nur einige Mitgliedstaaten teilgenommen. Malta hat von EUREMA profitiert, obwohl eine größere Beteiligung der Mitgliedstaaten notwendig gewesen wäre, um tatsächlich eine Entlastung Maltas zu bewirken.

Die meisten Mitgliedstaaten sind gegen ein dauerhaftes Umsiedlungsprogramm. Der Kommissionsvorschlag für die verbindliche Umsiedlung von 40.000 Flüchtlingen, die in Italien und Griechenland Schutz gesucht haben, nach festen Länderquoten hat sich nicht durchsetzen können. Die Mitgliedstaaten einigten sich bisher nur auf die Umsiedlung von 32.000 Personen auf freiwilliger Basis.

3. *Praktische Zusammenarbeit*

Die EASO wurde im Mai 2010 zur Förderung der praktischen Zusammenarbeit gegründet. Die Idee hinter EASO ist es, die Schutzstandards zu erhöhen, damit Flüchtlinge in allen Mitgliedstaaten gerechter behandelt werden können. Die Agentur setzt sich für eine kohärente Umsetzung des GEAS ein, um eine Angleichung der Asylentscheidungen in den Mitgliedstaaten zu erreichen. Als europäische Agentur ist die EASO in rechtlicher und finanzieller Hinsicht autonom. Die Unterstützungstätigkeit erstreckt sich auf drei Bereiche: die Umsetzung des GEAS, die praktische Zusammenarbeit der Mitgliedstaaten und operative Maßnahmen zugunsten von Mitgliedstaaten, deren Asyl- und Aufnahmesysteme besonderem Druck ausgesetzt sind.

Die EASO soll auch Unterstützung bei der ersten Analyse der Asylanträge und bei der Bereitstellung geeigneter Aufnahmeeinrichtungen (insbesondere Notunterkünfte) und Beförderungsmittel sowie bei der medizinischen Versorgung leisten. Bei Bedarf kann die EASO auch den Einsatz eines Asyl-Unterstützungsteams im Hoheitsgebiet dieses Mitgliedstaats oder dieser Mitgliedstaaten koordinieren. Griechenland wird seit dem 1. April 2011 von der EASO bei dem Aufbau seines Asylsystems unterstützt. Die entsendeten Beamten unterstützen die griechischen Behörden bei der Ausbildung der Beamten und bei der Anwerbung von EU-Fördermitteln. Des Weiteren liefern sie Informationen über die Herkunftsländer der Flüchtlinge.

Die EASO hat auch ein eigenes Frühwarnsystem (wie in Art. 9 III vorgesehen) eingerichtet. Die von der EASO gesammelten Informationen und Analysen sind auch die Grundlage für das in Art. 33 der Dublin-III-VO vorgesehene Frühwarn- und Krisenbewältigungsverfahren.

4. *Finanzielle Zusammenarbeit*

Seit dem 1. Januar 2014 steht den Mitgliedstaaten der AMIF zur Kofinanzierung von nationalen Projekten im Bereich Asyl, Integration und Rückkehr zur Verfügung.

AMIF stellt Mittel für die materielle Hilfe von Menschen, die eines internationalen Schutzes bedürfen, bereit. Die Mitgliedstaaten können diese Mittel zum Aufbau und der Verbesserung der Aufnahmebedingungen einsetzen. Gefördert werden kann „Hilfe an der Grenze, Bildung, Ausbildung, Unterstützungsleistungen, gesundheitliche und psychologische Betreuung“ der Schutzbedürftigen und Dolmetscherdienste.

Die Mitgliedstaaten können mit Mitteln des AMIF auch Maßnahmen zur Verbesserung der mitgliedstaatlichen Verwaltungsstrukturen und Schulungen von Mitarbeitern, die für die Betroffenen zuständig sind, kofinanzieren, mit dem Ziel „Asylsuchenden einen effektiven und einfachen Zugang zu Asylverfahren zu gewährleisten und effiziente Asylverfahren von hoher Qualität sicherzustellen.

Der AMIF sieht auch einen Soforthilfemechanismus vor, mit dem schnell auf die Zunahme der Anzahl von Flüchtlingen in Mitgliedstaaten reagiert werden kann.

Der AMIF ist mit einem Budget von 3.137 Mio. EUR für den Zeitraum vom 1. Januar 2014 bis 31. Dezember 2020 ausgestattet.

Ergänzt wird der AMIF durch den Fonds für die innere Sicherheit (ISF), der sich in die zwei Bereiche Grenze und Sicherheit gliedert. Der ISF-Grenze umfasst die Funktion des Europäischen Außengrenzfonds, der Ende 2013 auslief. Dieser Fonds ist ein Instrument für die finanzielle Unterstützung der Mitgliedstaaten im Bereich Management der Außengrenzen und gemeinsame Visumpolitik. Der Fonds stellt den Mitgliedstaaten für den Zeitraum vom 1. Januar 2014 bis 31. Dezember 2020 Mittel in Höhe von 2.760 Mio. EUR zur Verfügung.

5. Gemeinsamer Grenzschutz

a) Frontex

Frontex soll die Solidarität zwischen den Mitgliedstaaten bei der Überwachung der gemeinsamen Grenzen stärken und insbesondere diejenigen Mitgliedstaaten unterstützen, die besonderem und unverhältnismäßigem Druck ausgesetzt sind. Die Agentur hat die Umsetzung des Schengener Grenzkodex und damit auch die Verhinderung von unrechtmäßigen Migrationsbewegungen an den Außengrenzen zum Ziel. Zu den wesentlichen Aufgaben von Frontex gehören unter anderem die Schulung von Grenzschutzbeamten, die Erstellung von Risikoanalysen in Bezug auf Migrationsbewegungen an den Außengrenzen und die logistische Unterstützung bei Rückführungen von Drittstaatsangehörigen, die sich unrechtmäßig in der EU aufhalten (Art. 2 Frontex-VO). Den Schwerpunkt der Tätigkeit von Frontex bildet die Koordinierung und Organisation der gemeinsamen Einsätze an den Außengrenzen, an denen Grenzschutzbeamte aus allen Mitgliedstaaten teilnehmen. Für die operativen Einsätze unter der Führung von Frontex gilt jedoch immer das Recht desjenigen Staates, auf dessen Hoheitsgebiet der Einsatz stattfindet. Die Einsatzkräfte bleiben bei der Wahrnehmung ihrer Aufgaben und Befugnisse den Disziplinarmaßnahmen ihres Herkunftsmitgliedstaats unterworfen. Eine etwaige Haftung ist nicht vorgesehen. Die Einsätze im Mittelmeerraum werden mit dem Ziel geführt, die Schiffe mit Menschen, die unrechtmäßig in die EU einzuwandern versuchen, abzufangen. Diese Einsätze dienen auch der Abschreckung, damit sich möglichst überhaupt keine Schiffe oder Boote auf den Weg nach Europa machen. Die Einsätze „Triton“ und „Poseidon“ sollen auch die Seenotrettung übernehmen. Ihr Budget wurde für die Jahre 2015 und 2016 verdreifacht, damit die Such- und Rettungsmöglichkeiten bei gemeinsamen Einsätzen verbessert werden können. Das Mandat von „Triton“ sowie von „Poseidon“ soll jedoch unverändert auf die Grenzüberwachung und nicht auf die Seenotrettung gerichtet sein.

Frontex leistet auch Unterstützung bei der Rückführung von Drittstaatsangehörigen, die sich unrechtmäßig in den Mitgliedstaaten aufhalten. Zwischen 2006 und Mai 2015 hat Frontex 267 gemeinsame Rückführungsmaßnahmen geleitet, bei denen insgesamt 13.000 Personen zurückgeführt wurden.

Die Agentur muss ihre Aufgaben und Befugnisse unter uneingeschränkter Achtung der Grundrechte, darunter Zugang zu Asylverfahren, und der Menschenwürde ausüben. Zu diesem Zweck wurde eine Grundrechtsstrategie entwickelt, die auch die Einführung eines Mechanismus vorsieht, „mit dem die Einhaltung der Grundrechte bei allen Tätigkeiten der Agentur überwacht wird" (Art. 26 a I). Daneben wurde eine Grundrechtsbeauftragte ernannt und ein Konsultationsforum eingesetzt, deren Aufgabe die Unterstützung der Organe der Agentur in Grundrechtsfragen ist. Sie dürfen Empfehlungen für die Verbesserung des Grundrechtsschutzes aussprechen. Weitergehende Kompetenzen besitzen die Grundrechtsbeauftragte und das Konsultationsforum nicht.

b) Eurosur

Das Europäische Grezüberwachungssytem Eurosur soll die Infrastruktur und die Instrumente zur Verfügung stellen, die gebraucht werden, um das Situationsbewusstsein über die Lage und die Reaktionsfähigkeit an den Außengrenzen zu verbessern. Der Zweck ist die Aufdeckung, Prävention und Bekämpfung von illegaler Einwanderung und grenzüberschreitender Kriminalität. Gleichzeitig sollen mit Hilfe von Eurosur Flüchtlingsboote schneller geortet werden, damit sie bei Seenot schnelle Hilfe bekommen können. Die Eurosur-VO regelt allerdings nicht, wie die Rettung von in Seenot geratenen Booten koordiniert werden soll und wie mit Geretteten vorzugehen ist.

Art. 2 III der Eurosur-VO schließt explizit „rechtliche oder administrative Maßnahmen jeglicher Art, die ergriffen werden, sobald die zuständigen Behörden eines Mitgliedstaats grenzüberschreitende kriminelle Aktivitäten oder ein unbefugtes Überschreiten der Außengrenzen im Rahmen von Abfangmaßnahmen aufgespürt haben", aus dem Anwendungsbereich der Eurosur-VO aus. Des Weiteren hat die Kommission in ihrer Folgenabschätzung zur Einrichtung von Eurosur ebenfalls die Suche und die Rettung von Menschen aus dem Anwendungsbereich der Eurosur-VO ausgeschlossen.

c) Seeaußengrenzen-VO

Die Seeaußengrenzen-VO ermöglicht das Abfangen von Schiffen und die Ausschiffung in einen Drittstaat als Maßnahmen der Grenzüberwachung. Die auf Hoher See abgefangenen Schiffe dürfen, wenn sich der Verdacht des Menschenschmuggels bestätigt hat, auch an einen Drittstaat befördert oder an die Behörden eines Drittstaates überstellt werden.

Die Möglichkeit der Ausschiffung in einen Drittstaat soll nur in Betracht gezogen werden, wenn vorher die allgemeine Lage in diesem Drittstaat bewertet worden ist. Dabei soll auch berücksichtigt werden, ob zwischen dem Drittstaat und der EU Vereinbarungen und Projekte im Bereich Migration und Asyl bestehen, die im Einklang mit dem Unionsrecht und mit Mitteln der Union durchgeführt werden (Art. 4 II der Seeaußengrenzen-VO).

Art. 4 I der Seeaußengrenzen-VO verankert den Grundsatz der Nichtzurückweisung an den Verfolgerstaat und auch das Verbot des so genannten Kettenrefoulements für das gemeinsame Handeln der Mitgliedstaaten im Anwendungsbereich der Seeaußengrenzen-VO.

Bevor die abgefangenen oder geretteten Personen während eines Seeeinsatzes in einen Drittstaat verbracht werden, gilt es, sie über ihren Zielort zu informieren und ihnen Gelegenheit zu bieten, „etwaige Gründe vorzubringen, aufgrund derer sie annehmen, dass die Ausschiffung an dem vorgeschlagenen Ort gegen den Grundsatz der Nichtzurückweisung verstoßen würde" (Art. 4 III der Seeaußengrenzen-VO). Dolmetscher und Rechtsberater sollen nur in Ausnahmefällen an den Einsätzen beteiligt werden.

Art. 9 I der Seeaußengrenzen-VO stellt klar, dass die Mitgliedstaaten verpflichtet sind, jedem Schiff und jeder Person in Seenot Hilfe zu leisten, und zwar im Einklang mit dem Völkerrecht und unter Achtung der Grundrechte und ohne Rücksicht auf die Staatsangehörigkeit oder den Status einer solchen Person oder die Umstände, unter denen die Person aufgefunden wird.

IV. Vereinbarkeit des Status Quo mit den menschenrechtlichen Vorgaben und dem Solidaritätsgrundsatz i.S.d. Art. 80 AEUV

1. Dublin-III-VO

Die Zuständigkeitsbestimmungen der Dublin-III-VO bürden die hauptsächliche Verantwortung zur Prüfung von Schutzgesuchen den süd- und osteuropäischen Außengrenzen auf, ohne die geografischen, demografischen und ökonomischen Bedingungen der Mitgliedstaaten ausreichend zu berücksichtigen. Aufgrund der gravierenden Unterschiede in den Mitgliedstaaten hinsichtlich ihrer Aufnahmebedingungen und Anerkennungsquoten sind Flüchtlinge der so genannen *Dublin-Lotterie* ausgesetzt. Die geltenden Regelungen innerhalb und auch außerhalb des Dublin-Systems können die daraus entstehenden Benachteiligungen sowohl für die Mitgliedstaaten als auch für die Flüchtlinge nicht wettmachen. Es bedarf neuer Ausgleichsmechanismen oder einer grundlegenden Überarbeitung der Zuständigkeitsbestimmungen.

2. Richtlinie zum vorübergehenden Schutz

Die Richtlinie zum vorübergehenden Schutz sieht keine Rechtsmittel gegen die Verweigerung des vorübergehenden Schutzes für eine Person oder Personengruppen vor. Dies ist mit Art. 13 EMRK und Art. 47 GrCh nicht zu vereinbaren, sofern diesen Personen bei einer Rückkehr in ihre Herkunftsländer eine Verletzung ihrer Rechte aus Art. 3 EMRK bzw. Art. 4 oder Art. 19 II GrCh droht. Da die Richtlinie zum vorübergehenden Schutz die zwangsweise Rückführung von Personen vorsieht, muss sie zwingend mit einer Ausgestaltung des Rückführungsverfahrens ergänzt werden. Dies ist in Anbetracht der Tatsache, dass nicht einmal die Rückführungsrichtlinie, die zumindest „rechtliche Mindestgarantien“ im Interesse der Betroffenen sichert, auf Rückkehrentscheidungen betreffend vorübergehend Geschützter anwendbar ist, von besonderer Wichtigkeit.

Die in der Richtlinie geregelten Solidaritätsmechanismen sind wegen der hohen Anforderungen an ihre Anwendbarkeit nicht geeignet, dem Solidaritätsgrundsatz aus Art. 80 AEUV ausreichend Wirkung zu verleihen.

3. Das Pilotprojekt EUREMA

Die Auswahlkriterien des Pilotprojekts EUREMA spiegeln nicht die Schutzbedürftigkeit der Personengruppen wider. Aus menschenrechtlicher Sicht sollte eine Umsiedlungsmaßnahme immer das Kindeswohl vorrangig beachten und die Familieneinheit wahren.

Eine künftige Umsiedlung von Flüchtlingen sollte auch nur mit dem Einverständnis der Betroffenen stattfinden.

4. EASO

Die EASO hat einen wichtigen Beitrag zum Aufbau des griechischen Asylsystems geleistet. Die künftige Zusammenarbeit sollte sich auf die Verhinderung von Menschenrechtsverletzungen fokussieren. Leider besitzt die EASO nicht das Mandat, um die Einhaltung von asylrechtlichen Vorgaben bei ihren Einsätzen in den Mitgliedstaaten zu forcieren oder Verstöße dagegen zu ahnden. Die von der Agentur entsendeten Beamten dürfen bei nationalen Maßnahmen, die gegen die Menschenrechte verstoßen, nicht intervenieren.

5. Frontex

Die Frontex-VO regelt die Zurechnung von Verhalten während gemeinsamer Einsätze nicht ausreichend.

Frontex sollte die Empfehlungen der Europäischen Ombudsfrau umsetzen und wirksame Rechtsschutzmechanismen einführen. Die Kompetenzen der Grundrechtsbeauftragten müssen gestärkt werden. Erforderlich ist eine Beschwerdeinstanz, um die Einhaltung der Menschenrechte bei gemeinsamen Einsätzen besser durchsetzen zu können.

6. Seeaußengrenzen-VO

Die Seeaußengrenzen-VO weist Lücken für den Schutz der Betroffenen auf, die mit den menschenrechtlichen Vorgaben nicht zu vereinbaren sind. Die Verbringung von abgefangenen oder geretteten Personen an den nächstgelegenen europäischen Hafen stellt die einzige Möglichkeit für den Einsatzmitgliedstaat dar, den Verpflichtungen aus der EMRK und der GrCh gerecht zu werden.

Positiv zu bewerten ist, dass Art. 9 I der Seeaußengrenzen-VO die Verpflichtung der Mitgliedstaaten, jedem Schiff und jeder Person in Seenot Hilfe zu leisten, manifestiert.

V. Schlusswort

Die Verbürgung von Menschenrechten im Unionsrecht ist nicht ausreichend, um einen angemessenen Schutz von Flüchtlingen in der EU zu gewährleisten. Dazu bedarf es vielmehr der Durchsetzung der statuierten Rechtspflichten und der Schaffung wirksamer Rechtsschutzmechanismen.[1609]

Die EU-Agenturen Frontex, EASO und auch FRA bedürfen eines Schutzmandates, um bei Verstößen gegen Menschenrechtsverletzungen aktiv handeln zu können.[1610]

Das hauptsächliche menschenrechtliche Problem im GEAS ist jedoch der Zugang der Flüchtlinge zum Schutz. Im GEAS herrscht zwar ein hohes Schutzniveau, aber im globalen Vergleich können nur wenige Flüchtlinge davon profitieren. Aufgrund des hochtechnologischen Grenschutzes müssen immer mehr Menschen ihr Leben riskieren, um in der EU Schutz vor Verfolgung zu suchen.

Für die universelle Geltung von Menschenrechten zum Schutze von Flüchtlingen sind daher Zugangsrechte zum Asyl von überragender Bedeutung.[1611]

Solidarität zwischen den Mitgliedstaaten und mit den Flüchtlingen lässt sich nicht durch die Einführung von neuen Mechanismen zum Ausgleich der vorhandenen Defizite beheben.[1612] Das Zuständigkeitskriterium der Ersteinreise der Dublin-III-VO ist mit den menschenrechtlichen Vorgaben zum Schutze von Flüchtlingen nicht vereinbar, soweit nicht sichergestellt werden kann, dass in allen Mitgliedstaaten Menschenrechtsverletzungen ausgeschlossen sind.[1613] Auch wenn die Einhaltung aller flüchtlingsrechtlichen Vorgaben gewährleistet werden kann, müssen legale Zugangswege in die EU geschaffen werden, um auch dem Massensterben im Mittelmeer wirksam Einhalt zu gebieten.

Die Kriterien zur Bestimmung des für die Prüfung eines Asylgesuchs zuständigen Mitgliedstaates sollten auch die Faktoren, die Flüchtlinge zur Wahl eines Aufnahmelandes bewegen, berücksichtigen. Eine Studie, die im Auftrag des Bundesamts für Migration und Flüchtlinge (BAMF) im Jahre 2013 mit dem Titel „Warum Deutschland" veröffentlicht wurde, hat die Einflussfaktoren bei der Zielstaatssuche von

---

1609 *Goodwin-Gill,* The Right to Seek Asylum: Interception at Sea and the Principle of Non-Refoulement. An Inaugural Lecture given at the Palais des Académies, Bruelles, 16.02.2011, online verfügbar unter <https://denning.law.ox.ac.uk/published/news/GSGG-Interception16022011Rev2.pdf> Zugriff am 05.08.2015, S. 12.

1610 Ebenda; *Markard,* Ein neues Schutzkonzept? Der Einfluss der Menschenrechte auf den internationalen Schutz, ZAR 2015, 60.

1611 Ebenda, 60.

1612 *Langford* (Fn. 961), 220.

1613 *Langford* (Fn. 961), 219.

Asylbewerbern untersucht.[1614] Laut dieser Studie treffen Flüchtlinge eine „bewusste Wahl eines Zielstaats" und orientieren sich dabei an ihren individuellen Bedürfnissen, wie der „Suche nach politischer, ökonomischer, religiöser, medizinischer oder sonstiger Sicherheit".[1615] Neben ökonomischen Faktoren spielen dabei Netzwerke eine große Rolle. Diasporagemeinden stellen wichtige Anziehungspunkte für weitere Asylsuchende dar. Aufgrund der eingeschränkten Wissenslage spielen asyl- und flüchtlingspolitische Regelungen nur eine untergeordnete Rolle.[1616] Das Ergebnis der Studie lässt sich folgendermaßen zusammenfassen: „Der wichtigste Faktor sind offensichtlich soziale Kontakte und Beziehungen in den Zielstaaten, die in Form von Netzwerken und Diaspora existieren. Dabei kann es sich unmittelbar um Familien und Bekannte handeln, aber auch um darüber hinausgehende Diasporagemeinden, die Asylsuchende zur Wahl einer bestimmten Destination veranlassen."[1617]

Zu einem ähnlichen Ergebnis hinsichtlich der Auswahlkriterien des Aufnahmelandes kommt auch die EASO in ihrem Jahresbericht von 2014.[1618] Dem aktuellen Jahresbericht der EASO zufolge gehören zu den Hauptauswahlkriterien der Flüchtlinge das Vorhandensein einer Diaspora, die Anerkennungsrate, sowie die historische und sprachliche Verbindung zu dem Aufnahmeland.[1619]

Der Grundsatz der Solidarität und der gerechten Verteilung von Verantwortlichkeiten aus Art. 80 AEUV gebietet es, dass die EU und die Mitgliedstaaten eine flüchtlingsrechtliche Perspektive bei der künftigen Ausgestaltung des GEAS einnehmen. Das Solidaritätsprinzip sollte als Leitlinie für die Zuordnung der Verantwortlichkeiten im GEAS dienen.[1620] Den Interessen der Flüchtlinge wird ein EU-weites Verteilungssystem am Besten gerecht, bei dem sich die Zuständigkeit eines Mitgliedstaates mit der Antragstellung auf internationalen Schutz begründet, und zwar unabhängig davon, in welchem Mitgliedstaat der Flüchtling das Hoheitsgebiet der EU betreten hat. Flüchtlinge sollten frei entscheiden können, in welchem Mitgliedstaat sie einen Asylantrag stellen möchten. Ein solches Verteilungssystem ermöglicht auch die Vermeidung des so genannten *asylum shopping*, weil der Asylantrag weiterhin nur von einem Mitgliedstaat geprüft wird.

Mögliche proportionale Ungleichheiten bei der Aufnahme von Schutzsuchenden liessen sich gut durch eine unbürokratische finanzielle Unterstützung der jeweiligen

---

1614 *Scholz*, Warum Deutschland?, BAMF 2013, online verfügbar unter <http://www.bamf.de/SharedDocs/Anlagen/DE/Publikationen/Forschungsberichte/fb19-warum-deutschland.pdf?__blob=publicationFile> Zugriff am 29.07.2015.

1615 Ebenda, S. 5.

1616 Ebenda.

1617 Ebenda, S. 161.

1618 EASO, Annual Report on the Situation of Asylum in the European Union 2014, Juli 2015, S. 114, online verfügbar unter <https://easo.europa.eu/wp-content/uploads/EASO-Annual-Report-2014.pdf> Zugriff am 03.08.2015 (*EASO Annual Report 2014*).

1619 *EASO Annual Report* 2014, S. 114f.

1620 *Lübbe*, Prinzipien der Zuordnung von Flüchtlingsverantwortung und Individualrechtsschutz im Dublin-System, ZAR 2015, 127.

Aufnahmestaaten ausgleichen. Der Bedarf an finanzieller Unterstützung im Bereich Asyl ist noch längst nicht mit den vorhandenen Mitteln des AMIF befriedigt und bedarf einer Aufstockung. Die Aufstockung könnte mit Mitteln, die für Überstellungen von einem Mitgliedstaat in einem anderen aufgewendet werden, erfolgen.

Zu beachten gilt es, dass solange Fluchtbewegungen als eine Bedrohung für das Zusammenleben in der EU wahrgenommen werden auch neue und höhere Zäune an den Grenzen der EU errichtet werden. Diese Art von Grenzschutz ist die wahre Bedrohung für die größte Errungenschaft der EU für ihre Bürger: die Freizügigkeit.

Die Untersuchung hat gezeigt, dass eine umfassendere Solidarität und gerechtere Verteilung der Verantwortlichkeiten im GEAS notwendig ist. Ein wichtiger Schritt in diese Richtung ist ein gemeinsames Handeln aller Mitgliedstaaten, um die Menschen, die aktuell in Europa Schutz vor Verfolgung und Krieg suchen, zu unterstützen. Dabei darf niemals in Vergessenheit geraten, dass Flüchtlinge Menschenrechte haben.

www.ingramcontent.com/pod-product-compliance
Ingram Content Group UK Ltd.
Pitfield, Milton Keynes, MK11 3LW, UK
UKHW021914290926
8980IPUK00015B/1248

9 783631 677322